LAS PREGUNTAS DE LA VIDA

Fernando Savater

LAS PREGUNTAS
DE LA VIDA

EDITORIAL ARIEL, S. A.
BARCELONA

Diseño de la cubierta: Vicente Morales

Ilustración de la cubierta:
«Edipo y la Esfinge»,
de Gustave Moreau (1864)

1.ª edición: marzo 1999
2.ª edición: marzo 1999
3.ª edición: marzo 1999
4.ª edición: septiembre 1999
5.ª edición: octubre 1999
6.ª edición: junio 2000
7.ª edición: febrero 2001

© 1999: Fernando Savater

Derechos exclusivos de edición en español
reservados para todo el mundo:
© Editorial Ariel, S. A.
Provença, 260 - 08008 Barcelona

ISBN: 84-344-1185-7

Depósito legal: B. 6.068 - 2001

Impreso en España

A los que no lo tienen *todo* claro

«El punto culminante de la vida
es la comprensión de la vida.»

G. Santayana

«Mi fuerza es no haberle encontrado
respuesta a nada.»

E. M. Cioran

Advertencia previa

El propósito de este libro es por un lado muy modesto y por otro desmesuradamente ambicioso.

Modesto porque se contentaría con servir como lectura inicial para alumnos de bachillerato que deben acercarse por primera —y quizá última— vez a los temas básicos de la filosofía occidental, planteados no de forma histórica sino como preguntas o problemas vitales. En este sentido, pretende atender fielmente aunque con cierto díscolo sesgo personal a las indicaciones sobre esta asignatura dictadas por las administraciones educativas.

Pero también desmesuradamente ambicioso, puesto que no renuncia a servir como invitación o proemio a la filosofía para cualquier profano interesado en conocer algo de esta venerable tradición intelectual nacida en Grecia. Sobre todo me dirijo a quienes no se preocupan tanto por ella sólo en cuanto venerable tradición sino como un modo de reflexión aún vigente, que puede serles útil en sus perplejidades cotidianas. No se trata primordialmente de saber cómo se las arreglaba Sócrates para vivir mejor en Atenas hace veinticinco siglos, sino cómo podemos nosotros comprender y disfrutar mejor la existencia en tanto contemporáneos de Internet, del sida y de las tarjetas de crédito.

Para ello, sin duda, tendremos que remontarnos en ocasiones hasta las lecciones de Sócrates o de otros insignes maestros pero sin limitarnos a levantar acta más o menos crítica de sus sucesivos descubrimientos. La filosofía no puede ser solamente un catálogo de opiniones prestigiosas. Más bien lo contrario, si atendemos por esta vez a la opinión «prestigiosa» de Ortega y Gasset: «La filosofía es idealmente lo contrario de la noticia, de la erudición.»[1] Desde luego la filosofía es un *estudio*, no un puñado de ocurrencias de tertulia, y por tanto requiere aprendizaje y preparación. Pero pensar filosóficamente no es repetir pensamientos ajenos, por mucho que nuestras propias reflexiones estén apoyadas en ellos y sean conscientes de esta deuda necesaria. Ciertas introducciones a la filosofía son como tratados de ciclismo que se limitasen a rememorar los nombres y las gestas de los vencedores del Tour de Francia. Me propongo intentar aquí enseñar a montar en bicicleta y hasta dar ejemplo pedaleando yo mismo, por lejos que estén mis capacidades de las de Eddy Merckx o Miguel Induráin.

Pero el lector tiene que intentar pedalear también conmigo o incluso *contra* mí. En estas páginas no se ofrece una guía concluyente de pensamientos necesariamente válidos sino un itinerario personal de búsqueda y tanteo. Al final de cada capítulo se propone un memorándum de cuestiones para que el lector repita por sí mismo la indagación que acaba de leer, lo que quizá le llevará a conclusiones opuestas. Nada más necesario que este ejercicio, porque la filosofía no es la revelación hecha por quien lo sabe todo al ignorante, sino el diálogo entre iguales que se hacen cómplices en su mutuo sometimiento a la fuerza de la razón y no a la razón de la fuerza.

En una palabra, léase lo que sigue como una invitación a filosofar y no como un repertorio de lecciones de filosofía.

---

1. *Meditaciones del Quijote*, de J. Ortega y Gasset, Alianza Editorial, Madrid.

Pero ¿no son precisamente esas lecciones lo que cuadra dar en el bachillerato? Y ¿acaso no es un gran atrevimiento creer que uno puede guardar el tono accesible del que pretende ser comprendido por adolescentes sin dejar por ello de tratarles como iguales y sin renunciar tampoco a ser útil a otros lectores no menos neófitos pero adultos? Pues tal es mi atrevida pretensión, en efecto. Me reconforto recordando que, según el poeta surrealista René Crevel, «ningún atrevimiento es fatal».

Introducción

El por qué de la filosofía

Árbol de sangre, el hombre siente, piensa, florece
y da frutos insólitos: palabras.
Se enlazan lo sentido y lo pensado,
tocamos las ideas: son cuerpos y son números.

OCTAVIO PAZ

¿Tiene sentido empeñarse hoy, a finales del siglo XX o comienzos del XXI, en mantener la filosofía como una asignatura más del bachillerato? ¿Se trata de una mera supervivencia del pasado, que los conservadores ensalzan por su prestigio tradicional pero que los progresistas y las personas prácticas deben mirar con justificada impaciencia? ¿Pueden los jóvenes, adolescentes más bien, niños incluso, sacar algo en limpio de lo que a su edad debe resultarles un galimatías? ¿No se limitarán en el mejor de los casos a memorizar unas cuantas fórmulas pedantes que luego repetirán como papagayos? Quizá la filosofía interese a unos pocos, a los que tienen vocación filosófica, si es que tal cosa aún existe, pero ésos ya tendrán en cualquier caso tiempo de descubrirla más adelante. Entonces, ¿por qué imponérsela a *todos* en la educación secundaria? ¿No es una pérdida de tiempo caprichosa y reaccionaria, dado lo sobrecargado de los programas actuales de bachillerato?

Lo curioso es que los primeros adversarios de la filosofía le reprochaban precisamente ser «cosa de niños», adecuada como pasatiempo formativo en los primeros años pero impropia de adultos hechos y derechos. Por ejemplo, Calicles, que pretende rebatir la opinión de Sócrates de que «es mejor padecer una injusticia que causarla». Según Calicles, lo verdaderamente justo, digan lo que quieran las leyes, es que los más fuertes se impongan a los débiles, los que valen más a los que valen menos y los capaces a los incapaces. La ley dirá que es peor cometer una injusticia que sufrirla pero lo natural es considerar peor sufrirla que cometerla. Lo demás son tiquismiquis filosóficos, para los que guarda el ya adulto Calicles todo su desprecio: «La filosofía es ciertamente, amigo Sócrates, una ocupación grata, si uno se dedica a ella con mesura en los años juveniles, pero cuando se atiende a ella más tiempo del debido es la ruina de los hombres.»[2] Calicles no ve nada de malo aparentemente en enseñar filosofía a los jóvenes aunque considera el vicio de filosofar un pecado ruinoso cuando ya se ha crecido. Digo «aparentemente» porque no podemos olvidar que Sócrates fue condenado a beber la cicuta acusado de corromper a los jóvenes seduciéndoles con su pensamiento y su palabra. A fin de cuentas, si la filosofía desapareciese del todo, para chicos y grandes, el enérgico Calicles —partidario de la razón del más fuerte— no se llevaría gran disgusto...

Si se quieren resumir todos los reproches contra la filosofía en cuatro palabras, bastan éstas: *no sirve para nada*. Los filósofos se empeñan en saber más que nadie de todo lo imaginable aunque en realidad no son más que charlatanes amigos de la vacua palabrería. Y entonces, ¿quién sabe de verdad lo que hay que saber sobre el mundo y la sociedad? Pues los científicos, los técnicos, los especialistas, los que son capaces de dar *informaciones* válidas sobre la realidad.

2. *Gorgias*, de Platón, 481c a 484d.

En el fondo los filósofos se empeñan en hablar de lo que no saben: el propio Sócrates lo reconocía así, cuando dijo «sólo sé que no sé nada». Si no sabe nada, ¿para qué vamos a escucharle, seamos jóvenes o maduros? Lo que tenemos que hacer es aprender de los que saben, no de los que no saben. Sobre todo hoy en día, cuando las ciencias han adelantado tanto y ya sabemos cómo funcionan la mayoría de las cosas... y cómo hacer funcionar otras, inventadas por científicos aplicados.

Así pues, en la época actual, la de los grandes descubrimientos técnicos, en el mundo del microchip y del acelerador de partículas, en el reino de Internet y la televisión digital... ¿qué información podemos recibir de la filosofía? La única respuesta que nos resignaremos a dar es la que hubiera probablemente ofrecido el propio Sócrates: ninguna. Nos informan las ciencias de la naturaleza, los técnicos, los periódicos, algunos programas de televisión... pero no hay información «filosófica». Según señaló Ortega, antes citado, la filosofía es incompatible con las *noticias* y la información está hecha de noticias. Muy bien, pero ¿es información lo único que buscamos para entendernos mejor a nosotros mismos y lo que nos rodea? Supongamos que recibimos una noticia cualquiera, ésta por ejemplo: un número x de personas muere diariamente de hambre en todo el mundo. Y nosotros, recibida la información, preguntamos (o *nos* preguntamos) qué debemos pensar de tal suceso. Recabaremos opiniones, algunas de las cuales nos dirán que tales muertes se deben a desajustes en el ciclo macroeconómico global, otras hablarán de la superpoblación del planeta, algunos clamarán contra el injusto reparto de los bienes entre posesores y desposeídos, o invocarán la voluntad de Dios, o la fatalidad del destino... Y no faltará alguna persona sencilla y cándida, nuestro portero o el quiosquero que nos vende la prensa, para comentar: «¡En qué mundo vivimos!» Entonces nosotros, como un eco pero cambiando la exclamación por la interrogación, nos preguntaremos: «Eso: ¿en qué mundo vivimos?»

No hay respuesta científica para esta última pregunta, porque evidentemente no nos conformaremos con respuestas como «vivimos en el planeta Tierra», «vivimos precisamente en un mundo en el que x personas mueren diariamente de hambre», ni siquiera con que se nos diga que «vivimos en un mundo muy injusto» o «un mundo maldito por Dios a causa de los pecados de los humanos» (¿por qué es injusto lo que pasa?, ¿en qué consiste la maldición divina y quién la certifica?, etc.). En una palabra, no queremos más información sobre lo que pasa sino saber qué *significa* la información que tenemos, cómo debemos interpretarla y relacionarla con otras informaciones anteriores o simultáneas, qué supone todo ello en la consideración general de la realidad en que vivimos, cómo podemos o debemos comportarnos en la situación así establecida. Éstas son precisamente las preguntas a las que atiende lo que vamos a llamar filosofía. Digamos que se dan tres niveles distintos de entendimiento:

a) la *información*, que nos presenta los hechos y los mecanismos primarios de lo que sucede;

b) el *conocimiento*, que reflexiona sobre la información recibida, jerarquiza su importancia significativa y busca principios generales para ordenarla;

c) la *sabiduría*, que vincula el conocimiento con las opciones vitales o valores que podemos elegir, intentando establecer cómo vivir mejor de acuerdo con lo que sabemos.

Creo que la ciencia se mueve entre el nivel *a)* y el *b)* de conocimiento, mientras que la filosofía opera entre el *b)* y el *c)*. De modo que no hay información propiamente filosófica, pero sí puede haber conocimiento filosófico y nos gustaría llegar a que hubiese también sabiduría filosófica. ¿Es posible lograr tal cosa? Sobre todo: ¿se puede *enseñar* tal cosa?

Busquemos otra perspectiva a partir de un nuevo ejemplo o, por decirlo con más exactitud, utilizando una metáfora.

Imaginemos que nos situamos en el museo del Prado frente a uno de sus cuadros más célebres, *El jardín de las delicias* de Hieronymus Bosch, llamado El Bosco. ¿Qué formas de *entendimiento* podemos tener de esa obra maestra? Cabe en primer lugar que realicemos un análisis físico-químico de la textura del lienzo empleado por el pintor, de la composición de los diversos pigmentos que sobre él se extienden o incluso que utilicemos los rayos X para localizar rastros de otras imágenes o esbozos ocultos bajo la pintura principal. A fin de cuentas, el cuadro es un objeto material, una cosa entre las demás cosas que puede ser pesada, medida, analizada, desmenuzada, etc. Pero también es, sin duda, una superficie donde por medio de colores y formas se representan cierto número de figuras. De modo que para entender el cuadro también cabe realizar el inventario completo de todos los personajes y escenas que aparecen en él, sean personas, animales, engendros demoníacos, vegetales, cosas, etc., así como dejar constancia de su distribución en cada uno de los tres cuerpos del tríptico. Sin embargo, tantos muñecos y maravillas no son meramente gratuitos ni aparecieron un día porque sí sobre la superficie de la tela. Otra manera de entender la obra será dejar constancia de que su autor (al que los contemporáneos también se referían con el nombre de Jeroen Van Aeken) nació en 1450 y murió en 1516. Fue un destacado pintor de la escuela flamenca, cuyo estilo directo, rápido y de tonos delicados marca el final de la pintura medieval. Los temas que representa, sin embargo, pertenecen al mundo religioso y simbólico de la Edad Media, aunque interpretado con gran libertad subjetiva. Una labor paciente puede desentrañar —o intentar desentrañar— el contenido alegórico de muchas de sus imágenes según la iconografía de la época; el resto bien podría ser elucidado de acuerdo con la hermenéutica onírica del psicoanálisis de Freud. Por otra parte, *El jardín de las delicias* es una obra del período medio en la producción del artista, como *Las tentaciones de san Antonio* conservadas en el Museo de Lisboa, antes de que cambiase la escala de representación y la disposición de las figuras en sus cuadros posteriores, etc.

Aún podríamos imaginar otra vía para entender el cuadro, una perspectiva que no ignorase ni descartase ninguna de las anteriores pero que pretendiera abarcarlas juntamente en la medida de lo posible, aspirando a comprenderlo en su *totalidad*. Desde este punto de vista más ambicioso, *El jardín de las delicias* es un objeto material pero también un testimonio histórico, una lección mitológica, una sátira de las ambiciones humanas y una expresión plástica de la personalidad más recóndita de su autor. Sobre todo, es algo profundamente significativo que nos interpela *personalmente* a cada uno de quienes lo vemos tantos siglos después de que fuera pintado, que se refiere a cuanto sabemos, fantaseamos o deseamos de la realidad y que nos remite a las demás formas simbólicas o artísticas de habitar el mundo, a cuanto nos hace pensar, reír o cantar, a la condición vital que compartimos todos los humanos tanto vivos como muertos o aún no nacidos... Esta última perspectiva, que nos lleva desde lo que es el cuadro a lo que somos nosotros, y luego a lo que es la realidad toda para retornar de nuevo al cuadro mismo, será el ángulo de consideración que podemos llamar filosófico. Y, claro está, hay una perspectiva de entendimiento filosófico sobre cada cosa, no exclusivamente sobre las obras maestras de la pintura.

Volvamos otra vez a intentar precisar la diferencia esencial entre *ciencia* y *filosofía*. Lo primero que salta a la vista no es lo que las distingue sino lo que las asemeja: tanto la ciencia como la filosofía intentan contestar *preguntas* suscitadas por la realidad. De hecho, en sus orígenes, ciencia y filosofía estuvieron unidas y sólo a lo largo de los siglos la física, la química, la astronomía o la psicología se fueron independizando de su común matriz filosófica. En la actualidad, las ciencias pretenden explicar cómo están hechas las cosas y cómo funcionan, mientras que la filosofía se centra más bien en lo que significan para nosotros; la ciencia debe adoptar el punto de vista impersonal para hablar sobre todos los temas (¡incluso cuando estudia a las personas mismas!), mientras que la filosofía siempre permanece consciente de que el conocimiento tiene necesariamente un sujeto, un protagonista humano. La ciencia aspira a conocer lo que hay y lo que sucede; la filosofía se pone a reflexionar sobre cómo cuenta para nosotros lo que sabemos que sucede y lo que hay. La ciencia multiplica las perspectivas y las áreas de conocimiento, es decir fragmenta y especializa el saber; la filosofía se empeña en relacionarlo todo con todo lo demás, intentando enmarcar los saberes en un panorama teórico que sobrevuele la diversidad desde esa aventura unitaria que es pensar, o sea ser humanos. La ciencia desmonta las apariencias de lo real en elementos teóricos invisibles, ondulatorios o corpusculares, matematizables, en elementos abstractos inadvertidos; sin ignorar ni desdeñar ese análisis, la filosofía rescata *la realidad humanamente vital de lo aparente*, en la que transcurre la peripecia de nuestra existencia concreta (v. gr.: la ciencia nos revela que los árboles y las mesas están compuestos de electrones, neutrones, etc., pero la filosofía, sin minimizar esa revelación, nos devuelve a una realidad humana entre árboles y mesas). La ciencia busca saberes y no meras suposiciones; la filosofía quiere saber lo que supone para nosotros el conjunto de nuestros saberes... ¡y hasta si son verdaderos saberes o ignorancias disfrazadas! Porque la filosofía suele preguntarse principalmente sobre cuestiones que los científicos (y por supuesto la gente corriente) dan ya por supuestas o evidentes. Lo apunta bien Thomas Nagel, actualmente profesor de filosofía en una universidad de Nueva York: «La principal ocupación de la filosofía es cuestionar y aclarar algunas ideas muy comunes que todos nosotros usamos cada día sin pensar sobre ellas. Un historiador puede preguntarse qué sucedió en tal momento del pasado, pero un filósofo preguntará: ¿qué es el tiempo? Un matemático puede investigar las relaciones entre los números pero un filósofo preguntará: ¿qué es un número? Un físico se preguntará de qué están hechos los átomos o qué explica la gravedad, pero un filósofo preguntará: ¿cómo podemos saber que hay algo fuera de nuestras mentes? Un psicólogo puede investigar cómo los niños aprenden un lenguaje, pero un filósofo preguntará: ¿por qué una palabra significa algo? Cualquiera puede preguntarse si está mal colarse en el cine sin pagar, pero un filósofo preguntará: ¿por qué una acción es buena o mala?»[3]

En cualquier caso, tanto las ciencias como las filosofías contestan a preguntas suscitadas por lo real. Pero a tales preguntas las ciencias brindan *soluciones*, es decir, contestaciones que satisfacen de tal modo la cuestión planteada que la anulan y disuelven. Cuando una contestación científica funciona como tal ya no tiene sentido insistir en la pregunta, que deja de ser interesante (una vez establecido que la composición del agua es H_2O deja de interesarnos seguir preguntando por la composición del agua y este conocimiento deroga automáticamente las otras soluciones propuestas por científicos anteriores, aunque abre la posibilidad de nuevos interrogantes). En cambio, la filosofía no brinda soluciones sino *respuestas*, las cuales no anulan las preguntas pero nos permiten convivir racionalmente con ellas aunque sigamos planteándonoslas una y otra vez: por muchas respuestas filosóficas que conozcamos a la pregunta que inquiere sobre qué es la justicia o qué es el tiempo, nunca dejaremos de preguntarnos por el tiempo o la justicia ni descartaremos como ociosas o «superadas» las respuestas dadas a esas cuestiones por filósofos anteriores. Las respuestas filosóficas no solucionan las preguntas de lo real (aunque a veces algunos filósofos lo hayan creído así...) sino que más bien cultivan la pregunta, resaltan lo esencial de ese preguntar y nos ayudan a seguir preguntándonos, a preguntar cada vez mejor, a humanizarnos en la convivencia perpetua con la interrogación. Porque, ¿qué es el hombre sino *el animal que pregunta* y que seguirá preguntando más allá de cualquier respuesta imaginable?

Hay preguntas que admiten solución satisfactoria y tales preguntas son las que se hace la ciencia; otras creemos imposible que lleguen a ser nunca totalmente solucionadas y res-

3. *What does it all mean?*, de T. Nagel, Oxford University Press, Oxford.

ponderlas —siempre insatisfactoriamente— es el empeño de la filosofía. Históricamente ha sucedido que algunas preguntas empezaron siendo competencia de la filosofía —la naturaleza y movimiento de los astros, por ejemplo— y luego pasaron a recibir solución científica. En otros casos, cuestiones en apariencia científicamente solventadas volvieron después a ser tratadas desde nuevas perspectivas científicas, estimuladas por dudas filosóficas (el paso de la geometría euclidiana a las geometrías no euclidianas, por ejemplo). Deslindar qué preguntas parecen hoy pertenecer al primero y cuáles al segundo grupo es una de las tareas críticas más importantes de los filósofos... y de los científicos. Es probable que ciertos aspectos de las preguntas a las que hoy atiende la filosofía reciban mañana solución científica, y es seguro que las futuras soluciones científicas ayudarán decisivamente en el replanteamiento de las respuestas filosóficas venideras, así como no sería la primera vez que la tarea de los filósofos haya orientado o dado inspiración a algunos científicos. No tiene por qué haber oposición irreductible, ni mucho menos mutuo menosprecio, entre ciencia y filosofía, tal como creen los malos científicos y los malos filósofos. De lo único que podemos estar ciertos es que *jamás* ni la ciencia ni la filosofía carecerán de preguntas a las que intentar responder...

Pero hay otra diferencia importante entre ciencia y filosofía, que ya no se refiere a los resultados de ambas sino al modo de llegar hasta ellos. Un científico puede utilizar las soluciones halladas por científicos anteriores sin necesidad de recorrer por sí mismo todos los razonamientos, cálculos y experimentos que llevaron a descubrirlas; pero cuando alguien quiere filosofar no puede contentarse con aceptar las respuestas de otros filósofos o citar su autoridad como argumento incontrovertible: ninguna respuesta filosófica será válida para él si no vuelve a recorrer por sí mismo el camino trazado por sus antecesores o intenta otro nuevo apoyado en esas perspectivas ajenas que habrá debido considerar personalmente. En una palabra, el itinerario filosófico tiene que ser *pensado* individualmente por cada cual, aunque parta de una muy rica tradición intelectual. Los logros de la ciencia están a disposición de quien quiera consultarlos, pero los de la filosofía sólo sirven a quien se decide a meditarlos por sí mismo.

Dicho de modo más radical, no sé si excesivamente radical: los avances científicos tienen como objetivo mejorar nuestro conocimiento colectivo de la realidad, mientras que filosofar ayuda a transformar y ampliar la visión personal del mundo de quien se dedica a esa tarea. Uno puede investigar científicamente por otro, pero no puede pensar filosóficamente por otro... aunque los grandes filósofos tanto nos hayan a todos ayudado a pensar. Quizá podríamos añadir que los descubrimientos de la ciencia hacen más fácil la tarea de los científicos posteriores, mientras que las aportaciones de los filósofos hacen cada vez más complejo (aunque también más rico) el empeño de quienes se ponen a pensar después que ellos. Por eso probablemente Kant observó que no se puede enseñar filosofía sino sólo a filosofar: porque no se trata de transmitir un saber ya concluido por otros que cualquiera puede aprenderse como quien se aprende las capitales de Europa, sino de un *método*, es decir un camino para el pensamiento, una forma de mirar y de argumentar.

«Sólo sé que no sé nada», comenta Sócrates, y se trata de una afirmación que hay que tomar —a partir de lo que Platón y Jenofonte contaron acerca de quien la profirió— de modo *irónico*. «Sólo sé que no sé nada» debe entenderse como: «No me satisfacen ninguno de los saberes de los que vosotros estáis tan contentos. Si saber consiste en eso, yo no debo saber nada porque veo objeciones y falta de fundamento en vuestras certezas. Pero por lo menos sé que no sé, es decir que encuentro argumentos para no fiarme de lo que comúnmente se llama saber. Quizá vosotros sepáis verdaderamente tantas cosas como parece y, si es así, deberíais ser capaces de responder mis preguntas y aclarar mis dudas. Examinemos juntos lo que suele llamarse saber y desechemos cuanto los supuestos expertos no puedan resguardar del vendaval de mis interrogaciones. No es lo mismo saber de veras que limitarse a repetir lo que comúnmente se tiene por sabido. Saber que no se sabe es preferible a considerar como sabido lo que no hemos pensado a fondo nosotros mismos. Una vida sin examen, es decir la vida de quien no sopesa las respuestas que se le ofrecen para las preguntas esenciales ni trata de responderlas personalmente, no merece la pena de vivirse.» O sea que la filosofía, antes de proponer teorías que resuelvan nuestras perplejidades, debe quedarse perpleja. Antes de ofrecer las respuestas verdaderas, debe dejar claro por qué no le convencen las respuestas falsas. Una cosa es saber después de haber pensado y discutido, otra muy distinta es adoptar los saberes que nadie discute para no tener que pensar. Antes de llegar a saber, filosofar es *defenderse* de quienes creen saber y no hacen sino repetir errores ajenos. Aún más importante que establecer conocimientos es ser capaz de criticar lo que conocemos mal o no conocemos aunque creamos conocerlo: antes de saber por qué afirma lo que afirma, el filósofo debe saber al menos por qué duda de lo que afirman los demás o por qué no se decide a afirmar a su vez. Y esta función negativa, defensiva, crítica, ya tiene un valor en sí misma, aunque no vayamos más allá y aunque en el mundo de los que creen que saben el filósofo sea el único que acepta no saber pero conoce al menos su ignorancia.

¿Enseñar a filosofar aún, a finales del siglo XX, cuando todo el mundo parece que no quiere más que soluciones inmediatas y prefabricadas, cuando las preguntas que se aventuran hacia lo insoluble resultan tan incómodas? Planteemos de otro modo la cuestión: ¿acaso no es *humanizar* de forma plena la principal tarea de la educación?, ¿hay otra dimensión más propiamente humana, más necesariamente humana que la inquietud que desde hace siglos lleva a filosofar?, ¿puede la educación prescindir de ella y seguir siendo humanizadora en el sentido libre y antidogmático que necesita la sociedad democrática en la que queremos vivir?

De acuerdo, aceptemos que hay que intentar enseñar a los jóvenes filosofía o, mejor dicho, a filosofar. Pero ¿cómo llevar a cabo esa enseñanza, que no puede ser sino una invitación a que cada cual filosofe por sí mismo? Y ante todo: ¿por dónde empezar?

Capítulo primero

La muerte para empezar

Recuerdo muy bien la primera vez que comprendí de veras que antes o después *tenía* que morirme. Debía andar por los diez años, nueve quizá, eran casi las once de una noche cualquiera y estaba ya acostado. Mis dos hermanos, que dormían conmigo en el mismo cuarto, roncaban apaciblemente. En la habitación contigua mis padres charlaban sin estridencias mientras se desvestían y mi madre había puesto la radio que dejaría sonar hasta tarde, para prevenir mis espantos nocturnos. De pronto me senté a oscuras en la cama: ¡yo *también* iba a morirme!, ¡era lo que me tocaba, lo que irremediablemente me correspondía!, ¡no había escapatoria! No sólo tendría que soportar la muerte de mis dos abuelas y de mi querido abuelo, así como la de mis padres, sino que yo, yo mismo, no iba a tener más remedio que morirme. ¡Qué cosa tan rara y terrible, tan peligrosa, tan incomprensible, pero sobre todo qué cosa tan irremediablemente *personal*!

A los diez años cree uno que todas las cosas importantes sólo les pueden pasar a los mayores: repentinamente se me reveló la primera gran cosa importante —de hecho, la más importante de todas— que sin duda ninguna me iba a pasar a mí. Iba a morirme, naturalmente dentro de muchos, muchísimos años, después de que se hubieran muerto mis seres queridos (todos menos mis hermanos, más pequeños que yo y que por tanto me sobrevivirían), pero de todas formas iba a morirme. Iba a morirme *yo*, a pesar de ser yo. La muerte ya no era un asunto ajeno, un problema de otros, ni tampoco una ley general que me alcanzaría cuando fuese mayor, es decir: cuando fuese otro. Porque también me di cuenta entonces de que cuando llegase mi muerte seguiría siendo yo, tan yo mismo como ahora que me daba cuenta de ello. Yo había de ser el protagonista de la verdadera muerte, la más auténtica e importante, la muerte de la que todas las demás muertes no serían más que ensayos dolorosos. ¡Mi muerte, la de mi yo! ¡No la muerte de los «tú», por queridos que fueran, sino la muerte del único «yo» que conocía personalmente! Claro que sucedería dentro de mucho tiempo pero... ¿no me estaba pasando en cierto sentido ya? ¿No era el darme cuenta de que iba a morirme —yo, yo mismo— también parte de la propia muerte, esa cosa tan importante que, a pesar de ser todavía un niño, me estaba pasando ahora a mí mismo y a nadie más?

Estoy seguro de que fue en ese momento cuando por fin empecé a *pensar*. Es decir, cuando comprendí la diferencia entre aprender o repetir pensamientos ajenos y tener un pensamiento verdaderamente *mío*, un pensamiento que me comprometiera personalmente, no un pensamiento alquilado o prestado como la bicicleta que te dejan para dar un paseo. Un pensamiento que se apoderaba de mí mucho más de lo que yo podía apoderarme de él. Un pensamiento del que no podía subirme o bajarme a voluntad, un pensamiento con el que no sabía qué hacer pero que resultaba evidente que me urgía a hacer algo, porque no era posible pasarlo por alto. Aunque todavía conservaba sin crítica las creencias religiosas de mi educación piadosa, no me parecieron ni por un momento alivios de la certeza de la muerte. Uno o dos años antes había visto ya mi primer cadáver, por sorpresa (¡y qué sorpresa!): un hermano lego recién fallecido expuesto en el atrio de la iglesia de los jesuitas de la calle Garibay de San Sebastián, donde mi familia y yo oíamos la misa dominical. Parecía una estatua cerúlea, como los Cristos yacentes que había visto en algunos altares, pero con la diferencia de que yo sabía que antes estaba vivo y ahora ya no. «Se ha ido al cielo», me dijo mi madre, algo incómoda por un espectáculo que sin duda me hubiese ahorrado de buena gana. Y yo pensé: «Bueno, estará en el cielo, pero también está aquí, muerto. Lo que desde luego no está es *vivo* en ninguna parte. A lo mejor estar en el cielo es mejor que estar vivo, pero no es lo mismo. Vivir se vive en este mundo, con un cuerpo que habla y anda, rodeado de gente como uno, no entre los espíritus... por estupendo que sea ser espíritu. Los espíritus también están muertos, también han tenido que padecer la muerte extraña y horrible, aún la padecen.» Y así, a partir de la revelación de mi muerte impensable, empecé a pensar.

Quizá parezca extraño que un libro que quiere iniciar en cuestiones filosóficas se abra con un capítulo dedicado a la muerte. ¿No desanimará un tema tan lúgubre a los neófitos? ¿No sería mejor comenzar hablando de la libertad o del amor? Pero ya he indicado que me propongo invitar a la filosofía a partir de mi propia experiencia intelectual y en mi caso fue la revelación de la muerte —de *mi* muerte— como certidumbre lo que me hizo ponerme a pensar. Y es que la evidencia de la muerte no sólo le deja a uno pensativo, sino que le vuelve a uno pensador. Por un lado, la conciencia de la muerte nos hace *madurar* personalmente: todos los niños se creen inmortales (los muy pequeños incluso piensan que son omnipotentes y que el mundo gira a su alrededor; salvo en los países o en las familias atroces donde los niños viven desde muy pronto amenazados por el exterminio y los ojos infantiles sorprenden por su fatiga mortal, por su anormal *veteranía*...), pero luego crecemos cuando la idea de la muerte crece dentro de nosotros. Por otro lado, la certidumbre personal de la muerte nos *humaniza*, es decir nos convierte en verdaderos humanos, en «mortales». Entre los griegos «humano» y «mortal» se decía con la misma palabra, como debe ser.

Las plantas y los animales no son mortales porque no saben que van a morir, no saben que *tienen* que morir: se mueren pero sin conocer nunca su vinculación individual, la de cada uno de ellos, con la muerte. Las fieras presienten el peligro, se entristecen con la enfermedad o la vejez, pero ignoran (¿o parece que ignoran?) su abrazo esencial con la necesidad de la muerte. No es mortal quien muere, sino quien está seguro de que va a morir. Aunque también podríamos decir que ni las plantas ni los animales están por eso mismo vivos en el mismo sentido en que lo estamos nosotros. Los auténticos vivientes somos sólo los mortales, porque sabemos que dejaremos de vivir y que en eso precisamente consiste la vida. Algunos dicen que los dioses inmortales existen y otros que no existen, pero nadie dice que estén *vivos*: sólo a Cristo se le ha llamado «Dios vivo» y eso porque cuentan que encarnó, se hizo hombre, vivió como nosotros y como nosotros tuvo que morir.

Por tanto no es un capricho ni un afán de originalidad comenzar la filosofía hablando de la conciencia de la muerte. Tampoco pretendo decir que el tema único, ni siquiera principal de la filosofía, sea la muerte. Al contrario, más bien creo que de lo que trata la filosofía es de la vida, de qué significa vivir y cómo vivir mejor. Pero resulta que es la muerte prevista la que, al hacernos mortales (es decir, humanos), nos convierte también en vivientes. Uno empieza a pensar la vida cuando se da por muerto. Hablando por boca de Sócrates en el diálogo *Fedón*, Platón dice que filosofar es «prepararse para morir». Pero ¿qué otra cosa puede significar «prepararse para morir» que pensar sobre la vida humana (mortal) que vivimos? Es precisamente la certeza de la muerte la que hace la vida —*mi* vida, única e irrepetible— algo tan mortalmente importante para mí. Todas las tareas y empeños de nuestra vida son formas de resistencia ante la muerte, que sabemos ineluctable. Es la conciencia de la muerte la que convierte la vida en un asunto muy serio para cada uno, algo que debe pensarse. Algo misterioso y tremendo, una especie de milagro precioso por el que debemos luchar, a favor del cual tenemos que esforzarnos y reflexionar. Si la muerte no existiera habría mucho que ver y mucho tiempo para verlo pero muy poco que hacer (casi todo lo hacemos para evitar morir) y nada en que pensar.

Desde hace generaciones, los aprendices de filósofos suelen iniciarse en el razonamiento lógico con este silogismo:

Todos los hombres son mortales;
Sócrates es hombre
luego
Sócrates es mortal.

No deja de ser interesante que la tarea del filósofo comience recordando el nombre ilustre de un colega condenado a muerte, en una argumentación por cierto que nos condena también a muerte a todos los demás. Porque está claro que el silogismo es igualmente válido si en lugar de «Sócrates» ponemos tu nombre, lector, el mío o el de cualquiera. Pero su significación va más allá de la mera corrección lógica. Si decimos

Todo A es B
C es A
luego
C es B

seguimos razonando formalmente bien y sin embargo las implicaciones materiales del asunto han cambiado considerablemente. A mí no me inquieta ser B si es que soy A, pero no deja de alarmarme que como soy hombre deba ser mortal. En el silogismo citado en primer lugar, además, queda seca pero claramente establecido el paso entre una constatación genérica e impersonal —la de que corresponde a todos los humanos el morir— y el destino individual de alguien (Sócrates, tú, yo...) que resulta ser humano, lo que en principio parece cosa prestigiosa y sin malas consecuencias para luego convertirse en una sentencia fatal. Una sentencia ya cumplida en el caso de Sócrates, aún pendiente en el nuestro. ¡Menuda diferencia hay entre saber que a *todos* debe pasarles algo terrible y saber que debe pasarme *a mí*! El agravamiento de la inquietud entre la afirmación general y la que lleva mi nombre como sujeto me revela lo único e irreductible de mi individualidad, el asombro que me constituye:

> *Murieron otros, pero ello aconteció en el pasado,*
> *que es la estación (nadie lo ignora) más propicia*
> *a la muerte.*
> *¿Es posible que yo, súbdito de Yaqub Almansur,*
> *muera como tuvieron que morir las rosas y*
> *Aristóteles?*[4]

Murieron otros, murieron todos, morirán todos, pero... ¿y yo? ¿Yo también? Nótese que la amenaza implícita, tanto en el silogismo antes citado como en los prodigiosos versos de Borges, estriba en que los protagonistas individuales (Sócrates, el moro medieval súbdito de Yaqub Almansur o Almanzor, Aristóteles...) están *ya* necesariamente muertos. Ellos también tuvieron que plantearse en su día el mismo destino irremediable que yo me planteo hoy: y no por planteárselo escaparon a él...

De modo que la muerte no sólo es necesaria sino que resulta el prototipo mismo de lo necesario en nuestra vida (si el silogismo empezara estableciendo que «todos los hombres comen, Sócrates es hombre, etc.», sería igual de justo desde un punto de vista fisiológico pero no tendría la misma *fuerza* persuasiva). Ahora bien, aparte de saberla necesaria hasta el punto de que ejemplifica la necesidad misma («necesario» es etimológicamente aquello que no cesa, que no cede, con lo

---

4. *Cuarteta*, de J. L. Borges, en «Obra poética completa», Alianza Editorial, Madrid.

que no cabe transacción ni pacto alguno), ¿qué otras cosas conocemos acerca de la muerte? Ciertamente bien pocas. Una de ellas es que resulta absolutamente personal e intrasferible: nadie puede morir por otro. Es decir, resulta imposible que nadie con su propia muerte pueda evitar a otro definitivamente el trance de morir también antes o después. El padre Maximilian Kolbe, que se ofreció voluntario en un campo de concentración nazi para sustituir a un judío al que llevaban a la cámara de gas, sólo le reemplazó ante los verdugos pero no ante la muerte misma. Con su heroico sacrificio le concedió un plazo más largo de vida y no la inmortalidad. En una tragedia de Eurípides, la sumisa Alcestis se ofrece para descender al Hades —es decir, para morir— en lugar de su marido Admeto, un egoísta de mucho cuidado. Al final tendrá que ser Hércules el que baje a rescatarla del reino de los muertos y arregle un tanto el desafuero. Pero ni siquiera la abnegación de Alcestis hubiera logrado que Admeto escapase para siempre a su destino mortal, sólo habría podido retrasarlo: la deuda que todos tenemos con la muerte la debe pagar cada cual con su propia vida, no con otra. Ni siquiera otras funciones biológicas esenciales, como comer o hacer el amor, parecen tan intrasferibles: después de todo, alguien puede consumir mi ración en el banquete al que debería haber asistido o hacer el amor a la persona a la que yo hubiera podido y querido amar también, incluso me podrían alimentar por la fuerza o hacerme renunciar al sexo para siempre. En cambio la muerte, *mi* muerte o la de otro, siempre lleva nombre y apellidos insustituibles. Por eso la muerte es lo más individualizador y a la vez lo más igualitario: en ese trance, nadie es más ni menos que nadie, sobre todo nadie puede ser *otro* del que es. Al morir, cada cual es definitivamente él mismo y nadie más. Lo mismo que al nacer traemos al mundo lo que nunca antes había sido, al morir nos llevamos lo que nunca volverá a ser.

Una cosa más sabemos de la muerte: que no sólo es cierta sino perpetuamente *inminente*. Morirse no es cosa de viejos ni de enfermos: desde el primer momento en que empezamos a vivir, ya estamos listos para morirnos. Como dice la sabiduría popular, nadie es tan joven que no pueda morir ni tan viejo que no pueda vivir un día más. Por muy sanos que nos encontremos, la acechanza de la muerte no nos abandona y no es raro morir —por accidente o por crimen— en perfecto estado de salud. Y es que ya lo señaló muy bien Montaigne: no morimos porque estemos enfermos sino porque estamos vivos. Pensándolo bien, siempre estamos *a la misma distancia* de la muerte. La diferencia importante no reside entre estar sano o enfermo, seguro o en peligro, sino entre estar vivo o muerto, es decir entre estar o no estar. Y no hay término medio: nadie puede sentirse de veras «medio muerto», eso no es más que una simple forma figurada de hablar, porque mientras hay vida todo puede arreglarse, pero la muerte es necesariamente irrevocable. En fin, lo característico de la muerte es que nunca podemos decir que estemos a resguardo de ella ni que nos alejemos, aunque sea momentáneamente, de su imperio: aunque a veces no sea *probable*, la muerte siempre es *posible*.

Fatalmente necesaria, perpetuamente inminente, íntimamente intransferible, solitaria... cuanto sabemos acerca de la muerte es muy seguro (a ella se refieren algunos de los conocimientos más *indudables* que tenemos) pero no nos la hacen más familiar ni menos inescrutable. En el fondo, la muerte sigue siendo lo más desconocido. Sabemos cuándo alguien está muerto pero ignoramos qué es morirse *visto desde dentro*. Creo saber más o menos lo que es morirse, pero no lo que es morirme. Algunas grandes obras literarias —como el incomparable relato de Leon Tolstói *La muerte de Iván Illich* o la tragicomedia de Eugène Ionesco *El rey se muere*— pueden aproximarnos a una comprensión mejor del asunto, aunque dejando siempre abiertos los interrogantes fundamentales. Por lo demás, a través de los siglos ha habido sobre la muerte muchas leyendas, muchas promesas y amenazas, muchos cotilleos. Relatos muy antiguos —tan antiguos verosímilmente como la especie humana, es decir, como esos animales que se hicieron humanos al comenzar a preguntarse por la muerte— y que forman la base universal de las religiones. Bien mirado, todos los dioses del santoral antropológico son dioses de la muerte, dioses que se ocupan del significado de la muerte, dioses que reparten premios, castigos o reencarnación, dioses que guardan la llave de la vida eterna frente a los mortales. Ante todo, los dioses son inmortales: nunca mueren y cuando juegan a morirse luego resucitan o se convierten en otra cosa, pasan por una metamorfosis. En todas partes y en todos los tiempos la religión ha servido para dar sentido a la muerte. Si la muerte no existiese, no habría dioses: mejor dicho, los dioses seríamos nosotros, los humanos mortales, y viviríamos en el ateísmo *divinamente*...

Las leyendas más antiguas no pretenden consolarnos de la muerte sino sólo explicar su inevitabilidad. La primera gran epopeya que se conserva, la historia del héroe Gilgamesh, se compuso en Sumeria aproximadamente 2.700 años antes de J.C. Gilgamesh y su amigo Enkidu, dos valientes guerreros y cazadores, se enfrentan a la diosa Isthar, que da muerte a Enkidu. Entonces Gilgamesh emprende la búsqueda del remedio de la muerte, una hierba mágica que renueva la juventud para siempre, pero la pierde cuando está a punto de conseguirla. Después aparece el espíritu de Enkidu, que explica a su amigo los sombríos secretos del reino de los muertos, al cual Gilgamesh se resigna a acudir cuando llegue su hora. Ese reino de los muertos no es más que un siniestro reflejo de la vida que conocemos, un lugar profundamente triste. Lo mismo que el Hades de los antiguos griegos. En la *Odisea* de Homero, Ulises convoca los espíritus de los muertos y entre ellos acude su antiguo compañero Aquiles. Aunque su sombra sigue siendo tan majestuosa entre los difuntos como lo fue entre los vivos, le confiesa a Ulises que preferiría ser el último porquerizo en el mundo de los vivos que rey en las orillas de la muerte. Nada deben envidiar los vivos a los muertos. En cambio, otras religiones posteriores, como la cristiana, prometen una existencia más feliz y luminosa que la vida terrenal para quienes hayan cumplido los preceptos de la divinidad (por contrapartida, aseguran una eternidad de refinadas torturas a los que han sido desobedientes). Digo «existencia» porque a tal promesa no le cuadra el nombre de «vida» verdadera. La vida, en el único sentido de la palabra que conocemos, está hecha de cambios, de oscilaciones entre lo mejor y lo peor, de imprevistos. Una eterna bienaventuranza o una eterna condena son formas inacabables de congelación en el mismo gesto pero no modalidades de vida. De modo que ni siquiera las religiones con mayor garantía *post mortem* aseguran la «vida» eterna: sólo prometen la eterna existencia o duración, lo que no es lo mismo que la vida humana, que nuestra vida.

Además, ¿cómo podríamos «vivir» de veras donde faltase la posibilidad de morir? Miguel de Unamuno sostuvo con fiero ahínco que sabernos mortales como especie pero no querer morirnos como personas es precisamente lo que individualiza a cada uno de nosotros. Rechazó vigorosamente la muerte —sobre todo en su libro admirable *Del sentimiento trágico de la vida*— pero con no menos vigor sostuvo que en este mundo y en el otro, caso de haberlo, quería conservar su personalidad, es decir no limitarse a seguir existiendo de cualquier modo sino como don Miguel de Unamuno y Jugo. Ahora bien, aquí se plantea un serio problema teórico porque si nuestra individualidad personal proviene del conocimiento mismo de la muerte y de su rechazo, ¿cómo podría Unamuno seguir siendo Unamuno cuando fuese ya inmortal, es decir cuando no hubiese muerte que temer y rechazar? La única vida eterna compatible con nuestra personalidad individual sería una vida en la que la muerte estuviese presente pero como posibilidad perpetuamente aplazada, algo siempre temible pero que no llegase de hecho jamás. No es fácil imaginar tal cosa ni siquiera como esperanza trascendente, de ahí lo que Unamuno llamó «el sentimiento trágico de la vida». En fin, quién sabe...

Desde luego, la idea de seguir viviendo de algún modo bueno o malo después de haber muerto es algo a la par inquietante y contradictorio. Un intento de no tomarse la muerte en serio, de considerarla mera apariencia. Incluso una pretensión de rechazar o disfrazar en cierta manera nuestra mortalidad, es decir, nuestra humanidad misma. Es paradójico que denominemos habitualmente «creyentes» a las personas de convicciones religiosas, porque lo que les caracteriza sobre todo no es aquello en lo que creen (cosas misteriosamente vagas y muy diversas) sino aquello en lo que *no* creen: lo más obvio, necesario y omnipresente, es decir, en la muerte. Los llamados «creyentes» son en realidad los «incrédulos» que niegan la realidad última de la muerte. Quizá la forma más sobria de afrontar esa inquietud —sabemos que vamos a morir pero no podemos *imaginarnos* realmente muertos— es la de Hamlet en la tragedia de William Shakespeare, cuando dice: «Morir, dormir... ¡tal vez soñar!» En efecto, la suposición de una especie de supervivencia después de la muerte debe habérsele ocurrido a nuestros antepasados a partir del parecido entre alguien profundamente dormido y un muerto. Creo que si no soñásemos al dormir, nadie hubiese pensado nunca en la posibilidad asombrosa de una vida después de la muerte. Pero si cuando estamos quietos, con los ojos cerrados, aparentemente ausentes, profundamente dormidos, sabemos que en sueños viajamos por distintos paisajes, hablamos, reímos o amamos... ¿por qué a los muertos no debería ocurrirles lo mismo? De este modo los sueños placenteros debieron dar origen a la idea del paraíso y las pesadillas sirvieron de premonición al infierno. Si puede decirse que «la vida es sueño», como planteó Calderón de la Barca en una famosa obra teatral, aún con mayor razón cabe sostener que la llamada otra vida —la que habría más allá de la muerte— está también inspirada por nuestra facultad de soñar...

Sin embargo, el dato más evidente acerca de la muerte es que suele producir dolor cuando se trata de la muerte ajena pero sobre todo que causa *miedo* cuando pensamos en la muerte propia. Algunos temen que después de la muerte haya algo terrible, castigos, cualquier amenaza desconocida; otros, que no haya nada y esa nada les resulta lo más aterrador de todo. Aunque ser algo —o, mejor dicho, alguien— no carezca de incomodidades y sufrimientos, no ser nada parece todavía mucho peor. Pero ¿por qué? En su *Carta a Meneceo*, el sabio Epicuro trata de convencernos de que la muerte no puede ser nada temible para quien reflexione sobre ella. Por supuesto, los verdugos y horrores infernales no son más que fábulas para asustar a los díscolos que no deben inquietar a nadie prudente a juicio de Epicuro. Pero tampoco en la muerte misma, por su propia naturaleza, hay nada que temer porque nunca *coexistimos* con ella: mientras estamos nosotros, no está la muerte; cuando llega la muerte, dejamos de estar nosotros. Es decir, según Epicuro, lo importante es que indudablemente nos morimos pero nunca *estamos* muertos. Lo temible sería quedarse consciente de la muerte, quedarse de algún modo presente pero sabiendo que uno ya se ha ido del todo, cosa evidentemente absurda y contradictoria. Esta argumentación de Epicuro resulta irrefutable y sin embargo no acaba de tranquilizarnos totalmente, quizá porque la mayoría no somos tan razonables como Epicuro hubiera querido.

¿Acaso resulta tan terrible no ser? A fin de cuentas, durante mucho tiempo no fuimos y eso no nos hizo sufrir en modo alguno. Tras la muerte iremos (en el supuesto de que el verbo «ir» sea aquí adecuado) al mismo sitio o ausencia de todo sitio donde estuvimos (¿o no estuvimos?) antes de nacer. Lucrecio, el gran discípulo romano del griego Epicuro, constató este paralelismo en unos versos merecidamente inolvidables:

> *Mira también los siglos infinitos*
> *que han precedido a nuestro nacimiento*
> *y nada son para la vida nuestra.*
> *Naturaleza en ellos nos ofrece*
> *como un espejo del futuro tiempo,*

por último, después de nuestra muerte.
¿Hay algo aquí de horrible y enfadoso?
¿No es más seguro que un profundo sueño?[5]

Inquietarse por los años y los siglos en que *ya* no estaremos entre los vivos resulta tan caprichoso como preocuparse por los años y los siglos en que *aún* no habíamos venido al mundo. Ni antes nos dolió no estar ni es razonable suponer que luego nos dolerá nuestra definitiva ausencia. En el fondo, cuando la muerte nos hiere a través de la imaginación —¡pobre de mí, todos tan felices disfrutando del sol y del amor, todos menos yo, que ya nunca más, nunca más...!— es precisamente *ahora* que todavía estamos vivos. Quizá deberíamos reflexionar un poco más sobre el asombro de haber nacido, que es tan grande como el espantoso asombro de la muerte. Si la muerte es no ser, ya la hemos vencido una vez: el día que nacimos. Es el propio Lucrecio quien habla en su poema filosófico de la *mors aeterna*, la muerte eterna de lo que nunca ha sido ni será. Pues bien, nosotros seremos mortales pero de la muerte eterna ya nos hemos escapado. A esa muerte enorme le hemos robado un cierto tiempo —los días, meses o años que hemos vivido, cada instante que seguimos viviendo— y ese tiempo pase lo que pase siempre será nuestro, de los triunfalmente nacidos, y nunca suyo, pese a que también debamos luego irremediablemente morir. En el siglo XVIII, uno de los espíritus más perspicaces que nunca han sido —Lichtenberg— daba la razón a Lucrecio en uno de sus célebres aforismos: «¿Acaso no hemos ya resucitado? En efecto, provenimos de un estado en el que sabíamos del presente menos de lo que sabemos del futuro. Nuestro estado anterior es al presente lo que el presente es el futuro.»

Pero tampoco faltan objeciones contra el planteamiento citado de Lucrecio y alguna precisamente a partir de lo ob-

5. *De Rerum Natura*, de Lucrecio, libro III, 1336-1344, trad. de José Marchena, col. Austral.

servado por Lichtenberg. Cuando yo aún no era, no había
ningún «yo» que echase de menos llegar a ser; nadie me pri-
vaba de nada puesto que yo aún no existía, es decir, no tenía
conciencia de estarme perdiendo nada no siendo nada. Pero
ahora ya he vivido, conozco lo que es vivir y puedo prever lo
que perderé con la muerte. Por eso hoy la muerte me preocupa, es decir, me ocupa de antemano con el temor a perder lo
que tengo. Además, los males futuros son peores que los pasados porque nos torturan ya con su temor desde ahora mismo. Hace tres años padecí una operación de riñón; supongamos que supiese con certeza que dentro de otros tres debo sufrir otra semejante. Aunque la operación pasada ya no me
duele y la futura aún no debiera dolerme, lo cierto es que no
me impresionan de idéntico modo: la venidera me preocupa
y asusta mucho más, porque se me está acercando mientras
la otra se aleja... Aunque fuesen objetivamente idénticas, subjetivamente no lo son porque no es tan inquietante un recuerdo desagradable como una amenaza. En este caso el espejo del pasado no refleja simétricamente el daño futuro y
quizá en el asunto de la muerte tampoco.

De modo que la muerte nos hace pensar, nos convierte a
la fuerza en pensadores, en seres pensantes, pero a pesar de
todo seguimos sin saber qué pensar de la muerte. En una
de sus *Máximas* asegura el duque de La Rochefoucauld que
«ni el sol ni la muerte pueden mirarse de frente». Nuestra recién inaugurada vocación de pensar se estrella contra la
muerte, no sabe por dónde cogerla. Vladimir Jankélevitch, un
pensador contemporáneo, nos reprocha que frente a la muerte no sabemos qué hacer, por lo que oscilamos «entre la siesta y la angustia». Es decir, que ante ella procuramos aturdir-
nos para no temblar o temblamos hasta la abyección . Existe
en castellano una copla popular que se inclina también por la
siesta, diciendo más o menos así:

Cuando algunas veces pienso
que me tengo que morir,

tiendo la manta en el suelo
y me harto de dormir.

Resulta un pobre subterfugio, cuando la única alternativa es la angustia. Ni siquiera hay tal alternativa, porque muy bien pudiéramos constantemente ir de lo uno a lo otro, oscilando entre el aturdimiento que no quiere mirar y la angustia que mira pero no ve nada. ¡Mal dilema!

En cambio, uno de los mayores filósofos, Spinoza, considera que este bloqueo no debe desanimarnos: «Un hombre libre en nada piensa menos que en la muerte y su sabiduría no es una meditación de la muerte, sino de la vida.»[6] Lo que pretende señalar Spinoza, si no me equivoco, es que en la muerte no hay nada *positivo* que pensar. Cuando la muerte nos angustia es por algo negativo, por los goces de la vida que perderemos con ella en el caso de la muerte propia o porque nos deja sin las personas amadas si se trata de la muerte ajena; cuando la vemos con alivio (no resulta imposible considerar la muerte un bien en ciertos casos) es también por lo negativo, por los dolores y afanes de la vida que su llegada nos ahorrará. Sea temida o deseada, en sí misma la muerte es pura negación, reverso de la vida que por tanto de un modo u otro nos remite siempre a la vida misma, como el negativo de una fotografía está pidiendo siempre ser positivado para que lo veamos mejor. Así que la muerte sirve para hacernos pensar, pero no sobre la muerte sino sobre la vida. Como en un frontón impenetrable, el pensamiento despertado por la muerte rebota contra la muerte misma y vuelve para botar una y otra vez sobre la vida. Más allá de cerrar los ojos para no verla o dejarnos cegar estremecedoramente por la muerte, se nos ofrece la alternativa mortal de intentar comprender la vida. Pero ¿cómo podemos comprenderla? ¿Qué instrumento utilizaremos para ponernos a pensar sobre ella?

6. *Ética*, de B. Spinoza, parte IV, prop. LXVII.

Da que pensar...

¿En qué sentido nos hace la muerte realmente humanos? ¿Hay algo más personal que la muerte? ¿No es pensar precisamente hacerse consciente de nuestra personal humanidad? ¿Sirve la muerte como paradigma de la necesidad, incluso de la necesidad lógica? ¿Son mortales los animales en el mismo sentido en que lo somos nosotros? ¿Por qué puede decirse que la muerte es intransferible*? ¿En qué sentido la muerte es siempre inminente y no depende de la edad o las enfermedades? ¿Puede haber vinculación entre los sueños y la esperanza de inmortalidad? ¿Por qué dice Epicuro que no debemos temer a la muerte? ¿Y cómo apoya Lucrecio esa argumentación? ¿Logran efectivamente consolarnos o sólo buscan darnos serenidad? ¿Hay algo positivo que pensar en la muerte? ¿Por qué puede la muerte despertarnos a un pensamiento que se centrará después sobre la vida?*

CAPÍTULO SEGUNDO

Las verdades de la razón

La muerte, con su urgencia, ha despertado mi apetito de saber cosas sobre la vida. Quiero dar respuesta a mil preguntas sobre mí mismo, sobre los demás, sobre el mundo que nos rodea, sobre los otros seres vivos o inanimados, sobre cómo vivir mejor: me pregunto qué significa todo este lío en que me veo metido —un lío necesariamente *mortal*— y cómo me las puedo arreglar en él. Todas esas interrogaciones me asaltan una y otra vez; procuro sacudírmelas de encima, reírme de ellas, aturdirme para no pensar, pero vuelven con insistencia tras breves momentos de tregua. ¡Y menos mal que vuelven! Porque si no volviesen sería señal de que la noticia de mi muerte no ha servido más que para asustarme, de que ya estoy muerto en cierto sentido, de que no soy capaz más que de esconder la cabeza bajo las sábanas en lugar de utilizarla. Querer saber, querer pensar: eso equivale a querer estar verdaderamente vivo. Vivo *frente a* la muerte, no atontado y anestesiado esperándola.

Bien, tengo muchas preguntas sobre la vida. Pero hay una previa a todas ellas, fundamental: la de cómo contestarlas aunque sea de modo parcial. La pregunta previa a todas es: ¿cómo contestaré a las preguntas que la vida me sugiere? Y si no puedo responderlas convincentemente, ¿cómo lograr *entenderlas* mejor? A veces entender mejor lo que uno pregunta ya es casi una respuesta. Pregunto lo que no sé, lo que aún no sé, lo que quizá nunca llegue a saber, incluso a veces ni siquiera sé del todo lo que pregunto. En una palabra, la primera de todas las preguntas que debo intentar responder es ésta: ¿cómo llegaré a saber lo que no sé? O quizá: ¿cómo puedo saber qué es lo que quiero saber?, ¿qué busco preguntando?, ¿de dónde puede venirme alguna respuesta más o menos válida?

Para empezar, la pregunta nunca puede nacer de la pura ignorancia. Si no supiera nada o no creyese al menos saber algo, ni siquiera podría hacer preguntas. Pregunto desde lo que sé o creo saber, porque me parece insuficiente y dudoso. Imaginemos que bajo mi cama existe sin que yo lo sepa un pozo lleno de raras maravillas: como no tengo ni idea de que haya tal escondrijo, es imposible que me pregunte jamás cuántas maravillas hay, en qué consisten ni por qué son tan maravillosas. En cambio puedo preguntarme de qué están hechas las sábanas de mi cama, cuántas almohadas tengo en ella, cómo se llama el carpintero que la fabricó, cuál es la postura más cómoda para descansar en ese lecho y quizá si debo compartirlo con alguien o mejor dormir solo. Soy capaz de plantearme estas cuestiones porque al menos parto de la base de que estoy en una cama, con sábanas, almohadas, etc. Incluso podría asaltarme también la duda de si estoy realmente en una cama y no en el interior de un cocodrilo gigante que me ha devorado mientras hacía la siesta. Todas estas dudas sobre si estoy en una cama o cómo es mi cama sólo son posibles porque al menos creo saber aproximadamente lo que es una cama. Acerca de lo que no sé absolutamente nada (como el supuesto agujero lleno de maravillas bajo mi lecho) ni siquiera puedo dudar o hacer preguntas.

Así que debo empezar por someter a examen los conocimientos que ya creo tener. Y sobre ellos me puedo hacer al menos otras tres preguntas:

epistomología

a)   ¿cómo los he obtenido? (¿cómo he llegado a saber lo que sé o creo saber?);

b)   ¿hasta qué punto estoy seguro de ellos?;

c)   ¿cómo puedo ampliarlos, mejorarlos o, en su caso, sustituirlos por otros más fiables?

Hay cosas que sé porque me las han dicho otros. Mis padres me enseñaron, por ejemplo, que es bueno lavarse las manos antes de comer y que cuatro esquinitas tiene mi cama y cuatro angelitos que me la guardan. Aprendí que las canicas *marbles* de cristal valen más que las de barro porque me lo dijeron los niños de mi clase en el patio de recreo. Un amigo muy ligón *"chulo"* me reveló en la adolescencia que cuando te acercas a dos chicas hay que hablar primero con la más fea para que la guapa se vaya fijando en ti. Más tarde otro amigo, éste muy viajero, me informó de que el mejor restaurante de la mítica Nueva York se llama Four Seasons. Y hoy he leído en el periódico que el presidente ruso Yeltsin es muy aficionado al vodka. La mayoría de mis conocimientos provienen de fuentes semejantes a éstas.

Hay otras cosas que sé porque las he estudiado. De los borrosos recuerdos de la geografía de mi infancia tengo la noticia de que la capital de Honduras se llama asombrosamente Tegucigalpa. Mis someros estudios de geometría me convencieron de que la línea recta es la distancia más corta entre dos puntos mientras que las líneas paralelas sólo se juntan en el infinito. También creo recordar que la composición química del agua es H_2O. Como aprendí francés de pequeño puedo decir «*j'ai perdu ma plume dans le jardin de ma tante*» para informar a un parisino de que he perdido mi pluma en el jardín de mi tía (cosa, por cierto, que nunca me ha pasado). Lástima no haber sido nunca demasiado estudioso porque podría haber obtenido muchos más conocimientos por el mismo método.

Pero también sé muchas cosas por experiencia propia. Así, he comprobado que el fuego quema y que el agua moja, por ejemplo. También puedo distinguir los diferentes colores del arco iris, de modo que cuando alguien dice «azul» yo me imagino cierto tono que a menudo he visto en el cielo o en el mar. He visitado la plaza de San Marcos, en Venecia, y por tanto creo firmemente que es notablemente mayor que la entrañable plaza de la Constitución de mi San Sebastián natal. Sé lo que es el dolor porque he tenido varios cólicos nefríticos, lo que es el sufrimiento porque he visto morir a mi padre y lo que es el placer porque una vez recibí un beso estupendo de una chica en cierta estación. Conozco el calor, el frío, el hambre, la sed y muchas emociones, para algunas de las cuales ni siquiera tengo nombre. También conservo experiencia de los cambios que produjo en mí el paso de la infancia a la edad adulta y de otros más alarmantes que voy padeciendo al envejecer. Por experiencia sé también que cuando estoy dormido tengo sueños, sueños que se parecen asombrosamente a las visiones y sensaciones que me asaltan diariamente durante la vigilia... De modo que la experiencia me ha enseñado que puedo sentir, padecer, gozar, sufrir, dormir y tal vez soñar.

Ahora bien, ¿hasta qué punto estoy seguro de cada una de esas cosas que sé? Desde luego, no todas las creo con el mismo grado de certeza ni me parecen conocimientos igualmente fiables. Pensándolo bien, cualquiera de ellas puede suscitarme dudas. Creerme algo sólo porque otros me lo han dicho no es demasiado prudente. Podrían estar ellos mismos equivocados o querer engañarme: quizá mis padres me amaban demasiado para decirme siempre la verdad, quizá mi amigo viajero sabe poco de gastronomía o el ligón nunca fue un verdadero experto en psicología femenina... De las noticias que leo en los periódicos, para qué hablar; no hay más que comparar lo que se escribe en unos con lo que cuentan otros para ponerlo todo como poco en entredicho. Aunque ofrezcan mayores garantías, tampoco las materias de estudio son absolutamente fiables. Muchas cosas que estudié de joven hoy se explican de otra manera, las capitales de los países cambian de un día para otro (¿sigue siendo Tegucigalpa la capital de

Honduras?) y las ciencias actuales descartan numerosas teorías de los siglos pasados: ¿quién puede asegurarme que lo hoy tenido por cierto no será también descartado mañana? Ni siquiera lo que yo mismo puedo experimentar es fuente segura de conocimiento: cuando introduzco un palo en el agua me parece verlo quebrarse bajo la superficie aunque el tacto desmiente tal impresión y casi juraría que el sol se mueve a lo largo del día o que no es mucho mayor que un balón de fútbol (¡si me tumbo en el suelo puedo taparlo con sólo alzar un pie!), mientras que la astronomía me da noticias muy distintas al respecto. Además también he sufrido a veces alucinaciones y espejismos, sobre todo después de haber bebido demasiado o estando muy cansado...

¿Quiere todo esto decir que *nunca* debo fiarme de lo que me dicen, de lo que estudio o de lo que experimento? De ningún modo. Pero parece imprescindible revisar de vez en cuando algunas cosas que creo saber, compararlas con otros de mis conocimientos, someterlas a examen crítico, debatirlas con otras personas que puedan ayudarme a entender mejor. En una palabra, buscar *argumentos* para asumirlas o refutarlas. A este ejercicio de buscar y sopesar argumentos antes de aceptar como bueno lo que creo saber es a lo que en términos generales se le suele llamar utilizar la *razón*. Desde luego, la razón no es algo simple, no es una especie de faro luminoso que tenemos en nuestro interior para alumbrar la realidad ni cosa parecida. Se parece más bien a un conjunto de hábitos deductivos, tanteos y cautelas, en parte dictados por la experiencia y en parte basados en las pautas de la lógica. La combinación de todos ellos constituye «una facultad capaz —al menos en parte— de establecer o captar las relaciones que hacen que las cosas dependan unas de otras, y estén constituidas de una determinada forma y no de otra» (le plagio esta definición —modificándola a mi gusto— a un filósofo del siglo XVII, Leibniz). En ocasiones puedo alcanzar algunas certezas racionales que me servirán como criterio para fundar mis conocimientos: por ejemplo, que dos cosas

iguales a una tercera son iguales entre sí o que algo no puede
ser y no ser a la vez en un mismo respecto (una cosa puede
ser blanca o negra, blanquinegra, gris, pero no al mismo
tiempo totalmente blanca y totalmente negra). En muchos
otros casos debo conformarme con establecer racionalmente
lo más probable o verosímil: dados los numerosos testimo-
nios que coinciden en afirmarlo, puedo aceptar que en Aus-
tralia hay canguros; no parece insensato asumir que el aparato con que caliento las pizzas en mi cocina es un horno mi-
croondas y no una nave alienígena; puedo tener cierta confianza en que el portero de mi casa (que se llama Juan como
ayer, tiene el mismo aspecto y la misma voz que ayer, me sa-
luda como ayer, etc.) es efectivamente la misma persona que
vi ayer en la portería. Aunque no espero que ningún acontecimiento altere mi creencia racional en los principios de la
lógica o de la matemática, debo admitir en cambio —también
por cautela racional— que en otros campos lo que hoy me resulta verosímil o aún probable siempre puede estar sujeto a
revisión...

De modo que la razón no es algo que me cuentan los demás, ni el fruto de mis estudios o de mi experiencia, sino un
procedimiento intelectual crítico que utilizo para organizar
las noticias que recibo, los estudios que realizo o las experiencias que tengo, aceptando unas cosas (al menos provisionalmente, en espera de mejores argumentos) y descartando
otras, intentando siempre vincular mis creencias entre sí con
cierta armonía. Y lo primero que la razón intenta armonizar
es mi punto de vista meramente personal o subjetivo con un
punto de vista más objetivo o intersubjetivo, el punto de vista
desde el que cualquier otro ser racional puede considerar la
realidad. Si una creencia mía se apoya en argumentos racionales, no pueden ser racionales *sólo para mí*. Lo característico de la razón es que nunca es exclusivamente *mi* razón. De
aquí proviene la esencial *universalidad* de la razón, en la que
los grandes filósofos como Platón o Descartes siempre han
insistido. Esa universalidad significa, primero, que la razón

es universal en el sentido de que todos los hombres la poseen, incluso los que la usan peor (los más tontos, para entendernos), de modo que con atención y paciencia todos podríamos convenir en los mismos argumentos sobre algunas cuestiones; y segundo, que la fuerza de convicción de los razonamientos es comprensible para cualquiera, con tal de que se decida a seguir el método racional, de modo que la razón puede servir de árbitro para zanjar muchas disputas entre los hombres. Esa facultad (¿ese conjunto de facultades?) llamado razón es precisamente lo que todos los humanos tenemos en común y en ello se funda nuestra humanidad compartida. Por eso Sócrates previene al joven Fedón contra dejarse invadir por el odio a los razonamientos «como algunos llegan a odiar a los hombres. Porque no existe un mal mayor que caer presa de ese odio de los razonamientos» (*Fedón*, 89c-91b). Detestar la razón es detestar a la humanidad, tanto a la propia como a la ajena, y enfrentarse a ella sin remedio como enemigo suicida...

El objetivo del método racional es establecer la *verdad*, es decir, la mayor concordancia posible entre lo que creemos y lo que efectivamente se da en la realidad de la que formamos parte. «Verdad» y «razón» comparten la misma vocación universalista, el mismo propósito de validez tanto para mí mismo como para el resto de mis semejantes, los humanos. Lo expresó concisamente muy bien Antonio Machado en estos versos:

> *Tu verdad, no: la Verdad.*
> *Y ven conmigo a buscarla.*
> *La tuya, guárdatela.*

Buscar la verdad por medio del examen racional de nuestros conocimientos consiste en intentar aproximarnos más a lo real: ser racionalmente veraces debería equivaler a llegar a ser lo más *realistas* posible. Pero no todas las verdades son del mismo género porque la realidad abarca dimensiones muy diversas. Si por ejemplo le digo a mi novia «soy tu pichoncito del alma» y al amigo en el bar «soy ingeniero de caminos» puedo afirmar la verdad en ambos casos, aunque haya pocos pichones que hayan llegado a ingenieros. Las ciudades medievales solían tener en sus afueras una explanada llamada «campo de la verdad» donde se libraban los combates que dirimían agravios y litigios: se suponía que el ganador de la riña estaba en posesión de la verdad de acuerdo con el veredicto de la ordalía o juicio de Dios. Pues bien, una de las primeras misiones de la razón es delimitar los diversos *campos de la verdad* que se reparten la realidad de la que formamos parte. Consideremos por ejemplo el sol: de él podemos decir que es una estrella de mediana magnitud, un dios o el rey del firmamento. Cada una de estas afirmaciones responde a un campo distinto de verdad, la astronomía en el primer caso, la mitología en el segundo o la expresión poética en el tercero. Cada una en su campo, las tres afirmaciones sobre el sol son razonablemente verdaderas pero el engaño o ilusión proviene de mezclar los campos (dando la respuesta propia para un campo en otro campo distinto) o, aún peor, no distinguir los campos, creer que no hay más que un solo campo para todo tipo de verdades. Hace tiempo escuché a un catedrático de física explicar con la mejor voluntad divulgadora a unos periodistas la compleja teoría del *big bang* como origen físico del universo. Impaciente, uno de ellos le interrumpió: «De acuerdo, muy bien, pero... ¿existe o no existe el Dios creador?» He aquí un caso flagrante de confusión entre campos de verdad distintos, porque Dios no es un principio físico.

También los tipos de veracidad a que puede aspirarse varían según los campos de la realidad que se pretenden conocer. En matemáticas, por ejemplo, debemos exigir *exactitud* en los cálculos, mientras que el *rigor* en los razonamientos es todo lo que podemos esperar en cuestiones éticas o políticas (según indicó con tino Aristóteles al comienzo de su *Ética para Nicómaco*). Si nos movemos en la poesía tendremos que intentar alcanzar la *expresividad* emotiva (¡aunque sea tan modesta como la de proclamarnos «pichoncitos» para nuestra amada!) o una *verosimilitud* bien fundada si intentamos comprender lo que ocurrió en un período histórico. Hay verdades meramente *convencionales* (como la de que el fuego haya de llamarse «fuego», «*fire*» o «*feu*») y otras que provienen de nuestras impresiones sensoriales (como la de que el fuego quema, se llame como se llame): muchas verdades convencionales cambiarán si nos mudamos de país, pero las otras no. A veces la fiabilidad necesaria y suficiente en un campo de verdad es imposible en otro, incluso es intelectualmente perjudicial exigirla allí. Después de todo, nuestra vida abarca formas de realidad muy distintas y la razón debe servirnos para pasar convenientemente de unas a otras.

Ortega y Gasset distinguió entre *ideas* y *creencias*: son ideas nuestras construcciones intelectuales —por ejemplo, la función fanerógama de ciertas plantas o la teoría de la relatividad—, mientras que constituyen nuestras creencias esas certezas que damos por descontadas hasta el punto de no pensar siquiera en ellas (por ejemplo que al cruzar nuestro portal saldremos a una calle conocida y no a un paisaje lunar o que el autobús que vemos de frente lleva otro par de ruedas en su parte posterior). *Tenemos* tales o cuales ideas, pero en cambio *estamos* en tales o cuales creencias. Quizá la extraña tarea de la filosofía sea cuestionar de vez en cuando nuestras creencias (¡de ahí la desazón que nos causan a menudo las preguntas filosóficas!) y tratar de sustituirlas por ideas argumentalmente sostenidas. Por eso Aristóteles dijo que el comienzo de la filosofía es el *asombro*, es decir la capacidad de maravillarnos ante lo que todos a nuestro alrededor consideran obvio y seguro. Sin embargo, incluso el más empecinado filósofo necesita para vivir cotidianamente apoyarse en útiles creencias de sentido común (¡lo cual no quiere decir que sean irrefutablemente verdaderas!) sin ponerlas constantemente en entredicho...

De acuerdo: la razón nos sirve para examinar nuestros supuestos conocimientos, rescatar de ellos la parte que tengan de verdad y a partir de esa base tantear hacia nuevas verdades. Pasamos así de unas creencias tradicionales, semiinadvertidas, a otras racionalmente contrastadas. Pero ¿y la creencia en la razón misma, a la que algunos han considerado «una vieja hembra engañadora», como Nietzsche decía de la gramática? ¿Y la creencia en la verdad? ¿No podrían ser también acaso ilusiones nada fiables y fuentes de otras ilusiones perniciosas? Muchos filósofos se han hecho estas preguntas: lejos de ser todos ellos decididos racionalistas, es decir creyentes en la eficacia de la razón, abundan los que han planteado serias dudas sobre ella y sobre la noción misma de verdad que pretende alcanzar. Algunos son *escépticos*, es decir que ponen en cuestión o niegan rotundamente la capacidad de la razón para establecer verdades concluyentes; otros son *relativistas*, o sea, creen que no hay verdades absolutas sino sólo relativas según la etnia, el sexo, la posición social o los intereses de cada cual y que por tanto ninguna forma universal de razón puede ser válida para todos; los hay también que desestiman la razón por su avance laborioso, lleno de errores y tanteos, para declararse partidarios de una forma de conocimiento superior, mucho más intuitiva o directa, que no deduce o concluye la verdad sino que la descubre por *revelación* o *visión* inmediata. Antes de ir más adelante debemos considerar sucintamente las objeciones de estos disidentes.

Empecemos por el escepticismo que pone en duda todos y cada uno de los conocimientos humanos; más aún, que duda incluso de la capacidad humana de llegar a tener algún conocimiento digno de ese nombre. ¿Por qué la razón no puede dar cuenta ni darse cuenta de cómo es la realidad? Supongamos que estamos oyendo una sinfonía de Beethoven y que, con papel y lápiz, intentamos *dibujar* la armonía que escuchamos. Pintaremos diversos trazos, quizá a modo de picos cuando la música es más intensa y líneas hacia abajo cuando se suaviza, círculos cuando nos envuelve de modo grato y dientes de sierra cuando nos desasosiega, florecitas para indicar que suena líricamente y botas militares al tronar la trompetería, etc. Después, muy satisfechos, consideraremos que en ese papel está la «verdad» de la sinfonía. Pero ¿habrá alguien capaz de enterarse realmente de lo que la sinfonía es sin otra ayuda que tales garabatos? Pues del mismo modo quizá la razón humana fracasa al intentar reproducir y captar la realidad, de cuyo registro está tan alejada como el dibujo de la música... Para el escéptico, todo supuesto conocimiento humano es cuando menos dudoso y a fin de cuentas nos descubre poco o nada de lo que pretendemos saber. No hay conocimiento verdaderamente seguro ni siquiera fiable cuando se lo examina a fondo.

La primera respuesta al escepticismo resulta obvia: ¿tiene el escéptico por segura y fiable al menos su creencia en el escepticismo? Quien dice «sólo sé que no sé nada», ¿no acepta al menos que conoce una verdad, la de su no saber? Si nada es verdad, ¿no resulta ser verdad al menos que nada es verdad? En una palabra, se le reprocha al escepticismo ser contradictorio consigo mismo: si es verdad que no conocemos la verdad, al menos ya conocemos una verdad... luego no es verdad que no conozcamos la verdad. (A esta objeción el escéptico podría responder que no duda de la verdad, sino de que podamos distinguirla siempre fiablemente de lo falso...) Otra contradicción: el escéptico puede dar buenos argumentos contra la posibilidad de conocimiento racional pero para ello necesita utilizar la razón argumentativa: tiene que razonar para convencernos (¡y convencerse a sí mismo!) de que razonar no sirve para nada. Por lo visto, ni siquiera se puede descartar la razón sin utilizarla. Tercera duda frente a la duda: podemos sostener que cada una de nuestras creencias concretas es falible (ayer creíamos que la Tierra era plana, hoy que es redonda y mañana... ¡quién sabe!) pero si nos equivocamos debe entenderse que podríamos acertar, porque si no hay posibilidad de acierto —es decir, de conocimiento verdadero, aunque todavía nunca se haya dado—, tampoco hay posibilidad de error. Lo peor del escepticismo no es que nos impida afirmar algo verdadero sino que incluso nos veda decir nada *falso*. Cuarta refutación, de lo más grosero: quien no cree en la verdad de ninguna de nuestras creencias no debería tener demasiado inconveniente en sentarse en la vía del tren a la espera del próximo expreso o saltar desde un séptimo piso, pues puede que el temor inspirado por tales conductas se base en simples malentendidos. Se trata de un golpe bajo, ya lo sé.

De todas formas, el escepticismo señala una cuestión muy inquietante: ¿cómo puede ser que conozcamos algo de la realidad, sea poco o mucho? Nosotros los humanos, con nuestros toscos medios sensoriales e intelectuales... ¿cómo podemos alcanzar lo que la realidad verdaderamente *es*? ¡Resulta chocante que un simple mamífero pueda poseer alguna clave para interpretar el universo! El físico Albert Einstein, quizá el científico más grande del siglo XX, comentó una vez: «Lo más incomprensible de la naturaleza es que nosotros podamos al menos en parte comprenderla.» Y Einstein no dudaba de que la comprendemos al menos en parte. ¿A qué se debe este milagro? ¿Será porque hay en nosotros una chispa divina, porque tenemos algo de dioses, aunque sea de serie Z? Pero quizá no sea nuestro parentesco con los dioses lo que nos permita conocer, sino nuestra pertenencia a aquello mismo que aspiramos a que sea conocido: somos capaces —al menos parcialmente— de comprender la realidad porque formamos parte de ella y estamos hechos de acuerdo a principios semejantes. Nuestros sentidos y nuestra mente son reales y por eso logran mejor o peor reflejar el resto de la realidad.

Quizá la respuesta más perspicaz dada hasta la fecha al problema del conocimiento la brindó Immanuel Kant a finales del siglo XVIII en su *Crítica de la razón pura*. Según Kant, lo que llamamos «conocimiento» es una combinación de cuanto aporta la realidad con las formas de nuestra sensibilidad y las categorías de nuestro entendimiento. No podemos captar las cosas en sí mismas sino sólo tal como las descubrimos por medio de nuestros sentidos y de la inteligencia

que ordena los datos brindados por ellos. O sea, que no conocemos la realidad pura sino sólo cómo es lo real *para nosotros*. Nuestro conocimiento es verdadero pero no llega más
que hasta donde lo permiten nuestras facultades. De aquello
de lo que no recibimos información suficiente a través de los
sentidos —que son los encargados de aportar la materia prima de nuestro conocimiento— no podemos *saber* realmente
nada, y cuando la razón especula en el vacío sobre absolutos
como Dios, el alma, el Universo, etc., se aturulla en contradicciones insalvables. El pensamiento es abstracto, o sea que
procede a base de *síntesis* sucesivas a partir de nuestros datos
sensoriales: sintetizamos todas las ciudades que conocemos
para obtener el concepto «ciudad» o de las mil formas imagi-
nables de sufrimiento llegamos a obtener la noción de «dolor», agrupando los rasgos intelectualmente relevantes de lo
diverso. Pensar consiste luego en volver a descender desde la
síntesis más lejana a los particulares datos concretos hasta
los casos individuales y viceversa, sin perder nunca el contacto con lo experimentado ni limitarnos solamente a la abru-
madora dispersión de sus anécdotas. Tal explicación está de
alguna manera presente ya en Aristóteles y, sobre todo, en
Locke. Desde luego, la respuesta de Kant es muchísimo más
compleja de lo aquí esbozado, pero lo destacable de su esfuerzo genial es que intenta salvar *a la vez* los recelos del escepticismo y la realidad efectiva de nuestros conocimientos
tal como se manifiestan en la ciencia moderna, que para él
representaba el gran Newton.

También el *relativismo* pone en cuestión que seamos alguna vez capaces de alcanzar la verdad por medio de razonamientos. Como ya ha quedado dicho, en la argumentación racional debe conciliarse el punto de vista subjetivo y personal
con el objetivo o universal (siendo este último el punto de vista de cualquier otro ser humano que por así decir «mirase por
encima de mi hombro» mientras estoy razonando). Pues bien,
los relativistas opinan que tal cosa es imposible y que mis condicionamientos subjetivos siempre se imponen a cualquier

pretensión de objetividad universal. A la hora de razonar, cada cual lo hace según su etnia, su sexo, su clase social, sus intereses económicos o políticos, incluso su carácter. Cada cultura tiene su lógica diferente y cada cual su forma de pensar idiosincrásica e intransferible. Por tanto hay tantas verdades como culturas, como sexos, como clases sociales, como intereses... ¡como caracteres individuales! Quienes no hablan de verdades sino de la verdad y sostienen la pertinencia de los versos de Antonio Machado que antes citábamos suelen ser considerados por los relativistas diversas cosas feas: etnocéntricos, logocéntricos, falocéntricos y en general concéntricos en torno a sí mismos, es decir gente despistada o abusona que toma su propio punto de vista por la perspectiva de la razón universal.

Resulta imposible (y sin duda indeseable) negar la importancia de nuestros condicionamientos socioculturales o psicológicos cuando nos ponemos a razonar pero... ¿puede asegurarse que invaliden totalmente el alcance universal de ciertas verdades alcanzadas a partir de ellos y *a pesar* de ellos? Los hallazgos científicos de la única mujer ganadora de dos premios Nobel, Madame Curie, ¿son válidos sólo para las *madames* y no también para los *monsieurs*? ¿Deben desconfiar los japoneses del siglo xx del valor que tenga para ellos la ley de gravitación descubierta por un inglés empelucado del siglo xvii llamado Newton? ¿Se equivocaron nuestros antepasados renacentistas europeos al cambiar la numeración romana, tan propia de su identidad cultural, por los mucho más operativos guarismos árabes? ¿Utilizaron una lógica y una observación experimental de la naturaleza muy distinta a la nuestra los indígenas peruanos que descubrieron las propiedades febrífugas de la quinina siglos antes que los europeos? ¿Invalida los análisis de Marx sobre el proletariado el hecho indudable de que él mismo perteneciese a la pequeña burguesía? ¿Debería Martin Luther King por ser negro haber renunciado a reclamar los derechos de ciudadanía iguales para todos establecidos por los padres fundadores de la constitución estadounidense, los cuales fueron blancos sin excepción? Por último: ¿es una verdad racional universal y objetiva la de que no existen o no pueden ser alcanzadas por los humanos las verdades universales racionalmente objetivas?

Parece evidente que el peso de los condicionamientos subjetivos varía grandemente según el «campo de la verdad» que en cada caso estemos considerando: si de lo que hablamos es de mitología, de gastronomía o de expresión poética, el peso de nuestra cultura o nuestra idiosincrasia personal es mucho más concluyente que cuando nos referimos a ciencias de la naturaleza o a los principios de la convivencia humana. En cualquier caso, también para determinar hasta qué punto nuestros conocimientos están teñidos de subjetivismo necesitamos un punto de vista objetivo desde el que compararlos unos con otros... ¡y todos con una cierta realidad más allá de ellos a la que se refieren! En fin, hasta para desconfiar de los criterios universales de razón y de verdad necesitamos algo así como una razón y una verdad que sirvan de criterio universal. Sin embargo, la aportación más valiosa del relativismo consiste en subrayar la imposibilidad de establecer una fuente última y absoluta de la que provenga todo conocimiento verdadero. Y ello no se debe a las insuficiencias accidentales de nuestra sabiduría que el progreso científico podría remediar, sino a la naturaleza misma de nuestra capacidad de conocer. Quizá por eso un teórico importante de nuestro siglo, Karl R. Popper, ha insistido en que no existe ningún criterio para establecer que se ha alcanzado la verdad, sin dejar al tiempo de conservar para la epistemología un criterio último y definitivo de verdad (la noción tarskiana[7] de verdad). Lo único que está a nuestro alcance en la mayoría de los casos, según Popper, es descubrir los sucesivos *errores* que existen en nuestros planteamientos y purgarnos de ellos. De este modo, la tarea de la razón resultaría ser más bien negativa (señalar las múltiples equivocaciones e inconsistencias en

7.   La propuesta por el lógico Alfred Tarski, según la cual —por ejemplo— «el enunciado "la nieve es blanca" es verdadero si y sólo si la nieve es blanca».

nuestro saber) que afirmativa (establecer la autoridad definitiva de la que proviene toda verdad).

Seamos modestos: decir que algo «es verdad» significa que es «más verdad» que otras afirmaciones concurrentes sobre el mismo tema, aunque no represente la verdad absoluta. Por ejemplo, es «verdad» que Colón descubrió el continente americano a los europeos (aunque sin duda navegantes vikingos llegaron antes, pero sin dar la misma publicidad a su logro ni intentar la colonización) y es «verdad» que el vino de Rioja es un alimento más sano que el arsénico (aunque bebido en dosis excesivas también puede ser letal, mientras que pequeñas cantidades de arsénico se utilizan en la farmacopea para fabricar medicinas). Etc. Como resumió muy bien otro gran filósofo contemporáneo, George Santayana: «La posesión de la verdad absoluta no se halla tan sólo por accidente más allá de las mentes particulares; es incompatible con el estar vivo, porque excluye toda situación, órgano, interés o fecha de investigación particulares: la verdad absoluta no puede descubrirse justo porque no es una perspectiva.»[8] Pero que toda verdad que alcanzamos racionalmente responda a cierta perspectiva no la invalida como verdad, sino que sólo la identifica como «humana».

El último grupo de adversarios de la razón (o, más bien, del razonar argumentalmente) no lo son también de la verdad, como ocurría en los dos casos anteriores. Al contrario, éstos creen en la verdad, incluso en la Verdad con mayúscula, eterna, resplandeciente, sin nada que ver con las construcciones trabajosas que mediatizan el conocimiento humano: en una palabra, esta Verdad absoluta e indiscutible no nos debe nada. Tampoco piensan que puede llegar hasta ella por el laborioso y vacilante método racional sino que es una Verdad que se nos *revela*, bien sea porque nos la descubran algu-

---

8. *Los reinos del ser*, de G. Santayana, Prefacio, trad. Francisco González Aramburo, Fondo de Cultura Económica, México.

nos maestros sobrehumanos (dioses, ancestros inspirados, etcétera), porque se nos manifieste en alguna forma privilegiada de *visión* o porque sólo sea alcanzable a través de intuiciones no racionales, sentimientos, pasiones, etc. Es curioso que los partidarios de estos atajos sublimes hacia el conocimiento suelan fustigar el «orgullo» de los racionalistas (cuando precisamente la racionalidad se caracteriza por la humilde desconfianza de sí misma y de ahí sus tanteos, sus laboriosas deliberaciones, sus pruebas y contrapruebas) o ridiculicen su fe en «la omnipotencia de la razón», disparate irracional en el que jamás ha creído ningún racionalista en su sano juicio. Desde luego la Verdad así revelada —la Verdad visionaria— es irrefutable, porque cualquier intento de cuestionarla demuestra precisamente que el incrédulo carece de la iluminación requerida para su disfrute, bien sea por su impiedad ante los Maestros adecuados o por el embotamiento de las emociones necesarias para intuirla.

Y en ello mismo estriba sin embargo la principal objeción que puede hacérsele. Porque esta forma de acceso a la Verdad mayúscula es algo así como un *privilegio* de unos cuantos, que los menos afortunados sólo lograrían compartir indirectamente por obediencia intelectual ante los iniciados o quedando a la espera de una revelación semejante. Pero en ningún caso pueden repetir por sí mismos el camino del conocimiento, que se presenta como inefable y repentino. La Verdad así alcanzada debe ser aceptada en bloque, incuestionada, no sometida al proceso de dudas y objeciones que son fruto del ejercicio racional. El método de la razón en cambio es totalmente diferente. Para empezar, está abierto a cualquiera y no hace distingos entre las personas: en el diálogo *Menón*, Sócrates demuestra que también un joven esclavo sin instrucción ninguna puede llegar por sus propias deducciones a avanzar en el campo de la geometría. La razón no exige nada especial para funcionar, ni fe, ni preparación espiritual, ni pureza de alma o de sentimientos, ni pertenecer a un determinado linaje o a determinada etnia: sólo pide ser *usada*. La revelación elige a unos cuantos; la razón puede ser elegida por cualquiera, por todos. Es lo común de la condición humana. Se puede *fingir* una revelación sublime o una intuición emotiva pero no se puede fingir el ejercicio racional, porque cualquiera puede repetirlo con nosotros o en nuestro lugar: no hay conclusión racional si otro (cualquier otro con voluntad de razonar) no está facultado para seguir al menos nuestro razonamiento y compartirlo o señalar sus errores. Frente a tantos vehículos privados, supuestamente velocísimos pero que quizá no se mueven de donde están, la razón es un servicio público intelectual: un *ómnibus*.

En este sentido, la razón no sólo es un instrumento para conocer sino que tiene relevantes consecuencias *políticas*. El proceso de razonamiento —argumentos, datos, dudas, pruebas, contrapruebas, preguntas capciosas, refutaciones, etc.— está tomado del método que seguimos para discutir con nuestros semejantes los temas que nos interesan. Es decir, todo razonamiento es *social* porque reproduce el procedimiento de preguntas y respuestas que empleamos para el debate con los demás. Tal es precisamente el origen de la razón, si hemos de hacer caso a Giorgio Colli: «Muchas generaciones de dialécticos elaboraron en Grecia un sistema de la razón, del *logos*, como fenómeno vivo, concreto, puramente oral. Evidentemente, el carácter oral de la discusión es esencial en ella: una discusión escrita, traducida a obra literaria, como la que encontramos en Platón, es un pálido subrogado del fenómeno originario, ya sea porque carece de la más mínima inmediatez, de la presencia de los interlocutores, de la inflexión de sus voces, de la alusión de sus miradas, o bien porque describe una emulación pensada por un solo hombre y exclusivamente pensada, por lo que carece del arbitrio, de la novedad, de lo imprevisto, que pueden surgir únicamente del encuentro verbal de dos individuos de carne y hueso.»[9] Razonar no es algo que se aprende en soledad sino que se inventa al co-

9. *El nacimiento de la filosofía*, de G. Colli, Tusquets, Barcelona.

municarse y confrontarse con los semejantes: toda razón es fundamentalmente *conversación*. A veces los filósofos modernos parecen olvidar este aspecto esencial de la cuestión.

«Conversar» no es lo mismo que escuchar sermones o atender voces de mando. Sólo se conversa —sobre todo, sólo se discute— entre iguales. Por eso el hábito filosófico de razonar nace en Grecia junto con las instituciones políticas de la *democracia*. Nadie puede discutir con Asurbanipal o con Nerón, ni nadie puede conversar abiertamente en una sociedad en la que existen castas sociales inamovibles. Desde luego la Grecia clásica no fue una sociedad plenamente igualitaria (¿lo ha sido alguna, habrá alguna que lo sea alguna vez?) y las mujeres o los esclavos no tenían los mismos derechos de ciudadanía que los varones libres: pero en el *Banquete* platónico interviene Diotima como interlocutora y en *Menón* Sócrates ayuda a razonar al esclavo. Y es que razonar consecuentemente exige la universalidad humana de la razón, el no excluir a nadie del diálogo donde se argumenta. De modo que la razón fue por delante en Grecia de su propio sistema social y va siempre por delante de los sistemas sociales desiguales que conocemos, hacia la verdadera comunidad de todos los seres pensantes. A fin de cuentas, la disposición a filosofar consiste en decidirse a tratar a los demás *como si fueran también filósofos*: ofreciéndoles razones, escuchando las suyas y construyendo la verdad, siempre en tela de juicio, a partir del encuentro entre unas y otras.

Actualmente se ha extendido una versión que me parece errónea de la relación entre la capacidad de argumentación y la igualdad democrática. Se da por supuesto que cada cual tiene derecho a sus propias opiniones y que intentar buscar la verdad (no la tuya ni la mía) es una pretensión dogmática, casi totalitaria. En el fondo, no hay planteamiento más directamente antidemocrático que éste. La democracia se basa en el supuesto de que no hay hombres que nazcan para mandar ni otros nacen para obedecer, sino que todos nacemos con la capacidad de pensar y por tanto con el derecho político de intervenir en la gestión de la comunidad de la que formamos parte. Pero para que los ciudadanos puedan ser políticamente iguales es imprescindible que en cambio no todas sus opiniones lo sean: debe haber algún medio de jerarquizar las ideas en la sociedad no jerárquica, potenciando las más adecuadas y desechando las erróneas o dañinas. En una palabra, buscando la verdad. Tal es precisamente la misión de la razón cuyo uso todos compartimos (antaño las verdades sociales las establecían los dioses, la tradición, los soberanos absolutos, etcétera). En la sociedad democrática, las opiniones de cada cual no son fortalezas o castillos donde encerrarse como forma de autoafirmación personal: «tener» una opinión no es «tener» una propiedad que nadie tiene derecho a arrebatarnos. Ofrecemos nuestra opinión a los demás para que la debatan y en su caso la acepten o la refuten, no simplemente para que sepan «dónde estamos y quiénes somos». Y desde luego no todas las opiniones son igualmente válidas: valen más las que tienen mejores argumentos a su favor y las que mejor resisten la prueba de fuego del debate con las objeciones que se les plantean.

Si no queremos que sean los dioses o ciertos hombres privilegiados los que usurpen la autoridad social (es decir, quienes decidan cuál es la verdad que conviene a la comunidad) no queda otra alternativa que someternos a la autoridad de la razón como vía hacia la verdad. Pero la razón no está situada como un árbitro semidivino por encima de nosotros para zanjar nuestras disputas sino que funciona *dentro* de nosotros y *entre* nosotros. No sólo tenemos que ser capaces de ejercer la razón en nuestras argumentaciones sino también —y esto es muy importante y quizá aún más difícil— debemos desarrollar la capacidad de ser *convencidos* por las mejores razones, vengan de quien vengan. No acata la autoridad democrática de la razón quien sólo sabe manejarla a favor de sus tesis pero considera humillante ser persuadido por razones opuestas. No basta con ser *racional*, es decir, aplicar argumentos racionales a cosas o hechos, sino que resulta no menos imprescindible ser *razonable*, o sea acoger en nuestros razonamientos el peso argumental de otras subjetividades que también se expresan racionalmente. Desde la perspectiva racionalista, la verdad buscada es siempre *resultado*, no punto de partida: y esa búsqueda incluye la conversación entre iguales, la polémica, el debate, la controversia. No como afirmación de la propia subjetividad sino como vía para alcanzar una verdad objetiva a través de las múltiples subjetividades. Si sabemos argumentar pero no sabemos dejarnos persuadir hará falta un jefe, un Dios o un Gran Experto que finalmente decida qué es lo verdadero para todos. Probablemente tendremos que volver más adelante sobre esta cuestión de lo racional y lo razonable.

De momento, creo que basta lo dicho. Recapitulemos. Acosados por la muerte, debemos pensar la vida. Pensarla, es decir: conocerla mejor a ella, a cuanto contiene y a cuanto significa. Tenemos múltiples fuentes de conocimiento, pero todas han de pasar la criba crítica de la razón, que verifica, organiza y busca la coherencia en lo que sabemos... aunque sea provisionalmente. Pero la vida está llena de preguntas. ¿Por cuál empezar, tras habernos preguntado cómo responderlas? La primera de todas bien puede ser ésta: ¿quién soy yo? O quizá: ¿qué soy yo?

Da que pensar...

¿Cuál es la pregunta previa a las restantes preguntas de la vida? ¿De dónde nos viene lo que creemos saber? ¿Podemos estar medianamente seguros de tales conocimientos? ¿A qué llamamos razón? ¿Cuál es la relación entre la razón y la verdad? ¿Cuánto hay en la razón de subjetivo y cuánto de objetivo? ¿Se puede compartir la razón y la verdad con otros, quizá con todos? ¿Cuáles son los argumentos de los escépticos y cómo se les puede responder? ¿En qué consiste el relativismo? Si todo es

relativo, ¿será el relativismo relativo también? ¿Podrá llegarse a la Verdad sin utilizar la razón, por fe o por intuición, quizá por una corazonada? ¿Por qué no puede haber una razón muda y qué tiene que ver «conversar» con «razonar»? ¿Tiene implicaciones políticas el método racional de llegar a la verdad? Para utilizar correctamente la razón ¿basta con ser racional o hay que ser también razonable? Puedo ser racional contra mi prójimo pero ¿puedo ser razonable contra los demás? ¿Consiste la democracia en el derecho a defender públicamente las propias opiniones o en la obligación de tenerlas a todas por igualmente válidas? ¿Es irracional o humillante dejarse convencer por los argumentos racionales?

Yo adentro, yo afuera

Muy bien, razonemos cuanto queramos pero... ¿podemos estar realmente *seguros* de algo? Los escépticos de pura cepa vuelven a la carga sin darse por vencidos (después de todo, lo característico del buen escéptico es que nunca se da por vencido... ¡ni mucho menos por convencido!). En el capítulo anterior hemos intentado explicar cómo llegamos a sustentar racionalmente ciertas creencias, pero el escéptico radical —quizá escondido dentro de nosotros mismos— sigue gruñendo sus objeciones. Bueno, nos dice, de acuerdo, ustedes se conforman con saber por qué creen lo que creen; pero ¿pueden explicarme por qué no creen lo que no creen? ¿Y si fuésemos sólo cerebros flotando en un frasco de algún fluido nutritivo, a los que despiadados sabios marcianos someten a un experimento virtual? ¿Y si los extraterrestres nos estuvieran haciendo percibir un mundo que no existe, un mundo inventado por ellos para engañarnos con falsas concatenaciones causales, con falsos paisajes y falsas leyes aparentemente científicas? ¿Y si nos hubieran creado en su laboratorio hace cinco minutos, con los fingidos recuerdos de una vida anterior inexistente (como a los replicantes de la película *Blade Runner*)? Por muy fantástica que sea esta hipótesis, es al menos *posible* imaginarla y, si fuera cierta, explicaría también todo lo que creemos ver, oír, palpar o recordar. ¿Podemos estar seguros entonces de algo, si ni siquiera somos capaces de descartar la falsificación universal?

René Descartes, el gran pensador del siglo XVII, es considerado plausiblemente como el fundador de la filosofía moderna precisamente por haber sido el primero en plantearse una duda de tamaño semejante y también por su forma de superarla. Desde luego, Descartes no mencionó a los extraterrestres (mucho menos populares en su siglo que en el nuestro) ni habló de cerebros conservados artificialmente en frascos. En cambio planteó la hipótesis de que todo lo que consideramos real pudiera ser simplemente un sueño —el filósofo francés fue más o menos coetáneo del dramaturgo español Calderón de la Barca, autor de *La vida es sueño*— y que las cosas que creemos percibir y los sucesos que parecen ocurrirnos fueran sólo incidentes de ese sueño. Un sueño total, inacabable, en el que soñamos dormirnos y también a veces despertar (¿acaso no nos ha ocurrido a veces en sueños creer que despertamos y nos reímos de nuestro sueño anterior?), lleno de personas soñadas y paisajes soñados, un sueño en el que somos reyes o mendigos, un sueño extraordinariamente vívido... pero sueño al fin y al cabo, sólo un sueño. No contento con esta suposición alarmante, Descartes propuso otra mucho más siniestra: quizá somos víctimas de un genio maligno, una entidad poderosa como un dios y mala como un demonio dedicada a engañarnos constantemente, haciéndonos ver, tocar y oler lo que no existe sin otro propósito que disfrutar de nuestras permanentes equivocaciones. Según la primera hipótesis, la del sueño permanente, nos engañamos solitos; según la segunda, la del genio malvado, alguien poderoso (¡alguien parecido a un extraterrestre, aunque como la misma tierra sería un engaño no podemos llamarle así!) nos engaña a propósito: en ambos casos tendríamos que equivocarnos sin remedio y tomar *constantemente* lo falso por verdadero.

Para una persona corriente, estas dudas gigantescas resultan bastante raras: ¿no estaría un poco loco Descartes? ¿Cómo vamos a estar soñando *siempre*, si la noción de sueño no tiene sentido más que por contraste con los momentos en que estamos despiertos? Y además sólo soñamos con cosas, personas o situaciones conocidas durante los períodos de vigilia: soñamos con la realidad porque de vez en cuando tenemos contacto con realidades no soñadas. Si siempre estuviéramos soñando, sería igual que no soñar nunca. Además, ¿de dónde saca Descartes su genio maligno? Si existe tal dios o demonio dedicado constantemente a urdir una realidad coherente para nosotros ¿por qué no le llamamos «realidad» y acabamos de una vez? ¿Cómo va a engañarnos si nada nunca es verdad? Si siempre nos engaña, ¿en qué se diferencia su engaño de la verdad? ¿Y qué más da conocer un mundo real en el que hay muchas cosas o conocer muchas cosas fabricadas por un demonio juguetón pero real?

Desde luego, Descartes no estaba loco ni desvariaba arrastrado por una imaginación desbordante. Como todo buen filósofo, se dedicaba nada más (¡ni nada menos!) que a formularse preguntas en apariencia muy chocantes pero destinadas a explorar lo que consideramos más evidente, para ver si es tan evidente como creemos... al modo de quien da varios tirones a la cuerda que debe sostenerle, para saber si está bien segura antes de ponerse a trepar confiadamente por ella. Puede que la cuerda parezca amarrada como es debido a algo sólido, puede que todo el mundo nos diga que podemos confiar en ella pero... es nuestra vida la que está en juego y el filósofo quiere asegurarse lo más posible antes de iniciar su escalada. No, ese filósofo no es un loco ni un extravagante (¡por lo menos no suele serlo en la mayoría de los casos!): sólo resulta algo más desconfiado que los demás. Pretende saber por sí mismo y comprobar por sí mismo lo que sabe. Por eso Descartes llamó «metódica» a su forma de dudar: trataba de encontrar un *método* (palabra que en griego significa «camino») para avanzar en el conocimiento fiable de la realidad. Su escepticismo quería ser el comienzo de una investigación, no el rechazo de cualquier forma de investigar o conocer.

Bien, supongamos que todo cuanto creo saber no es más que un sueño o la ficción producida para engañarme por un genio maligno. ¿No me quedaría en tal caso alguna certeza donde hacer pie, a pesar de mis inacabables equivocaciones? ¿No habrá algo tan seguro que ni el sueño ni el genio puedan convertirlo en falso? Puede que no haya árboles, mares ni estrellas, puede que no haya otros seres humanos semejantes a mí en el mundo, puede que yo no tenga el cuerpo ni la apariencia física que creo tener... pero al menos sé con toda certeza una cosa: existo. Tanto si me equivoco como si acierto, al menos estoy seguro de que existo. Si dudo, si sueño, debo existir indudablemente para poder soñar y dudar. Puedo ser alguien muy engañado pero también para que me engañen necesito *ser*. «De modo que después de haberlo pensado bien —dice <u>Descartes</u> en la segunda de sus *Meditaciones*— y de haber examinado todas las cosas cuidadosamente, al final debo concluir y tener por constante esta proposición: *yo soy, yo existo* es necesariamente verdadera, cuantas veces la pronuncio o la concibo en mi espíritu.» *Cógito, ergo sum*: <u>pienso, luego existo</u>. Y cuando dice «pienso» Descartes no sólo se refiere a la facultad de razonar, sino también a dudar, equivocarse, soñar, percibir... a cuanto mentalmente ocurre o se me ocurre. Todo pueden ser ilusiones mías salvo que existo con ilusiones o sin ellas. Si digo «veo un árbol frente a mí» puedo estar soñando o ser engañado por un extraterrestre burlón; pero si afirmo «creo ver un árbol frente a mí y por tanto existo» *tengo* que estar en lo cierto, no hay dios que pueda engañarme ni sueño que valga. Ahí la cuerda está bien amarrada y puedo comenzar a trepar.

dudar y cuestionar todo —→ el existe.

¿Quién o qué es ese «yo» de cuya existencia ya no cabe dudar? Para Descartes, se trata de una *res cogitans*, una cosa que piensa (entendiendo «pensar» en el amplio sentido antes mencionado). Quizá traducir la palabra latina *res* por «cosa» no sea muy adecuado y resultase mejor traducirla por «algo» o incluso por «asunto», en el sentido genérico que tiene también en *res publica* (el asunto o asuntos públicos, el Estado): el yo es un algo que piensa, un asunto mental. Sea como fuere, por aquí le han venido después a Descartes las más serias objeciones a su planteamiento. ¿Por qué esa «cosa que piensa» y que por tanto existe soy *yo*, un sujeto personal? ¿No podríamos decir simplemente «se piensa» o «se existe» de modo impersonal, como cuando afirmamos «llueve» o «es de día»? ¿Por qué lo que piensa y existe debe ser una cosa, un algo subsistente y estable, en lugar de ser una serie de impresiones momentáneas que se suceden? Existen pensamientos, existe el existir, pero... ¿por qué llama Descartes «yo» al supuesto sujeto que sostiene esos pensamientos y esa existencia? Veo árboles, noto sensaciones, razono y calculo, deseo, siento miedo... pero nunca percibo una cosa a la que pueda llamar «yo».

Cien años después de Descartes, el escocés David Hume apunta en su *Tratado de la naturaleza humana*: «Por mi parte, cuando penetro más íntimamente en lo que llamo "yo mismo", siempre tropiezo con una u otra percepción particular, de frío o de calor, de luz o de sombra, de dolor o de placer. Nunca puedo captar un "yo mismo" sin encontrar siempre una percepción, y nunca puedo observar nada más que la percepción.» Según Hume, aquí también existe un espejismo, a pesar de los esfuerzos de Descartes por evitar el engaño. Lo mismo que creo «ver» un bastón roto al introducirlo en el agua —a causa de la refracción de la luz—, también creo «sentir» una sustancia ininterrumpida y estable a la que llamo «yo» tras la serie sucesiva de impresiones diversas que percibo: como siempre noto algo, creo que hay un algo que está siempre notando y sintiendo. Pero a ese mismo sujeto personal que Descartes parece dar por descartado —perdón por el chiste horrible— no lo percibo nunca y por tanto no es más que otra ilusión.

O puede que no sea una ilusión, sino una exigencia del lenguaje que manejamos. Quizá la palabra «yo» no sea el nombre de una cosa, pensante o no pensante, sino una especie de *localizador* verbal, como los términos «aquí» o «ahora». ¿Acaso creemos que hay un sitio, fijo y estable, llamado «aquí»? ¿O un momento especial, identificable entre todos los demás de una vez por todas, llamado «ahora»? Decir «yo pienso, yo percibo, yo existo» es como asegurar «se piensa, se percibe, se existe aquí y ahora». Según Kant, la fórmula «yo pienso» puede acompañar a todas mis representaciones mentales pero lo mismo podría decirse de «aquí» y «ahora». No me puedo expresar de otro modo y sin duda algo estoy expresando al hablar así, pero es abusivo suponer que esas palabras descubren una cosa o una persona fija, estable y duradera. En este caso, como en tantos otros, quizá filosofar consista en intentar aclarar los embrollos producidos por el lenguaje que manejamos. Uno de ellos es suponer que a cada palabra debe corresponderle en el mundo «algo» sustantivo y tangible, cuando muchas palabras no designan más que posiciones, relaciones o principios abstractos. Otro desvarío lingüístico consiste en considerar todos los verbos como nombres de *acciones* y buscar por tanto en cualquier caso el sujeto que las realiza. Si digo por ejemplo «yo existo», el verbo existir funciona en mi imaginación como si señalase algún tipo de acción, igual que cuando digo «yo paseo» o «yo como». Pero ¿y si «existir» no fuera en absoluto nada parecido a una acción ni por tanto necesitase un sujeto concreto para llevarla a cabo? ¿Y si «existir» funcionase más bien como «es de día» o «llueve», es decir como algo que *pasa* pero que nadie *hace*?

Probablemente, al plantear como irrefutable la existencia de su yo (que es también el nuestro, no le creamos egoísta), Descartes estaba pensando en su *alma*. Desde luego el alma es una noción cargada de referencias religiosas —cristianas, claro está, pero también anteriores al cristianismo— muy respetables e interesantes, aunque ni mucho menos tan indudables como exigía el filósofo francés cuando buscaba la certeza definitiva por medio de su procedimiento dubitativo. Aunque Descartes trata de ponerlo todo en duda, parece admitir de rondón y sin mayor crítica la noción de «alma» o «yo» personal, sobre cuya certeza tanto cabe dudar siguiendo su propio método. Los escépticos más aguerridos dirán que Descartes no fue verdaderamente uno de ellos, sino sólo un falso escéptico demasiado interesado en salir de dudas cuanto antes... Según Descartes, el alma es una realidad separada y totalmente distinta del cuerpo, al que controla desde una cabina de mando situada en la glándula pineal (un adminículo de nuestro sistema cerebral al que en su época aún no se le había descubierto ninguna función fisiológica concreta). Los neurólogos y psiquiatras actuales sonríen ante este punto de vista pero tampoco sus explicaciones sobre la relación entre nuestras funciones *mentales* y nuestros órganos *físicos* son siempre claras ni del todo convincentes. La gente corriente, ustedes o yo (ustedes, cada uno de los cuales también dice «yo»), ¿acaso hemos renunciado verdaderamente a creer que somos «almas» en un sentido bastante parecido al de Descartes?

Volvamos otra vez a la cuestión del «yo». ¿Podemos despacharlo como un mero error del lenguaje? Cada uno estamos convencidos de que de algún modo poseemos una cierta identidad, algo que permanece y dura a través del torbellino de nuestras sensaciones, deseos y pensamientos. Yo estoy convencido de ser *yo*, en primer lugar para mí pero también para los demás. Yo soy yo porque me mantengo a través del tiempo y porque me distingo de los otros. Creo ser el mismo que fui ayer, incluso el mismo que era hace cuarenta años; aún más, creo que seguiré siendo yo mientras viva y si me preocupa la muerte es precisamente porque significará el final de mi yo. Pero ¿cómo puedo estar tan seguro de que sigo siendo el mismo que aquel niño de cinco o diez años, inmensamente diferente a mi yo actual en lo físico y lo espiritual? ¿Acaso es la *memoria* lo que explica tal continuidad? Pero la verdad es que he olvidado la mayoría de las sensaciones e incidentes de mi vida pasada. Supongamos que alguien me enseña una foto mía de hace décadas, tomada en una fiesta infantil de la que no recuerdo absolutamente nada. La veo y digo complacido «sí, soy yo», a pesar de mi radical olvido:

aunque no recuerdo nada, estoy seguro de que entonces me *sentía* tan yo como ahora mismo y que esa sensación nunca se ha interrumpido. También creo haber seguido siendo siempre yo por las noches mientras duermo, pese a recordar rara vez lo que sueño —y nunca por mucho tiempo— o incluso durante la completa inconsciencia producida por la anestesia. Aun suponiendo que un accidente me dejase completamente amnésico, incapaz de recordar nada de mi vida pasada, ni siquiera lo que me ocurrió ayer, probablemente seguiré pensando —¿con algunas dudas, quizá?— que siempre fui el mismo «yo» que ahora soy… aunque ya no me acuerde.

El psiquiatra Oliver Sacks, en su libro *El hombre que confundió a su mujer con un sombrero*, cuenta el caso de uno de sus pacientes —un tal Mr Thomson— cuya memoria había sido destruida por el síndrome de Korsakov y que se dedicaba a inventarse constante y frenéticamente nuevos pasados. Era su forma de poder seguir considerándose «el mismo» a través del tiempo, como le pasa a usted y como me pasa a mí. «El mismo» quiere decir que, aunque evidentemente cambiamos de un año a otro, de un día para otro, algo sigue permaneciendo estable bajo los cambios (para que una cosa cambie es necesario que en cierto aspecto siga siendo la misma: si no, en vez de cambiar se destruye y es sustituida por otra). Pero ¿cuántos cambios puede sufrir una cosa para que sigamos diciendo que es la misma que era, aunque transformada? Si a un cuchillo se le rompe la hoja y la cambio por otra, sigue siendo el mismo; si le cambio el mango por otro, también será el mismo; pero si le he cambiado la hoja y el mango, ¿continuará siendo el mismo, aunque yo siga llamándole «mi» cuchillo? ¿Y respecto al futuro? ¿Cómo puedo estar tan convencido de que seguiré siendo también «yo» mañana y el año que viene, si aún vivo, a pesar de cuantas transformaciones me ocurran, aunque el mal de Alzheimer destruya mis recuerdos y me haga olvidar hasta mi nombre o el de mis hijos? ¿Y por qué estoy tan *preocupado* por ese yo futuro que se me ha de parecer tan poco?

En defensa del «yo» cartesiano, sin embargo, también pueden objetársele ciertas cosas a quienes piensan como Hume. Dice el filósofo escocés que cuando entra en su fuero interno para buscar su yo (¿para *buscarse*?) sólo encuentra percepciones y sensaciones de diverso tipo: tropieza con contenidos de conciencia, nunca con la conciencia misma. Pero ¿quién o qué realiza esa interesante comprobación? Sin duda ni la percepción ni la sensación son lo mismo que comprobar que uno tiene una sensación o una percepción. Una cosa es notar el frío, por ejemplo, y otra *darse cuenta* de que uno está sintiendo frío,[10] es decir, clasificar esa desagradable sensación, imaginar sus posibles efectos negativos, buscarle rápido remedio. Hay en mí una sensación de frío y también algo que se da cuenta de que estoy sintiendo eso (no otra cosa) y lo relaciona con todo lo que recuerdo, deseo o temo, o sea con mi vida en su conjunto. Lo que siento o percibo en este momento preciso no vaga desligado de toda referencia al complejo formado por mis otros recuerdos y expectativas sino que inmediatamente se aloja más o menos estructuradamente entre ellas. En eso me parece que consiste el que yo pueda llamar *mías* a mis sensaciones y percepciones: en la especial adhesión que tengo por ellas y también en la necesidad de tomarlas en cuenta vinculándolas con otras no menos mías. Si noto un dolor de muelas, por ejemplo, no podré desentenderme de él o ignorar sus implicaciones diciendo: «Vaya, parece que hay un dolor de muelas por aquí. ¡Espero que no sea mío!» De un modo u otro, no sólo lo notaré sino que deberé tomarlo en cuenta. Y ese tomarlo en cuenta no es en la mayoría de los casos una mera reacción refleja sino más bien una reflexión por la que me apropio de lo que me ocurre y lo conecto con el resto de mis experiencias. En una palabra, no sólo tengo conciencia —como cualquier otro animal— sino también *autoconciencia*, conciencia de mi conciencia, la capacidad de

---

10. Ciertamente hay un sentido de «darse cuenta» que es equivalente a «notar» —es quizá el más común, también en la filosofía— pero aquí quiero decir hacer explícitas las conexiones de una experiencia con otras anteriores.

objetivar aquello de lo que soy consciente y situarlo en una serie con cuya continuidad me veo especialmente comprometido. No sólo siento y percibo, sino que puedo preguntarme qué siento y percibo, así como indagar lo que *significa* para mí cuanto siento y percibo.

Quizá la primera vez que en nuestra tradición occidental aparece testimonio literario de esta reflexión la encontramos cuando, al final de la *Odisea*, el largo tiempo errante Ulises llega por fin a su palacio de Ítaca. Al ver a su mujer acosada por los impúdicos pretendientes, que se están comiendo y bebiendo su hacienda, Ulises se inflama de cólera vengativa. Pero no se abalanza imprudentemente sobre ellos sino que se contiene diciéndose: «¡Paciencia, corazón mío!» Esta breve recomendación que el héroe se hace a sí mismo, a la vez constatando y calmando el ardor de su ira, es quizá el comienzo de toda nuestra psicología, la primera muestra culturalmente testimoniada de autoconciencia, según ha señalado muy bien Jacqueline de Romilly en un precioso libro que lleva precisamente por título las citadas palabras de Ulises.

¿No será algo semejante a lo que Descartes se refiere cuando habla de un yo como *res cogitans*, es decir como una cosa pensante o conjunto de asuntos pensados, que puedo englobar en la fórmula «yo soy, yo pienso»? ¿Y a lo que se refiere, quizá con abuso, llamándolo «alma», aunque ese alma bien puede tener muchos más agujeros y sobresaltos de los que su visión sustancialista supone?

En cualquier caso, mi «yo» no sólo está formado por ese fuero interno o mental del que venimos hablando. Esa dimensión interior o íntima también viene acompañada por una exteriorización del yo en el mundo de lo percibido, fuera del ámbito de lo que percibe: mi *cuerpo*. Del mismo modo que considero mía mi conciencia aunque en ella haya lagunas de olvido o interrupciones inconscientes, también tengo a mi cuerpo por mío aunque sufra transformaciones, pierda el pelo, las uñas o los dientes, incluso aunque se le amputen órganos y miembros. Mi cuerpecillo infantil y mi cuerpo adulto, crecido o envejecido, siguen teniendo para mí una continuidad irrefutable no siempre fácil de explicar pero de la que no dudo salvo como experimento teórico... de esos que suele hacer la filosofía. Ahora bien, ¿qué es mi cuerpo?

Supongamos que uno de esos extraterrestres de los que ya hemos hablado antes (aunque a éste no le sospecharemos malas intenciones, sólo curiosidad) viene a nuestro mundo y empieza a estudiarnos a usted o a mí. Tiene delante un ser vivo, quizá incluso lo considere inteligente (¡seamos optimistas!) pero una de las primeras preguntas que se hará es: ¿dónde empieza y dónde acaba este bicho? La pregunta no es absurda: hay mucha gente que al ver un cangrejo ermitaño dentro de su concha no sabe si ésta forma parte o no del cangrejo, ni tampoco es fácil determinar si el capullo de la crisálida debe ser considerado también crisálida como el resto del animal que la ha segregado. De igual modo, el extraterrestre puede creer que yo soy también mi casa y que acabo en la puerta de la calle, o que al menos mi sillón favorito y mi bata forman parte de mí, o que el puro que estoy fumando es uno de mis apéndices y el humo constituye mi maloliente aliento. A usted, que tiene coche y se pasa el día dentro de él, seguro que el marciano lo clasificaría entre los terrícolas de cuatro ruedas. Pero si el forastero interplanetario llega a comunicarse con nosotros le explicaremos que se equivoca, que nuestras fronteras las establece nuestro tejido celular y que —por mucho que amemos nuestras posesiones y nuestro alojamiento urbano— nuestro yo viviente sólo llega hasta donde abarca nuestra piel. Es decir, nuestro cuerpo. A lo que el marciano podría respondernos: «Bueno, y eso ¿cómo han llegado a saberlo?»

Responderle adecuadamente no es tan obvio como parece. No podríamos explicarle que cuando menciono al cuerpo me refiero a aquello que *siempre* va conmigo, a diferencia de otras posesiones, porque mi pelo, mis uñas, mis dientes, mi saliva, mi orina, mi apéndice, etc., son partes de mi cuerpo muy mías pero sólo transitoriamente. Antes o después dejan de ser yo sin que yo deje de ser yo, tal como la serpiente se deshace en primavera de esa bata vieja que es su piel usada. Ni siquiera podríamos asegurarle al curioso interplanetario que el cuerpo es todo aquello de lo que no podemos prescindir y seguir vivos, puesto que a veces deben cambiarme mi corazón por otro para no morir y ciertos enfermos dependen de los aparatos de diálisis que sustituyen a sus riñones, por no hablar del aire o el alimento que me son tan corporalmente imprescindibles como los pulmones o el estómago y que sin embargo no forman parte de mi yo.

Si la estudiada por el extraterrestre fuese una mujer embarazada el problema se complicaría aún más porque no es fácil zanjar si el feto es simplemente una parte de su cuerpo o algo distinto. ¡Cuántas complicaciones! El muy perspicaz Lichtenberg, a finales del siglo XVIII, dijo en uno de sus aforismos que «mi cuerpo es la parte del mundo que mis pensamientos pueden cambiar». Una idea ingeniosa, porque para operar la mayoría de las modificaciones de la realidad —trasladar un sillón, hacer arrancar un coche, cambiarme de ropa— necesito operar a través de mi cuerpo, mientras que me basta desearlo o pensarlo para levantar el brazo o abrir la boca. Y sin embargo, no parece ser mi pensamiento el que me hace respirar o digerir, ni puede mi voluntad devolverme el pelo o los dientes perdidos... ¡por no hablar de cambiar mi color de piel o mi sexo! Las metamorfosis de Michael Jackson o de los transexuales necesitan intervenciones externas para poder llevarse a cabo. Francamente, satisfacer la curiosidad del extraterrestre puede ponernos en una situación comprometida...

Y sin embargo, mi convicción profunda es que yo empiezo y acabo en mi cuerpo, sean cuales fueren los embrollos teóricos que tal seguridad me traiga. Quizá viendo mi nervio-

sismo, el amable marciano me conceda este punto para no
azorarme más; aunque entonces podría plantearme la pregunta del millón: «De acuerdo, usted empieza y acaba en su
cuerpo, pero... ¿debo asumir que *tiene* usted un cuerpo o que
es usted un cuerpo?» ¡Semejante interrogación podría ser
causa justificada para una guerra interplanetaria! Probablemente Descartes, que suponía que el alma es un espíritu y el
cuerpo una especie de máquina (según él, los animales —que
no tienen alma— son meras máquinas... ¡que ni siquiera pueden experimentar dolor o placer!), respondería al extraterrestre que yo —el espíritu— *tengo* un cuerpo y me las arreglo
con él lo mejor que puedo. Según cierta visión popular, estamos *dentro* de nuestro cuerpo al modo de fantasmas encerra-
dos en una especie de robots a los que debemos dirigir y mover. Incluso hay místicos que piensan que el cuerpo es casi
tan malo como una cárcel y que sin él nos moveríamos con
mucha mayor ligereza. En la antigua Grecia, los órficos —seguidores de una antiquísima religión mitológica— hacían un
tenebroso juego de palabras: *soma* (el cuerpo) = *sema* (el se-
pulcro). ¡El alma está encerrada en un zombi, en un cadáver
viviente! De modo que la muerte definitiva del cuerpo, que
deja volar libremente el alma (la palabra griega para alma,
psijé, significa también «mariposa»), es una auténtica libera-
ción. Quizá fuera a esto a lo que se refirió Sócrates en sus últimas palabras, según nos las refiere Platón en *Fedón*, cuando
al notar que el efecto de la cicuta le llegaba ya al corazón dijo
a sus discípulos: «Debemos un gallo a Esculapio.» Había costumbre de ofrecer algún animal como sacrificio de gratitud a
Esculapio, dios de la medicina, al curarse de cualquier enfermedad: ¿le pareció quizá a Sócrates que el veneno asesino estaba a punto de librarle de esa enfermedad del alma que consiste en padecer un cuerpo? La verdad es que con un tipo tan
irónico nunca se sabe...

Pero ¿creemos en realidad estar *subidos* en nuestro cuerpo y al volante, como quien pilota un vehículo? Si es así,
¿dónde nos ubicamos, en qué parte del cuerpo? Descartes ha-

bló de la glándula pineal, pero la mayoría de la gente no sabe dónde está ese cachivache. Cuando decimos «yo» solemos señalarnos en el pecho, más o menos a la altura del corazón. Si reflexionamos un poco más, quizá lleguemos a la conclusión de que estamos en nuestra cabeza, en un punto situado en el cruce de la línea que puede trazarse entre los dos ojos y la que va desde una oreja hasta la otra. Por eso mi amigo el escritor Rafael Sánchez Ferlosio —que puede ser a veces tan irónico como Sócrates— me comentó un día acerca de lo insoportable de los dolores de muelas, otitis, jaquecas, etc.: «Son muy malos. ¡Los tenemos tan *cerca*!» Pero no conozco a nadie que esté convencido de habitar en el dedo gordo de su pie izquierdo, por ejemplo. Por lo común, quienes creen *tener* un cuerpo y estar *dentro* de él se refieren a un «dentro» que no es el interior del saco corporal, lleno de órganos, venas y músculos, sino a una interioridad diferente, que está en todas partes del cuerpo y en ninguna, de la que sólo el cerebro podría aspirar a ser la sede privilegiada. Además, si no soy mi cuerpo, ¿de dónde he venido para llegar finalmente a parar dentro de él?

En cambio hay quien cree que no *tenemos* sino que *somos* nuestro cuerpo. Aristóteles pensaba que el alma es la forma del cuerpo, entendiendo por «forma» no la figura externa sino el principio vital que nos hace existir. Y la neurobiología actual piensa casi unánimemente que los fenómenos mentales de nuestra conciencia están producidos por nuestro sistema nervioso, cuyo centro operativo es el cerebro. De modo que cuando hablamos del «alma» o del «espíritu» nos estamos refiriendo a uno de los efectos del funcionamiento corporal, lo mismo que cuando hablamos de la luz que esparce una bombilla nos referimos a un efecto producido por la bombilla y que cesa cuando ésta se apaga... o se funde. Resultaría ingenuo creer que la luz está dentro de la bombilla como algo distinto y separado de ésta, y aún más preguntarnos adónde se va la luz cuando la bombilla se apaga. Pero también parece evidente que la luz de la bombilla aporta algo a la bombilla misma y tiene propiedades distintas a ella: no hay luz sin bombilla, pero la luz no es lo mismo que el cristal de la bombilla, ni su filamento eléctrico, ni el cordón que la une con el enchufe de la corriente general, etc. Sería injusto, por lo menos, decir que la luz *no es más que* la bombilla o la central eléctrica que la alimenta. Del mismo modo, aunque el pensamiento es producido por el cerebro tampoco es sin más idéntico al cerebro. A esta actitud de asegurar que algo —la luz, la mente...— «no es más que» la bombilla o el cerebro suele llamársele *reduccionismo*. Algunos reduccionistas estarían de acuerdo en aceptar que la mente (luz) es un estado del cerebro (bombilla), esto es, lo primero es un «modo» en que está lo segundo. Con todo parecen simplificar demasiado una realidad más compleja.

En una novela del escritor inglés Aldous Huxley podemos leer este párrafo: «El aire en vibración había sacudido la *membrana tympani* de lord Edward; la cadena de huesecillos —martillo, yunque y estribo— se puso en movimiento de modo que agitara la membrana de la ventana ovalada y levantara una tempestad infinitesimal en el fluido del laberinto. Los extremos filamentosos del nervio auditivo temblaron como algas en un mar picado; un gran número de milagros oscuros se efectuaron en el cerebro y lord Edward murmuró extáticamente: ¡Bach!»[11] Sin duda lord Edward percibió la música gracias a los mecanismos de su oído y a las terminaciones nerviosas de su cerebro; si hubiera sido sordo o le hubieran extirpado determinadas zonas de la corteza cerebral, en vano se habría esforzado la orquesta por agradarle. Pero el goce mismo de la música que estaba oyendo, su capacidad de apreciarla y de identificar a su autor, el *significado* vital que todo ello encerraba para el oyente no puede reducirse al simple mecanismo auditivo y cerebral. No se hubiera dado sin él, no existiría sin él, pero no se reduce meramente a él. Tal como la luz producida por la bombilla no es lo mismo que la

11. *Contrapunto*, de A. Huxley, Planeta, Barcelona.

bombilla, el disfrute musical de Bach no es lo mismo que el sistema corporal que capta los sonidos aunque no se daría sin tal base material. A veces lo producido tiene cualidades distintas que *emergen* a partir de aquello que lo produce. Por eso Lucrecio, el gran materialista de la antigüedad romana, aun estando convencido de que somos un conjunto de átomos configurados de tal o cual manera, señala que los átomos no pueden reírse o pensar, mientras que nosotros sí. Somos un conjunto formado por átomos materiales, pero ese conjunto tiene propiedades de las que los átomos mismos carecen. *Somos* nuestro cuerpo, no podemos reír ni pensar sin él, pero la risa y el pensamiento tienen dimensiones añadidas —¿espirituales?— que no lograremos entender por completo sin ir más allá de las explicaciones meramente fisiológicas que dan cuenta de su imprescindible fundamento material.

Yo adentro, yo afuera. Soy un cuerpo en un mundo de cuerpos, un objeto entre objetos, y me desplazo, choco o me froto con ellos; pero también sufro, gozo, sueño, imagino, calculo y conozco una aventura íntima que *siempre* tiene que ver con el mundo exterior pero que no figura en el catálogo de la exterioridad. Porque si alguien pudiera anotar en un libro (o mejor, en un CD-Rom) todas las cosas que tienen bulto y ocupan sitio en la realidad, hasta el último de mis átomos figuraría en la lista, junto al Amazonas, los grandes tiburones blancos y la estrella Polar... pero no lo que he soñado esta noche o lo que estoy pensando ahora. De modo que hay dos formas de leer mi vida y lo que yo soy: por un lado —el lado de afuera— se me puede juzgar por mi *funcionamiento*, valorando si todos mis órganos marchan como es debido (tal como miramos el piloto luminoso de un electrodoméstico para saber si está apagado o encendido), determinando cuáles son mis capacidades físicas o mi competencia profesional, si me porto como manda la ley o cometo fechorías, etc.; por otro lado —el de adentro— resulto ser un *experimento* del que sólo yo mismo, en mi interioridad, puedo opinar sopesando lo que obtengo y lo que pierdo, comparando lo que deseo con lo que rechazo, etc. Y desde luego mi funcionamiento influye decisivamente en mi experimento, así como a la inversa.

En cuanto al viejo debate entre las relaciones de mi alma —pero ¿de dónde puede brotar el alma más que del cuerpo?— con mi cuerpo —¿acaso puedo llamar *mío* a un cuerpo sin alma?— quizá deba desviarme un momento de los filósofos y acudir a los poetas:

> *El alma vuelve al cuerpo*
> *se dirige a los ojos*
> *y choca. —¡Luz! Me invade*
> *todo mi ser. ¡Asombro!*

> JORGE GUILLÉN,
> «Más allá», en *Cántico*

Así me encuentro, invadido y poseído por todo mi ser que es tanto la mirada interior del alma como la luz del mundo, inseparables, indudables. ¿Será ésta la certeza que buscó el maestro Descartes?

Después de intentar explorar mi yo, lo que soy, me asalta otra duda: ¿hay alguien ahí fuera?, ¿estoy solo?, ¿existe algún otro «yo» aparte del mío? Desde luego, constato que me rodean seres aparentemente semejantes a mí pero de los cuales sólo conozco sus manifestaciones exteriores, gestos, exclamaciones, etc. ¿Cómo puedo saber si también gozan y padecen realmente una interioridad como la mía, si también para ellos existen dolores, placeres, sueños, pensamientos y significados? La pregunta parece arbitraria, demente incluso —¡ya hemos visto que muchas preguntas filosóficas suenan así de raras en primera instancia!—, pero no es nada fácil de contestar. Al que llega a la conclusión de que en el mundo no hay más «yo» que el suyo —pues de todos los demás sólo conoce comportamientos y apariencias que no certifican el respaldo de una visión interior como la suya propia— se le llama en la historia de la filosofía «solipsista». Y ha habido muchos, no se crean, porque no resulta sencillo refutar esta extravagante convicción. Después de todo, ¿cómo llegar a saber que los demás tienen también una *mente* como la mía, si por definición mi mente es aquello a lo que sólo yo tengo acceso directo? El asunto es tan grave que uno de los mayores filósofos de nuestro siglo, el inglés Bertrand Russell, cuenta que en cierta ocasión recibió la carta de un solipsista explicándole su posición teórica y extrañándose de que, siendo tan irrefutable, no hubiera más solipsistas en el mundo...

A mi juicio, el más sólido argumento antisolipsista lo brindó otro gran pensador contemporáneo —que fue además amigo y discípulo de Russell—, el austríaco Ludwig Wittgenstein. Según Wittgenstein, no puede haber un lenguaje privado: todo idioma humano, para serlo, necesita poder ser comprendido por otros y tiene como objeto compartir el mundo de los significados con ellos. En mi interior, desde que comienzo a reflexionar sobre mí mismo, encuentro un lenguaje sin el que no sabría pensar, ni soñar siquiera: un lenguaje que yo no he inventado, un lenguaje que como todos los lenguajes tiene que ser forzosamente *público*, es decir que comparto con otros seres capaces como yo de entender significados y manejar palabras. Términos como «yo», «existir», «pensar», «genio maligno», etc., no son productos espontáneos de un ser aislado sino creaciones simbólicas que tienen su posición en la historia y la geografía humanas: diez siglos antes o en una latitud distinta nadie se hubiera hecho las preguntas de Descartes. Por medio del lenguaje que da forma a mi interioridad puedo postular —*debo* postular— la existencia de otras interioridades entre las que se establece el vínculo revelador de la palabra. Soy un «yo» porque puedo llamarme así frente a un «tú» en una lengua que permite después al «tú» hablar desde el lugar del «yo». Establecer el ámbito de las significaciones lingüísticas compartidas es marcar las fronteras de lo humano: ¿no será precisamente ahí, en lo humano, en lo que comparto con otros semejantes capaces de hablar y por tanto pensar donde podré encontrar una respuesta mejor a la cuestión sobre qué o quién soy yo?

Da que pensar...

¿Puedo estar seguro realmente *de alguno de mis conocimientos? ¿Es imaginable que me encuentre perpetuamente soñando o que sea engañado por alguna entidad poderosa y malvada? ¿Por qué Descartes planteó estas hipótesis y las consideró parte de una duda metódica? ¿Era el mayor de los escépticos o el primero de los investigadores modernos, en busca de la certeza racional? ¿Es indudable que «yo» existo o sólo es indudable la existencia de «algo», que podría ser impersonal y fragmentario? ¿Qué era el «yo» para Descartes? ¿Qué entendía por* res cogitans? *¿Es el «yo» una sustancia estable y personal o podría resultar tan sólo un efecto localizador del lenguaje? Cuando practico la introspección, ¿encuentro alguna vez un «yo» como cree Descartes o sólo percepciones como asegura Hume? ¿Es lo mismo ser consciente que ser autoconsciente? ¿Es mi cuerpo pura mente que percibe o tiene también una prolongación en el mundo de los objetos percibidos? Visto desde fuera ¿cuáles son los límites de mi «yo»? ¿Por qué llamo «mío» al cuerpo? ¿Soy mi cuerpo o tengo un cuerpo? Si el alma tiene un cuerpo pero no es el cuerpo, ¿qué lugar ocupa en él? ¿Desde dónde ha llegado a él? Si el alma o la mente es el cerebro ¿podemos decir que no sea más que el cerebro? Aunque no haya conciencia sin cerebro, ¿tiene el cerebro las mismas propiedades que la conciencia? ¿Cómo puedo establecer si hay otras mentes en el mundo semejantes a la mía? ¿Qué es el solipsismo? ¿Podríamos ser todos solipsistas? ¿He inventado yo el lenguaje que encuentro en mí? ¿Podría haber un lenguaje para mi exclusivo uso personal, sin referencia a otras mentes semejantes a la mía?*

CAPÍTULO CUARTO

El animal simbólico

Los tanteos exploratorios buscando algún conocimiento cierto respecto a mi yo, a mi mente y/o mi cuerpo me han traído muchas más perplejidades que certezas. Pero al menos mis pocas certezas han dejado de ser ingenuas rutinas irreflexivas, mientras que mis perplejidades son ahora dudas filosóficas, es decir, lo suficientemente estimulantes como para que no corra prisa deshacerme de ellas. Lo más seguro que sé respecto a mí es que soy un ser parlante, un ser que habla (¡consigo mismo, para empezar!), alguien que posee un lenguaje y que por tanto debe tener semejantes. ¿Por qué? Porque yo no he inventado el lenguaje que hablo —me lo han enseñado, inculcado— y porque todo lenguaje es público, sirve para objetivar y compartir lo subjetivo, está necesariamente abierto a la comprensión de seres inteligentes... hechos a mi imagen y semejanza. El lenguaje es el certificado de pertenencia de mi especie, el verdadero código genético de la humanidad.

Calma, no nos embalemos, no queramos *saber* demasiado rápido. Volvamos otra vez a la cuestión inicial (la filosofía avanza en círculos, en espiral, está siempre dispuesta a reincidir una y otra vez sobre las mismas preguntas pero tomadas una vuelta más allá): ¿qué o quién soy yo? Probemos otra respuesta: soy un ser humano, un miembro de la especie humana. O, como aseguró el dramaturgo romano Terencio, «soy humano y nada de lo humano me es ajeno». De acuerdo —provisionalmente, claro— pero entonces ¿qué significa ser humano? ¿En qué consiste eso «humano» con lo que me identifico?

Unos quinientos años antes de J.C., el gran trágico griego Sófocles incluye en su obra *Antígona* una reflexión coral sobre lo humano que merece ser citada en extenso: «Muchas cosas existen y, con todo, nada más asombroso que el hombre. Él se dirige al otro lado del espumoso mar con la ayuda del tempestuoso viento sur, bajo las rugientes olas avanzando, y a la más poderosa de las diosas, a la imperecedera e infatigable Tierra, trabaja sin descanso, haciendo girar los arados año tras año, al ararla con mulos. El hombre que es hábil da caza, envolviéndolos con los lazos de sus redes, a la especie de los aturdidos pájaros, y a los rebaños de agrestes fieras, y a la familia de los seres marinos. Por sus mañas se apodera del animal del campo que va a través de los montes, y unce al yugo que rodea la cerviz al caballo de espesas crines, así como al incansable toro montaraz. Se enseñó a sí mismo el lenguaje y el alado pensamiento, así como las civilizadas maneras de comportarse, y también, fecundo en recursos, aprendió a esquivar bajo el cielo los dardos de los desapacibles hielos y los de las lluvias inclementes. Nada de lo porvenir le encuentra falto de recursos. Sólo de la Muerte no tendrá escapatoria. De enfermedades que no tenían remedio ya ha discurrido posibles evasiones. Poseyendo una habilidad superior a lo que se puede uno imaginar, la destreza para ingeniar recursos la encamina unas veces al mal y otras al bien.»[12]

En esta célebre descripción se acumulan todos los rasgos distintivos de la especie humana: la capacidad técnica de con-

---

12. Trad. de Assela Alamillo, levemente modificada por mí. En *Tragedias*, de Sófocles, Gredos, Madrid.

trolar las fuerzas naturales, poniéndolas a nuestro servicio (la navegación, la agricultura y hoy añadiríamos los viajes interplanetarios, la energía eléctrica y nuclear, la televisión, los computadores, etc.); la habilidad para cazar o domesticar a la mayoría de los demás seres vivientes (aún se resisten algunos microbios y bacterias); la posesión de lenguaje y del pensamiento racional (Sófocles insiste en que el lenguaje lo han inventado los propios humanos para comunicarse entre sí, no les viene de fuera como regalo de ninguna divinidad); el ingenio para guarecerse de las inclemencias climáticas (con habitaciones y vestidos); la previsión del porvenir y sus amenazas, preparando de antemano remedios contra ellas; la cura de muchas enfermedades (aunque no de la muerte, para la que no tenemos escapatoria posible); y sobre todo la facultad de utilizar bien o mal tantas destrezas (lo cual supone previamente disposición para distinguir el bien y el mal en las acciones o propósitos, así como capacidad de opción entre ellos, es decir: la libertad). Pero quizá lo verdaderamente más humano sea el propio *asombro* del coro sofoclíteo ante lo humano, esa mezcla de admiración, de orgullo, de responsabilidad y hasta de temor que las hazañas y fechorías humanas (a estas últimas Sófocles no se refiere aquí demasiado, justo es decirlo, pero no olvidemos que el fragmento corresponde a la narración de una estremecedora tragedia) despiertan en los hombres. El principal destino de los humanos parece ser asombrarnos —¡para bien y para mal!— los unos de los otros.

También esta condición pasmosa del hombre queda destacada, y con un tono aún más jubiloso, en la *Oratio pro hominis dignitate* («Discurso sobre la dignidad humana») que compuso en el siglo XV el florentino Giovanni Pico della Mirandola, y que algunos consideran algo así como el manifiesto humanista del Renacimiento. Pero Pico no sólo confirma el punto de vista de Sófocles sino que cree haber encontrado la auténtica raíz de por qué el hombre es tan portentoso: «Me parece haber entendido por qué el hombre es el ser vivo más dichoso, el más digno por ello de admiración y cuál es aquella condición suya que le ha caído en suerte en el conjunto del universo, capaz de despertar la envidia no sólo de los brutos, sino de los astros, de las mismas inteligencias supramundanas. ¡Increíble y admirable!»[13] ¿A qué capacidad portentosa se refiere el entusiasmado humanista?

El punto de vista de Pico es ciertamente original. Hasta entonces, los filósofos aseguraban que el mérito de los humanos provenía de nuestra condición racional, de que estamos hechos a imagen y semejanza de Dios, de que somos capaces de avasallar al resto de los seres vivos y cosas parecidas. Es decir, encumbraban al hombre porque *es algo más* que el resto del mundo. Pero según Giovanni Pico, la dignidad de nuestra condición nos viene de que somos *algo menos* que los demás seres creados. En efecto, todo lo que existe, desde el arcángel hasta la piedra —pasando por las bestias más o menos despiertas, las plantas, el agua, el fuego, etc.—, tiene su lugar prefijado por Dios en el orden del universo, que debe ocupar siempre, sea alto o bajo. A las cosas de este mundo no les queda más remedio que ser lo que son, o sea lo que Dios que las ha hecho ha querido que sean. Todas las cosas, todos los seres están así prefijados de antemano... menos el hombre.

Cuando hubo dispuesto ordenadamente todo el universo, el Supremo Hacedor se dirigió al primer hombre y —¡según Pico della Mirandola!— le habló así: «No te dimos ningún puesto fijo, ni una faz propia, ni un oficio peculiar, ¡oh Adán!, para que el puesto, la imagen, y los empleos que desees para ti, ésos los tengas y poseas por tu propia decisión y elección. Para los demás, una naturaleza constreñida dentro de ciertas leyes que les hemos prescrito. Tú, no sometido a ningún cauce angosto, te la definirás según tu arbitrio, al que te entregué. Te coloqué en el centro del mundo, para que volvieras más cómodamente la vista a tu alrededor y miraras todo lo

13. *De la dignidad humana*, de G. Pico della Mirandola, Editora Nacional, Madrid.

que existe. Ni celeste ni terrestre te hicimos, ni mortal ni inmortal, para que tú mismo, como modelador y escultor de ti mismo, más a tu gusto y honra te forjes la forma que prefieras para ti. Podrás degenerar a lo inferior, con los brutos; podrás realzarte a la par de las cosas divinas, por tu misma decisión».[14]

De modo que, según Pico, lo asombroso del hombre es que se mantiene *abierto* e *indeterminado* en un universo donde todo tiene su puesto y debe responder sin excentricidades a lo que marca su naturaleza. Dios ha creado todo lo que existe pero al hombre le ha dejado, por así decirlo, a medio crear: le ha concedido la posibilidad de concluir en sí mismo la obra divina, autocreándose. Así que el hombre es también un poco Dios porque se le ha otorgado la facultad de crear, al menos aplicada a sí mismo. Puede hacer mal uso de esa discrecionalidad y rebajarse hasta lo vegetal o lo pétreo; pero también puede alzarse hasta lo angélico, hasta la mismísima inmortalidad. ¡No cabe duda de que Pico della Mirandola es bastante más optimista que Sófocles respecto a las capacidades humanas! Más adelante (en los capítulos sexto y séptimo de este libro) tendremos que volver a reflexionar sobre algunos de los problemas que plantea esta visión renacentista de lo humano, tan decidida y hasta arrogantemente *moderna*. Pero de momento nos basta aquí con destacar la aportación de Pico al planteamiento que había hecho en su día el coro de *Antígona*. Según el trágico griego, lo admirable del hombre —para «admirable» utiliza un término que también puede leerse como «estremecedor», «terrible»— es lo que el hombre puede llegar a *hacer con el mundo*, sea por medio de la técnica, la astucia o el lenguaje racional; pero el humanista florentino destaca sobre todo lo que el hombre puede *hacer consigo mismo*, según la elección divinamente libre de su arbitrio o voluntad. Y notemos de paso que para Pico la dignidad del hombre viene de que es el ser más «dichoso» o «afortunado»

14. *Ibidem*, trad. ligeramente modificada.

de la creación... ¡algo desde luego que Sófocles nunca se hubiera atrevido a asegurar!

En cualquier caso, parece que siempre se ha intentado definir lo humano por contraposición (y también por comparación) con lo animal y con lo divino. Es humano quien no es ni animal ni dios. En nuestros días resulta bastante evidente que desde luego dioses no somos, en parte por nuestras patentes deficiencias y en parte también porque ahora se cree en los dioses o en Dios bastante menos que en otras épocas. Pero en cambio hay serias dudas respecto a que no seamos animales, y ni siquiera animales tan especiales o distintos de los demás como nos gustaría suponer. Que entre los animales y los seres humanos existen semejanzas e incluso cierta forma de parentesco es cosa evidente, aunque no sea más que por el derroche de elocuencia que se ha hecho a través de los siglos para dejar claro que *no* somos animales. Nadie se ha molestado nunca en cambio en probar que no somos piedras o plantas... Por otra parte, en las fábulas tradicionales de casi todos los países aparecen los animales ejemplificando ciertas virtudes que a los humanos nos gustaría poseer: coraje, fidelidad, prudencia, astucia, etc., por ejemplo, el toro, el perro, el lince, el águila, etc. Y también se muestra reprobación por los viciosos insultándoles con nombres de animales: al ignorante se le llama «asno», al sucio o lascivo «cerdo», al cobarde «gallina» y a los enemigos «perros» o «ratas». Estas comparaciones positivas o negativas son una forma de reconocer similitudes reveladoras (¡aunque en buena parte imaginarias!), al tiempo que expresan el siempre latente temor a que se nos confunda con las demás bestias.

Sin embargo, desde que Darwin hizo pública su teoría de la evolución humana a partir de otras formas de vida animal, nuestra filiación zoológica se ha convertido en doctrina científica casi universalmente acatada. Digo «casi» porque aún hay obstinados que por razones religiosas se niegan a asumir este origen poco ilustre. Es curioso constatar que en la mayoría de las creencias religiosas se da siempre una mezcla de humildad y orgullo: debemos someternos a Dios, pero esa sumisión nos vincula a la divinidad y nos *eleva* por encima del resto de los seres naturales. En la época moderna los humanos hemos tenido que asumir tres grandes humillaciones teóricas, las tres vinculadas a la ciencia y las tres frontalmente opuestas a dogmas religiosos. La primera tuvo lugar en los siglos XVI y XVII por obra de Copérnico, Kepler y Galileo: la Tierra, el planeta humano, fue desplazada del centro del universo y perdió su majestuosa inmovilidad privilegiada para ponerse a girar en torno al sol. La segunda ocurrió en el siglo XIX: Darwin demostró de manera bastante convincente que nuestra especie es una más en el conjunto de los seres vivientes y que no hemos sido creados directamente por ningún Dios a su imagen y semejanza sino que provenimos por mutaciones azarosas de una larga serie genética de mamíferos antropoides. La tercera humillación nos la infligió Sigmund Freud, a finales del siglo pasado y comienzos del nuestro, al convertir nuestra mismísima conciencia o alma en algo complejo y nada transparente, traspasado por impulsos inconscientes de los que no somos dueños. En los tres casos perdemos algún rasgo de *excepcionalidad* que nos enorgullecía y para el que se habían buscado fundamentos teológicos: cada vez nos parecemos más a lo que no queremos ser...

Sin embargo, por mucho que aceptemos hoy la indudable *continuidad* entre lo animal y lo humano, no por ello parecen haberse borrado ni mucho menos las diferencias fundamentales que justifican aún ese «asombro» ante el hombre expresado por el coro de Sófocles o por Pico della Mirandola. Como señalamos en el capítulo anterior, una cosa es decir que algo —una capacidad, un ser— provenga o emerja de otro algo —un proceso fisiológico, un antropoide— y otra muy distinta asegurar que ambos son idénticos, que el primero *no es más que* el segundo o se reduce a él. Que los seres humanos seamos también animales y que en cuanto especie debamos buscar nuestros parientes entre las bestias y no en-

tre dioses o ángeles (no hemos *caído* del cielo, sino que hemos *brotado* del suelo, como ya algunas mitologías indicaron)
no impide que constatemos rasgos característicos en lo humano que determinan un auténtico salto cualitativo respecto
a nuestros antepasados zoológicos. Señalarlos con precisión
es importante (¡aunque nada fácil), no por afán de seguir per-
petuando así jirones de nuestra maltrecha superioridad excepcional del pasado sino para —bueno o malo— comprender mejor lo que efectivamente somos. De modo que ahora
las preguntas serán: si no basta clasificarnos simplemente
como animales, ¿qué *más* somos? ¿Hay algo que distinga radicalmente, en profundidad, al animal humano del resto de
los animales?

Tradicionalmente se ha hablado del ser humano como de
un «animal *racional*». Es decir, el bicho más inteligente de todos. No es sencillo precisar de forma elemental qué entendemos por razón (aunque algo hemos intentado en el capítulo
segundo), de una forma lo suficientemente amplia como para
que los animales no queden excluidos de ella de antemano.
Como muy bien ha señalado el filósofo inglés Roger Scruton,
«las definiciones de la razón y de la racionalidad varían grandemente; varían tanto como para sugerir que, mientras pretenden definir las diferencias entre hombres y animales en
términos de razón, los filósofos están en realidad definiendo
la razón en términos de la diferencia entre hombres y animales».[15] Digamos como primera aproximación que la razón es
la capacidad de encontrar los medios más eficaces para lograr
los fines que uno se propone. En este sentido resulta evidente
que también los animales tienen sus propias razones y desarrollan estrategias inteligentes para conservar sus vidas y reproducir su especie. Desde luego ningún animal fabrica bombas atómicas ni maneja ordenadores, pero ¿es por falta de
inteligencia o porque no los necesitan?, ¿podemos decir que

15. *An Intelligent Person's Guide to Philosophy*, de R. Scruton, Duckworth,
Londres.

demuestra poca inteligencia hacer solamente lo imprescindible para vivir sin buscarse mayores complicaciones? He aquí una primera diferencia entre la inteligencia de los animales y la de los seres humanos: a los animales, la inteligencia les sirve para procurarse lo que necesitan; en cambio a los humanos nos sirve para descubrirnos necesidades nuevas. El hombre es un animal *insatisfecho*, incapaz de satisfacer unas necesidades sin ver cómo otras apuntan en el horizonte de su vida. Por decirlo de otro modo: la razón animal busca los mejores medios para alcanzar ciertos fines estables y determinados, mientras que la razón humana busca medios para lograr determinados fines y *también* nuevos fines, aún inciertos o indeterminados. Quizá sea esta característica lo que apuntaba Pico della Mirandola en su descripción de la dignidad humana...

En los animales la inteligencia parece estar exclusivamente al servicio de sus *instintos*, que son los que les dirigen hacia sus necesidades o fines vitales básicos. Es decir que su conducta sólo responde a un cuadro de situaciones que vuelven una y otra vez —necesidad de alimento, de apareamiento, de defensa, etc.—, cuya importancia proviene de la vida de la especie y no de la elección de cada uno de los individuos. La inteligencia al servicio de los instintos funciona con gran eficacia, pero nunca inventa nada nuevo. Sin duda algunos primates descubren trucos ingeniosos para conseguir comida o protegerse del enemigo y hasta logran difundirlos por su grupo. Pero la base de sus afanes se atiene invariablemente a la pauta instintiva elemental. Los humanos, en cambio, utilizamos la inteligencia tanto para satisfacer nuestros instintos como para interpretar las necesidades instintivas de nuevas formas: de la necesidad de alimento derivamos la diversidad gastronómica, del apareamiento llegamos al erotismo, del instinto defensivo desembocamos en la guerra, etc. En los animales cuenta mucho la especie, el beneficio de la especie, la experiencia genéticamente acumulada de la especie y muy poco o nada los objetivos particulares del individuo o su experiencia privada. Los animales parecen nacer sabiendo ya mucho más de lo que aprenderán en su vida, mientras que los humanos se diría que aprendemos casi todo y no sabemos casi nada en el momento de nacer. Para marcar esta diferencia, algunos hablan de «conducta» animal (predeterminada) frente a «comportamiento» humano (indeterminado, libre), aunque probablemente estos distingos terminológicos no sean demasiado esclarecedores.

Lo cierto es que los animales *aciertan* con gran frecuencia en lo que hacen siempre que no se les presenten excesivas novedades, mientras que los humanos tanteamos y nos equivocamos mucho más pero en cambio sabemos responder mejor a cambios radicales en las circunstancias. Si a un animal particular le da mal resultado el instinto de su especie, difícilmente logrará sustituirlo por algo que él mismo haya aprendido o inventado. Lo ejemplifica con mucha gracia el humorista gallego Julio Camba al hablar de la pesca del «lingueirón», un marisco parecido a la navaja. El lingueirón vive enterrado en la arena de las playas, dejando un pequeño agujero como salida de su madriguera. Cuando sube la marea, sale de la arena para alimentarse. Se le pesca poniendo un granito de sal en el agujero bajo el que espera, haciéndole creer así que ya está cubierto por el agua de mar y provocando su salida. «Yo llegué —cuenta Julio Camba— a desconcertar de tal modo a un pobre lingueirón a fuerza de pescarle durante todo el verano que, cuando subía la marea, el infeliz se creía que yo le había puesto un grano de sal, y cuando yo le ponía un grano de sal se figuraba que había subido la marea. Perdida la confianza en su instinto, aquel desdichado lingueirón se había convertido casi casi en un ser pensante y no acertaba ni por casualidad.»[16] Bromas aparte, lo cierto es que —puesto en el difícil brete de aquel lingueirón, para quien Camba fue una suerte de «genio maligno» cartesiano— un humano hubiera *inventado* algo para verificar la subida de la marea... o se las habría arreglado para cambiar de hábitos y de régimen de alimentación.

16. *La casa de Lúculo*, de J. Camba, col. Austral, Madrid.

Hasta aquí estamos comparando animales y humanos desde un punto de vista más bien antropocéntrico. Pero ¿qué dicen los que consideran a unos y a otros desde una perspectiva zoológica? Aunque nos ha gustado siempre autoelogiarnos, llamando a nuestra especie primero *Homo habilis* y luego *Homo sapiens*, lo cierto es que no son nuestras habilidades técnicas ni nuestra sabiduría en lo que se fijan como criterio diferencial quienes nos han estudiado como una variedad más de mamíferos superiores. ¡Después de todo, resulta que compartimos con los chimpancés el noventa y tantos por ciento de nuestra dotación cromosómica! En 1991 un equipo de primatólogos (es decir, estudiosos de los primates) estableció una serie de rasgos distintivos de los grupos humanos frente a los de nuestros más próximos allegados zoológicos.[17] El primero de ellos es que, tanto si abandonan su grupo familiar como si no y sean machos o hembras, los humanos adultos conservan a lo largo de toda su vida lazos afectivos con sus parientes más próximos. Los demás primates, en cambio, sólo permanecen ligados a sus consanguíneos en tanto siguen formando parte del mismo grupo y sólo con los que son de su mismo sexo. Entre los otros primates, la organización social o bien está basada en la pareja monógama —es el caso de los gibones o los orangutanes— o bien forman una banda en la que todas las hembras están monopolizadas por el macho que ocupa la jefatura, como entre los gorilas (quizá la única excepción sean los inteligentes chimpancés bonobos, que según cuentan logran desarrollar una vida tribal de envidiable promiscuidad sexual). Pero sólo los humanos hacen compatible la monogamia con la vida en grupo, probablemente porque mantienen relaciones con sus hijos de ambos sexos incluso después de alcanzada la madurez. También establecen relaciones de cooperación intergrupal y de especializacion en la búsqueda de alimentos, defensa, etc., desconocidas entre los demás primates. Sobre todo lo más

17. De *Current Anthropology*, de Rodseth, Wrangham, Harrigan y Smuts, citados por Adam Kuper en *The Chosen Primate*, Harvard University Press, Harvard, Mass.

característico es que son los únicos capaces de conservar relaciones significativas incluso en ausencia de aquellos con quienes se relacionan, es decir, más allá de los límites efectivos del grupo o tribu. En una palabra, son capaces de *acordarse* socialmente de los otros incluso aunque no vivan con ellos.

¿Qué conclusiones podemos sacar de todo esto? Parece ser que los restantes primates —y mucho más todavía otros animales— viven como incrustados o hundidos en el medio vital que les es propio (Georges Bataille, en su *Teoría de la religión*, dice que están «como el agua en el agua»). Permanecen como irremediablemente adheridos a los semejantes con que conviven y al objetivo de sus instintos, a lo que necesitan buscar para sobrevivir y reproducirse. No son capaces de *distanciarse* de quienes les rodean ni de lo que forma parte de las necesidades de su especie. Constituyen un continuo con lo que necesitan y apetecen, incluso con aquello de lo que huyen porque les amenaza: no pueden ver nada objetivamente, en sí mismo, desgajado de los afanes propios de su especie. El biólogo Johannes von Uexküll decía que en el mundo de una mosca encontramos sólo «cosas de mosca» y en el mundo de un erizo de mar sólo «cosas de erizo de mar». En cambio los humanos parece que tenemos la capacidad de distanciarnos de las cosas, de *despegarnos* biológicamente de ellas y verlas como objetos con sus propias cualidades, que muchas veces en nada se refieren a nuestras necesidades o temores. Por eso algunos filósofos contemporáneos (Max Scheler, entre otros, en su interesante e influyente libro *El puesto del hombre en el cosmos*) distinguen entre el *medio* propio en el que habitan los animales y el *mundo* en el que vivimos los humanos (del que intentaremos ocuparnos más en el próximo capítulo). En el medio animal no hay nada neutral, todo está a favor o en contra de lo que pide la especie para perpetuarse; en el mundo humano en cambio cabe cualquier cosa, incluso lo que nada tiene que ver con nosotros, o lo que ya no tiene que ver, lo que perdimos, lo que aún no hemos conseguido. Es más, la posibilidad de ver las cosas objetivamente, como reales en sí mismas (un pensador español contemporáneo, Xabier Zubiri, define al hombre como «un animal de realidades») se extiende hasta el punto de objetivar nuestras propias necesidades y reinterpretar las exigencias biológicas de nuestra especie... ¡es decir, hasta el punto de distanciarnos de nosotros mismos! Los humanos podemos estudiar las cosas del mundo en sí mismas y nuestra propia condición objetiva como ingrediente del mundo real, mientras que no parece que pueda haber animales *zoólogos*...

En algunos zoos hay una sección especial dedicada a los animales que desarrollan su actividad durante la noche. En terrarios especialmente acondicionados se han recreado sus condiciones de vida y se ha invertido por medio de juegos de luz el tiempo real, de modo que los bichos creen que es de día cuando es de noche y viceversa. De ese modo los visitantes pueden observar a los murciélagos, búhos y otros seres semejantes en acción. Pues bien, en un ensayo que ha adquirido cierta notoriedad, Thomas Nagel se pregunta «cómo será eso de sentirse murciélago».[18] Por supuesto, lo que intriga a Nagel no es qué sentiría él mismo, o usted o yo, que somos humanos, volando velocísimamente a ciegas con la boca abierta, dirigiéndonos por un radar de ultrasonidos, colgando cabeza abajo del techo sujetos por nuestros pies o alimentándonos con un dieta de insectos. A esta pregunta trivial, la respuesta no menos obvia es que nos sentiríamos muy *raros*. Pero esa extrañeza provendría de que *no* somos murciélagos y sin embargo actuaríamos como tales. Lo que Nagel se pregunta no es qué puede sentir un humano convertido en murciélago, sino a qué se parece ser murciélago... ¡para los murciélagos! (también podríamos preguntar, por ejemplo, qué se siente siendo lingueirón, sobre todo antes de que llegue un Julio Camba y nos engañe). Es imposible dar respuesta a la pregunta, porque para ello deberíamos tener no sólo la peculiar

18. Incluido en *Cuestiones mortales*, Fondo de Cultura Económica, México.

dotación sensorial de murciélagos o lingueirones, sino también compartir su mismo medio ambiente. Y aunque estemos juntos, nuestros medios son radicalmente distintos. Mejor dicho: nosotros estamos presentes en su medio como *interferencias*, sin otra entidad que la repulsión o el obstáculo que suponemos para sus vidas, mientras que ellos habitan nuestro mundo como seres independientes y por tanto distintos de las reacciones (miedo, agrado, etc.) que despiertan en nosotros. Lo cierto en cualquier caso es que nos resultaría imposible reproducir en un zoológico imaginario las condiciones de vida del *Homo sapiens*, su medio natural. Nuestro medio natural es el conjunto de todos los medios, un mundo hecho con todo lo que hay y también con lo que ya no hay y con lo que aún no hay. Un mundo que cambia además cada poco trecho. El modo de vida no sólo de los murciélagos y de los lingueirones, sino incluso de los chimpancés y otros animales que se nos parecen mucho más, es esencialmente el mismo aunque vivan separados por miles de kilómetros; en cambio, unos cuantos cientos de metros bastan para cambiar de forma notabilísima los comportamientos de los grupos humanos, aunque todos también pertenezcamos a la misma especie biológica. ¿Por qué?

Sobre todo, por la existencia del *lenguaje*. El lenguaje humano (*cualquier* lenguaje humano) es más profundamente distinto de los llamados lenguajes animales que la propia fisiología humana de la de los demás primates o mamíferos. Gracias al lenguaje cuentan para los humanos aquellas cosas que ya no existen, o que todavía no existen... ¡incluso las que no pueden existir! Los llamados lenguajes animales se refieren siempre a las finalidades biológicas de la especie: la gacela previene a sus semejantes de la cercanía del león o de un incendio, los giros de la abeja informan a sus compañeras de panal de dónde y a qué distancia se hallan las flores que deben libar, etc. Pero el lenguaje humano no tiene un contenido previamente definido, sirve para hablar de cualquier tema —presente o futuro—, así como para inventar cosas que aún no han ocurrido o referirse a la posibilidad o imposibilidad de que ocurran. Los significados del lenguaje humano son *abstracciones*, no objetos materiales. En uno de sus viajes imaginarios, el Gulliver de Jonathan Swift encuentra un pueblo cuyos habitantes quieren ser tan precisos que, en vez de hablar, llevan en un saco todas las cosas a las que quieren referirse y las van sacando frente a los otros para comunicar su pensamiento. Procedimiento que no deja de presentar problemas porque, como señaló el gran lingüista contemporáneo Roman Jakobson, supongamos que quien va a referirse a todas las ballenas del mundo logra transportar en su saco a tantos cetáceos; aun entonces, ¿cómo logrará decir que son «todas»? En el terreno emocional, las dificultades no son menores: el antílope que vigila en un rebaño puede alertar a los demás de la presencia temible de un león, pero ¿cómo podría decirles en ausencia del depredador que él tiene miedo de los leones o que cree que el león no es tan fiero como lo pintan?, ¿cómo podría gastarles la broma de anunciar un león que no existe o recordar lo feroz que parecía el león de la semana pasada? Y sin embargo este tipo de reflexiones forman parte esencial de lo que llamamos el «mundo» de los humanos.

Los llamados lenguajes animales (tan radicalmente distintos del nuestro que francamente parece abusivo denominarlos también «lenguajes») mandan avisos o señales útiles para la supervivencia del grupo. Sirven para decir lo que hay que decir, mientras que lo característico del lenguaje humano es que sirve para decir lo que *queremos* decir, sea lo que fuere. Este «querer decir» es precisamente lo esencial de nuestro lenguaje. Cuando oímos una frase en un idioma desconocido nos preguntamos *que querrá decir*. Puede que no sepamos esa lengua, pero lo que sabemos muy bien es que esos sonidos o esas letras escritas revelan una voluntad de comunicación que las hermana con la lengua que nosotros mismos manejamos. El hecho de compartir la posesión de un lenguaje (de un *querer decir* sin referencia vital clausurada, que puede hablar de lo posible y de lo imposible, de lo actual, lo pretérito o lo porvenir, que puede tratar incluso del habla misma —como estamos haciendo aquí, como ningún otro animal puede hacer— y sirve para debatir argumentos, mientras que los animales avisan o amenazan pero no «discuten») es el rasgo específico más propio de nuestra condición (junto al sabernos mortales): tiene mucha más importancia eso que nos asemeja a cualquier otro ser humano, la capacidad de hablar, que lo que nos separa, el utilizar idiomas diferentes.

Ese «querer decir» es decisivo incluso en el aprendizaje del propio lenguaje. Los estudiosos que han intentado enseñar a chimpancés rudimentos de comunicación lingüística por medio de cartulinas con dibujos (a veces con resultados notables, como los obtenidos por los Premack con su famosa mona *Sarah*) señalan siempre la falta de iniciativa simbólica de los primates y su desinterés por lo que se les fuerza laboriosamente a aprender. Llegan a decir cosas *a pesar de ellos mismos*, estimulados por recompensas pero sin mostrar ningún gusto personal por la habilidad adquirida. Lo que les interesa no es comunicarse sino lo que les dan por comunicarse. Los niños, en cambio, se *abalanzan* sobre la posibilidad comunicativa que les abren las palabras, no aprenden de forma meramente receptiva sino que participan activa y atropelladamente en su propio adiestramiento verbal, como si estuviesen hirviendo ya de cosas que decir y les faltara tiempo para saber cómo. A diferencia de leer o escribir, ningún niño se *resiste* a aprender a hablar ni hay que ofrecerle premio alguno por llevar a cabo lo que bien mirado no es pequeña proeza. Tal parece que los niños aprenden a hablar porque a las primeras de cambio se les despierta la *intención* de hablar, que es precisamente lo que falta a los demás primates, por despiertos que sean.

Se diría que el ser humano tiene el propósito de comunicarse simbólicamente aun antes de disponer de los medios. Quizá el único ejemplo relativamente en contra es el niño criado entre animales en el Aveyron al que el pedagogo del siglo XVIII Jean Itard intentó enseñar a hablar, lo cual puede indicar que la primera apetencia de comunicación humana la recibimos del crecer entre humanos. Nada indica mejor este entusiasmo por el lenguaje de los niños en cuanto conocen el mundo comunicable que les abre la palabra que los mismos *errores* cometidos en el aprendizaje, los cuales no demuestran falta de memoria o atención sino al contrario una espontánea vehemencia que se adelanta a lo que se les enseña demasiado pausadamente. Sánchez Ferlosio cuenta que cuando su hija era pequeña dijo al abrir una manzana taladrada por gusanos que tenía «tuberías». Esta ingenuidad no revela una torpe equivocación sino la asociación fulgurante entre significados que busca abrirse camino expresivo a mayor velocidad de la que se emplea en aprender el vocabulario...

Como hemos apuntado, lo característico del lenguaje humano no es permitir expresar emociones subjetivas —miedo, ira, gozo y otros movimientos anímicos que también suelen revelarse por gestos o actitudes, como puede hacer cualquier animal— sino *objetivar* un mundo comunicable de realidades determinadas en el que otros participan conjuntamente con nosotros. A veces se dice que una mueca o un encogimiento de hombros pueden ser más expresivos que cualquier mensaje verbal. Quizá sean más expresivos de lo que nos pasa interiormente pero nunca comunican mejor lo que hay en el exterior. La principal tarea del lenguaje no es revelar al mundo mi yo sino ayudarme a comprender y participar en el mundo.

Gracias al lenguaje, los humanos no habitamos simplemente un medio biológico sino un mundo de realidades independientes y significativas incluso cuando no se hallan efectivamente presentes. Como ese mundo que habitamos depende del lenguaje que hablamos, algunos lingüistas (Edward Sapir y Benjamin L. Whorf son los más destacados) han supuesto que cada uno de los idiomas abre un mundo diferente, de lo cual deducen algunos relativistas actuales que cada grupo de hablantes tiene su propio universo, más o menos cerrado para quien no conoce su lengua. Pero parece que exageran bastante. El antropólogo Rosch aportó a este respecto un experimento interesante en sus trabajos sobre los dani de Nueva Guinea. Este pueblo habla un idioma en el que no hay más que dos términos para el color: uno nombra los tonos intensos y cálidos, otro los pálidos y fríos. Rosch les sometió a una prueba, consistente en identificar cuarenta muestras de tintes y claridades diferentes, primero nombrando cada una de ellas y luego volviendo a identificarla entre las demás después de un breve alejamiento. Los dani lo pasaron mal para nombrar cada uno de los matices que se les ofrecían, pero no tuvieron mayores dificultades a la hora de volver a reconocerlos entre los otros. Y es que el lenguaje —todo lenguaje, cualquier idioma— nos permite tener un mundo, pero una vez adquirido éste no lo *cierra* a las aportaciones de nuestros sentidos ni mucho menos a la voluntad de comprender e intercambiar comunicación con nuestros semejantes. Por eso lo más humano de un idioma es que lo esencial de sus contenidos puede ser traducido a cualquier otro: no hay querer decir sin *querer entender y hacerse entender...*

Desde luego, el lenguaje humano está también rodeado de enigmas... ¡como todo lo que nos interesa de verdad! El primero de ellos es el propio *origen* del lenguaje. Si lo distintivo de los humanos es la palabra, ¿cómo llegamos a obtenerla? ¿Inventaron los primeros humanos el lenguaje? Entonces es que ya eran humanos desde antes de tenerlo, pero humanos sin lenguaje, lo cual contradice todo lo que sabemos hoy sobre nuestra especie. ¿Fueron unos primates prehumanos los inventores del habla? ¿Pero cómo pudieron esos animales desarrollar un mundo simbólico tan alejado de la animalidad como tal, hazaña que parece requerir la inteligencia plenamente evolucionada que suponemos brotada precisamente del intercambio lingüístico? En fin, que si es el lenguaje lo que nos hace humanos, los humanos no han podido inventar el lenguaje... ¡pero aún nos resulta más increíble que lo inventasen otros animales, o que nos lo enseñaran unos extraterrestres llegados hace milenios (¿cómo empezaron a hablar tales extraterrestres?) o unos dioses con aficiones gramaticales! Lo más cuerdo —aunque tampoco demasiado clarificador— es suponer que se dio una interacción entre comienzo del lenguaje y comienzo de la humanidad: ciertos gritos semianimales fueron convirtiéndose en palabras y *a la vez* ciertos primates superiores fueron humanizándose cada vez más. Lo uno influyó en lo otro y viceversa. A finales del siglo pasado, el gran lingüista Otto Jespersen supuso que al principio lo que hubo fueron exclamaciones emotivas o quizá frases rítmicas, musicales, que expresaban sentimientos o afanes colectivos (algo parecido había insinuado ya Juan-Jacobo Rousseau en el siglo XVIII): el paso decisivo, dice Jespersen, fue cuando «la comunicación prevaleció sobre la exclamación». Cabría preguntarle: «Y eso, ¿cómo ocurrió? Porque es precisamente lo que quisiéramos saber...»

En cualquier caso, resulta evidente que tenía razón Ernst Cassirer —otro de los pensadores contemporáneos más destacados— cuando afirmó que «el hombre es *un animal simbólico*».[19] ¿Qué es un símbolo? Es un signo que representa una idea, una emoción, un deseo, una forma social. Y es un signo *convencional*, acordado por miembros de la sociedad humana, no una señal natural que indica la existencia de otra cosa como el humo señala dónde hay fuego o las huellas de una fiera apuntan a la fiera que ha pasado por ahí. En los símbolos los hombres se ponen de acuerdo para referirse o comunicar algo, por eso deben ser *aprendidos* y por eso también cambian de un lugar a otro (lo que no ocurre con señales como el humo o las huellas). Las palabras o los números son los ejemplos más claros de símbolos pero en modo alguno los únicos. También ciertos seres u objetos pueden ser cargados por los hombres con un valor simbólico: el árbol de Gernika, por ejemplo, es una planta como otras y además el símbolo de los fueros

---

19. Vid. *Antropología filosófica*, de E. Cassirer, Fondo de Cultura Económica, México.

del pueblo vasco; la luz verde y la luz roja de un semáforo representan la autorización para cruzar la calle o la orden de esperar; la difunta Lady Di se ha convertido en símbolo para muchos de diversas virtudes, etc. Cualquier cosa natural o artificial puede ser un símbolo si nosotros queremos que lo sea, aunque no haya ninguna relación aparente ni parecido directo entre lo que materialmente simboliza y lo que es simbolizado: que una flecha marque el camino a seguir podría deducirlo quizá quien sabe cómo vuelan las flechas, pero nadie será capaz de adivinar por sí solo que el negro es el color del luto (de hecho, en algunos países orientales es el blanco) o que «perro», «chien» y «dog» son nombres para la misma especie animal. Los símbolos se refieren sólo indirectamente a la realidad física y sin embargo apuntan directamente a una realidad *mental*, pensada, imaginada, hecha de significados y de sentidos, en la que habitamos los humanos exclusivamente como humanos y no como primates mejor o peor dotados. Los mitos, las religiones, la ciencia, el arte, la política, la historia, desde luego también la filosofía... todo son *sistemas simbólicos*, basados en el sistema simbólico por excelencia que es el lenguaje. La vida misma, que tanto apreciamos, o la muerte, que tanto tememos, no son sólo sucesos fisiológicos sino también procesos simbólicos: por ello algunos están dispuestos a sacrificar su vida física en defensa de sus símbolos vitales y hay muertes simbólicas a las que tememos aún más que al mero fallecimiento de nuestro cuerpo. Como dijo un poeta, Charles Baudelaire, habitamos en *fôrets de symboles*: las selvas humanas por las que vagamos están hechas de símbolos.

Nuestra condición esencialmente simbólica es también la base de la importancia de la *educación* en nuestras vidas. Hay cosas —v. gr.: que el fuego quema, que el agua moja— que podemos aprender por nosotros mismos, pero los símbolos nos los tienen que enseñar otros humanos, nuestros semejantes. Quizá por eso somos los primates con una infancia más prolongada, porque necesitamos mucho tiempo para hacernos con todos los símbolos que después configurarán nuestro modo de existencia. En cierto modo, siempre seguimos siendo niños porque nunca dejamos de aprender símbolos nuevos... Y el desarrollo de la imaginación simbólica determina nuestra forma de mirarlo todo, hasta el punto de que a veces creemos descubrir símbolos incluso allí donde no los ha podido establecer ningún acuerdo humano. Como nuestra principal realidad es simbólica, experimentamos a veces la tentación de creer que *todo* lo real es simbólico, que todas las cosas se refieren a un significado oculto que apenas podemos vislumbrar. En *Moby Dick*, la obra maestra de Herman Melville, cuando un miembro de su tripulación le reprocha al capitán Ahab perseguir al cachalote blanco como si éste fuese el Mal encarnado, pese a que no se trata más que de una mera bestia sin designio racional, Ahab le responde así: «Todos los objetos visibles, hombre, no son más que máscaras de cartón. Pero en todo acontecimiento, en el hecho viviente, hay siempre algo desconocido, aunque razonante, que proyecta su sombra desde detrás de las máscaras que no razonan. Si el hombre quiere golpear ¡que golpee a través de la máscara! ¿Cómo puede el prisionero abrirse paso, si no es a través de la pared? Para mí, el cachalote blanco es esa pared, traída ante mí. A veces pienso que es ella lo único que existe...» A los oídos sensatos del contramaestre Starbuck, estas palabras de Ahab suenan como una locura. Y aquí está el gran problema: ¿podemos llegar a saber nunca del todo lo que es simbólico y lo que no lo es, hasta dónde llega la convención, dónde acaba lo que tiene *significado* interpretable y dónde empieza lo que no puede alcanzar más que simple descripción o explicación? Porque en delimitar bien estos campos puede irnos la diferencia entre lo cuerdo y lo demente o alucinado.

Hemos de volver más adelante por extenso sobre las cuestiones que plantea este animal simbólico a cuya rara especie pertenecemos (en el caso de que tú, lector, seas también humano como yo, lo que deduzco del hecho de que me estés ahora leyendo). Pero quizá antes sea preciso preguntarse por ese *mundo* mismo en el que vivimos simbólicamente. Tras haber intentado responder dubitativamente a la pregunta «¿quién soy?, ¿quienes somos?», sobre las que tendremos que regresar, pasemos por un momento a otras interrogaciones: ¿dónde estamos?, ¿cómo hemos llegado aquí?, ¿qué es el mundo?

Da que pensar...

¿Por qué es el lenguaje la prueba de que no soy el único ser pensante que existe? ¿Qué quiero decir al afirmar que pertenezco a la especie humana? ¿En qué sentido dice Sófocles que el hombre es lo más admirable que existe sobre la tierra? ¿Le parece el hombre sólo algo estupendo o también algo temible y trágico? ¿Cuál es la originalidad del humanismo de Pico della Mirandola? ¿Es el hombre grande por lo que tiene de más o por lo que tiene de menos frente a otros seres vivientes? ¿Tememos los humanos que nos confundan con los animales? ¿Cuáles son los argumentos que demuestran nuestro parentesco con ellos? ¿Basta la zoología para comprender lo humano? ¿En qué difiere nuestra inteligencia de la inteligencia de los otros bichos? ¿Somos más listos que ellos? ¿Estamos más satisfechos que ellos con lo que obtenemos? ¿Hay diferencia entre «conducta» animal y «comportamiento» humano, entre habitar en un «medio ambiente» y tener un «mundo»? ¿Podemos hacernos idea de lo que es ser un murciélago o un lingueirón? Si en el medio animal no hay más que seres o cosas presentes, ¿caben en el mundo humano los seres y las cosas ausentes, las probables, las imposibles? ¿En qué se diferencia el lenguaje humano de los lenguajes animales? ¿Son uno y otros «lenguaje» en el mismo sentido de la palabra? ¿Por qué es más importante lo que los humanos «quieren decir» que lo que dicen? ¿Qué caracteriza el aprendizaje por los niños del lenguaje? ¿Por qué somos «animales simbólicos»? ¿Son naturales los símbolos o convencionales? ¿Es lo mismo «símbolo» que «palabra»? ¿Sirve el lenguaje para expresarnos o para comunicarnos? ¿Tiene cada lenguaje su mundo propio, incomprensible para los demás? ¿Podemos creer que quizá son símbolos todas las realidades que existen en el mundo?

Capítulo quinto
El universo y sus alrededores

un entorno = surroundings, environment
Conjunto = grupo o colección de objetos de la misma clase
sentido = significado : meaning

brotar = to sprout, to bud, to appear, to gush forth

Al hombre no le basta con formar parte de la realidad: necesita además saber que está en un *mundo* y se pregunta inmediatamente cómo será ese mundo en el que no sólo habita sino del que también forma parte. Porque en cierto sentido ese mundo me pertenece (es *mi* mundo) pero también yo le pertenezco, la especie humana entera le pertenece y *ha brotado* de él como cualquier otro de sus componentes. ¿Qué es un «mundo»? Un entorno de sentido, un marco dentro del cual todo guarda cierta relación y resulta relevante de modo explicable. Para empezar, la idea de «mundo» tiene varios niveles, desde el más próximo y aparentemente trivial hasta el más abrumador y cósmico. En el peldaño más bajo está lo que cada uno solemos llamar coloquialmente «mi mundo» o incluso «mi mundillo», es decir el ámbito de la familia, el grupo de amigos, el lugar de trabajo y los de diversión, los rincones que nos son más usuales o más queridos, el hogar. Un escalón después está mi ambiente social y cultural, los que son «como yo» aunque yo apenas les conozca o no les conozca en absoluto. Sigo subiendo y paso por mi país, la comunidad nacional a la que pertenezco, el área internacional en la que mi comunidad se integra, la humanidad incluso cuya condición simbólica comparto, el mundo de lo humano. Luego salgo ya del mundo afectivo, sociológico, específicamente humanista y paso a la escala planetaria: mi «mundo» es esta Tierra en la que nacemos y morimos, el planeta azul de mares y selvas en el que convivimos con tantos otros seres vivientes o inanimados, lo que el bueno de E. T. hubiera llamado (en el caso de ser «T.» y no «E. T.») conmovedoramente «¡mi casa!». Y más allá también es nuestro mundo el sistema solar, ya parcialmente visitado por exploradores o instrumentos humanos, y la Vía Láctea a la que nuestro sol está adscrito. Después el mundo sigue desbordándose hacia lo gigantesco, lo remoto y lo desconocido, se carga de nuevas estrellas, galaxias, nebulosas, agujeros negros, materia y antimateria... hasta que deja ya de ser «mundo» y se convierte en *universo*. El lugar en el que están todos los lugares, el ámbito que abarca cuanto existe, sobre la inmensa mayoría de lo cual por cierto nada sabemos.

¿No es vertiginosa esta sucesión de «mundos» cada uno de los cuales está dentro de otro más amplio como las muñecas rusas o las cajas chinas? ¡De mi cuarto de estar o la cafetería donde desayuno hasta los confines del espacio sideral cuyo supuesto silencio espantaba a Pascal, según confesó este atormentado pensador del siglo XVII! ¡De mi «mundillo» al universo de todos y de todo! Y lo más notable de esta sucesión de mundos, dicho sea de paso, es que los más estrechos y reducidos son sin embargo los que vitalmente más me importan. Me preocupa mucho más el escape de gas en mi vivienda o el terremoto en mi país que las colosales conflagraciones de los astros cuyo resplandor tardará siglos en llegar hasta los observatorios de la Tierra... ¡si es que llega alguna vez! Pero a pesar de esta perspectiva irremediablemente provinciana, no dejo de ser consciente también de que formo parte del Universo con mayúscula. Y no menos irremediablemente me pregunto cosas sobre él: ¿de qué está hecho?, ¿es finito o infinito?, ¿cómo empezó?, ¿acabará alguna vez?, ¿estaba previsto que nosotros, los humanos y por tanto yo mismo, apareciésemos un día en tan fabuloso decorado? Etc., etc.

Los interrogantes acerca del universo son sin duda los primeros que se hicieron los filósofos más antiguos (¡que to-

davía ni siquiera sabían en qué consistía eso de ser «filósofo»!). Seguramente ellos no comenzaron preguntándose por
su «yo», como se ha hecho en este librito culpablemente moderno, por la misma razón que los niños empiezan preguntando cuánta agua hay en el mar o por qué no se caen las estrellas, nunca «¿quién soy yo?». La asombrada curiosidad,
que según Aristóteles es el primer acicate para filosofar, la
despierta antes el mundo que la cuestión de qué diablos pin-
to yo en él. En los viejos tiempos, las explicaciones sobre el
universo venían siempre en forma de *mitos*: los astros eran
dioses, la Tierra también y los volcanes, los mares o los animales provenían siempre de seres fabulosos. El trueno de los
cielos era un gong tañido por un gigante invisible... No creamos que tales respuestas legendarias a preguntas concretas
indican solamente una lamentable superstición, incapaz de
raciocinio. Las divinidades y los ancestros míticos represen-
taban también *ideas*, en el sentido que son definidas por Spinoza en sus *Pensamientos metafísicos*: «Las ideas no son otra
cosa que narraciones mentales de la naturaleza.» Y tales ideas
míticas son a veces profundas, muy sugestivas y sin duda capaces de ayudarnos a tomar mejor en cuenta lo que el mundo significa *mentalmente* para nosotros. Lo que hicieron los
primeros filósofos es cambiar esas ideas míticas por otra forma de narración mental de la naturaleza. Sus ideas fueron
menos antropomórficas y acudieron a elementos impersonales para explicar la realidad. Cuando Tales de Mileto quiso señalar que la realidad universal es básicamente húmeda y flui-
da no habló de Océano o Tetis —las divinidades acuáticas—
sino que dijo «todo está hecho de *agua*». Una afirmación literalmente «desmitificadora» y de consecuencias revoluciona-
rias. ¿Por qué?

Desde luego, no porque sea mucho más verdadera que las
historias contadas por los mitos. Si queremos ponernos pun-
tillosos, tan falso es que el mundo esté hecho de agua como
que lo fabricase Caos, hijo rebelde de Cronos, etc. Además, ya
en el capítulo segundo hablamos de que existen diversos

peripecia - vicissitude: change; ups and downs
paradoja - paradox: a seemingly contradictory or absurd statement that expresses a possible truth

120   LAS PREGUNTAS DE LA VIDA

campos de verdad, cada uno de ellos aceptable dentro de sus
propios límites. Pero, a pesar de todo, las ideas filosóficas tienen una serie de ventajas sobre las ideas míticas. Para empezar, no son meras repeticiones de una tradición sino que proponen un punto de vista personal sobre lo existente: digamos
que las ideas filosóficas tienen *firma*, sea la de Tales, la de Heráclito o la de Anaximandro. En segundo lugar, acuden por lo
común a elementos materiales no antropomórficos o a formas intelectuales despersonalizadas (la Inteligencia cósmica
propuesta por Anaxágoras carece de amoríos y otras peripe-
cias biográficas como las que cuentan de Afrodita o Zeus).
Nótese la paradoja: los mitos son anónimos pero cuentan el
mundo a través de nombres propios y figuras personales,
mientras que las ideas filosóficas son impersonales (el agua,
el fuego, el *ápeiron*, los átomos...), aunque están ligadas a la
personalidad de quienes las sostuvieron (Diógenes Laercio escribió su *Vida de los filósofos más ilustres* mientras que nadie
sabe nada de quienes inventaron los mitos). De aquí proviene, en tercer lugar, la mayor *objetividad* o *realismo* de la filosofía, si por tal entendemos aceptar que el mundo no está hecho por seres que al menos se nos parecen espiritualmente en
sus pasiones, luchas y ocupaciones (aunque sean inmortales
y de escala sobrehumana) sino por principios ajenos a lo subjetivo y que tienen poco que ver con nuestros afanes característicos. En cuarto lugar, las propuestas filosóficas siempre
hacen una distinción fundamental entre las *apariencias* brin-
dadas por los sentidos y la realidad que sustenta esas apariencias, la cual sólo puede ser descubierta utilizando la razón o «escuchando a *logos*», como dijo el presocrático Heráclito.

Pero sobre todo y por último, los mitos tienen que ser
aceptados o rechazados colectivamente pero no admiten ser *ar-
gumentados* o *debatidos* por quienes los asumen. A un mito
no se le pueden poner objeciones, hay que concederle crédito
sin límites. Por eso, fuera de la comunidad cultural en que
nacen resultan arbitrarios o absurdos. El griego que habla de

la diosa Gaia y el babilonio que cuenta la historia de Tiamat tienen poco que discutir entre sí. Lo más que puede pedírseles es que concedan que el mundo griego viene de Gaia mientras que el mundo babilonio de Tiamat y aquí paz y después gloria. En cambio las ideas filosóficas nacen por y para la controversia. La mayoría de los griegos aceptaba la idea de un universo finito, pero Arquitas de Tarento, contemporáneo de Platón, planteó la siguiente duda: «Si yo me encontrase en el límite extremo del cielo, ¿podría extender hacia afuera la mano o un bastón? Ciertamente sería absurdo que no pudiese hacerlo; pero si lo logro, eso debe implicar que hay algo fuera, sea un cuerpo o un lugar.» De modo que lo finito debe ser menos finito de lo que parece... ¿o no? Sería ridículo ponerle una pega semejante a un mito (lo mismo que no parece oportuno reprocharle a Cervantes los disparates cometidos por don Quijote) pero en cambio es perfectamente razonable la objeción cuando se trata de una idea filosófica o científica, que están ahí para ser discutidas, no para ser reverenciadas o disfrutadas sin más.

Y da igual que los implicados pertenezcan a comunidades culturales distintas, porque «razonar filosóficamente» consiste en intentar tender puentes dialécticos entre los que piensan otra cosa o de otro modo... pero *piensan*. Cuenta Bertrand Russell el caso de un gurú indio que dio una charla en Oxford sobre el universo. Aseguraba que el mundo está sostenido por un gran elefante que apoya sus patas sobre el lomo de una enorme tortuga. Una señora de la audiencia le preguntó cómo se sostenía la tortuga y el sabio aclaró que se apoya sobre una ciclópea araña. Insistió la señora indagando el sostén de la araña y el gurú —algo mosqueado— afirmó que se mantiene firme sobre una roca colosal. Naturalmente la señora volvió a cuestionar el sostén del pedrusco y el exasperado sabio repuso a gritos: «¡Señora, le aseguro que hay rocas *hasta abajo*!» El problema no era que el gurú fuese indio y la señora preguntona inglesa, sino que uno hablaba el lenguaje del mito (en el cual se «narran» las cosas pero no se «piensan» argumentadamente) y la otra tenía auténtica e impertinente curiosidad filosófica, de modo que ambos debieron salir muy irritados de la reunión...

Los filósofos y los científicos se han planteado a lo largo de los siglos tantas preguntas sobre el universo (es decir, sobre el conjunto de la realidad, desde la que nos es más próxima y conocida hasta la más lejana e ignota) como la enormidad del tema se merece. Algunas cuestiones concretas, por ejemplo la composición química del agua o la órbita de la Tierra en torno al sol, han recibido respuestas suficientemente válidas pero otras más generales siguen abiertas pese a lo que suelen creer algunos científicos tan despistados como optimistas. Me refiero a las preguntas *cosmológicas*, aquellas que intentan desentrañar el qué, cómo y para qué del universo en su conjunto. A riesgo de simplificar, creo que son principalmente tres, aunque cada una de ellas puede subdividirse en muchas otras:

a)   ¿Qué es el universo?
b)   ¿Tiene el universo algún orden o designio?
c)   ¿Cuál es el origen del universo?

Ni que decir tiene que carezco de respuesta definitiva (¡o incluso provisional!) para ninguna de ellas, pero en cambio me atreveré a intentar un análisis de las preguntas mismas.

¿Qué es el universo? La tarea de responder a esta pregunta debería comenzar por aclarar qué entendemos por «universo». Digamos que hay dos sentidos del término, el uno *heavy* y el otro más bien *light*. Según el primero de ellos, el universo es una totalidad nítidamente perfilada y distinta al agregado de sus diferentes partes, acerca de la cual cabe plantearse interrogantes específicos. Según el segundo, no es más que el nombre que damos al conjunto o colección indeterminada de todo lo existente, una especie de abreviatura semántica para la acumulación innumerable e interminable de cosas grandes

Desde la antigüedad, la negación del universo como objeto único está ligada a la filosofía materialista, expuesta inme-
jorablemente por Lucrecio en su largo poema cosmológico
De Rerum Natura. Por supuesto, el *materialismo* filosófico
nada tiene que ver con ciertos usos vulgares de la palabra, según los cuales ser «materialista» significa afán de riqueza y
de excesos sensuales junto a carencia de ideales o de genero-
sidad. En filosofía, el materialismo es una perspectiva carac-
terizada básicamente por dos principios complementarios:
primero, no existe un Universo sino una infinita pluralidad
de mundos, objetos o cosas que nunca se pueden concebir o
considerar bajo el concepto de unidad; segundo, todos los objetos o cosas que percibimos están compuestas de partes y
antes o después se descompondrán en partes. A las últimas
partes imperceptibles de todo lo real los materialistas clásicos
les llaman «átomos», es decir lo que ya no puede ser dividido
en partes menores. Pero se trata de una suposición metafísica, no de una observación física (¡no hay que confundir los
átomos de Leucipo, Demócrito o Lucrecio con los de la física
contemporánea!).

¿Tiene el universo algún orden o designio? Tanto si acepta-
mos que existe el universo en su sentido «fuerte», como un
objeto único del que todo forma parte, como si no lo toma-
mos más que en la acepción más «ligera» del término, como
abreviatura para referirnos a todas las cosas reales, resulta
inevitable preguntarse si hay en él alguna forma de orden que
nuestra razón pueda comprender. De hecho, tanto en griego
como en latín las palabras que lo nombran indican ordenamiento y armonía: el *cosmos* es lo bien organizado y dispuesto (de ahí la palabra «cosmética», que apunta al arreglo adecuado de la propia apariencia), lo mismo que *mundus* en latín, cuyo opuesto es lo llamado «inmundo» por sucio y desa-
rreglado. Pero según la mitología griega tal como la narra
Hesiodo en su *Teogonía*, el origen de todos los dioses, así
como los mortales, está en una divinidad primigenia llamada
Caos, el Abismo, el gran Bostezo, lo sin forma y por siempre

ininteligible desde pautas ordenadas. Y quien fue quizá el más enigmático y profundo de los primeros filósofos, Heráclito, asegura en uno de los fragmentos aforísticos que de él se conservan: «Tal como un revoltijo de desperdicios arrojados al azar es el orden más hermoso, así también el cosmos» (fr. 124 Diels-Kranz). Cabe pues preguntarse si en el principio era el orden —el cosmos— o más bien el desorden caótico. ¿O quizá —como parece sugerir irónicamente Heráclito— el orden cósmico se parezca más bien al de un montón de cosas azarosamente acumuladas y coincida así precisamente con lo que otros llaman «caos»?

Tendríamos que intentar antes de ir más lejos aclarar qué entendemos como «orden», una noción filosóficamente crucial pero nada obvia. Ahora mismo, sobre la mesa en la que escribo se amontonan papeles, apuntes, fichas, clips, llaves y otro sinfín de pequeñeces que forman un amontonamiento aparentemente tan azaroso como el que mencionaba Heráclito. Pero si alguna mano bienintencionada, con intención de ayudarme, empieza a agrupar en paquetitos simétricos los papeles, guarda las llaves en el cajón y cambia los clips de sitio, sin duda pondré el grito en el cielo: «¿Quién ha revuelto mi mesa? ¡Ahora no consigo encontrar nada!» En el aparente desorden anterior yo me movía con familiaridad, localizando casi sin mirar lo que necesitaba en cada ocasión; ahora, el orden ajeno que me han impuesto me priva de mis puntos de referencia acostumbrados y se convierte para mí en un auténtico caos. Mi impertinente benefactor (¡o benefactora!) argüirá con paciencia sus motivos para la nueva disposición de las cosas: las fichas deben estar con las fichas, los apuntes no deben mezclarse con los clips, es mejor que las llaves no rueden de acá para allá, ahora en la mesa queda mucho más espacio libre, etc. Y yo seguiré protestando que a mí todo eso me da igual, que el que debe arreglárselas con esas cosas soy yo y que me trae sin cuidado el aspecto de mi escritorio mientras encuentre en él lo que busco. Las fichas estaban desparramadas pero yo tenía cerca de mí las que utilizaba en ese momento y un poco más lejos las que iba a manejar después, sabía muy bien que bajo las fichas estaban tales o cuales apuntes y las llaves me servían de pisapapeles para que no se me volase una nota importante, etc. Moraleja: *mi* desorden estaba bien ordenado para mis fines pero me pierdo en el orden actual. Entonces, ¿cuándo puedo decir que realmente está ordenada mi mesa, antes o ahora? Te lo pregunto a ti, lector, que eres neutral.

Volvamos al espacio sideral. En la clara noche de verano descubro las estrellas de la Osa Mayor y también identifico algunas otras constelaciones, Casiopea, etc. Como tantos millones de hombres a través de los siglos, observo y reverencio el orden majestuoso de los cielos. Pero si hablo con uno de mis amigos, astrónomo profesional, se burlará de mi ignorancia. Esos agrupamientos estelares son meramente caprichosos, por no hablar de las supuestas formas que configuran, y no hay Osa ni Mayor ni Menor que valga. La costumbre aliada con la fantasía son las únicas apoyaturas de ese ordenamiento del cielo en constelaciones, que sólo sirve para dar pábulo a los cuchicheos de los enamorados y las supercherías de los astrólogos. Si me acompañas al observatorio, dice mi amigo, te enseñaré el perfil de nuestra galaxia y de otras que nos circundan, te señalaré los principales sistemas estelares y verás —algo nebulosamente, eso sí— las nebulosas, te explicaré lo que es un agujero negro y por qué estimamos que el 95 % de la masa de nuestro universo es invisible, en una palabra, te harás una idea más justa del verdadero orden cósmico.

Y yo le acompaño al observatorio, le agradezco su generosa lección y no me atrevo a formularle mi sospecha: ¿no será también el orden que ahora me revelan una cierta *forma de ver* el complejo sideral, como lo es el ingenuo y tradicional reparto en constelaciones, otra forma de ver que sirve a ciertos intereses teóricos pero que no puede aspirar a descubrir la verdad astral «en sí misma», si es que hay tal cosa? Sin duda la perspectiva científica suele ser más rica y a la larga más sugestiva en muchos aspectos que el punto de vista común, pero quizá no es el espejo necesario del orden del mundo sino otro ordenamiento más entre los muchos posibles de una realidad en sí misma bastante caótica. El enamorado que quiere disfrutar con su amada de la noche clara de verano ordena las estrellas en arbitrarias figuras de leyenda y quizá su cosmos no es peor para él que el diseñado por el astrofísico. Ciertamente el zoólogo tiene buenas razones para clasificar a la ballena entre los mamíferos y no entre los peces, pero también las tiene el marino que la considera el mayor de los peces y no otra cosa: ¿por qué respirar con pulmones y no con agallas es mejor criterio ordenador que el ser un animal que vive en el mar?

El concepto de «orden» es siempre un intento de poner *unidad* y articular relaciones en una multiplicidad de elementos, sea tal unidad inherente a las cosas mismas o bien provenga de nuestra forma de pensar. Pero no resulta fácil señalar una unidad inherente a las cosas que nada tenga que ver con nuestra forma de pensar. Según expuso Kant en su *Crítica de la razón pura*, «somos nosotros mismos los que introducimos el orden y la regularidad en los fenómenos que llamamos Naturaleza... el entendimiento mismo (humano) es la legislación para la Naturaleza... sin entendimiento no habría en ninguna parte Naturaleza, es decir unidad sintética de los diversos fenómenos siguiendo reglas». Es decir, llamamos «orden del mundo» a nuestra forma de conocer el mundo y de disponer de él, lo mismo que yo llamo «orden» al caos que reina en mi escritorio y considero «bien ordenadas» a las estrellas en las viejas constelaciones que deleitan a mi fantástico capricho. Ahora bien, ¿qué alcance *objetivo* podemos darle a los rasgos de ese «orden» cuyo principio subjetivo resulta inocultable? Sin duda existen regularidades observables en los procesos del universo y los científicos pueden hacer previsiones sobre ellos que se cumplen de modo satisfactorio, sea cuales fueren los intereses o caprichos subjetivos de los observadores. Casi estamos tentados de sugerir que la objetividad del orden cósmico se demuestra por la validez de un mismo determinismo *causal* en todo lo que alcanzamos a conocer de él.

Pero ¿son tales leyes causales de alcance universal normas establecidas por Dios «como un rey establece las leyes de su reino» —según opinó Descartes— o simples pactos o alianzas episódicos *(foedera)* surgidos al azar como supuso Lucrecio? Este determinismo menos rígido y con un componente aleatorio parece coincidir mejor con los que dice la física cuántica en nuestro siglo, según un Werner Heisenberg o un Niels Bohr... Aunque pudiera ser que la incertidumbre causal de tal planteamiento estuviese solamente en nuestra nueva forma de observar la naturaleza de acuerdo con esa física y no en la naturaleza misma.

Atrevámonos a ir un paso más allá en nuestras perplejidades. ¿Podemos estar seguros de que *todo* el universo está ordenado del mismo modo que la porción de él en la que nos encontramos y que alcanzan nuestros medios de conocimiento? ¿No podría ser que vivamos en un fragmento cósmico ordenado por azar de forma que nos es accesible, mientras que otras muchas de sus provincias desarrollan fórmulas distintas que nos estarán vedadas para siempre y que para nosotros serían mero caos? ¿No podría ocurrir que el orden que comprobamos a nuestro alrededor es precisamente lo que nos ha permitido *existir*, y que los demás órdenes o desórdenes posibles nos excluyen no sólo intelectual sino también *físicamente* como especie? Esta vinculación intrínseca entre nuestra forma de conocer y nuestra posibilidad de existir es lo que ha llevado a algunos astrofísicos actuales a formular lo que denominan el *principio antrópico* (el principio que apunta o se encamina hacia el hombre) del cosmos, que admite dos formulaciones, una más cautelosa y otra mucho más «fuerte». La primera, de comienzos de los años sesenta, se debe a Robert Dicke (más tarde fue suscrita también por Stephen Hawking en su *Breve historia del tiempo*) y dice aproximadamente algo así: «Puesto que hay observadores en el universo, éste debe poseer las propiedades que permiten la existencia de tales observadores.» Planteada así, la cosa resulta bastante perogrullesca: como hay observadores en el cosmos, eso quiere decir sin duda que en el cosmos puede haber observadores. Pero lo que señala este aparente truismo es que las regularidades causales que observamos en el universo tienen que estar ligadas a nuestra propia aparición en él en tanto estudiosos de lo real. Como ya apuntamos en el capítulo segundo, si somos capaces de reflejar en cierta medida con objetividad cómo es el mundo (o al menos cómo es la parte del mundo que nos «corresponde») es porque formamos parte de él... ¡y porque si fuésemos incompatibles del todo con su comprensión, no lo sabríamos porque ni siquiera hubiéramos tenido ocasión de existir!

Años más tarde, Brandon Carter replanteó el principio antrópico de una manera mucho más comprometedora aunque sin duda también más sugestiva: «El universo debe estar constituido de tal forma en sus leyes y en su organización que no podía dejar de producir alguna vez un observador.» Aquí ya parece que las cosas se llevan descaradamente demasiado lejos. Resulta indudable que la existencia del hombre en el universo es posible (¡porque de hecho existe!) pero suponer que tan fastuoso acontecimiento era ineludible encierra un exceso de autocomplacencia. A no ser que sostengamos que las posibilidades cuando se cumplen se conviertan obligatoriamente en necesidades.... Esta convicción megalómana nos pone a un paso de halagarnos suponiendo que el fruto maduro que se ha *propuesto* el universo en su desarrollo somos precisamente —¡oh casualidad!— nosotros. No es que las condiciones cósmicas sean tales que permitan nuestra aparición (y, una vez aparecidos, nos permitan entenderlo en parte objetivamente) sino que serían tales *a fin* de que apareciésemos. Pero la modestia (¡y la cordura!) nos deberían prohibir aspirar a tanto.

Suponer que el diseño universal exige nuestra aparición como especie implica que este infinito decorado está hecho (al menos en buena medida) para nuestra complacencia. En versos elocuentes de su *De Rerum Natura* (en el libro V, 195 a 234), Lucrecio acumula argumentos contra tal suposición. Y Michel de Montaigne rechaza también vigorosamente esa pretensión: «¿Quién le ha hecho creer (al hombre) que este admirable movimiento de la bóveda celeste, la luz eterna de esas luminarias que giran tan por encima de su cabeza, los movimientos admirables y terribles del océano infinito, han sido establecidos y se prosiguen a través de tantas edades para su servicio y conveniencia? ¿Se puede imaginar algo más ridículo que esta miserable y frágil criatura, quien, lejos de ser dueña de sí misma, se halla sometida a la injuria de todas las cosas, se llame a sí misma dueña y emperatriz del mundo, cuando carece de poder para conocer la parte más ínfima y no digamos para gobernar el conjunto?»[21] Aunque poseamos la capacidad de conocer en cierto modo algunas partes del cosmos e incluso aunque renunciemos a la pretensión de gobernarlo, ¿no resulta exorbitante creer que somos su objetivo (o uno de sus objetivos) necesarios?

¿Cuál es el origen del universo? La tercera gran pregunta se refiere a la causa inicial de esa realidad universal, sea una y finita o infinitamente plural, tanto si está ordenada en sí misma como si sólo lo está en parte o somos nosotros quienes la ordenamos a nuestro modo al observarla. De nuevo en este caso vuelven a darse las paradojas que acarrea formular sobre conjuntos enormes o sobre lo infinito las preguntas que resultan perfectamente asumibles a menor escala. Estamos acostumbrados a preguntar la causa o causas originarias de los seres que nos rodean y responder de modo bastante aceptable: el origen causal de *Las Meninas* es Velázquez, este árbol proviene de la semilla que yo planté hace años, la mesa la hizo el carpintero y yo mismo he sido engendrado por la fecundación

---

21. *Ensayos*, de M. de Montaigne, cap. XII, trad. de Eugenio Imaz.

de un óvulo de mi madre por un espermatozoide de mi padre. La pregunta por el origen causal de algo podría transcribirse groseramente así: ¿de dónde viene eso que está ahí? Lo que queremos saber es *a partir de qué* ha llegado a ser lo que antes no era: buscamos ese objeto o ser anterior sin cuya intervención nunca se hubiera dado lo que ahora tenemos ante nosotros. Damos por supuesto que todo debe tener una «razón suficiente» para llegar a existir, por decirlo con la terminología de Leibniz. Ahora bien, si todo tiene su causa, ¿no debería también haber una Causa de Todo? Si suena sensato preguntarse el porqué de la existencia de cada cosa, ¿no será también sensato indagar el porqué conjunto de la existencia universal de cosas? O, por decirlo al modo en que Heidegger lo ha planteado en nuestro siglo, ¿por qué existe *algo* y no más bien *nada*? ¿Cuál es la causa de la existencia en general?

Como en otras ocasiones en que formulamos sobre el Todo la pregunta que estamos acostumbrados a responder sin mayores dificultades sobre la parte, la búsqueda de la Causa de todas las causas nos sume de inmediato en el vértigo intelectual. Solemos considerar que, por definición, las causas tienen que ser *distintas* a sus efectos y *anteriores* a ellos. De modo que la Primera Causa del universo tiene que ser distinta del universo y anterior a él. Ahora bien, precisamente lo que entendemos por universo es el conjunto de todo lo que existe en la realidad. Si la Causa Primera existe en la realidad, debe formar parte del universo (y por tanto cabe preguntarse también respecto a ella: ¿cuál es su causa?); si no existe en la realidad, ¿cómo puede actuar? Claro que tampoco renunciar a una causa primera nos deja del todo teóricamente satisfechos. Podemos razonablemente asumir que el universo (es decir, el encadenamiento perpetuo de causas y efectos) ha existido *siempre* y por tanto no ha comenzado *nunca*. A la pregunta ¿por qué existe «algo» y no más bien «nada»? responderemos tranquilamente: ¿y por qué debería estar la «nada» antes del «algo»?, ¿acaso conocemos alguna ocasión en la que haya habido «nada»?, ¿de dónde sacamos que pudo cierta vez no haber «nada»? En los inicios de la filosofía el griego Parménides compuso un poema que sigue siendo quizá la reflexión más profunda y enigmática de la que guardamos noticia. Allí dice que siempre hay algo, lo ha habido y lo habrá, es decir que el «hay» es único para todo lo que existe y ni se hace ni se destruye, a diferencia de las cosas que hay, todas las cuales —grandes o pequeñas— aparecen y desaparecen. Ese «hay» (traducido por los comentaristas como «ser» o «el ser») no es ninguna de las cosas que hay ni puede pensarse sin ellas sino que permite pensar a cada una porque es lo que todas tienen en común: un perpetuo aparecer y desaparecer que nunca ha desaparecido ni desaparecerá. El ser no es nada sin las cosas pero las cosas no «son» sin el ser. Las implicaciones e interpretaciones del poema de Parménides han ocupado a todos los metafísicos desde entonces hasta nuestros días... y seguro que seguirá haciéndolo mientras los hombres sigan siendo capaces de reflexionar. Pero tal reflexión no desvanece sino que agrava nuestras perplejidades. Porque si cada cosa existente tiene su origen en otra y a su vez es causa de otras más en un proceso infinito, es decir que no tiene comienzo, ¿cómo puede haber llegado hasta nosotros? ¿Cómo puede tener efectos *ahora* una serie causal que no ha comenzado propiamente jamás? ¿Somos capaces de concebir el tiempo sucesivo de la causalidad «menor» que conocemos dentro de la duración infinita de la causalidad universal que ni empieza ni acaba?

En nuestra tradición cristiana, la respuesta más popular a este embrollo es recurrir a un Dios creador. Dejando aparte la respetable piedad de cada cual, se trata de intentar explicar algo que entendemos poco por medio de lo que no entendemos nada. El universo y su origen son dificilísimos de comprender, ¡pero anda que Dios...! La eternidad y la infinitud de Dios provocan el mismo desconcierto que la eternidad y la infinitud del universo: si a la pregunta de por qué hay universo respondemos diciendo que lo ha hecho Dios, la siguiente pregunta inevitable es por qué hay Dios o quién ha hecho a Dios.

Si vamos a aceptar que Dios no tiene causa, también podríamos haber aceptado antes que el universo no tiene causa y ahorrarnos ese viaje. Algunos teólogos sostienen que Dios es *causa sui*, es decir una causa que se causa a sí misma, lo cual contraviene los dos rasgos definitorios de lo que entendemos normalmente por causa: no es distinta sino idéntica a su efecto y no es anterior sino simultánea con él. ¿Podemos entonces seguir llamando «causa» a algo opuesto por definición a lo que habitualmente tenemos por «causa»?

El argumento intuitivo más común a favor de un Dios creador es el orden del cosmos, el cual suponemos que sólo puede provenir de una Inteligencia ordenadora. En el apartado anterior ya hemos indicado que tal «orden» bien puede provenir de la inteligencia del observador y no de un creador. Desde el siglo XVIII se ha repetido muchas veces la metáfora del reloj: si encontramos al salir de casa un reloj, suponemos que no se habrá hecho por casualidad sino que debe haber sido fabricado por un relojero; del mismo modo, al comprobar los asombrosos engranajes de la maquinaria universal, tenemos que suponer que ha sido fabricado por un hacedor de mundos, de inteligencia semejante a la humana aunque infinitamente superior. Pero lo cierto es que tenemos experiencia de que los relojes los hace una inteligencia semejante a la nuestra, mientras que carecemos de experiencia alguna de nadie que haga árboles, mares ni mucho menos mundos. Por eso es irrefutable la protesta de David Hume en sus magníficos *Diálogos sobre la religión natural*: «¿Me va a decir a mí alguien en serio que un universo ordenado tiene que provenir de algún pensamiento y algún arte semejantes a los del hombre porque tenemos experiencia de ello? Para confirmar este razonamiento se requeriría que tuviéramos experiencia del origen de los mundos, y desde luego no es suficiente que hayamos visto que los barcos y las ciudades proceden del arte y la invención humanas.»[22] Y

22. *Diálogos sobre la religión natural*, de D. Hume, trad. de A. J. Capelletti y Horacio López, Sígueme, Salamanca.

otro pensador del siglo de las luces, Lichtenberg, también se indigna elocuentemente contra esta suposición: «En las interpretaciones comunes sobre el Creador del mundo con frecuencia se entromete la insensatez santurrona y afilosófica. El grito "¡cómo será quien creó todo ésto!", no es muy superior al de "¡cómo será la mina donde se encontró la luna!", pues por principio de cuentas habría que preguntarse si el mundo fue hecho alguna vez, y después si el ser que lo hizo estaría en condiciones de construir un reloj de repetición con hojalata... creo que no, esto sólo puede hacerlo un hombre. […]. Si nuestro mundo fue creado alguna vez, lo hizo un ser tan semejante al hombre como la ballena a las alondras. En consecuencia, no deja de asombrarme que hombres famosos digan que un ala de mosca encierra más sabiduría que un reloj. La frase no dice más que esto: la manera de hacer relojes no sirve para hacer un ala de mosquito; pero la forma de hacer alas de mosquito tampoco sirve para hacer relojes de repetición.»[23]

Decir «Dios creó el mundo de la nada» es tan explicativo como afirmar «no sabemos quién hizo el mundo, ni sabemos cómo pudo hacerlo». Pero cuando se refieren al tema del origen, los científicos suelen incurrir en paradojas no muy distintas de las teológicas. Según la teoría del *big bang*, por ejemplo, el universo se expande a partir de una explosión inicial, una singularidad irrepetible que no se dio en un punto del espacio y un momento del tiempo sino a partir de la cual comenzó a abrirse el espacio y a correr el tiempo. Bueno, pues tampoco resulta demasiado claro. Para que haya una explosión inicial, por metafórica que sea, algo debe explotar en ella; quizá la explosión de ese «algo» sea el origen de las nebulosas, galaxias, agujeros negros y demás objetos que mejor o peor conocemos (incluyéndonos nosotros mismos en el lote), pero entonces, ¿de dónde salió ese «algo»?; si siempre estuvo ahí (es decir, en ninguna parte), ¿por qué ese «algo»

23. *Aforismos*, de G. Ch. Lichtenberg, trad. J. Villoro, Fondo de Cultura Económica, México.

explotó cuando lo hizo y no antes o después? Etc., etc. Vistos los resultados de estas indagaciones, ¿no será mejor que dejemos de hacernos tales preguntas o volvamos a los mitos para responderlas poéticamente? Pero ¿es que acaso *podemos* dejar de hacérnoslas?

En su novela *El resto es silencio* el escritor guatemalteco Augusto Monterroso crea el perfil humorístico de un pensador dado a las más graves meditaciones. Una de ellas dice así: «¡Pocas cosas como el universo!» En efecto, lo único que parece evidente es que si hay tal cosa como una Cosa-Universo es sumamente singular entre el resto de las cosas. Pero sin duda es precisamente ahí, en el universo, donde los humanos somos y actuamos. Quizá debamos descender de lo cósmico y volver a ocuparnos de nuestros pequeños quehaceres entre el cero y el infinito...

Da que pensar...

¿Por qué los humanos necesitamos un «mundo» en el que vivir y no sólo la realidad? ¿Cuáles son los diferentes tipos de «mundo» en los que habitamos? ¿Cómo se asciende de uno a otro? ¿Cuáles fueron las primeras respuestas dadas a la cuestión acerca del «universo» y de lo que en él existe? ¿Son los mitos meras supersticiones ignorantes? ¿En qué se parecen los mitos a los principios propuestos por los primeros filósofos? ¿Qué características ventajosas presenta la narración filosófica frente a la narración mítica? ¿Cuáles son las tres grandes preguntas básicas acerca del universo que se hacen los filósofos? ¿Cuáles son las dos acepciones principales del concepto de «universo»? ¿Qué dificultades teóricas presenta cada una de ellas? ¿Qué paradojas encierra plantear sobre lo inmenso las preguntas que hacemos sobre aquello que podemos abarcar? ¿En qué consiste el «materialismo» filosóficamente comprendido? El universo ¿es ante todo «cosmos» o «caos»? ¿Existe un «orden» en el universo? ¿Podemos desligar el concepto de «or-

den» de nuestras necesidades e intereses? ¿Puede estar lo que llamamos «orden» del universo determinado por nuestra forma de conocer o incluso por nuestra forma de existir? ¿Qué es el «principio antrópico» y cuáles son sus dos formulaciones? ¿Puede la causalidad que nos dice de dónde proviene cada objeto a nuestro alcance aplicarse al universo entero? ¿Es inexplicable que haya «algo» y no más bien «nada»? ¿Resuelve acudir a Dios nuestras inquietudes teóricas sobre el origen de la realidad universal? ¿Es el universo semejante a un reloj, que necesita su relojero? ¿Zanjan el big bang o las demás respuestas de los astrofísicos el problema del origen del universo? Si el universo es una gran Cosa, ¿por qué no puede ser como el resto de las cosas que conocemos?

CAPÍTULO SEXTO

La libertad en acción

El hombre *habita* en el mundo. «Habitar» no es lo mismo que estar incluido en el repertorio de seres que hay en el mundo, no es simplemente estar «dentro» del mundo como un par de zapatos están dentro de su caja, ni siquiera poseer un mundo biológico propio como el murciélago o cualquier otro animal. Para nosotros los humanos, el mundo no es sencillamente el entramado total de los efectos y las causas sino la palestra llena de significado en la que *actuamos*. «Habitar» el mundo es «actuar» en el mundo; y actuar en el mundo no es solamente estar en el mundo, ni moverse por el mundo, ni reaccionar a los estímulos del mundo. El murciélago o cualquier otro animal *responde* a su mundo de acuerdo con un programa genético propio de las necesidades evolutivas de su especie. Los humanos no sólo respondemos al mundo que habitamos sino que también lo vamos inventando y transformando de una manera no prevista por ninguna pauta genética (por eso las acciones de los aborígenes australianos no son iguales a las de los aztecas o a las de los vikingos). Nuestra especie no está «cerrada» por el determinismo biológico sino que permanece «abierta» y creándose sin cesar a sí misma, como anunció Pico della Mirandola. Cuando hablo de «crear» no me estoy refiriendo a «sacar algo de la nada», como un prestidigitador saca un conejo del sombrero aparentemente vacío (digo «aparentemente» porque se trata de un truco, un engaño: ilusionismo), sino que me refiero a «actuar» en el mundo y a partir de las cosas del mundo... ¡pero cambiando en cierta medida el mundo!

La cuestión importante ahora es determinar qué es la acción y qué significa actuar. No es ni mucho menos lo mismo un movimiento corporal que una acción: no es lo mismo «estar andando» que «salir a dar un paseo». De modo que las preguntas vitales que a continuación tenemos que intentar contestar son: ¿qué significa «actuar»?, ¿qué es una acción humana y cómo se diferencia de otros movimientos que hacen los demás seres, así como de otros gestos que también hacemos los humanos?, ¿no será una ilusión o un prejuicio imaginar que somos capaces de verdaderas acciones y no de simples reacciones ante lo que nos rodea, nos influye y nos constituye?

Supongamos que he tomado el tren y pago mi billete correspondiente. Durante el trayecto voy distraído, pensando en mis cosas, sin darme cuenta de que jugueteo con el pedacito de cartón, lo enrollo y desenrollo, hasta que finalmente lo tiro descuidadamente por la abierta ventanilla. Entonces aparece el revisor y me pide el billete: ¡desolación! Y probable multa. Sólo puedo murmurar para disculparme: «Lo he tirado... sin darme cuenta.» El revisor, que es también un poco filósofo, comenta: «Bueno, si no se daba cuenta de lo que hacía, no puede decirse que lo haya tirado. Es como si se le hubiera caído.» Pero yo no estoy dispuesto a aceptar esa coartada: «Perdone, pero una cosa es que se me caiga el billete y otra haberlo tirado, aunque lo haya hecho inadvertidamente.» Al revisor parece divertirle más esta discusión que ponerme el multazo: «Mire usted, "tirar" el billete es una acción, algo distinto a que se nos caiga, que es sólo una de esas cosas que pasan. Cuando uno hace una acción es porque quiere hacerla, ¿no? Pero en cambio las cosas le pasan a uno sin querer. De modo que, como usted no quería tirar el billete, podemos decir que en realidad se le ha caído.» Me rebelo contra esta interpretación mecanicista: «¡No y no! Podríamos decir que se me había caído el billete si me hubiese quedado dormido, por ejemplo. O incluso si una ráfaga de viento me lo hubiera arrebatado de la mano. Pero yo estaba bien despierto, no había viento y lo que ocurre es que he tirado el billete sin proponérmelo.» «¡Ajá! —dice el revisor, golpeando su cuaderno con el lápiz—. Y si no se lo proponía, ¿cómo sabe entonces que es usted, precisamente usted, quién lo ha tirado? Porque "tirar" una cosa es hacer algo y uno no puede hacer algo si no se propone hacerlo.» «Pues ¿sabe lo que le digo? ¡Que he tirado el puñetero billete porque me ha dado la realísima gana!» Multa al canto.

La verdad es que hay una diferencia entre lo que meramente me pasa (vuelco un vaso de un manotazo en la mesa al ir a coger la sal), lo que hago sin darme cuenta y sin querer (¡el dichoso billete arrojado por la ventanilla!), lo que hago sin darme cuenta pero según una rutina adquirida voluntariamente (meter los pies en las zapatillas al levantarme medio dormido de la cama) y lo que hago dándome cuenta y queriendo (tirar al revisor por la ventanilla para que vaya a buscar el billete de las narices). Parece que la palabra «acción» es un término que sólo conviene a la última de estas posibilidades. Claro que aún hay otros gestos difíciles de clasificar pero que desde luego parecen cualquier cosa menos «acciones»: por ejemplo, cerrar los ojos y levantar el brazo cuando alguien me lanza algo a la cara o buscar un asidero donde agarrarme cuando me estoy cayendo. No, decididamente una «acción» es sólo lo que yo no hubiera hecho si no hubiera querido hacerlo: llamo acción a un acto *voluntario*. El «difunto» revisor tenía pues razón...

Pero ¿cómo saber si un acto es voluntario o no? Porque quizá antes de llevarlo a cabo delibero entre varias posibilidades y finalmente me decido por una de ellas. Claro que no es lo mismo «decidirme a hacer algo» que «hacerlo». «Decidirse» es poner fin a una deliberación mental sobre qué quiero realmente hacer. Pero una vez decidido, todavía tengo que hacerlo. Lo que decido es el objetivo o fin de mi acción, pero quizá no la acción misma. Por ejemplo: decido coger el vaso y extiendo el brazo para cogerlo. ¿Qué es lo que he decidido realmente hacer: coger el vaso o extender el brazo? ¿Mi deliberación tenía que ver con el vaso o con mi brazo? ¿Y cuál es la verdadera acción: coger el vaso o extender el brazo? Si extiendo el brazo y tiro el vaso, ¿puedo decir que he actuado o no? ¿O he actuado «a medias»?

Tampoco la noción de «voluntario» es tan clara como parece. En su *Ética para Nicómaco*, Aristóteles imagina el caso de un capitán de navío que debe llevar cierto cargamento de un puerto a otro. En medio de la travesía se levanta una gran tempestad. El capitán llega a la conclusión de que no puede salvar el barco y la vida de sus tripulantes más que arrojando la carga por la borda para equilibrar la embarcación. De modo que la arroja al agua. Ahora bien, ¿la ha tirado porque ha querido? Evidentemente sí, porque hubiera podido no librarse de ella y arriesgarse a perecer. Pero evidentemente no, porque lo que él quería era llevarla hasta su destino final: ¡de otro modo, se hubiera quedado tan ricamente en casa sin zarpar! De modo que la ha tirado queriendo... pero sin querer. No podemos decir que la haya tirado involuntariamente, pero tampoco que tirarla fuese su voluntad. A veces se diría que actuamos voluntariamente... contra nuestra voluntad.

Volvamos por un momento al gesto sencillísimo del que hablábamos antes: muevo mi brazo. Lo muevo voluntariamente, es decir que no lo agito en sueños ni tampoco lo alzo para protegerme la cara en un gesto reflejo al ver venir una piedra contra mí. Por el contrario, anuncio a quien desee oírme: «Voy a levantar el brazo dentro de cinco segundos.» Y cinco segundos después levanto en efecto el brazo. Pero ¿qué he hecho para levantarlo? Pues me he limitado a querer levantarlo y, ya ves, lo he levantado. Supongamos que entonces usted me dice: «Le he oído decir que iba a levantar el brazo y luego he visto efectivamente el brazo en alto, pero eso sólo demuestra que es usted capaz de acertar cuándo se va a levantar el brazo, no que lo haya levantado voluntariamente.» Yo insistiré en que sé muy bien que he *querido* levantarlo y que *por eso* se ha levantado el brazo. Pero la verdad es que pensándolo mejor no sé lo que he hecho para mover mi brazo: sencillamente lo he movido y ya está. Digo que he «querido» moverlo y luego se ha movido, de modo que parece que he hecho dos cosas: una, querer mover el brazo; dos, moverlo. Pero ¿en qué se diferencia «querer» mover el brazo de «moverlo»? Si yo no estoy atado ni soy paralítico ¿es imaginable que quisiera mover mi brazo y el brazo no se moviese? ¿Tendría sentido decir «estoy deseando con todas mis fuerzas mover el brazo, de modo que dentro de poco espero que mi brazo acabe por moverse»? En una palabra, ya que nada me impide externa o fisiológicamente mover el brazo, ¿no es lo mismo querer mover el brazo y moverlo efectivamente? ¿Son dos cosas o una sola? A algo así se refiere Wittgenstein en sus *Investigaciones filosóficas* (§ 621) cuando se pregunta: «Éste es el problema: ¿qué quedaría si sustraigo el hecho de que mi brazo se levanta del hecho de que yo levanto el brazo?» ¿Dónde está mi «querer-levantar-el brazo» salvo en ese brazo mismo levantado? ¿Hay algo más?

Vuelvo a considerar el asunto, un poco más cautelosamente esta vez, y concluyo que sí, que hay algo más: cuando aseguro que mi brazo se mueve voluntariamente, porque yo quiero, lo que indico es que podría también no haberlo movido. No sé cómo muevo el brazo cuando quiero, no sé si hay diferencia entre querer mover mi brazo y moverlo efectivamente, pero sé en cambio que si no hubiera querido moverlo, no se habría movido. Los especialistas en las relaciones entre el sistema nervioso y el sistema muscular pueden explicar cómo sucede que yo mueva el brazo cuando decido moverlo, pero lo que cuenta fundamentalmente para mí —lo que convierte ese gesto trivial en una verdadera «acción»— es que tan capaz soy de moverlo como de no moverlo. De modo que «he hecho voluntariamente tal o cual cosa» significa: sin mi permiso, tal o cual cosa no habría ocurrido. Es acción mía todo lo que no ocurriría si yo no quisiera que ocurriese. A esa posibilidad de hacer o de no hacer, de dar el «sí» o el «no» a ciertos actos que dependen de mí, es a lo que podemos llamar *libertad*. Y desde luego llegando a la libertad no hemos resuelto todos nuestros problemas sino que tropezamos con interrogantes aún más difíciles.

Para empezar, podemos sospechar que eso de la «libertad» quizá resulte ser sencillamente una ilusión que me hago sobre mis posibilidades reales. Después de todo, cuanto ocurre tiene su causa determinante de acuerdo con las leyes de la naturaleza. Abro un poco el grifo del agua y veo salir de él unas cuantas gotas: si yo hubiera sabido de antemano dónde estaban esas gotas en la cañería y teniendo en cuenta la ley de la gravedad, las pautas que sigue siempre el movimiento de los líquidos, la posición del orificio del grifo, etc., habría podido seguramente determinar qué gota debía salir en primer lugar y cuál en cuarto. Lo mismo ocurre con todos los sucesos que observo a mi alrededor e incluso con la mayoría de los que le pasan a mi cuerpo (respiración, circulación sanguínea, tropezón con la piedra que no he visto, etc.). En cada caso puedo remontarme a una situación anterior que hace inevitable lo que pasó luego. Sólo mi ignorancia de cómo están las cosas en el momento A justifica que me sorprenda de lo que pasa luego en el momento B. La doctrina *determinista* (uno de los más antiguos y persistentes puntos de vista filosóficos) establece que si yo supiese cómo están dispuestas todas las piezas del mundo ahora y conociera exhaustivamente todas las leyes físicas, podría describir sin error cuanto va a ocurrir en el mundo dentro de un minuto o dentro de cien años. Como yo también soy una parte del universo, debo estar sometido a la misma determinación causal que lo demás. ¿Dónde queda entonces el «sí o no» de la libertad? ¿No sería el acto libre aquel que no puedo prever ni siquiera conociendo por completo la situación anterior del universo, es decir un acto que *inventaría* su propia causa y no dependería de ninguna precedente?

Dejemos de lado ahora la cuestión de si una doctrina «determinista» estricta es realmente compatible con los planteamientos de la física cuántica contemporánea. El principio de incertidumbre de Heisenberg parece implicar una visión mucho más abierta de las determinaciones causales en el universo material... o al menos de la forma en que nosotros podemos estudiarlo. El premio Nobel de física Ilya Prigogine y el gran matemático René Thom polemizaron hace algunos años sobre este asunto, el primero abogando por un *cierto* indeterminismo y el segundo sosteniendo *cierto* determinismo más semejante al tradicional. Carezco de la más leve competencia para intervenir en el debate, pero creo posible al menos asegurar que ni el determinismo «fuerte» de un Laplace hace doscientos años ni el indeterminismo relativo de Heisenberg o Prigogine hoy pueden responder a la pregunta sobre la libertad humana. Porque la cuestión de la libertad no se plantea en el terreno de la causalidad física —nadie supone que los actos humanos carecen de causas que puedan explicar las leyes de la ciencia experimental, por ejemplo la neurofisiología— sino en el de la *acción* humana en cuanto tal, que no puede ser vista solamente desde fuera como secuencia de sucesos sino que debe también ser considerada *desde dentro* haciendo intervenir variables tan difíciles de manejar como la «voluntad», la «intención», los «motivos», la «previsión», etc.

La mera indeterminación científica no equivale a la «libertad»: los electrones pueden ser imprevisibles, pero no «libres» en ningún sentido relevante de la palabra. Y también al revés: lo física o fisiológicamente determinado no tiene por qué excluir la emergencia de la acción libre. Si nadie discute que la vida proviene de lo que no está vivo y la conciencia de lo que carece de ella, ¿por qué la libertad no podría provenir de aquellas formas materiales estrictamente determinadas?

Intentemos precisar algo mejor la noción que se nos ha convertido en problemática (lo cual por cierto ha de ser *siempre* el primer paso de cualquier análisis filosófico que no quiere deslumbrar o sorprender sino entender, es decir, de la filosofía *honrada*). Para empezar digamos que la libertad no parece suponer un acto sin causa previa, un milagro que interrumpe la cadena de los efectos y sus causas (según la expresión de Spinoza, un nuevo «imperio dentro del imperio general» del mundo) sino otro tipo de causa que también debe ser considerado junto al resto. Hablar de libertad no implica renunciar a la causación sino ampliarla y profundizar en ella. La «acción» es libre porque su causa es un sujeto capaz de querer, de elegir y de poner en práctica proyectos, es decir, de realizar *intenciones*. En este sentido, el simple acto de levantar el brazo que antes hemos comentado difícilmente puede ser considerado una «acción» salvo que venga encuadrado en un marco intencional más amplio: levanto el brazo para pedir la palabra en una asamblea, para llamar al timbre, o a un taxi..., ¡o incluso para probar en una discusión filosófica que soy libre dueño de mis actos! Por otro lado, los deseos o proyectos de ese sujeto capaz de actuar intencionalmente sin duda tienen también sus propias causas antecedentes, sean «apetitos», «motivos» o «razones». Volveremos sobre ello. Baste ahora dejar sentado que la libertad no es una ruptura en la cadena de la causalidad sino una nueva línea de consideración práctica que la enriquece. Decir «he hecho libremente esta acción» no equivale a «esta acción no es efecto de ninguna causa» sino más bien a «la causa de esta acción soy yo en cuanto sujeto».

El término «libertad» suele recibir tres usos distintos que a menudo se confunden en los debates sobre el tema y que convendría intentar distinguir al menos en la medida de lo posible.

a)   La libertad como disponibilidad para actuar de acuerdo con los propios deseos o proyectos. Es el sentido más común de la palabra, al que nos referimos la mayoría de las veces que aparece el tema en nuestra conversación. Alude a cuando carecemos de impedimentos físicos, psicológicos o legales para obrar tal como queremos. Según esta acepción, es libre (de moverse, de ir y venir) quien no está atado o encarcelado ni padece algún tipo de parálisis; es libre (de hablar o callar, de mentir o decir la verdad) quien no se halla amenazado, sometido a torturas o drogado; también es libre (de participar en la vida pública, de aspirar a cargos políticos) quien no esté marginado ni excluido por leyes discriminatorias, quien no padezca los excesos atroces de la miseria o la ignorancia, etc. A mi juicio, esta perspectiva de la libertad implica no sólo poder intentar lo que se quiere sino también una cierta probabilidad de lograrlo. Si no hay perspectiva ninguna de éxito, tampoco diríamos que hay libertad: ante lo *imposible* nadie es realmente libre.

b) La libertad de querer lo que quiero y no sólo de hacer o intentar hacer lo que quiero. Se trata de un nivel más sutil y menos obvio del concepto «libertad». Por muy atado y encarcelado que esté, nadie podrá impedirme querer realizar determinado viaje: sólo me pueden impedir realizarlo efectivamente. Si yo no quiero, nadie puede obligarme a odiar a mi torturador ni a creer los dogmas que trata de imponerme por la fuerza. La espontaneidad de mi querer es libre aunque las circunstancias hagan que la posibilidad de ponerlo en práctica sean nulas. Los sabios estoicos insistieron orgullosamente en esta invulnerable libertad de la voluntad humana. El curso de los acontecimientos no está en mi mano (una simple piedra en el zapato puede interrumpir mi camino) pero la rectitud de mi intención (¡o su perversidad!) desafía a las leyes de la física y del estado. Un ejemplo entre mil nos lo brinda el estoico Catón, en la Roma antigua, cuando apoyó a los republicanos sublevados contra César. Después de que los rebeldes fueron derrotados comentó, según Plutarco: «La causa de los vencidos desagradó a los dioses pero fue del agrado de Catón.» Los dioses (la necesidad, la historia, lo irremediable) pueden vencer a los propósitos humanos pero no pueden impedir que los humanos tengan *esos* propósitos y no otros.

c)   La libertad de querer lo que no queremos y de no querer lo que de hecho queremos. Sin duda la más extraña y difícil tanto de explicar como de comprender. Para aproximarnos a ella señalemos que los humanos no sólo sentimos deseos sino también deseos sobre los deseos que tenemos; no sólo tenemos intenciones, sino que quisiéramos tener ciertas intenciones... ¡aunque de hecho no las tengamos! Supongamos que paso junto a una casa en llamas y oigo llorar dentro a un niño; no quiero entrar a intentar salvarle (me da miedo, es muy peligroso, para eso están los bomberos...) pero a la vez *quisiera querer* entrar a salvarle, porque me gustaría no tener tanto miedo al peligro y vivir en un mundo en el que los adultos ayudasen a los niños en caso de incendio. Soy lo que quiero ser pero a la vez quisiera ser de otra forma, querer otras cosas, querer *mejor*. Cualquiera puede huir del peligro, pero nadie quiere ser cobarde; a veces me apetece o me interesa mentir, pero no quisiera considerarme un mentiroso; me gusta beber pero no quiero convertirme en alcohólico. No es idéntico lo que yo «quiero hacer ahora» y lo que yo «quiero ser». Cuando me preguntan qué quiero hacer expreso mi querer inmediato, directo, pero cuando me preguntan qué quiero ser (o cómo quiero ser) respondo expresando lo que quisiera querer, lo que creo que me convendría querer, lo que me haría no sólo «querer» libremente sino también «ser» libremente. El poeta latino Ovidio expresó esta contradicción entre formas de querer en un verso: «*Video meliora proboque, deteriora sequor*» (veo lo que es mejor y lo apruebo, pero sigo haciendo lo peor: es decir, sigo queriendo lo que no me gustaría querer). Este tipo de libertad nos acerca a un vértigo infinito: porque yo podría querer querer lo que no quiero, querer querer lo que no quiero querer, querer querer querer lo que quiero o no quiero efectivamente querer, etc. ¿Dónde establecer la última frontera del querer, es decir de mi voluntad libre como sujeto?

Un gran pensador moderno de la voluntad, Arthur Schopenhauer, negó a comienzos del pasado siglo la existencia de libertad en la tercera acepción señalada del término. Según él, los humanos —como el resto de los seres, en uno u otro grado— estamos formados básicamente de voluntad, de «querer» (querer vivir, querer devorar o poseer, etc.). Para él, literalmente, *somos lo que queremos*, no en el sentido de habernos configurado según nuestros deseos sino de estar íntimamente constituidos por ellos. De modo que sin duda puede asegurarse que poseemos «libertad» en el segundo de los sentidos antes explicados. Nada puede impedirme «querer» lo que quiero como nada puede vetarme «ser lo que soy», puesto que soy precisamente lo que quiero (no el objetivo resultante de mis deseos —infinitos, inaplacables según Schopenhauer— sino el conjunto mismo de tales deseos, su incesante actividad). Pero tampoco puedo realmente querer o dejar de querer lo que quiero. Es decir, soy lo que quiero pero inevitablemente también quiero lo que soy, quiero los quereres que me hacen ser. Puedo elegir lo que quiero hacer a partir de mi voluntad (concebida como mi «carácter», como el modelo de individuo que soy, que siempre se inclinará ante un tipo de motivos y rechazará otros, etc.) pero no es posible elegir mi voluntad misma ni modificarla a mi arbitrio. No puedo *optar* sobre lo que me permite querer. De modo que, según Schopenhauer, es compatible la más radical de las libertades («soy lo que quiero ser») con el más estricto determinismo («no tengo más remedio que ser lo que soy»). Uno se puede hacer ilusiones sobre lo que le gustaría ser hasta que un motivo irresistible nos *demuestra* lo que realmente somos y lo que queremos. Por eso, señala Schopenhauer, rogamos en la oración del padrenuestro «no nos dejes caer en la tentación, no nos induzcas a la tentación: ¡Dios mío, no permitas que conozca lo peor de lo que quiero libremente hacer, es decir no me reveles cómo soy!». ¿Hará falta decir que Sigmund Freud, inventor del psicoanálisis, compartió desde su doctrina del inconsciente gran parte de la perspectiva schopenhaueriana?

En cambio en el siglo XX el francés Jean-Paul Sartre acuñó toda una metafísica radical de la libertad según la tercera acepción del concepto. Fue llamada «existencialismo» puesto que según él lo primordial en el hombre es el hecho de que existe y que debe *inventarse* a sí mismo, sin estar predeterminado por ningún tipo de esencia o carácter inmutable. El lema que mejor condensa el pensamiento de Sartre es una frase tomada de Hegel —un contemporáneo de Schopenhauer especialmente odiado por éste— según la cual «el hombre no es lo que es y es lo que no es». Este aparente trabalenguas puede ser razonablemente aclarado: los humanos no somos algo dado previamente de una vez por todas, algo «programado» de antemano, ni siquiera ese «algo» que cada cual pretendemos establecer como nuestra verdadera identidad —nuestra profesión, nuestra nacionalidad, nuestra religión, etc.—, sino que somos lo que no somos, lo que aún no somos o lo que anhelamos ser, nuestra capacidad de inventarnos permanentemente, de transgredir nuestros límites, la capacidad de *desmentir* lo que previamente hemos sido. Para Sartre, el hombre no es *nada* sino la disposición permanente a elegir y revocar lo que quiere llegar a ser. Nada nos determina a ser tal o cual cosa, ni desde fuera ni desde dentro de nosotros mismos. A pesar de que a veces intentamos refugiarnos en lo que hemos elegido ser como si constituyera un destino irremediable —«soy ingeniero, español, monógamo, cristiano, etc.»—, lo cierto es que siempre estamos *abiertos* a transformarnos o a cambiar de camino. Si no cambiamos no es porque «tengamos» que elegir como elegimos y ser lo que somos sino porque «queremos» ser de tal o cual manera y no de otra.

Pero ¿y las determinaciones que provienen de nuestra situación histórica, de nuestra clase social o de nuestras condiciones físicas y psíquicas? ¿Y los obstáculos que la realidad opone a nuestros proyectos? Para Sartre, tampoco nada de esto impide el ejercicio de la libertad porque siempre se es libre «dentro de un estado de cosas y frente a ese estado de cosas». Soy yo quien elijo resignarme a mi condición social o rebelarme contra ella y transformarla, soy yo quien descubre las adversidades de mi cuerpo o de la realidad al proponerme objetivos que las desafían. ¡Hasta los obstáculos que bloquean el ejercicio de mi libertad provienen de mi determinación de ser libre y de serlo de tal o cual manera que nada me impone! La tartamudez sólo era un impedimento para Demóstenes porque éste libremente había decidido convertirse en orador... La libertad humana, entendida en el sentido radical que le otorga Sartre, es la vocación de *negar* todo lo que nos rodea en la realidad y de proyectar otra realidad alternativa a partir de nuestros deseos y pasiones libremente asumidos. Podemos fracasar en el intento (de hecho, siempre fracasamos, siempre nos estrellamos de alguna manera contra lo real, «el hombre es una pasión *inútil*»), pero no podemos dejar de intentarlo ni renunciar a tal empeño pretextando la necesidad invencible de las cosas. Lo único que los humanos no podemos elegir es entre ser o no ser libres: estamos *condenados* a la libertad, por paradójica que pueda sonar esta fórmula sartriana, ya que es la libertad lo que nos define en cuanto humanos.

La noción de «libertad» tiene una amplia gama de aplicaciones teóricas y uno puede muy bien aceptarla en uno de sus sentidos y rechazarla en otros. En todas sus formas, reconocernos «libres» supone admitir que los humanos *orientamos* nuestra actividad de acuerdo a «intenciones» que agrupan una serie de acciones concatenadas. Por ejemplo, tengo intención esta mañana de coger el tren: con tal fin, pongo la noche antes el despertador a una hora determinada, me levanto temprano, me lavo, me visto, bajo en ascensor hasta la calle, busco un taxi, le pido que me lleve a la estación, etc. ¿Dónde está el peso de mi acción libre, en la intención de tomar el tren o en cada uno de los pasos necesarios para ese fin? Algunos filósofos, como Donald Davidson, sostienen que las únicas verdaderas acciones que existen son las más simples y primitivas, es decir los movimientos corporales voluntarios.

Esos gestos pueden ser «narrados» de acuerdo a diversas historias, algunas de las cuales estarán centradas en mis proyectos o intenciones y otras en lógicas narrativas distintas (por ejemplo, las que incluyan los efectos no deseados de mis acciones intencionalmente deseadas).

Por otra parte, salvo algún sartriano ultrarradical no creo que nadie niegue que los humanos tenemos apetitos instintivos que nos impulsan en muchas ocasiones a actuar. Pero también parece evidente que no somos simplemente arrastrados por los objetos de nuestro instinto sino que a la vez permanecemos en nosotros mismos, sabiéndonos *agentes* y estilizando las satisfacciones instintivas de acuerdo a diferentes proyectos vitales. Aunque algunos de nuestros fines sean irremediables y no elegidos (nutrición, sexo, autoconservación, etcétera) intentamos cumplirlos de modos no irremediables, optativos. De ahí que además de apetitos podamos señalar también como causas de nuestras acciones «motivos» a más largo plazo e incluso «razones», es decir consideraciones que buscan ser compartidas por nuestros semejantes. Recuérdese lo que dijimos en el capítulo segundo sobre lo «racional», la búsqueda de los mejores instrumentos para vérnoslas con los objetos, y lo «razonable», el procedimiento de tratar con sujetos a los que suponemos tan dotados de intenciones respetables como nosotros mismos. Sin considerar ambos tipos de motivos racionales es difícil, por no decir imposible, *comprender* verdaderamente la acción humana. Los instintos y el resto de las fuerzas de la naturaleza bastan para *explicar* los acontecimientos protagonizados por humanos, tal como puede explicarse el comportamiento de los animales, el crecimiento de las plantas o la caída de los sólidos hacia el planeta que los atrae. Pero la comprensión total de la actividad humana exige además una perspectiva interna al sujeto agente que reconozca las conexiones entre lo que pensamos y lo que hacemos, entre nuestro universo simbólico y nuestro desempeño vital en el mundo físico.

En cualquier caso, ¿por qué es tan *importante* para nosotros la cuestión de la libertad, sea para afirmarla con arrobo entusiasmado y orgulloso o para negarla con no menor energía? El escéptico David Hume, que era fundamentalmente determinista, sostuvo que la idea de libertad es compatible con el determinismo porque no se refiere a la causalidad física sino a la causalidad *social*. Necesitamos creer en cierta medida en la libertad para poder atribuir cada uno de los sucesos protagonizados por humanos a un sujeto responsable, que pueda ser elogiado o censurado —y castigado, llegado el caso— por su acción. La libertad es imprescindible para establecer responsabilidades, porque sin *responsabilidad* no se puede articular la convivencia en ningún tipo de sociedad. Por eso ser libre no sólo es un motivo de orgullo sino también de zozobra y hasta de angustia. Asumir nuestra libertad supone aceptar nuestra responsabilidad por lo que hacemos, incluso por lo que intentamos hacer o por algunas consecuencias indeseables de nuestros actos.

Ser libre no es responder victorioso «¡yo he sido!» a la hora del reparto de premios, sino también admitir «¡he sido yo!» cuando se busca al culpable de una fechoría. Para lo primero siempre hay voluntarios, pero en el segundo caso lo usual es refugiarse en el peso abrumador de las circunstancias: el estafador de viudas achacará sus delitos al temprano abandono de sus padres, a las tentaciones de la sociedad de consumo o a los malos ejemplos de la televisión... mientras que quien recibe el premio Nobel sólo hablará de su esfuerzo frente al destino adverso y de sus méritos. Nadie quiere ser resumido simplemente en el catálogo de sus malas acciones: a quien nos reprocha un atropello le respondemos «no pude evitarlo, quisiera haberte visto en mi lugar, yo no soy así, etcétera», intentando a la vez trasladar la culpa a la sociedad en que vivimos o al sistema capitalista pero conservando abierta la posibilidad de ser limpios, desinteresados, valientes, *mejores*. Por eso la libertad no es algo así como un galardón sino también una carga y muchas personas dudosamente maduras communismo

—es decir, poco autónomas, poco conscientes de sí mismas— prefieren renunciar a ella y traspasarla a un líder social que a la vez tome las decisiones y soporte el peso de las culpas. El psicoanalista Erich Fromm escribió un libro titulado *Miedo a la libertad* en el que analizaba desde esta óptica los fervores masivos que el totalitarismo nazi o bolchevique han despertado en nuestro siglo.

Pero la cuestión de la «responsabilidad» proviene de mucho antes. En la tragedia griega, por ejemplo, la responsabilidad se convierte a veces en el *destino* ineluctable del personaje, que —como le ocurre a Edipo en las tragedias de Sófocles *Edipo Rey* y *Edipo en Colonno*— tiene que cumplir aun sin querer ni saber aquellas acciones a las que está predestinado pero sin dejar a la vez de comprender los dispositivos voluntarios que le enredan en esa maquinaria fatal. Nuestro querer nos arrastra a lo irremediable pero luego lo irremediable debe ser asumido como la parte ciega de nuestro querer: aceptar que debíamos ser culpables nos abre los ojos sobre lo que somos y así *purifica* lo que podemos llegar a ser. Los griegos no conocieron la noción de «libertad» en el segundo y tercero de los sentidos antes explicados, por tanto tampoco tuvieron una noción de responsabilidad realmente «personalizada», es decir ligada a la *intención* subjetiva del agente y no a la objetividad del hecho realizado. La maldición del culpable cae sobre Edipo por crímenes que ignora haber cometido (matar a su padre, acostarse con su madre) y que después debe asumir como parte del destino que le pertenece... y al que pertenece. Según Sófocles, lo que nos hace responsables no es lo que proyectamos hacer ni tampoco lo que hacemos efectivamente sino la reflexión sobre lo que hemos hecho.

A comienzos de la modernidad, es sin duda otro gran trágico —Shakespeare— quien mejor ha desmenuzado los entresijos contradictorios de la libertad en acción. Sus personajes son lúcida y terriblemente conscientes del vértigo en el que oscila quien desea lo que la acción promete pero tiembla ante la cadena culpabilizadora con la que nos amarra. Así por ejemplo Macbeth, cuando vacila en la noche atroz antes de asesinar al rey Duncan —lo que le otorgará la corona que desea— sopesando estremecido la responsabilidad ineludible que caerá sobre él: «¡Si con hacerlo quedara hecho!... Lo mejor entonces sería hacerlo sin tardanza. ¡Si el asesinato zanjara todas las consecuencias y con su cesación se asegurase el éxito!... ¡Si este golpe fuera el todo, sólo el todo, sobre el banco de arena y el bajío de este mundo saltaríamos a la vida futura! Pero en estos casos se nos juzga aquí mismo; damos simplemente lecciones sangrientas que, aprendidas, se vuelven para atormentar a su inventor» (acto I, escena VII. Trad. de Astrana Marín). Macbeth quiere la acción (el asesinato de Duncan) y quiere lo que conseguirá por medio de esa acción (el trono), pero no quisiera quedar *vinculado* para siempre a la acción, tener que responsabilizarse de ella ante los que le pidan cuentas o saquen la atroz lección de su crimen. Si se tratase simplemente de hacerlo y eso fuese todo, lo haría sin remilgos; pero la responsabilidad es la contrapartida necesaria de la libertad, su reverso, quizá —como apunta Hume— el fundamento mismo de la exigencia de libertad: las acciones deben ser libres para que alguien responda de cada una de ellas. El sujeto es libre para hacerlas aunque no para *desprenderse* de sus consecuencias...

Sófocles o Shakespeare suelen hablar de una responsabilidad «culpable» y no simplemente por gusto sensacionalista: el lazo entre libertad y responsabilidad se hace más evidente cuando la primera nos apetece y la segunda nos asusta. O sea, cuando nos hallamos ante una *tentación*. En nuestra época abundan las teorías que pretenden disculparnos del peso responsable de la libertad en cuanto se nos hace fastidioso: el mérito positivo de mis acciones es mío, pero mi culpabilidad puedo repartirla con mis padres, con la genética, con la educación recibida, con la situación histórica, con el sistema económico, con cualquiera de las circunstancias que no está en mi mano controlar. Todos somos culpables de todo, luego nadie es culpable principal de nada. En mis clases de ética suelo poner el siguiente caso práctico, que adorno según mi inspiración ese día. Supongamos una mujer cuyo marido emprende un largo viaje; la mujer aprovecha esa ausencia para reunirse con un amante; de un día para otro, el marido desconfiado anuncia su vuelta y exige la presencia de su esposa en el aeropuerto para recibirle. Para llegar hasta el aeropuerto, la mujer debe atravesar un bosque donde se oculta un temible asesino. Asustada, pide a su amante que la acompañe pero éste se niega porque no desea enfrentarse con el marido; solicita entonces su protección al único guardia que hay en el pueblo, el cual también le dice que no puede ir con ella, ya que debe atender con idéntico celo al resto de los ciudadanos; acude a diversos vecinos y vecinas no obteniendo más que rechazos, unos por miedo y otros por comodidad. Finalmente emprende el viaje sola y es asesinada por el criminal del bosque. Pregunta: ¿quién es el responsable de su muerte? Suelo obtener respuestas para todos los gustos, según la personalidad del interrogado o la interrogada. Los hay que culpan a la intransigencia del marido, a la cobardía del amante, a la poca profesionalidad del guardia, al mal funcionamiento de las instituciones que nos prometen seguridad, a la insolidaridad de los vecinos, incluso a la mala conciencia de la propia asesinada... Pocos suelen responder lo obvio: que el Culpable (con mayúscula de responsable principal del crimen) es el asesino mismo que la mata. Sin duda en la responsabilidad de cada acción intervienen numerosas circunstancias que pueden servir de atenuantes y a veces diluir al máximo la culpa en cuanto tal, pero nunca hasta el punto de «desligar» totalmente del acto al agente que intencionalmente lo realiza. Comprender todos los aspectos de una acción puede llevar a perdonarla pero nunca a borrar por completo la responsabilidad del sujeto libre: en caso contrario, ya no se trataría de una acción sino de un accidente fatal. Aunque ¿no será precisamente la libertad misma el accidente fatal de la vida humana en sociedad?

Una de las reflexiones más enigmáticamente sugestivas sobre la vinculación entre acción y responsabilidad es la planteada en el «Bhagavad Gita» o «Canción del Señor», un largo poema dialogado compuesto probablemente en el siglo III a. J.C., incluido en el *Mahabharata*, la gran epopeya hindú. El héroe Arjuna avanza en su carro de guerra hacia las tropas enemigas y dispone las flechas con las que ha de exterminar a cuantos pueda. Pero entre los adversarios a los que debe intentar matar distingue a varios parientes y amigos (se trata de una guerra civil, fratricida) y ello le angustia hasta el punto de plantearse seriamente abandonar el combate. Entonces el auriga que conduce su carro de combate y que no es otro que el dios Krisna manifiesta su identidad, aleccionándole sobre su deber. Según Krisna, el escrúpulo ante la tarea de matar que siente Arjuna es infundado porque «ni a los muertos ni a los vivos compadecen los sabios». En el mundo de apariencias engañosas en el que nos movemos, lo verdaderamente sustantivo (Brahma, lo Absoluto increado e imperecedero) no puede ser destruido por dardos ni tampoco realmente modificado por ninguna operación humana. A cada cual le corresponde actuar como lo que es —en el caso de Arjuna, que es un guerrero, peleando en el campo de batalla—, pero la sabiduría consiste en no experimentar ningún apego por los frutos o consecuencias de la acción: «En la acción está tu empeño, no en sus frutos jamás: no tengas por fin los frutos de la acción ni tengas apego a la inacción.» Todos estamos obligados a actuar por las circunstancias naturales en que transcurre nuestra vida: «Nadie, ni por un momento, jamás está sin obrar; es llevado a la Acción, mal de su grado, por los hilos nacidos de la Naturaleza.» El secreto está en obrar como si no se obrase, en realizar las acciones que nos corresponden sin dejar que nuestro ánimo se perturbe por el deseo, la ira, el temor o la esperanza. «Por ello sin apego siempre la Acción que ha de hacerse haz; si realiza la Acción sin apego, lo más alto alcanza el hombre.»[24]

24. Canción del Señor, en Atma y Brahma, trad. de F. Rodríguez Adrados, Editora Nacional, Madrid.

A nuestras mentalidades cristianas (por laicos o aun ateos que nos consideremos), este dios que tranquilamente recomienda al hombre practicar la matanza como si no hiciese nada —¡o como si hiciera cualquier otra cosa!— nos resulta difícil de entender. La idea misma de que debemos *resignarnos* a la acción como parte del orden de la naturaleza pero entregándonos a ella con pleno «desinterés» por lo que promete viene a ser contraria a cuanto significa «proyecto», «intención», así como al «éxito» o «fracaso» de lo emprendido. Pero el peso de la responsabilidad de la acción —que no es un mero prejuicio occidental, puesto que Arjuna lo experimenta cuando está a punto de masacrar a sus parientes ni más ni menos que Macbeth antes de decidirse al asesinato de Duncan— se alivia con el chocante razonamiento de que hay que perpetrar lo evitable como si fuese inevitable. En el fondo, actuar «conscientemente» no es sino comprender de qué modo todos somos *actuados* por lo aparente y reconocer nuestra identidad con lo que siempre *es* pero nunca *hace*. Podemos encontrar paralelismos entre esta perspectiva oriental y la forma de pensar de los estoicos o de Spinoza, aunque premisas semejantes desembocan en reglas prácticas muy distintas: en el pensamiento occidental, la consideración objetiva del entramado causal dentro del que actuamos permite «entender» mejor la acción pero nunca «desentendernos» de ella, es decir de sus objetivos y consecuencias. Así pueden comprenderse mejor los respetuosos reproches que un gran admirador de la sabiduría hindú como Octavio Paz formula (en su libro *Vislumbres de la India*) contra esta doctrina del Bhagavad Gita: «El desprendimiento de Arjuna, es un acto íntimo, una renuncia a sí mismo y a sus apetitos, un acto de heroísmo espiritual y que, sin embargo, no revela amor al prójimo. Arjuna no salva a nadie excepto a sí mismo... lo menos que se puede decir es que Krisna predica un desinterés sin filantropía.»

Ser libre es responder por nuestros actos y siempre se responde ante los otros, con los otros como víctimas, como testigos y como jueces. Sin embargo, todos parece que buscamos «algo» que nos aligere la gravosa carga de la libertad. ¿No podemos suponer que nuestra naturaleza humana es libre pero que dentro de esa «necesaria» libertad actuamos tan inocentemente como crecen las plantas o se desenvuelven los animales? Si somos libres «por naturaleza», ¿no marcará la propia naturaleza el ámbito de eficacia de nuestra libertad? ¿En qué se distingue lo irremediablemente libre de nuestra condición natural de lo simplemente irremediable de otros seres naturales? Quizá un indicio de respuesta nos lo brinde este hermoso poema de la polaca Wistlawa Szymborska:

> *El águila ratonera no suele reprocharse nada.*
> *Carece de escrúpulos la pantera negra.*
> *Las pirañas no dudan de la honradez de sus actos.*
> *Y el crótalo a la autoaprobación constante se entrega.*
> *El chacal autocrítico está aún por nacer.*
> *La langosta, el caimán, la triquina y el tábano*
> *viven satisfechos de ser como son.*
> *[...] En el tercer planeta del sol,*
> *la conciencia limpia y tranquila*
> *es un síntoma primordial de animalidad.*[25]

El hombre parece ser el único animal que puede estar descontento de sí mismo: el *arrepentimiento* es una de las posibilidades siempre abiertas a la autoconciencia del agente libre. Pero, si somos naturalmente libres, ¿cómo podemos arrepentirnos de aquello que hacemos con nuestra libertad natural? ¿Cómo puede traernos conflictos íntimos el desarrollo de lo que naturalmente somos? Debemos entonces dilucidar ahora cuál es nuestra naturaleza y qué sentido tiene la noción de «naturaleza» para nosotros, los animales capaces de mala conciencia.

---

25. Tomado de *Paisaje con grano de arena*, de W. Szymborska, trad. de A. M. Moix y J. Slawomirski, Lumen, Barcelona.

Da que pensar...

¿Qué significa «habitar» el mundo? ¿Se trata simplemente de estar contenidos en él o de formar parte de él? ¿Qué es «actuar»? ¿Es lo mismo «hacer algo» que «ejecutar una acción»? ¿Puede haber acciones «involuntarias»? ¿Cómo sabemos que hacemos algo voluntariamente? ¿Hay cosas que hacemos voluntariamente pero también «sin querer»? ¿Es lo mismo «decidir hacer algo» que «hacerlo»? «Querer mover mi brazo» y «moverlo» ¿son dos acciones o una sola? ¿Cuándo se puede decir que actúo libremente? Si no lo hago libremente ¿se puede decir que «actúo»? ¿Qué dice la teoría determinista? ¿Pueden resultar compatibles cierto determinismo y cierto tipo de libertad? ¿Es la física contemporánea «determinista» en el mismo sentido en que lo fue la física clásica? ¿Tiene algo —mucho o poco— que ver el determinismo de la física con el problema de la libertad humana? ¿Cuáles son los diferentes usos que recibe la noción de «libertad»? ¿Podemos aceptar ser libres en uno de ellos pero no en otro u otros? ¿Cómo se relaciona la libertad con las exigencias de la vida en sociedad? ¿Qué significa «ser responsable» o «hacerse responsable» de una acción? ¿Puede haber acciones de las que seamos responsables todos o de las que no sea nadie responsable? ¿Cómo entiende la responsabilidad de la acción la tragedia griega, Shakespeare y el Bhagavad Gita? ¿Podríamos arrepentirnos de lo que hacemos si no fuésemos libres de hacerlo o no hacerlo? Si somos libres por naturaleza, ¿es antinatural tener mala conciencia por lo que libremente hemos hecho?

CAPÍTULO SÉPTIMO

Artificiales por naturaleza

En el capítulo cuarto planteamos un esbozo genérico del hombre como «animal simbólico», señalando los rasgos característicos que le definen frente a otros seres vivos con los cuales —por lo demás— guarda también un parentesco indudable. Los símbolos son convencionales, por tanto el hombre es un animal «convencional», un ser vivo capaz de establecer, aprender y practicar acuerdos de significado con sus semejantes. Pero ahora deberíamos preguntarnos si existe una naturaleza humana, si los humanos estamos formados por la naturaleza y formamos parte de ella, si somos también «seres naturales» además de —¿a pesar de?— ser «convencionales», si hay contradicción o incompatibilidad entre lo uno y lo otro. Nos interesan estas preguntas porque quizá conocer nuestra naturaleza o nuestra relación con la naturaleza nos pueda orientar respecto a cómo actuar y cómo emplear convenientemente nuestra libertad. Después de todo, cuando queremos aprobar o disculpar un comportamiento solemos decir que es «natural» actuar así; y también reprobamos algunas conductas diciendo que son «antinaturales» o contrarias a la naturaleza. ¿Qué queremos decir cuando hacemos tales comentarios?

En nuestra época se oye hablar mucho de la «naturaleza». Las actitudes ecologistas nos previenen contra ciertas formas de obrar que representan amenazas contra lo «natural», ya que ponen en peligro a la «naturaleza» por medio de abusos técnicos, polución industrial, sobreexplotación de los recursos, aniquilación de especies vivientes, manipulaciones genéticas, etcétera. Algunos sostienen que muchos de nuestros males provienen de haberle vuelto la espalda a lo «natural» y recomiendan volver a la «naturaleza», considerarnos parte de ella y no sus dueños tiránicos, dejarnos en cierto modo guiar por ella. Deberíamos, según este punto de vista bastante extendido, manejar fuentes de energía y consumir productos «naturales». Otros creen que tales actitudes nos devuelven a la barbarie, a épocas primitivas, nos hacen desandar el camino del progreso científico al que nada puede ni debe detener. Señalan que la supuesta norma de lo «natural» también sirve para descalificar represivamente como «antinaturales» ciertas reivindicaciones sociales, por ejemplo las del feminismo o las de los homosexuales. Preguntemos de nuevo: ¿de qué estamos hablando tan apasionadamente?

Como ya he indicado en varias ocasiones a lo largo de los capítulos anteriores, nuestra primera tarea filosófica —¡aunque desde luego no la única!— tendrá que consistir en precisar lo más posible los usos de la noción sobre la que se establece la controversia, en este caso «naturaleza» o «natural». Sólo la mala filosofía empieza inventando nuevos términos rimbombantes que nadie entiende en lugar de proponerse aclarar qué entendemos por medio de las palabras comunes que habitualmente utilizamos. Evidentemente no parece que nos estemos refiriendo a lo mismo cuando decimos que la gravitación es una ley de la Naturaleza descubierta por Newton, que es natural que las madres quieran a sus hijos, que la naturaleza es muy hermosa, que naturalmente el agredido reacciona contra su agresor, que los seres humanos somos iguales por naturaleza y que lo más natural es bajar por la escalera o por el ascensor, no saltar desde un sexto piso a la calle. Miremos todo esto un poco más detenidamente.

¿Cuáles son los principales usos del término «naturaleza»?

El primero de ellos es el que recibe en el título del famoso poema de Lucrecio, «*De Rerum Natura*» o «De la naturaleza de las cosas». Cada una de las cosas que existen en el universo tiene su propia naturaleza, es decir su propia *forma de ser*. El siglo pasado, una de las personas más lúcidas y honestas que se han dedicado a la filosofía —John Stuart Mill— escribió una obrita breve titulada precisamente *La naturaleza* y que comenzaba así: «¿Qué quiere decirse cuando hablamos de la "naturaleza" de un objeto particular, tal y como el fuego, el agua, o cualquier planta o animal? Evidentemente, el *conjunto* o agregado de sus poderes o propiedades; los modos en que dicho objeto actúa sobre otras cosas (incluyendo entre éstas los sentidos del observador), y los modos en que otras actúan sobre él.»[26] Quizá también deberíamos añadir explícitamente a estos rasgos —porque de otro modo Lucrecio no nos lo perdonaría— la composición física y la *génesis* de tal objeto o cosa. La naturaleza de algo es su forma de ser, de llegar a ser y de operar en el conjunto del resto de lo existente. De modo que la Naturaleza con mayúscula será el conjunto de los poderes o propiedades de todas las cosas, tanto de las que hay como de las que podría llegar a haber, según señala con razón Stuart Mill: «Así, "Naturaleza", en su acepción más simple es el nombre colectivo para todos los hechos, tanto para los que se dan como para los meramente posibles; o (para hablar con mayor precisión) un nombre para el modo, en parte conocido y en parte desconocido para nosotros, en que las cosas acontecen.»

Por supuesto, nos estamos refiriendo realmente a *todo* lo que existe en el universo o puede existir, sea animado o inanimado, racional o irracional, incluyendo también las mesas, los castillos, los aviones intercontinentales y demás artefactos

26. *La naturaleza*, de J. Stuart Mill, trad. C. Mellizo, Alianza Editorial, Madrid.

que los humanos producimos. Cualquiera de las cosas hechas por el hombre tiene también su naturaleza, lo mismo que una flor o un río, y responde a propiedades físicas y químicas que comparte con muchos seres no humanamente fabricados. En este sentido, nada de lo que el hombre haga puede ir contra la naturaleza, ni destruirla o perjudicarla porque los productos humanos también forman parte de ella (no está en la mano del hombre «violar» a la naturaleza sino sólo utilizar de un modo u otro sus pautas). Un pesticida no es ni más ni menos «natural» que el agua clara de la fuente, la bomba atómica responde a principios tan naturales como el amanecer o la fabricación de panales por las abejas, el incendio intencionalmente provocado es tan «natural» como el bosque devastado por él. El hombre puede destruir ciertos objetos naturales o perjudicar a otros seres vivos pero siempre siguiendo procedimientos que se basan en la naturaleza misma de las cosas. En este primer sentido del término se da una continuidad natural entre todo lo que existe o sucede en la realidad.

Pero hay otro sentido de la palabra «naturaleza» según el cual es natural todo aquello que aparece en el mundo sin intervención humana. En el libro X de su *Física*, Aristóteles establece que son seres naturales los que tienen su principio y finalidad en sí mismos, es decir los que son *espontáneamente* lo que son y como son. Por el contrario, una cama o una computadora tienen su principio en la capacidad productiva humana y responden a fines que los hombres se han propuesto. Por un lado, están entonces los seres naturales, brotados de una espontaneidad creadora que llamamos en su conjunto «naturaleza»; y por otro los objetos *artificiales*, fruto del arte o la técnica humana (la palabra griega *tejné*, de donde proviene nuestra «técnica», significa también «arte»). Pero la distinción entre lo uno y lo otro deja preocupantes zonas de penumbra. En 1826 se sintetizó por primera vez en un laboratorio la urea, una sustancia que también existe espontáneamente en la naturaleza: el producto así obtenido ¿debe ser considerado natural, artificial... o artificialmente natural?

¿Son naturales o artificiales las diversas razas de perros, los cerdos Duroc-Jersey o los caballos de carreras? ¿Y las variedades de flores logradas a fuerza de injertos? ¿Es natural o artificial la repoblación forestal? La mayor parte de los paisajes que nos rodean son inseparables de la acción humana, sea porque haya intervenido activamente en su configuración o por haberse abstenido de intervenir, pudiendo hacerlo. ¿Convierte esta evidencia en «artificial» todo nuestro entorno? Por supuesto, la cuestión más difícil la plantea el propio ser humano, que no llegaría a existir sin la intervención de otros seres humanos que lo engendran física y culturalmente. Según asegura Lévi-Strauss en su *Antropología estructural*, «los hombres no se han hecho menos a sí mismos de lo que han hecho las razas de sus animales domésticos». ¿Somos los humanos naturales, artificiales... o artificiales por naturaleza?

Cuando lo aplicamos al caso del hombre, el término «natural» se contrapone en primer lugar a «cultural»: lo natural es lo *innato*, lo biológicamente determinado, lo que no se elige ni se aprende sino que se padece; en cambio es cultural lo *aprendido*, lo que recibimos por las buenas o por las malas de nuestros semejantes, lo que elegimos o imitamos, cuanto deliberadamente hacemos. Volvamos de nuevo a consultar al antropólogo Lévi-Strauss: «Pongamos que todo lo que es universal en el hombre proviene del orden de la naturaleza y se caracteriza por la espontaneidad, mientras que todo lo que está sometido a una norma pertenece a la cultura y presenta los atributos de lo relativo y lo particular *(Las estructuras elementales del parentesco)*. En cuanto a la primera parte de este planteamiento —lo universal en el hombre es natural— conviene señalar que su contraria no es verdadera: lo innato o natural en cada ser humano concreto tiene múltiples particularidades, algunas genéricas y compartidas con muchos otros (el sexo, por ejemplo, o el color de la piel y de los ojos, ciertas malformaciones, etc.), pero otras únicas e irrepetibles (huellas dactilares, dotación genética salvo en gemelos univitelinos, etc.). También podríamos considerar parte "natural" de cada uno los cambios accidentales que va sufriendo su estructura física, por ejemplo las secuelas que deja la poliomielitis o el simple y universalísimo fenómeno de envejecer, ya que no hay dos personas que envejezcan exactamente igual. Ni ciertamente que mueran igual. Por supuesto, también cabe discutir este último punto: si me quedo cojo tras ser atropellado por un auto, ¿se trata de un percance "natural" o "cultural"? ¿O un percance "cultural" que afecta a mi parte "natural"? Recuerdo ahora el viejo chiste: "¿De qué murió Fulano? De muerte natural. ¿Cómo ocurrió? Le cayó encima un piano desde un octavo piso. ¿Y a eso le llamas 'muerte natural'? Hombre, si no te parece natural que uno se muera cuando le cae encima un piano..."»

Y es que en cada uno de nosotros cualquier rasgo «natural» está siempre contaminado por la cultura y viceversa. Nada más natural y universal en los humanos —como en el resto de los animales— que la necesidad de comer, pero nadie come sin someterse a pautas culturales, reverenciar modas gastronómicas, elegir o rechazar alimentos de acuerdo con hábitos adquiridos: es natural tener que alimentarse pero siempre nos alimentamos culturalmente. ¡Que se lo pregunten si no a los supervivientes de aquel accidente aéreo en los Andes, que tuvieron que optar entre devorar los cadáveres de otras víctimas o morir de inanición mientras esperaban ser rescatados! Incluso si se hubieran visto obligados a sacrificar finalmente a alguno de entre ellos para seguir alimentándose, seguro que lo hubieran echado a suertes, en lugar de elegir al más gordito como sería «natural»... También es naturalísimo, según parece, el instinto sexual pero no el tabú del incesto, el matrimonio, el amor romántico, los *Veinte poemas de amor y una canción desesperada* de Pablo Neruda, etc. Resulta «natural» querer guarecerse de las inclemencias del tiempo, pero no construir palacios o chalets adosados, ni siquiera decorar las cuevas con pinturas rupestres... ¿Y qué diremos del poder? Probablemente es muy natural que los más fuertes dominen a los débiles, como le recuerda Calicles a Sócrates en el *Gorgias* de Platón, pero eso nunca ocurre entre los humanos sin un complicado aparato político y jurídico. Y se da el caso asombroso de que muchas veces los que son física o naturalmente más fuertes obedezcan a un anciano o incluso a un niño por razones culturales cuya «artificialidad» destacó un amigo de Montaigne, Étienne de la Boétie, en su *Discurso sobre la servidumbre voluntaria*. La «fuerza» con la que unos hombres se imponen a otros casi nunca es mera superioridad muscular o numérica, siempre necesita pasar a lo simbólico, es decir, «artificializarse»...

Y también puede contarse la historia desde la otra orilla. En las sofisticadas conferencias de política internacional se ven de vez en cuando brillar las garras y colmillos de la fiera «natural» que quizá somos, los oropeles del desfile de modas se explican a fin de cuentas por la codicia carnal de nuestro instinto, y no fue Proust ni el primer ni el último gran hombre que en su hora postrera olvidó el prestigio de las convenciones para morir, muy naturalmente, llamando a mamá. ¿Cómo entender todo esto? ¿Diremos que el hombre está compuesto de capas superpuestas, como una cebolla, que las más básicas o íntimas son naturales mientras que sobre ellas se ha ido depositando el estrato de la educación, la sociabilidad, los artificios, etc.? Ahora recuerdo que en las novelas de Tarzán —las cuales tanto contribuyeron a la felicidad de mi adolescencia—, cuando el significativamente llamado «hombre-mono» se enfrentaba mucho después de haber abandonado la jungla a sus enemigos, el comienzo de su ira justiciera solía expresarse más o menos así: «Entonces se rompió la delgada costra de civilización que le cubría y...» ¡Y los malvados podían echarse a temblar! ¿Será sencillamente la cultura una capa o mano de pintura que recubre nuestra naturaleza intacta? Más bien parece que la impregnación convierte en inseparables lo uno y lo otro, tal como escribe en su *Fenomenología de la percepción* un filósofo contemporáneo, Maurice Merleau-Ponty: «Es imposible superponer en el hombre una primera capa de comportamientos que llamaríamos "naturales" y un mundo cultural o espiritual fabricado. Todo es fabricado y todo es natural en el hombre, como se quiera decir, en el sentido de que no hay una palabra ni una conducta que no deba algo al ser puramente biológico y que al mismo tiempo no se hurte a la sencillez de la vida animal, no desvíe de su sentido las conductas vitales, por una especie de escamoteo y por un genio del equívoco que podría servir para definir al hombre.» Por mucho que buceemos hacia el fondo natural de lo humano, siempre hallamos el sello de la cultura mezclando lo adquirido con lo innato; del mismo modo, no hay forma de aislar ninguna actitud o perspectiva cultural que no huela a zoológico, a condicionamiento simiesco. Lo más natural en los hombres es no serlo nunca del todo.

Aplicado a la conducta humana, ese término de «natural» tiene también otros usos comunes que merece la pena al menos mencionar de pasada porque resultan ilustrativos de lo hasta aquí señalado. Por ejemplo, decimos que un comportamiento es «natural» cuando responde a lo habitual o acostumbrado. Se ha dicho, con razón, que la costumbre es una segunda naturaleza... ¡que muchas veces sustituye o desplaza a la primera! Resulta así «natural» en España empezar una comida tomando sopa para luego seguir con el plato principal, mientras que los chinos o los japoneses consideran «natural» tomarla más adelante o al final de la colación. Es «natural» lo más antiguo, lo habitual, lo de siempre... razón por la que algunos consideran «antinatural» todo elemento modernizador o que rompe las rutinas establecidas: con esta dificultad chocaron quienes quisieron abolir la esclavitud o la pena de muerte, así como los defensores de la igualdad jurídica y laboral entre hombres y mujeres o quienes luchan contra la discriminación de la homosexualidad.

También suele llamarse «natural» el comportamiento de los que actúan de manera no premeditada, impulsiva: es «natural», por ejemplo, enfadarse mucho cuando a uno le insultan o echarse a reír cuando ve resbalar a alguien en una piel de plátano. Pero ¿acaso no tiene que ver la educación recibida o la experiencia social de cada cual en tales reacciones supuestamente espontáneas? Quien acaba de romperse una pierna de un resbalón, por ejemplo, no suele reírse al ver caerse a otro sino que acude cojeando a levantarle... Si el hombre, por muy animal que sea, también es racional, ¿por qué no va a ser tan «natural» pensar lo que se va a decir o hacer como reaccionar sin pensar? Por último, decimos que una persona deja de portarse «naturalmente» —según su «modo de ser»— cuando cambia de actitud o conducta por influencia de alguna causa exterior: por ejemplo, Fulano era «de natural» alegre hasta que murió su hijo o era pacífico hasta que le provocaron. Pero ¿no es también «natural» cambiar cuando cambian las circunstancias? ¿No revelan tales estímulos externos una «forma de ser» más verdadera —o igual de verdadera— que la hasta entonces demostrada? Recuérdese lo que decía Schopenhauer sobre el «no nos dejes caer en la tentación»...

A fin de cuentas, da la impresión de que los mismos términos de «natural» o «naturaleza humana» encierran aspectos fuertemente culturales. Incluso parecen inventados para servir de contrapeso a la cultura y a la vez de baremo para enjuiciarla y quizá orientarla. Un pensador al que se le suele atribuir especial nostalgia por un prístino «estado de naturaleza» humano, el dieciochesco Juan-Jacobo Rousseau, reconoce en el prefacio a su *Discurso sobre el origen y fundamento de la desigualdad entre los hombres*: «No es empresa fácil desenredar lo que hay de originario y de artificial en la Naturaleza actual del hombre, y conocer bien ese estado (el de Naturaleza) que ya no existe, que quizá nunca ha existido, que probablemente jamás existirá, pero del que es necesario sin embargo tener nociones justas para juzgar bien nuestro estado presente.» Necesitamos lo natural o el estado de naturaleza para *valorar* adecuadamente la situación actual (social, moral, etc.) en que vivimos. ¡Lo necesitamos aunque como reconoce honradamente Rousseau, nunca haya existido ni vaya a existir! Tenemos que comparar ese ideal llamado «Naturaleza» con la realidad humana en que actualmente vivimos para determinar si nos alejamos de su perfección o tendemos hacia ella. La respuesta de Rousseau (y la de casi todos los que proponen este ejercicio valorativo) es que nuestra sociedad actual se aleja del ideal de la Naturaleza y tanto más cuanto más «moderna» es la institución concreta que consideramos (aunque Rousseau cree que no se debe llorar por la inocencia perdida sino tratar de reconstruir algunos de sus mejores logros igualitarios por medio de un nuevo contrato social). En la actualidad, ciertos ecologistas radicales llegan a defender los «derechos» inalienables de la Naturaleza por encima de los mezquinos y depredadores intereses humanos. Inevitablemente, la pregunta es: ¿por qué?

Quienes toman un cierto ideal llamado «Naturaleza» como medida o patrón para valorar la realidad humana entienden al parecer por «Naturaleza» el estado originario en el que todas las cosas, espontáneamente o por designio de su divino Creador, aún eran *como es debido*. Después aparecieron los hombres, crecieron, se multiplicaron y sobre todo «pecaron» (es decir, inventaron artificios no previstos en el plan natural), lo cual les condenó a una forma de vida «antinatural» y malvada, que acabó contaminando su propio entorno natural. Ahora bien, ¿de dónde sacan que la Naturaleza es el ideal de lo que «debe» ser? Entendida en el primero de los sentidos que antes hemos comentado —el conjunto de las propiedades y «forma de ser» de todas las cosas existentes—, la Naturaleza tiene que ver sólo con lo que las cosas *son*, nunca con lo que «deberían» ser... ¡salvo que decidamos que las cosas siempre deben ser lo que son, lo cual acaba con cualquier «valoración» imaginable! Precisamente lo que parece que nunca encontramos en el mundo natural son «valores», o sea, el Bien y el Mal en sus manifestaciones más indiscutibles. En todo caso, podemos señalar cosas naturalmente «buenas» o «malas» según la forma de ser de cada uno de los elementos que existen. Por ejemplo, para el fuego el agua es algo muy «malo», porque lo apaga. Pero en cambio es una cosa muy «buena» para las plantas que la necesitan para crecer. El león es muy «malo» para los antílopes y las cebras, porque se los come. Sin embargo, en opinión del león, los «malvados» serían los antílopes y las cebras que se empeñasen en correr tanto que nunca pudiera cazarles, porque le condenarían a morir de hambre. Los antibióticos son muy «buenos» para el hombre porque matan los microbios que le enferman aunque son «malísimos» para los microbios mismos a los que aniquilan. Etc., etc.

Es decir que, como ya señaló Spinoza y algunos otros sabios que en el mundo han sido, lo naturalmente «bueno» para cada cosa es lo que le permite seguir siendo lo que es y lo «malo» aquello que pone obstáculos a su forma de ser o le destruye. Pero como en la Naturaleza hay muchísimas —¿infinitas?— cosas diversas, cada cual con intereses correspondientes a lo que es por naturaleza, resulta inevitable que no haya un Bien ni un Mal válidos para todo lo real, sino una pluralidad de «buenos» y «malos» tan numerosos como cosas diferentes se dan en la realidad. Lo «bueno» para éste es «malo» para aquélla y al revés. De modo que quienes pretenden establecer un ideal «natural» para juzgar la conducta y el devenir humanos tendrán primero que determinar no lo que los hombres son ahora, ni siquiera lo que fueron ayer o hace mil años, sino lo que son «por naturaleza», es decir lo que son, fueron o serán cuando cumplan con su «forma de ser» propia, cuando fueran, sean o lleguen a ser «como es debido». Para ello deberíamos separar claramente lo «natural» de lo «cultural», el plan de la «naturaleza» de los proyectos culturales realizados por el hombre consigo mismo, lo cual no es precisamente tarea fácil como el propio Rousseau se vio obligado a reconocer. Y además, ¿cómo estar seguros de que la «cultura» misma no es el desarrollo más «natural» de lo que al hombre le conviene? Si no hay hombres sin «cultura», ¿cómo podría la «cultura» no ser algo natural, que corresponde a nuestra forma de ser en todo tiempo y lugar?

Aún más: podríamos decir que lo artificial es algo *mejor* que lo natural y que su utilidad consiste precisamente en protegernos de la naturaleza. Las medicinas son artificiales pero sirven para curarnos las enfermedades, que son naturalísimas; la calefacción artificial nos protege del frío natural y el artificio del pararrayos nos libra del rayo natural. Lo artificial no sólo nos protege sino que también nos *potencia*: nos permite viajar hasta la Luna, descubrir seres microscópicos, comer rico jamón, escuchar música sin que haya ninguna orquesta presente y me sirve ahora a mí para comunicarme contigo, lector, por medio de estas páginas impresas (¡aunque quizá no estés dispuesto a considerar esto último como una gran ventaja del artificio!). Si no hubiera cultura artificial, dicen algunos optimistas, viviríamos menos, nos moveríamos más despacio, seríamos mucho más ignorantes, tendríamos que alimentarnos de tubérculos y carne cruda, perderíamos el tiempo luchando a puñetazos con los osos y no disfrutaríamos con Shakespeare, Mozart o Hitchcock. Pero los pesimistas nos recuerdan que sin tantos artificios no tendríamos que padecer la contaminación de los mares ni de los bosques por sustancias fabricadas por el hombre, no morirían millones de personas tiroteadas o bombardeadas, no habría accidentes automovilísticos ni de aviación, los gobernantes no podrían espiarnos electrónicamente y nunca caeríamos en la tentación de embrutecernos viendo concursos televisados.

El bueno de John Stuart Mill protestaba muy dolido: «Si lo artificial no es mejor que lo natural, ¿qué finalidad hay en todas las artes de la vida? Cavar, arar, construir, vestirse son violaciones directas del mandato de seguir a la Naturaleza.» Algunos le responderán que mejor nos iría y mejores seríamos si siguiésemos tales mandatos naturales. Pero el problema de fondo continúa siendo el mismo: ¿acaso sabemos qué es lo que la Naturaleza nos manda? ¿Podemos decir que nos «manda» morirnos cuando atrapamos un microbio y que nos «prohíbe» llevar gafas o volar? ¿Acaso sabemos lo que quiere la Naturaleza —si es que existe tan importante señora— de nosotros o *en* nosotros?

De los acontecimientos naturales pueden sacarse lecciones *morales* muy diferentes. Por ejemplo los filósofos estoicos, a comienzos de la era cristiana, recomendaban vivir de acuerdo con la Naturaleza y entendían que tal acuerdo consistía en refrenar las pasiones instintivas, ser veraces y abnegados, cumplir honradamente los deberes de nuestra situación social, etc. Pero Nietzsche se burla así de sus pretensiones: «¿Vosotros queréis vivir "con arreglo a la Naturaleza"? ¡Oh nobles estoicos, qué engaño el vuestro! Imaginad una organización tal como la Naturaleza, pródiga sin medida, indiferente sin medida, sin intenciones y sin miramientos, sin piedad y sin justicia, a un mismo tiempo fecunda, árida e incierta; imaginad la indiferencia misma erigida en poder: ¿cómo podrías vivir conforme a esa indiferencia? Vivir ¿no es precisamente la aspiración a ser diferente de la Naturaleza? Ahora bien, admitiendo que vuestro imperativo "vivir conforme a la Naturaleza" significara en el fondo lo mismo que "vivir conforme a la vida", ¿no podrías vivir así?, ¿por qué hacer un principio de lo que vosotros mismos sois, de lo que no tenéis más remedio que ser? De hecho, es todo lo contrario: al pretender leer con avidez el canon de vuestra ley en la Naturaleza aspiráis a otra cosa, asombrosos comediantes que os engañáis a vosotros mismos. Vuestra fiereza quiere imponerse a la Naturaleza, hacer penetrar en ella vuestra moral, vuestro ideal.»[27]

Quienes recomiendan comportarse «de acuerdo con la Naturaleza» seleccionan unos aspectos naturales y descartan otros. Los estoicos querían ser «naturales» controlando sus pasiones y respetando al prójimo, mientras que por ejemplo el marqués de Sade estaba convencido de que no hay nada más «natural» que hacer cuanto nos apetezca, caiga quien

    27. *Más allá del bien y del mal*, § 9, trad. de E. Ovejero y Maury, Aguilar, Madrid.

caiga y por mucho dolor que se produzca a los demás. ¿O es que vemos a la Naturaleza preocupada por el sufrimiento de tantos millones de seres vivos que padecen para que otros satisfagan sus apetitos a costa suya? En su disputa con Sócrates (en el *Gorgias* platónico), Calicles sostiene también que la primera «ley» de la Naturaleza dice que los más fuertes e inteligentes tienen derecho a dominar al resto de los hombres y a poseer las mayores riquezas, a causa de lo cual considera «antinaturales» y por tanto «injustas» las leyes democráticas que establecen la igualdad de derechos en la *polis*, las cuales protegen a los débiles y difunden una moral semejante a la de Sócrates, según la cual es preferible padecer un atropello que causarlo. No faltan hoy científicos sociales o políticos que le dan la razón más o menos explícitamente a Calicles en nombre de la teoría de la evolución de Charles Darwin: si la Naturaleza va seleccionando a los individuos más aptos de cada especie (y a las especies más aptas entre las que compiten en un mismo territorio) por medio de la «lucha por la vida» que elimina a los más frágiles o a los que peor se acomodan a las circunstancias ambientales, ¿no debería la sociedad humana hacer lo mismo y dejar que cada cual demostrase lo que vale, sin levantar a los caídos ni subvencionar a los torpes? Así la sociedad funcionaría de modo más «natural» y se favorecería la multiplicación de la raza despiadada pero eficaz de los triunfadores...

Sin embargo, estos Calicles modernos no han leído con demasiada atención a Charles Darwin. Las doctrinas que profesan se deben más bien a algunos «herejes» del darwinismo, como Francis Galton (un primo de Darwin que inventó la *eugenesia*, según la cual la reproducción de la especie humana debe ser orientada como la de los animales domésticos a fin de producir mejores ejemplares, teoría que los nazis pusieron mucho después en práctica de manera atroz) y Herbert Spencer, filósofo social partidario de un ultraindividualismo radical. En cambio Darwin, en *La ascendencia humana* (su segundo gran libro tras *El origen de las especies*), sostiene algo muy distinto y bastante más sutil. Según él, es la propia selección natural la que ha favorecido el desarrollo de los instintos sociales —en especial la «simpatía» o «compasión» entre los semejantes— en los que se basa la civilización humana, es decir, el *éxito* vital de nuestra especie. Para Darwin, es la propia evolución natural la que desemboca en la selección de una forma de convivencia que contradice aparentemente la función de la «lucha por la vida» en otras especies, pero que presenta ventajas ya no de orden meramente biológico sino *social*. En contra de lo que suponen Calicles y sus discípulos, lo que nos hace «naturalmente» más fuertes como conjunto humano es la tendencia instintiva a proteger a los individuos débiles o circunstancialmente desfavorecidos frente a los biológicamente potentes. ¡La sociedad y sus leyes «artificiales» son el verdadero resultado «natural» de la evolución de nuestra especie! De modo que lo «antinatural» para nosotros será recaer en la «lucha por la vida» pura y cruda en la que prevalece la simple fuerza biológica o sus equivalentes modernos: por ejemplo, la habilidad de unos cuantos para acumular en sus manos los recursos económicos y políticos que deberían estar repartidos de modo socialmente más equilibrado. De esta cuestión tendremos que hablar en el próximo capítulo.

A fin de cuentas, habrá que darle la razón al viejo Galileo cuando a comienzos del siglo XVII confiesa en una carta a Grienberger que «la naturaleza no tiene ninguna obligación hacia los hombres ni ha firmado ningún contrato con ellos». Pero ¿es cierto también lo opuesto? ¿Podemos decir que tampoco los hombres tenemos ninguna obligación para con la naturaleza, puesto que los únicos contratos que nos obligan los firmamos siempre con humanos como nosotros? Muchas personas piensan que tenemos cierto tipo de deberes hacia los seres naturales, como por ejemplo no polucionar los mares, no atentar contra la biodiversidad del mundo exterminando especies vegetales o animales, no destruir los paisajes hermosos, no hacer sufrir a otros seres vivos capaces de experimentar dolor, etc. Por acudir a una distinción que ya hemos utilizado anteriormente, es sin duda «racional» poner los elementos naturales a nuestro servicio para mejorar nuestra vida, prolongarla y hacerla más interesante, pero también parece «razonable» respetar y conservar determinados aspectos de la naturaleza con los que nos hallamos especialmente vinculados o que no podremos reemplazar si son destruidos. Después de todo, nuestra propia vida como seres humanos —no sólo en sus aspectos estrictamente biológicos, sino también en su vertiente simbólica que nos caracteriza como especie— se nutre permanentemente de sucesos «naturales», en cualquiera de los sentidos que le demos a la palabra.

Si no me equivoco, cuando hablamos de ciertas obligaciones humanas hacia la naturaleza queremos decir que, aunque en ella no haya valores propiamente dichos, puede estar justificado que nosotros consideremos *valiosas* algunas de sus realidades. De nuevo se mezclan así lo «cultural» y lo «natural», porque valorar es la tarea cultural por excelencia, la dimensión menos «natural»... ¡de nuestra propia «naturaleza»! El funcionamiento general de la naturaleza, tal como podemos observarlo, está regido por la más estricta neutralidad o indiferencia: la naturaleza no tiene preferencias entre los seres, destruye y engendra con perfecta imparcialidad, no parece mostrar ningún «respeto» especial por sus propias obras. Como el mar ve sucederse sus olas que se borran unas a otras sin pretender conservar ninguna en especial, así actua la Naturaleza respecto a las criaturas. Entre las fallas de Valencia siempre hay una que se salva de la *crema* por aclamación popular que la prefiere a las otras, pero la Naturaleza nunca indulta a ninguno de sus *ninots*...

No podemos asegurar que la «naturaleza» sienta más simpatía por los peces del mar que por las sustancias químicas que los diezman, ni por el bosque en vez de por el fuego que lo destruye, ni que muestre más interés por cualquiera de nosotros que por el virus del sida que le mata. Millares de especies vivas, empezando por los venerables dinosaurios, han sido destruidas «naturalmente» antes de que el hombre apareciese sobre la tierra; los astros explotan en los cielos lejanos en conflagraciones monumentales que dejan en mantillas la mayor de nuestras bombas nucleares con la misma «naturalidad» con la que aparecen nuevos soles, etc. Pero «valorar» es precisamente hacer diferencias entre unas cosas y otras, preferir esto a aquello, elegir lo que debe ser conservado porque presenta mayor interés que lo demás. La tarea de valorar es el empeño humano por excelencia y la base de cualquier cultura humana. En la naturaleza reina la indiferencia, en la cultura la diferenciación y los valores. Entonces debemos preguntarnos qué criterios de valoración podemos tener para fundar nuestras supuestas «obligaciones» hacia los elementos naturales. Dejando claro de antemano que, sean cuales fueren tales criterios, siempre serán «culturales» y nunca propiamente «naturales»...

A mi juicio, podrían ser de tres clases: unos descubrirían el valor intrínseco de ciertas cosas naturales (¡o de todas!), otros atenderían a la utilidad de los elementos naturales para nosotros y por último los estéticos que se basarían en la belleza de lo natural. Veamos brevemente cada uno de estos modelos valorativos.

— El valor *intrínseco* de la naturaleza me parece el más difícil de razonar, salvo que adoptemos una perspectiva religiosa según la cual todo lo que existe es sagrado porque ha sido creado por un Dios sabio y bueno, etc. Aun así, no es fácil sostener este punto de vista, porque algunas de las religiones que conocemos mejor (por ejemplo la judía y la cristiana) sostienen que las cosas naturales fueron puestas por Dios al servicio del hombre y no descartan el sacrificio de las reses para honrar a la divinidad o cortar miles de flores para ofrendarlas a la Virgen del Pilar. Por supuesto, todas las iglesias conocidas bendicen volar las rocas de una montaña para construir allí un hermoso templo o un monasterio. De hecho, lo «sagrado» consiste en señalar ciertos lugares o ciertas cosas más valiosas y respetables que otras similares (un árbol que no es como los demás árboles, una fuente que no es como las otras fuentes, etc., a causa de alguna presencia divina o santa allí), lo cual va directamente en contra del supuesto valor intrínseco de las realidades naturales. En resumen: si todo lo natural es «puramente» natural, nada tiene propiamente más valor que cualquier otra cosa, o sea que nada tiene valor propio; si hay algo de «sobrenatural» en lo natural, el valor le vendrá de ese añadido divino y no de sí mismo.

Sólo podría haber una relativa excepción: la obligación de respetar la vida, porque se trata de una condición que también nosotros compartimos. Podríamos decir que tenemos la obligación de respetar a todos los seres vivos, porque son nuestros «hermanos» vitales. Pero como la caridad bien entendida empieza por uno mismo, respetar «nuestra» vida nos obliga a sacrificar inevitablemente otras: los animales y vegetales que comemos (nadie puede alimentarse sólo de minerales), los microorganismos que eliminamos para sanar de nuestras enfermedades, las plagas que exterminamos para conservar nuestros cultivos, etc. Hasta los jainitas (que se ponen un velo ante la boca para no respirar insectos sin darse cuenta) «matan» alguna lechuga de vez en cuando para alimentarse. En cambio quizá podríamos decir que hay algo intrínsecamente valioso en evitar sufrimientos *innecesarios* a los animales dotados de un sistema nervioso capaz de experimentar el dolor. Lo difícil resulta entonces aclarar lo de «innecesarios», porque son nuestras necesidades humanas las únicas que pueden establecer el baremo: parece evidente que es «innecesario» torturar a un bicho por el mero placer de verle sufrir, pero ¿es necesario o innecesario alimentar monstruosamente a las ocas para obtener *foie gras*, cazar ballenas, lidiar toros, la matanza del cerdo, etc.? Lo cual nos lleva al punto siguiente.

— El valor *utilitario* de ciertas cosas naturales es el más fácil de argumentar. La obligación de no polucionar el aire, los bosques o las aguas deriva directamente de que nos son útiles, imprescindibles. Haremos mal si deterioramos nuestro medio ambiente por la misma razón que haremos mal si prendemos fuego a nuestra casa... ¡o a la del vecino! Si destruimos hoy por torpeza o codicia lo que mañana necesitaremos, actuamos de forma suicida; si por las mismas malas razones dañamos el entorno ambiental de otros seres humanos o incluso lo que podemos suponer que necesitarán nuestros hijos, estamos actuando de forma criminal. Es valioso en la naturaleza, según este criterio, cuanto nos resulta imprescindible o beneficioso y no seríamos capaces de reemplazar si desaparece. Por eso resulta imprescindible intentar hallar caminos que hagan compatibles los beneficios del desarrollo industrial con el ahorro de energías no renovables y de otros recursos naturales, tal como propone de forma ingeniosa y sugestiva un filósofo suizo con mucho sentido práctico —Suren Erkman— en un libro muy reciente cuyo título encierra ya todo su programa: *Hacia una ecología industrial: cómo poner en práctica el desarrollo durable en una sociedad hiperindustrial*. Los enfoques actuales de lo que viene a llamarse «sostenibilidad», aunque variados, estarían en este marco.

— El criterio *estético* resulta a la vez convincente y también muy complejo de razonar. La contemplación de ciertas formas de la naturaleza nos resulta placentera: las consideramos «hermosas» (las preguntas que suscita la cuestión general de la belleza las intentaremos abordar en el capítulo noveno de esta obra). Los animales, las flores y bosques, los mares, el cielo estrellado, etc., alimentan nuestra imaginación y nos suscitan sentimientos de serenidad o contento. Pero tales sentimientos no siempre son universalmente compartidos: los pescadores tienen una visión «estética» del mar muy distinta a la de quienes no tenemos que afrontar sus temporales y los pastores aprecian menos a los lobos que algunos ecologistas de la ciudad. En ocasiones quizá resulte sano recordar el dictamen lleno de buen sentido aunque algo cínico de Jules Renard en una anotación de su *Diario* (21 de febrero de 1901): «Sí, la naturaleza es bella. Pero no te enternezcas demasiado con las vacas. Son como todo el mundo.» Porque además el valor estético de la naturaleza que nos obligaría a respetar los paisajes entra a veces en colisión con otros valores, sean utilitarios o también estéticos: por ejemplo, la polémica que ha despertado el proyecto del escultor Eduardo Chillida de vaciar la montaña canaria de Tindaya para convertirla en una gran obra de arte. ¿Debemos preferir la estética «espontánea» de la naturaleza o la estética del artista, dotada de un significado humano?

Posiblemente resulta razonable resumir el sentido de nuestras «obligaciones» respecto a la naturaleza en la fórmula que un filósofo contemporáneo, Hans Jonas, ha denominado el *imperativo ecológico*: «Obra de tal modo que los efectos de tu acción sean compatibles con la permanencia de una auténtica vida humana sobre la tierra» (en *El principio de responsabilidad*).[28] Y ni aun así acabamos con las incómodas dudas, porque ¿cómo determinar de modo inequívoco y universalmente válido lo que es una «auténtica» vida humana?

La relación característica del hombre con el acontecer natural ha estado siempre basada en la *técnica*. Junto al lenguaje simbólico, la técnica es la capacidad activa más distintiva de nuestra especie. ¿Qué es la técnica? No sólo el manejo de instrumentos para realizar ciertas operaciones vitales (usar un palo para alcanzar una fruta demasiado elevada), porque eso también lo hacen diversos primates y algunos insectos sociales, sino crear instrumentos por medio de los cuales pueden hacerse *otros* instrumentos: tomar una piedra dura y afilada para cortar ramas de árboles, pulirlas y convertirlas en

---

28.   Por supuesto, la fórmula de H. Jonas parafrasea el imperativo categórico que condensa la norma moral según Kant: «Obra sólo según aquella máxima de la que al mismo tiempo puedas querer que se convierta en norma universal.»

palos con los que alcanzar las frutas lejanas... En una palabra, hay técnica no simplemente cuando se da un uso instrumental a los objetos sino también cuando existen procedimientos para convertir los objetos en instrumentos. Por extensión, se llama «técnica» a todos los procedimientos necesarios para hacer algo bien: la danza tiene su técnica, así como el toreo o la argumentación. En este sentido, la «técnica» nunca nombra un comportamiento ocasional, único (por genial que sea), sino que implica un conjunto de modos y reglas que se transmiten, que pueden ser aprendidos y reproducidos: una cierta *tradición* eficaz.

A diferencia de la ciencia, que puede ser meramente contemplativa o «desinteresada» —aunque casi nunca lo es durante demasiado tiempo...—, la técnica responde siempre a la vocación activa del hombre, a sus intereses vitales, a su afán de producir, conseguir, acumular, conservar, controlar, resguardar... ¡o agredir! Resumiendo: al afán constructivo o destructivo de *dominio*. En la época moderna, la proliferación asombrosa de la técnica (se dice que en nuestro siglo se han patentado el noventa por ciento de todos los inventos que ha hecho la humanidad a lo largo de su historia) ha producido dos sentimientos encontrados. Por un lado, entusiasmo desbordante: los avances técnicos —¡el «progreso»!— resolverán las enfermedades, la muerte, la pobreza, la ignorancia, nos permitirán conquistar los cielos y vivir bajo el mar, etc. Por otro, temor y hostilidad: la técnica ha llegado a tal punto que ya somos capaces de exterminar «industrialmente» a nuestros semejantes, de asesinar a multitudes en pocos segundos, incluso de aniquilar toda forma de vida en nuestro planeta. Gracias a la técnica se han multiplicado enormemente los recursos humanos y el número mismo de los individuos de nuestra especie, pero también se han destruido los puestos de trabajo de poblaciones enteras, ha aumentado el abismo que separa a los pueblos desarrollados industrialmente de aquellos que se aferran o no conocen sino técnicas más primitivas, ha aumentado exponencialmente la polución del medio ambiente e incluso algunos creen que nos amenaza el agotamiento de ciertos elementos naturales básicos. Hoy cualquier ser humano de un país moderadamente industrializado cuenta con posibilidades de confort y entretenimiento inauditos hace pocos decenios: pero quizá su vida está cada vez más supeditada al mero consumo de novedades que le ciega para el conocimiento sosegado de sí mismo y de los demás. Entonces ¿es «buena» o «mala» la técnica? Probablemente ambos juicios son justificables, pero en cualquier caso nada pueden remediar porque parece que la técnica se despliega y multiplica *a pesar* de nosotros, aunque impulsada por nuestros anhelos y codicias. Se diría que cabalgamos sobre un tigre del que ya no podremos bajarnos sin ser inmediatamente devorados por él...

Quizá la visión más feroz y depredadora del fenómeno técnico la haya dibujado en nuestro siglo Oswald Spengler, un pensador de tono fuertemente pesimista (su obra más conocida se titula *La decadencia de occidente*). Para Spengler «la técnica es la táctica de la vida entera. Es la forma íntima de manejarse en la lucha, que es idéntica a la vida misma... Sin duda existe un camino que, de la guerra primordial entre los animales primitivos, conduce a la actuación de los modernos inventores e ingenieros, e igualmente del arma primordial, la celada, conduce a la construcción de las máquinas, con la cual se desenvuelve la guerra actual contra la naturaleza y con la cual la naturaleza cae en la celada del hombre».[29] Esta perspectiva de la técnica como «guerra» contra la naturaleza contrasta con la visión clásica y renacentista del mismo asunto (hasta Francis Bacon, por ejemplo), según la cual a la naturaleza sólo se la puede dominar *obedeciéndola*, es decir, prolongando sabiamente sus propios procedimientos. Pero lo más significativo de Spengler es su insistencia en que, una vez emprendido el camino de la técnica, ya no podemos nun-

29. *El hombre y la técnica*, de O. Spengler, trad. de M. García Morente, col. Austral, Madrid.

ca detenernos porque alimentándonos con máquinas se nos despierta el apetito de otras nuevas y debemos resignarnos a que «cada invención contenga la posibilidad y *necesidad* de nuevas invenciones, de que cada deseo cumplido despierte otros mil deseos y cada triunfo logrado sobre la naturaleza estimule a nuevos y mayores éxitos. El alma de este animal rapaz es insaciable, su voluntad no puede nunca satisfacerse; tal es la maldición que pesa sobre este tipo de vida, pero también la grandeza de su destino». Según Spengler, la técnica nace como táctica vital del feroz depredador que hay dentro de cada ser humano; pero ¿no podríamos decir también que es el propio desarrollo de la técnica, cada vez más acelerado, lo que fomenta nuestro lado insaciablemente depredador?

Uno de los pensadores más controvertidos de nuestro siglo y sin duda el más influyente, Martin Heidegger, adoptó una visión de la técnica —entendida como culminación de la «voluntad de poder» nietzscheana— que resulta patentemente deudora de la perspectiva de Spengler. Pero para Heidegger no hay «grandeza» ninguna en el destino que nos espera, sino más bien la desesperación de olvidar en la sociedad masificada y consumista las preguntas esenciales de la vida. Cuestiones, por cierto, que aun con la resaca de nuestra borrachera tecnológica tendremos antes o después que volver a formularnos: «Cuando el más apartado rincón del globo haya sido técnicamente conquistado y económicamente explotado; cuando un suceso cualquiera sea rápidamente accesible en un lugar cualquiera y en un tiempo cualquiera; cuando se puedan "experimentar", simultáneamente, el atentado a un rey en Francia y un concierto sinfónico en Tokio; cuando el tiempo sea sólo rapidez, instantaneidad y simultaneidad, mientras que lo temporal, entendido como acontecer histórico, haya desaparecido de la existencia de todos los pueblos; cuando el boxeador rija como el gran hombre de una nación; cuando en número de millones triunfen las masas reunidas en asambleas populares, entonces, justamente entonces, volverán a atravesar todo este aquelarre como fantasmas las preguntas: ¿para qué?, ¿hacia dónde?, ¿y después qué?»[30]

Es necesario señalar el toque elitista —¿despótico, quizá?— de Heidegger, mezclando la protesta ante el imperio vacuo de la técnica con la denuncia de esas «asambleas populares» multitudinarias, es decir refutando la técnica junto con la democracia. Según eso, el aristócrata del espíritu posee el sentido artesanal de lo que de veras cuenta, mientras que la masa se alimenta de las apariencias vulgarizadoras de sabiduría proporcionadas por los medios técnicamente ultradesarrollados de comunicación. Cabe preguntarse si a veces las reservas frente a la técnica entendida como insaciable producción de medios sin atención a los fines no proviene de una concepción antidemocrática que repudia la difusión masiva de lo que antes era sólo privilegio cultural y jerárquico de unos cuantos. En cualquier caso las objeciones de Heidegger son lo bastante serias como para que no puedan ser desechadas de un plumazo. Pero ¿ha de ser la técnica obligadamente insaciable por provenir de nuestro ánimo de animales feroces en lucha contra lo natural o más bien por responder a una organización industrial capitalista sin meta más alta que el lucro privado de los inversores? ¿Son inimaginables formas técnicas de *reconciliación* con la naturaleza de la que todos dependemos no exclusivamente basadas en su saqueo ilimitado?

En cualquier caso, sorprende la mezcla de «adoración» y desdén que en nuestro tiempo se da por la tecnología. Es frecuente oír que las máquinas son *inhumanas* y las novelas de ciencia ficción han explorado de formas alarmantes y a menudo aterradoras esta «inhumanidad». Pero lo cierto es que las máquinas pueden ser cualquier cosa —¡mala o buena!— menos precisamente «inhumanas». Al contrario, son comple-

30. *Introducción a la metafísica*, de M. Heidegger, trad. de E. Estiú, Editorial Nova, Buenos Aires.

tamente «humanas» porque están fabricadas de acuerdo con
nuestros proyectos y nuestros deseos. Según señaló muy bien
Karl Marx en el primer libro de *El capital*, lo que distingue la
casa que construye un arquitecto del panal que hacen las abejas es que el arquitecto tiene un «proyecto» previo de la casa,
fruto de su imaginación puesta al servicio de sus anhelos. La
abeja no tiene más remedio que hacer panales, mientras que
nosotros podemos hacer casas, palacios, chozas, chalets adosados o quién sabe qué. Nuestras obras —sean máquinas o
cualquier otro tipo de productos— son no sólo plenamente
«humanas» sino incluso más humanas que nosotros mismos... puesto que en cambio cada uno de nosotros depende
de un programa biológico no inventado por la mente humana. Las máquinas son humanas y demasiado humanas porque no provienen más que del *cálculo* humano, mientras que
nosotros somos también hijos del azar o de lo irremediable,
pero en cualquier caso de lo que escapa a cualquier cálculo.
Tal es la principal razón por la cual resultan éticamente cues-
tionables ciertos proyectos de manipulación genética o las
formas de reproducción clónica que privarían al nuevo ser
humano de parte de su dotación genética azarosa, convirtién-
dolo en manufactura de sus semejantes. Lo que finalmente
nos decepciona y en parte irrita de los productos técnicos (incluso de los más imprescindibles) es que sabemos «todo» lo
que son —y por tanto no admitimos que puedan volverse
contra nosotros— pero lo que nos fascina, asusta y esperanza
de nuestros semejantes humanos es que nadie —¡ni ellos mismos!— pueden saber del todo lo que son y han de ser.

Precisamente por eso, entre todas las técnicas hay una
que es la más esencial, aquella de la que cualquier otra depende y sin la que nada podría fabricarse, la gran obra de
arte de los humanos: nuestra *sociedad*, el artefacto que formamos todos juntos viviendo en común de acuerdo a tales o
cuales normativas... ¡y en frecuente desacuerdo sobre ellas! A
comentar diversos aspectos de esta máquina social dedicare-
mos el próximo capítulo.

Da que pensar...

¿Qué quiere decir que el hombre es un «animal convencional»? ¿Es lo mismo que decir que es un animal «simbólico»? ¿Es incompatible que seamos convencionales y que tengamos «naturaleza»? ¿Se manejan siempre en el mismo sentido los términos «natural» o «naturaleza»? ¿Qué queremos decir cuando hablamos de «la naturaleza» de las cosas? ¿Tienen «naturaleza» todas las cosas que existen en la realidad o sólo unas cuantas? ¿Se refiere la «naturaleza» sólo a lo que existe o también a lo que puede existir? ¿En qué otro sentido suele emplearse la palabra «naturaleza»? ¿Es «natural» todo aquello que existe sin que intervenga el hombre o sólo lo que no es «artificial»? ¿Somos los hombres «naturales», «artificiales»... o mitad y mitad? ¿Puede separarse en el hombre lo natural de lo cultural? ¿Son «natural» y «naturaleza» términos culturales... o naturales? ¿Equivale la costumbre a una segunda naturaleza? ¿Por qué debiera ser más «natural» el arrebato instintivo que el cálculo racional? ¿Existen valores «naturales»? ¿Qué es lo «bueno» y lo «malo» de acuerdo con la naturaleza? ¿Puede servir la «naturaleza» como ideal para juzgar la realidad social humana? ¿Tenemos obligación de ser «naturales»? ¿Qué es moralmente mejor: lo «natural» o lo «artificial»? ¿Responden nuestros valores morales a lo que ordena la Naturaleza? ¿Qué quiere la Naturaleza de nosotros? ¿Sirve lo «artificial» o cultural para remediar los males de la naturaleza, al menos en lo que a nosotros respecta? ¿Tenemos obligaciones respecto a los seres naturales? En caso afirmativo, ¿por qué? ¿Qué es la técnica y cómo nos relaciona con la Naturaleza? ¿Cuál es la visión de la técnica de Oswald Spengler? ¿Cuáles son las limitaciones de la sociedad tecnológica según Martin Heidegger? ¿Son «inhumanas» las máquinas? ¿Somos nosotros más «inhumanos» que las máquinas... afortunadamente? ¿Cuál es la obra maestra y fundamental de la capacidad técnica humana?

CÁPITULO OCTAVO
Vivir juntos

Nadie llega a convertirse en humano si está solo: nos hacemos humanos los unos a los otros. Nuestra humanidad nos la han «contagiado»: ¡es una enfermedad mortal que nunca hubiéramos desarrollado si no fuera por la proximidad de nuestros semejantes! Nos la pasaron boca a boca, por la palabra, pero antes aún por la *mirada*: cuando todavía estamos muy lejos de saber leer, ya leemos nuestra humanidad en los ojos de nuestros padres o de quienes en su lugar nos prestan atención. Es una mirada que contiene amor, preocupación, reproche o burla: es decir, *significados*. Y que nos saca de nuestra insignificancia natural para hacernos humanamente significativos. Uno de los autores contemporáneos que con mayor sensibilidad ha tocado el tema, Tzvetan Todorov, lo expresa así: «El niño busca captar la mirada de su madre no solamente para que ésta acuda a alimentarle o reconfortarle, sino porque esa mirada en sí misma le aporta un complemento indispensable: le confirma en su existencia. [...] Como si supieran la importancia de ese momento —aunque no es así—, el padre o la madre y el hijo pueden mirarse durante largo rato a los ojos; esta acción sería completamente excepcional en la edad adulta, cuando una mirada mutua de más de diez segundos no puede significar más que dos cosas: que las dos personas van a batirse o a hacer el amor.»[31]

31. *La vida en común*, de T. Todorov, trad. de H. Subirats, Taurus, Madrid.

Siendo como somos en cuanto humanos fruto de ese contagio social, resulta a primera vista sorprendente que soportemos nuestra sociabilidad con tanto desasosiego. No seríamos lo que somos *sin* los otros pero nos cuesta ser *con* los otros. La convivencia social nunca resulta indolora. ¿Por qué? Quizá precisamente porque es demasiado importante para nosotros, porque esperamos o tememos demasiado de ella, porque nos fastidia necesitarla tanto. Durante un brevísimo período de tiempo cada ser humano cree ser Dios o por lo menos el rey de su diminuto universo conocido: el seno materno aparece para calmar el hambre (casi siempre en forma de biberón), manos cariñosas responden a nuestros lloros para secarnos, refrescarnos o calentarnos, para darnos compañía. Hablo de los afortunados, porque hay niños cuyo destino atroz les niega incluso este primer paraíso de ilusoria omnipotencia. Pero nuestro reinado acaba pronto, incluso en los casos menos desdichados. Pronto tenemos que asumir que esos seres de quienes tanto dependemos tienen su propia voluntad, que no siempre consiste en obedecer a la nuestra. Un día lloramos y mamá tarda en venir; eso nos anuncia y nos prepara a la fuerza para otro día más lejano, el día en que lloraremos y mamá ya no volverá.

La filosofía y la literatura contemporáneas abundan en lamentos sobre la carga que nos impone vivir en sociedad, las frustraciones que acarrea nuestra condición social y los preservativos que podemos utilizar para padecerlas lo menos posible. En su drama *A puerta cerrada*, Jean-Paul Sartre acuñó una sentencia célebre, luego mil veces repetida: «El infierno son los demás.» Según eso, el paraíso sería la soledad o el aislamiento (que por cierto distan mucho de ser lo mismo). El tema de la «incomunicación» aparece también de las más diversas formas en obras de pensamiento, novelas, poemas, etc. A veces es una queja por la pérdida de una comunidad de sentido que supuestamente existía en las sociedades tradicionales y que el individualismo moderno ha desmoronado; pero en otros casos parece provenir más bien de ese mismo individualismo, que se considera incomprendido por los demás en lo que tiene de único e irreductiblemente «especial». Otros autores deploran o se rebelan contra las limitaciones que la convivencia en sociedad impone a nuestra libertad personal: ¡nunca somos lo que realmente queremos ser, sino lo que los otros exigen que seamos! Y algunos plantean estrategias vitales para que lo colectivo no devore totalmente nuestra intimidad: colaboremos con la sociedad en tanto nos resulte beneficioso y sepamos disociarnos de ella cuando nos parezca oportuno. A fin de cuentas, como dijo en una ocasión la emprendedora Mrs Thatcher, la sociedad es una entelequia y los únicos que existen verdaderamente son los individuos...

A favor de estas protestas y recelos abundan los argumentos aceptables. Las sociedades modernas de masas tienden a despersonalizar las relaciones humanas, haciéndolas apresuradas y burocráticas, es decir muy «frías» si se las compara con la «calidez» inmediata de las antiguas comunidades, menos reguladas, menos populosas y más homogéneas. En cambio crece la posibilidad de control gubernamental o simplemente social sobre las conductas individuales, cada vez más vigiladas y obligadas a someterse a ciertas normas comunes... ¡aunque esta última forma de tiranía nunca ha faltado tampoco en las pequeñas comunidades premodernas! Pese a tanto control, demasiados ciudadanos conocen muy pocas ventajas de la vida en común y padecen miseria o abandono. Por encima de todo, nuestro siglo ha conocido ejemplos espeluznantes del terror totalitario que pueden ejercer sobre las personas los colectivismos dictatoriales. Tantas adversidades pueden hacer olvidar hasta qué punto la sociabilidad no es simplemente un fardo ajeno que se impone a nuestra autonomía sino una exigencia de nuestra condición humana sin la cual nos sería imposible desarrollar esa autonomía misma de la que nos sentimos tan justificadamente celosos. Sin querer llevarle la contraria a Mrs Thatcher, parece evidente que las sociedades no son simplemente un acuerdo más o menos temporal, más o menos conveniente, al que llegan individuos racionales y autónomos, sino que por el contrario los individuos racionales y autónomos son productos excelentes de la evolución histórica de las sociedades, a cuya transformación contribuyen luego a su vez. ¿Cómo podría ser de otro modo?

¿Son los demás el infierno? Sólo en tanto que pueden hacernos la vida infernal al revelarnos —a veces poco consideradamente— las fisuras del sueño libertario de omnipotencia que nuestra inmadurez autocomplaciente gusta de imaginar. ¿Vivimos necesariamente incomunicados? Desde luego, si por «comunicación» entendemos el que los demás nos interpreten espontáneamente de modo tan exhaustivo como nosotros mismos creemos expresarnos; pero sólo muy relativamente, si asumimos que no es lo mismo pedir comprensión que hacerse comprender y que la buena comunicación tiene como primer requisito hacer un esfuerzo por comprender a ese otro mismo del que pedimos comprensión. ¿Limitan nuestra libertad los demás y las instituciones que compartimos con ellos? Quizá la pregunta debiera plantearse de modo diferente: ¿tiene sentido hablar de libertad sin referencia a la responsabilidad, es decir a nuestra relación con los demás?, ¿no son precisamente las instituciones —empezando por las leyes— las que nos revelan que somos libres de obedecerlas o desafiarlas, así como también para establecerlas o revocarlas? Incluso los abusos totalitarios o simplemente autoritarios sirven al menos para que comprendamos mejor —en la resistencia contra ellos— las implicaciones políticas y sociales de nuestra autonomía personal.

Por justificadas que estén las protestas contra las formas efectivas de la sociedad actual (de cualquier sociedad «actual»), sigue siendo igualmente cierto que estamos humanamente configurados *para* y *por* nuestros semejantes. Es nuestro destino de seres lingüísticos, es decir, simbólicos. Al nacer somos «capaces» de humanidad, pero no actualizamos esa capacidad —que incluye entre sus rasgos la autonomía y la libertad— hasta gozar y sufrir la relación con los demás. Los

cuales por cierto nunca están «de más», es decir nunca son
superfluos o meros impedimentos para el desarrollo de una
individualidad que en realidad sólo se afirma entre ellos. Para
conocernos a nosotros mismos necesitamos primero ser *reconocidos* por nuestros semejantes. Por muy malo que pueda
eventualmente resultarnos el trato con los otros, nunca será
tan irrevocablemente aniquilador como vendría a ser la ausencia completa de trato, el ser plena y perpetuamente «desconocidos» por quienes deben reconocernos. Lo ha expresado
muy bien el gran psicólogo William James: «El yo social del
hombre es el reconocimiento que éste obtiene de sus semejantes. Somos no solamente animales gregarios, que gusta-
mos de la proximidad con nuestros compañeros, sino que
también tenemos una tendencia innata a hacernos conocer, y
conocer con aprobación, por los seres de nuestra especie.
Ningún castigo más diabólico podría ser concebido, si fuese
físicamente posible, que vernos arrojados a la sociedad y per-
manecer totalmente desapercibidos por todos los miembros
que la componen.»[32] Nadie llegaría a la humanidad si otros
no le contagiasen la suya, puesto que hacerse humano nunca
es cosa de uno solo sino tarea de varios; pero una vez humanos, la peor tortura sería que ya nadie nos reconociese como
tales... ¡ni siquiera para abrumarnos con sus reproches!

Volvamos por un momento al tema de la naturaleza y la
cultura, que hemos tratado en el capítulo anterior. ¿Es «natural» la imperiosa necesidad de ser reconocidos por nuestros
semejantes, la cual a su vez abre el camino a todos nuestros
empeños propiamente «culturales»? En la *Fenomenología del
espíritu*, sin disputa una de las piezas claves de la filosofía
moderna, Hegel narra ese tránsito por medio de una especie
de mito especulativo conocido como «El señor y el siervo» (o,
aún más dramáticamente, «El amo y el esclavo»). Partamos
de que por el mundo vaga un ser dotado de *conciencia*, del
que todavía no sabemos si es animal o humano. Tiene apeti-

32. Citado por Todorov, en la obra mencionada.

tos (hambre, sed, cobijo, sexo...) que busca satisfacer de modo inmediato, así como rivales y enemigos con los que debe luchar o de los que tiene que huir. Para esa conciencia el mundo no es más que un lugar donde se suscitan y satisfacen sus apetitos, el ámbito en el que tiene lugar su búsqueda a toda costa de supervivencia biológica. Existe plena continuidad entre el mundo y la conciencia que en él se mueve o, por decirlo con la expresión de Georges Bataille en su *Teoría de la religión*, la conciencia vital —zoológica— aún se encuentra en el mundo «como el agua en el agua». De modo que en realidad no hay «mundo» como algo independiente y separado de la conciencia, por lo que tampoco hay realmente «conciencia» como una voluntad autónoma para sí misma. Pero ahora supongamos que la conciencia se transforma en autoconciencia, en conciencia de sí misma, y comienza a valorar la propia independencia de sus deseos respecto al mundo circundante. Inmediatamente también el mundo se transforma en algo «ajeno», que resiste o se opone a sus apetitos, que parece «querer» por su cuenta en contra de lo que la autoconciencia tiene por su querer propio.

La autoconciencia entonces ya no se conforma simplemente con la supervivencia biológica que le bastaba mientras se halló en plena continuidad con el resto del mundo. Ahora la autoconciencia quiere ante todo su propio querer, su voluntad autónoma distinta del mundo que se le opone. En cierto modo esto la sitúa al margen de la vida, del simple durar «como el agua en el agua», y la enfrenta con la muerte. De ser conciencia de la vida pasa a convertirse en autoconciencia que asume y desafía la certeza de su propia muerte. En ese mundo que se opone y resiste al cumplimiento de sus apetitos, la autoconciencia comienza a ser más y más capaz de valorar, de elegir, de *jerarquizar* sus deseos de acuerdo no ya sólo con la supervivencia sino con la afirmación autónoma de su querer. Antes o después, la autoconciencia habrá de enfrentarse a otra autoconciencia en apariencia semejante a ella misma. Pero de buenas a primeras no está dispuesta a aceptar ese parentesco: al contrario, aspira a ser reconocida como única por la otra y que ésta renuncie a sus aspiraciones de tenerse por su igual. Entonces tiene lugar la lucha a muerte por el reconocimiento entre ambas, una batalla en la que se mezclarán las armas físicas y también las simbólicas.

¿Cómo podrá una autoconciencia afirmarse triunfalmente frente a la otra? Por medio del más universal de los instrumentos, el miedo a la muerte. Puesto que ambas son conscientes de su mortalidad, deberán probar hasta qué punto se hallan «por encima» del mero instinto de supervivencia que aún las entronca con la zoología, de la que pugnan por zafarse para consolidar su autonomía. El combate por el reconocimiento será ganado entonces por la autoconciencia más capaz de sobreponerse al terror a morir: vence el temerario, capaz de combatir con la frialdad implacable de alguien que ya estuviera muerto, frente al timorato, aún demasiado apegado al latido vital y que nunca renuncia a cubrirse las espaldas o retroceder a tiempo. La situación es semejante a la de aquel tremendo juego que hizo furor hace pocas décadas en Estados Unidos, una de cuyas versiones aparece en la película de Nicholas Ray *Rebelde sin causa*: los competidores conducen dos automóviles lanzados a toda velocidad uno hacia el otro o ambos en paralelo hacia un precipicio. El primero que frena o se desvía por instinto de supervivencia es «el gallina» y pierde. El otro —¡si salva el pellejo!— es reconocido como el valiente, es decir, el que más vale, aquel cuyo desprecio a la muerte le sitúa mas lejos de la animalidad (por cierto, también la mayoría de los animales cuando luchan con sus semejantes y van perdiendo se ofrecen rendidos al oponente antes de que la bronca tenga un resultado fatal).

La autoconciencia vencida —vencida sobre todo por el miedo a morir— queda sometida a las órdenes del vencedor (que no reconoce más «amo» que la muerte misma). Pero el derrotado no se convierte en un mero animal: para servir al señor se ve obligado a *trabajar*, lo cual le aleja de la simple inmediatez de los apetitos zoológicos. Por medio del trabajo el mundo deja de ser sólo un obstáculo o un enemigo y se convierte en material para realizar transformaciones, proyectos, tareas creadoras. A la larga el amo, cuyos deseos se ven inmediatamente satisfechos por su esclavo, recae poco a poco en la animalidad y ya no le queda otro entretenimiento «humano» que contemplar una y otra vez su rostro en el espejo de la muerte, hasta identificarse con ella. En cambio el siervo se convierte en depositario de la más duradera autoconciencia, no limitada al estéril desafío frente a la muerte sino dedicada a la creación de nuevas formas para racionalizar la vida. Finalmente, cada una de las dos autoconciencias representa una mitad nada más de la voluntad autónoma del hombre: la afirmación de su independencia como valor superior a la mera supervivencia biológica y el empeño técnico de llegar a vivir más y mejor. Aún un paso más y cada una de las autoconciencias reconoce la validez de la otra: la validez del Otro. Ya en plano de igualdad, el individuo admite la dignidad humana de los demás no como meros instrumentos —de muerte o de creación— sino como *fines* en sí mismos cuyos derechos han de ser reconocidos en un marco social de cooperación.

Hasta aquí mi paráfrasis libérrima —¡Hegel me perdone!— de la dialéctica mitológica entre el señor y el siervo, que también ha inspirado a talentos mejores que el mío como los de Karl Marx o Alexandre Kojève. A esta fábula especulativa se le pueden buscar diversas ilustraciones antropológicas o históricas. Lo que me parece más significativo de ella —sería absurdo tomarla al pie de la letra— es el esfuerzo por narrar de modo inteligible una perspectiva del tránsito entre naturaleza y cultura, entre la conciencia de la muerte y la voluntad de asegurar la vida: desde el rebaño sometido al despotismo del más fuerte hasta la sociedad igualitaria que se reparte las tareas sociales. Una vez llegados al plano de la sociedad humana —a la vez sometida a valoraciones *éticas* y a consideraciones *políticas*— la pregunta viene a ser ésta: ¿cómo organizar la convivencia? Pregunta que sigue vigente aunque ya se haya superado la oposición brutal entre amos y esclavos. Porque los diversos «socios» que forman parte de la comunidad mantienen cada cual sus propios apetitos e intereses, su incansable necesidad de reconocimiento por los demás, sus enfrentamientos en torno a cómo deben repartirse los bienes que admiten reparto y quién debe poseer aquellos que no pueden tener más que un solo dueño. En una palabra, la cuestión es cómo se convierte la discordia humana en concordia social.

¿Por qué existe la discordia? Desde luego, no es porque los seres humanos seamos irracionales o violentos por naturaleza, como a veces dicen los predicadores de trivialidades. Más bien todo lo contrario. Gran parte de nuestros antagonismos provienen de que somos seres decididamente «racionales», es decir, muy capaces de calcular nuestro beneficio y decididos a no aceptar ningún pacto del que no salgamos claramente gananciosos. Somos lo suficientemente «racionales» al menos como para aprovecharnos de los demás y desconfiar del prójimo (suponiendo, con buenos argumentos, que se portará si puede con nosotros como nosotros intentamos portarnos con él). También usamos la razón lo suficiente para darnos cuenta de que nada nos sería tan beneficioso como vivir en una comunidad de gente leal y solidaria ante la desgracia ajena, pero nos preguntamos: «¿Y si los demás no se han dado cuenta todavía?», para concluir: «Que empiecen ellos y me comprometo a pagarles en la misma moneda.» Todo muy racional, como se ve. Aunque a estas alturas del libro espero no tener que recordarle al lector la diferencia ya reiterada entre lo «racional» y lo «razonable». Por si falta hiciere, miren a la realidad que les circunda (en la que unos pocos centenares de privilegiados poseen la inmensa mayoría de las riquezas mientras millones de criaturas perecen de hambre) y podrán concluir que vivimos en un mundo tremendamente racional pero poquísimo razonable...

Tampoco es verdad que seamos espontáneamente «violentos» o «antisociales». Ni mucho menos. Por supuesto existen en todas las sociedades personas así, que padecen alguna alteración psíquica o que han sido tan maltratadas por los demás que luego les pagan con la misma moneda. No podemos legítimamente esperar que aquellos a quienes el resto de la comunidad trata como si fuesen animales, utilizándolos como bestias de carga y desentendiéndose de su suerte, se porten después como perfectos ciudadanos. Pero no hay tantos casos como pudiera esperarse (sorprende realmente lo sociables que se empeñan en seguir siendo incluso quienes menos provecho sacan de la sociedad) ni rompen la convivencia humana tanto como otras causas diríamos que opuestas. En efecto, los grandes enfrentamientos colectivos no los suelen protagonizar individuos personalmente violentos sino grupos formados por gente disciplinada y obediente a la que se ha convencido de que su interés común depende de que luchen contra ciertos adversarios «extraños» y los destruyan. No son violentos por razones «antisòciales» sino por exceso de sociabilidad: tienen tanto afán de «normalidad», de parecerse lo más posible al resto del grupo, de conservar su «identidad» con él a toda costa, que están dispuestos a exterminar a los diferentes, a los forasteros, a quienes tienen creencias o hábitos ajenos, a los que se considera que amenazan los intereses legítimos o abusivos del propio rebaño. No, no abundan los lobos feroces ni los que hay representan el mayor riesgo para la concordia humana; el verdadero peligro proviene por lo general de las ovejas *rabiosas*...

Desde muy antiguo se viene intentando organizar la sociedad humana de tal modo que garantice el máximo de concordia. Por supuesto, no podemos confiar para lograrlo sencillamente en el instinto social que tiene nuestra especie. Es verdad que nos hace necesitar la compañía de nuestros semejantes, pero también nos enfrenta a ellos. Las mismas razones que nos aproximan a los demás pueden hacer que éstos se conviertan en nuestros enemigos. ¿Cómo puede suceder? Somos seres sociables porque nos parecemos muchísimo unos a otros (mucho más desde luego de lo que la diversidad de nuestras culturas y formas de vida hacen suponer) y aproximadamente solemos querer todos las mismas cosas esenciales: reconocimiento, compañía, protección, abundancia, diversión, seguridad... Pero nos parecemos tanto que con frecuencia apetecemos a la vez las mismas cosas (materiales o simbólicas) y nos las disputamos unos a otros. Incluso es frecuente que deseemos ciertos bienes solamente porque vemos que otros también los desean: ¡hasta tal punto resultamos ser gregarios y conformistas!

De modo que lo mismo que nos une nos enfrenta: nuestros intereses. La palabra «interés» viene del latín *inter esse*, lo que está en medio, entre dos personas o grupos: pero lo que está entre dos personas o dos grupos sirve en ocasiones para unirles y otras veces se interpone para separarles y volverles hostiles uno contra otro. A veces acerca a los distantes (sólo junto a ti puedo obtener lo que busco) y otras veces enfrenta a los distintos (quieres lo que yo quiero y si es para ti no podrá ser para mí). La misma «sociabilidad» indudable de los intereses humanos hace que *necesitemos* vivir en sociedad pero también que en demasiadas ocasiones la concordia social nos resulte *imposible*.

¿Cómo arreglárnoslas para organizar eso que Kant llamó con acierto y un punto de ironía «nuestra insociable sociabilidad»? Los filósofos han elucubrado sobre este punto, como sobre el resto de las cuestiones de alcance y hondura semejantes. Pero con una notable diferencia, que hizo notar perspicazmente Hannah Arendt. La filosofía del conocimiento no quiere que acabe el conocimiento, ni la filosofía cosmológica pretende abolir el universo, pero en cambio la filosofía política parece suponer que sólo obtendrá auténtico éxito cuando la política quede suprimida. O sea, de Platón en adelante, los filósofos han tratado siempre la política como un conflicto indeseable que hay que corregir, no como una expresión de libertad creadora que debe ser protegida y encauzada. Porque la política es colisión de intereses, tanteos hacia una armonía siempre precaria, hallar para los viejos problemas soluciones parciales que inevitablemente crean nuevos y no menos desconcertantes dificultades. Cuando hablan de política, la mayoría de los filósofos están deseando poner punto final a tanto embrollo. Sueñan con una fórmula definitiva que acabe de una vez por todas con las rivalidades, discordias y aporías de la vida en común, en una palabra: una solución que nos permita vivir sin política. Y por tanto también sin *historia*; sólo a un filósofo se le puede ocurrir hablar con cierto discreto alivio del «final de la historia», como se le ocurrió no hace mucho a Fukuyama. La mayoría de los restantes filósofos que le denunciaron con vehemencia lo que censuraban fue solamente el creer que ese momento jubiloso había llegado ya, porque cada uno de ellos tenía su propio final de la historia que aún aguardaba realizarse. Pero compartían con Fukuyama el deseo de que acabase de una buena vez la historia junto con la política, ese fatigoso y confuso dolor.

Por esta razón tantos grandes filósofos, desde los griegos de nuestros comienzos, han sido críticos y hasta declarados adversarios de las ideas democráticas. No deja de ser esta animadversión una auténtica paradoja, porque la filosofía nace con la democracia y en cierto sentido esencial es inseparable de ella: hay democracia cuando los humanos asumen que sus leyes y proyectos políticos no provienen de los dioses o la tradición, sino de la autonomía ciudadana de cada cual armonizada polémica y transitoriamente con las de los demás, con iguales derechos a opinar y decidir; hay filosofía cuando los humanos asumen que deben pensar por sí mismos, sin dogmas preestablecidos, soportando la crítica y el debate con sus semejantes racionales. En el fondo, el proyecto de la democracia es en el plano sociopolítico lo mismo que el proyecto filosófico en el plano intelectual. La democracia implica que siempre habrá política (en el sentido discordante y conflictivo que hemos visto) por la misma razón que la filosofía implica que siempre habrá pensamiento, es decir duda y disputa sobre lo más esencial. A esto último los filósofos suelen avenirse más o menos a regañadientes (¿a qué filósofo no le hubiera gustado que los grandes problemas quedaran definitivamente resueltos por él?), pero en lo tocante a los fundamentos de la política todos coinciden en querer dejarlos zanjados de una vez por todas. Que acabe el pensamiento autónomo representa una desdicha incluso para el pensador más arrogante; pero cancelar de una buena vez la discordante autonomía social de los individuos sería visto como un triunfo deseable por muchos grandes teóricos de la sociedad...

Supongo que de aquí proviene la afición de tantos filósofos de la política por las *utopías*. Aunque actualmente se utiliza la palabra «utopía» y sobre todo el adjetivo «utópico» en un sentido muy vago y genérico, que para unos significa «absurdo» o «irrealizable» mientras que para otros equivale al ímpetu racional de transformar positivamente el mundo y acabar con las injusticias, el término debería ser empleado de modo un tanto más preciso. Proviene, como es sabido, de un relato fantástico titulado precisamente así —*Utopía*— que escribió en 1516 sir Tomás Moro, un personaje realmente notable que reunió atributos tan escasamente conciliables como ser pensador, estadista, mártir de la fe y santo de la Iglesia católica. En una película biográfica muy notable en su día, interpretada con excelsitud por Paul Scofield, se le denominaba «un hombre para todas las ocasiones» y sin duda merece tal calificación. Su relato «Utopía» tiene algo de sátira y mucho de experimento mental: «Cómo serían las cosas si...» Desde el propio título la ironía de Moro juega con ambigüedades calculadas, porque según su etimología griega «u-topía» significa «lugar que no está en ninguna parte» (es decir, un no lugar) pero también suena parecido a «eu-topía», lugar bueno, el lugar del Bien.

Muchas de las características de las utopías posteriores se encuentran ya en ese libro: un ámbito político cerrado y sin escapatoria («Utopía» es una isla), autoritarismo supuestamente benevolente basado en la estricta aplicación de criterios racionales, reglamentación minuciosa de la vida cotidiana de todo el mundo (incluidos los momentos de ocio, las relaciones familiares o la sexualidad), abolición de la propiedad privada, sometimiento absoluto de cada individuo al bien común (las personas pueden ser desplazadas de un lugar a otro de acuerdo con las necesidades generales), igualdad económica, abolición de la competencia, inmovilidad histórica (las leyes fueron dictadas por el mítico ancestro Utopus ¡hace novecientos años!), etc. También incluía Moro en su original diseño algunos elementos que chocaban con su propia ortodoxia eclesial, como la tolerancia religiosa (¿quizá un guiño a su amigo Erasmo?) o la eutanasia voluntaria, aunque finalmente reconocía que seguir la verdad revelada por la fe podía ser una «utopía» aún mejor. Sin duda sería inadecuado leer este relato como un programa político o, mejor dicho, «antipolítico», desconociendo su componente lúdico, de juego teórico. El propio autor se negó al final de su vida a que fuese traducido del latín al inglés porque temía que sirviese para corromper a los incultos. Un temor muy justificado, viendo algunos de los efectos «utopistas» posteriores.

Una vez establecido así el modo «utópico» como género literario, podemos extender el concepto hacia atrás —hasta la *República* de Platón— y verlo proseguir en obras como la *Nueva Atlántida* de Francis Bacon, la *Ciudad del sol* de Campanella, otras de Charles Fourier o Robert Owen y un extenso etcétera que llega hasta las ficciones de H. G. Wells en nuestro siglo, sin olvidar algunas perversiones del modelo como las *Ciento veinte jornadas de Sodoma* del marqués de Sade. En líneas generales, los aspectos positivos de las utopías son la propuesta de una alternativa global a las sociedades realmente existentes (modificando la forma de ver rutinaria que tiene por «inevitable» todo lo que de hecho está vigente) y en la mayoría de los casos la propuesta de una armonía social basada en la renuncia a la codicia y a los abusos del interés económico privado. Pero también abundan otros rasgos severamente negativos: autoritarismo claustrofóbico, conversión de los abiertos *ideales* humanos (libertad, justicia, igualdad, seguridad...) en reglamentos asfixiantes, suposición de que basta el cálculo racional —siempre ejercido por unos cuantos ilustrados— para determinar la vida mejor de «todos» los ciudadanos, desaparición de la espontaneidad y de la innovación (las «utopías» suelen proponerse para el futuro pero ninguna admite el desconocido futuro como prolongación de sí misma), ordenancismo que alcanza hasta los rincones más íntimos de la privacidad, etc.

La realización efectiva de proyectos que en su día pudieron parecer legítimamente «utópicos» (empezando por los Estados Unidos y siguiendo por la Unión Soviética, el Estado de Israel o incluso el tercer Reich de Hitler) nos han hecho bastante más recelosos sobre las bondades del género como guía de organización política de lo que fueron sus pioneros. Incluso en los mejores casos, los bienes sociales conseguidos nunca se dan sin serias contrapartidas que el mero planeamiento racional no preveía. De ahí que la ciencia ficción contemporánea abunde en «distopías», es decir «utopías» francamente detestables propuestas como modelos a *no* seguir, tales como *Un mundo feliz* de Aldous Huxley o *Nosotros* de Zamiatin. Pese a las buenas intenciones filosóficas que inspiraron la mayoría de ellas, los intentos de acuñar una concordia *prefabricada* y sin resquicios como sueño de unos cuantos se transforma al realizarse históricamente en la pesadilla de todos los demás.

Algunos utopistas y casi todos los políticos totalitarios de nuestro siglo han reclamado un «hombre nuevo» como materia prima dispuesta para someterse a sus proyectos. Pero el hombre, afortunadamente, no puede ser «nuevo» sin dejar de ser propiamente humano puesto que su propia sustancia simbólica está compuesta con una tradición de conocimientos adquiridos, experiencias históricas, conquistas sociales, memoria y leyendas. Las personas nunca pueden ser pizarras recién borradas —y ¡qué métodos tan terribles se han utilizado en las últimas décadas para borrar de las mentes cuanto merece ser recordado y defendido!— en las que se escriba arbitrariamente la nueva ley social, por buena letra que se proponga hacer el legislador. Tampoco es factible purgar a los hombres del apego racional a sus propios intereses encontrados para someterlos a un interés global o bien común determinado por alguna sabiduría situada por encima de sus cabezas. No, es preciso fraguar la política de concordia a partir de los seres humanos realmente existentes con sus razones y pasiones, con sus discordias, con su tendencia al egoísmo depredador pero también con su necesidad de ser reconocidos por la simpatía social de los demás. Por lo que sabemos, tal concordia será siempre frágil y padecerá mil amenazas: segregará sus propios venenos, a veces a partir de sus mejores logros. ¿Cómo orientar la reflexión sobre tantas paradojas, sobre este *drama* colectivo de nuestra vida en comun?

Hay dos enfoques principales, cada uno con muy diversos matices. El primero piensa la organización política de la comunidad humana a partir de un *contrato social* entre los individuos (no hace falta creer que ha tenido lugar como acontecimiento histórico, basta con aceptar el punto de partida teórico «como si» hubiese ocurrido), los cuales planean en común sus leyes, sus jerarquías, la distribución del poder y la mejor forma de atender a las necesidades públicas. Además de preocuparse por sus intereses privados, los socios comprenden también que es imprescindible organizar a determinados aspectos colectivos que redundan en beneficio de todos y sustentan la viabilidad misma del grupo como tal. Los intereses de cada cual pueden oponerse a los de otros pero no al marco comunitario del que reciben su sentido: son «particulares» pero no «antisociales», porque si fueran esto último dejarían de funcionar como propiamente «humanos». Por tanto, es posible decidir en común lo que concierne a todos y revisar periódicamente las normas así establecidas: también será necesario que los gobernantes intervengan periódicamente para corregir las disfunciones que resulten de la mera pugna entre los intereses particulares o proteger a quienes se vean por cualquier circunstancia incapacitados para atender a sus necesidades más básicas.

La segunda perspectiva, en cambio, desconfía de la capacidad deliberativa de los socios en lo tocante a lo mejor para la comunidad. El poder político debe establecer tan sólo un marco lo más flexible y menos intervencionista posible, dentro del cual tengan libre juego las libertades de los socios en busca de satisfacer sus intereses. Cada cual es muy capaz de buscar lo mejor para sí mismo, aunque no lo sea para planificar lo que ha de ser preferible para todos. Pero es que precisamente el mayor beneficio público surgirá de la interacción entre quienes buscan sin cortapisas su provecho privado, a causa de la ya mencionada condición «social» de nuestros intereses aparentemente más particulares. En la búsqueda de su propio bien, cada cual no tendrá más remedio que colaborar aún sin proponérselo con el de los demás porque siempre obtenemos más de los otros beneficiándoles que perjudicándoles. Una suerte de «mano invisible» armonizará lo aparentemente discordante, reforzará los mejores planes de vida comunitaria y condenará al fracaso las soluciones caprichosas o erróneas. El poder político debe abstenerse lo más posible de intervenir en tal juego entre las astucias privadas para no viciar el resultado final y dañar al conjunto buscando un exceso «artificial» de perfección.

En resumen, por decirlo con palabras de Roger Scruton: «El defensor de la decisión colectiva busca una sociedad explícitamente *consentida* por sus miembros: es decir, que ellos mismos hagan la elección acerca de las instituciones y las condiciones materiales. El defensor de la mano invisible busca una sociedad que *resulte* del consentimiento, aunque nunca haya sido explícitamente consentida en conjunto puesto que las elecciones de sus miembros individuales recaen sobre cuestiones que nada tienen que ver con el resultado global».[33] En líneas generales, la primera de las dos perspectivas políticas es considerada «de izquierdas» y la segunda «de derechas»; pero creo que la marcha efectiva de casi todas las sociedades que conocemos actualmente no puede ser comprendida sin aplicar en un grado u otro ambos criterios.

El gran problema es que —a diferencia de lo que sucede en las utopías— en las sociedades existentes no todos los ideales resultan plenamente compatibles. Por ejemplo, las libertades públicas son sumamente deseables pero a veces chocan con la seguridad ciudadana, que también es un principio digno de consideración. En muchos casos se dan conflictos semejantes y aún peores: es importante defender los derechos humanos de las mujeres en aquellas sociedades —como la impuesta por los talibanes en Afganistán— que no los respetan pero también merece respeto el derecho de cada comunidad humana a desarrollar sus propias interpretaciones valorativas sin injerencias violentas de otras naciones, la libertad de comercio y empresa es un principio muy respetable pero entre sus consecuencias indeseables parece estar la miseria creciente de gran parte de la humanidad, etc. A comienzos de nuestro siglo, Max Weber habló de las «batallas entre dioses» que representan estos choques en la realidad histórica de ideales contrapuestos. Son como licores fuertes y puros que no pueden ser tomados sin mezcla. Quizá el arte político por excelencia sea acertar en la dosificación del cóctel que los integre todos sin dejar de ser socialmente «digerible»...

Desde Platón, la virtud que mejor expresa esa concordia social a partir de elementos discordantes de la que venimos hablando se llama *justicia*. Estamos demasiado acostumbrados, a mi juicio, a enfocarla de modo meramente distributivo (darle a cada cual lo suyo, a cada cual según sus mereci-

---

33. *Modern Philosophy*, de R. Scruton, Mandarin Books, Gran Bretaña. Este libro ofrece una excelente (y a menudo polémica) visión de síntesis de todos los campos del pensamiento filosófico actual.

mientos o sus necesidades) o retributivo (castigar a los malos
y premiar a los buenos). Pero hay definiciones más amplias y
que me parecen preferibles. La que más me gusta es de un
pensador anarquista del siglo XIX, Pierre-Joseph Proudhon, y
dice así: «La justicia... es el respeto, espontáneamente experimentado y recíprocamente garantizado, de la dignidad humana, en cualquier persona y en cualquier circunstancia en
que se encuentre comprometida, y a cualquier riesgo que nos
exponga su defensa» *(De la justicia en la revolución y en la
Iglesia)*. El concepto de *dignidad humana* en su forma contemporánea (aunque en el capítulo tercero ya hemos visto
que lo empleaba también el renacentista Pico della Mirandola) empieza a generalizarse a partir del siglo XVIII, cuando entra en crisis revolucionaria el sistema de honores propio de la
aristocracia —reservado a una minoría— para dar paso a
la exigencia de cada cual del reconocimiento de su calidad
como hombre y como ciudadano. Entonces aparece el concepto político de «derechos humanos», que se incorporan a
las constituciones democráticas y que se han ido fortificando
teóricamente —aunque no siempre, ay, cumpliendo en la
práctica— durante los últimos doscientos años. Implican una
verdadera *subversión* de las sociedades tradicionales, tanto en
su origen (en América aparecieron tras una guerra de independencia y en Europa se impusieron tras una revolución
que decapitó reyes) como ahora mismo cuando se los intenta
defender de veras. Los derechos humanos o derechos fundamentales son algo así como una declaración más detallada de
lo que implica esa «dignidad» que es justo que los hombres se
reconozcan los unos a los otros.

¿Qué implica la dignidad humana? En primer lugar, la in-
violabilidad de cada persona, el reconocimiento de que no
puede ser utilizada o sacrificada por los demás como un
mero instrumento para la realización de fines generales. Por
eso no hay derechos «humanos» colectivos, por lo mismo que
no hay seres «humanos» colectivos: la persona humana no
puede darse fuera de la sociedad pero no se agota en el servi-

cio a ella. De aquí la segunda característica de su dignidad, el reconocimiento de la autonomía de cada cual para trazar sus propios planes de vida y sus propios baremos de excelencia, sin otro límite que el derecho semejante de los otros a la misma autonomía. En tercer lugar, el reconocimiento de que cada cual debe ser tratado socialmente de acuerdo con su conducta, mérito o demérito personales, y no según aquellos factores aleatorios que no son esenciales a su humanidad: raza, etnia, sexo, clase social, etc. En cuarto y último lugar, la exigencia de solidaridad con la desgracia y sufrimiento de los otros, el mantener viva y activa la complicidad con los demás. La sociedad de los derechos humanos debe ser la institución en la que *nadie* resulta abandonado.

Estos factores de la dignidad humana individual han tropezado modernamente con presunciones supuestamente «científicas» que tienden a «cosificar» a las personas, negando su libertad y responsabilidad y reduciéndoles a meros «efectos» de circunstancias genéricas. El racismo es el ejemplo más destacado de tal negación de la dignidad humana, pero en la actualidad va siendo sustituido por otro tipo de determinismo étnico o cultural, según el cual cada uno se debe exclusivamente a la configuración inevitable que recibe de su comunidad. Se supone así que las culturas son realidades cerradas sobre sí mismas, insolubles las unas para las otras e incomparables, cada una de las cuales es portadora de un modo completo de pensar y de existir que no debe ser «contaminado» por las demás ni alterado por las decisiones individuales de sus miembros. Tales dispositivos fatales «programan» a sus crías, en ocasiones para enfrentarlas sin remedio con los de otras culturas (el «choque de civilizaciones» del que habla Samuel Huntington) o al menos para cerrarlos al intercambio espiritual con ellos. ¡Ojalá dentro de cincuenta o cien años las invocaciones a la hoy sacrosanta «identidad cultural» de los pueblos que según algunos debe ser a toda costa preservada políticamente sean vistas con el mismo hostil recelo con que ya la mayoría acogemos las menciones al Rh de la sangre o al color de la piel! Porque sin duda encierran en el fondo una voluntad no menos «injusta» de atentar contra el presupuesto esencial de la dignidad humana de cada uno: el de que los hombres no hemos nacido para vivir formando batallones uniformados, cada uno con su propia bandera al frente, sino para mezclarnos los unos con los otros sin dejar de reconocernos a pesar de todas las diferencias culturales una semejanza esencial y a partir de esa mezcla *inventarnos* de nuevo una y otra vez (véase lo que dijimos al respecto en la última parte del capítulo cuarto).

La obsesión característica de los nacionalismos, esa dolencia mayor del siglo XX, glorifica la necesaria «pertenencia» de cada ser humano a su terruño y la convierte en fatalidad orgullosa de sí misma. En el fondo no se trata más que de la detestable mentalidad posesiva que no sólo quiere poner el sello del dueño en las casas y en los objetos sino hasta en las tierras o paisajes. El imbécil «aquí somos así» y la mitificación de las «raíces» propias —como si los seres humanos fuésemos vegetales— bloquea la verdadera necesidad humana de *hospitalidad* que nos debemos unos a otros de acuerdo a lo que hemos llamado «dignidad». Para quien es capaz de reflexionar, todos somos extranjeros, judíos errantes, todos venimos de no se sabe dónde y vamos hacia lo desconocido (¿hacia los desconocidos?), todos nos debemos mutuamente deber de hospedaje en nuestro breve tránsito por este mundo común a todos, nuestra única verdadera «patria». Lo ha formulado muy bien un escritor judío contemporáneo, George Steiner: «Los árboles tienen raíces; los hombres y las mujeres, piernas. Y con ellas cruzan la barrera de la estulticia delimitada con alambradas, que son las fronteras; con ellas visitan y en ellas habitan entre el resto de la humanidad en calidad de invitados. Hay un personaje fundamental en las leyendas, numerosas en la Biblia, pero también en la mitología griega y en otras mitologías: el extranjero en la puerta, el visitante que llama al atardecer tras su viaje. En las fábulas, esta llamada es a menudo la de un dios oculto o un emisario divino que pone a prueba nuestra hospitalidad. Quisiera pensar en estos visitantes como en los auténticos seres *humanos* que debemos proponernos ser, si es que deseamos sobrevivir.»[34]

Según dice Sigmund Freud —fundador del psicoanálisis y uno de los espíritus mayores de nuestra época— en su obra *El malestar de la cultura*, el sufrimiento humano tiene tres fuentes: «La supremacía de la Naturaleza, la caducidad de nuestro cuerpo y la insuficiencia de nuestros métodos para regular las relaciones humanas en la familia, el Estado y la sociedad.» Pero ninguna de estas tres desdichas puede ser propiamente considerada lo peor de lo que nos asedia: para el ser que necesita la mirada comprensiva y confirmadora del otro a fin de llegar a ser él mismo «lo malo es, originariamente, aquello por lo cual uno es amenazado con la pérdida del amor». Nada nos deja más inermes, más desvalidos, más *amenazados* que la pérdida del amor, entendido éste tanto en su sentido más literal (paternofilial o erótico) como también en el más general que los griegos denominaban *filía*: la amistad entre quienes se eligen mutuamente como complementarios («porque él era él, porque yo era yo», con estas hermosas palabras justifica Montaigne su *filía* por Étienne de la Boétie) y la simpatía «civil» —cortés y vagamente impersonal pero solidaria de modo nada irrelevante— que los conciudadanos tienen que demostrarse cotidianamente unos a otros para que la vida en sociedad resulte gratificante. Sin amor ni *filía* la humanidad se atrofia y quedamos en manos de la inhóspita ley de la jungla. Con razón dijo Goethe que «saberse amado da más fuerza que saberse fuerte».

¿Cómo podemos merecer el amor de los otros? Gran parte de las pautas éticas en todas las culturas se han dedicado a darnos instrucciones para conseguirlo. Isaac Asimov, un escritor de ciencia ficción que a mi juicio también es buen filósofo, inventó las «tres leyes de la robótica» que llevan graba-

---

34. *Errata*, de G. Steiner, Siruela, Madrid.

das en su programación las criaturas mecánicas que protago-
nizan *Yo, robot* y otros relatos suyos. Son éstas:

Primera: No dañarás a ningún ser humano.

Segunda: Ayudarás cuanto puedas a los seres humanos
(siempre que no sea violando la primera regla).

Tercera: Conservarás tu propia existencia (siempre que no
sea a costa de violar las dos leyes anteriores).

Como nosotros no somos robots, la mayoría de las morales pasadas y presentes invierten el orden de estos tres preceptos pero por lo demás sus normas quedan bien resumidas
en la tríada de Asimov. Por supuesto, siempre ha habido, hay
y habrá consejeros provocativamente desengañados que nos
recomiendan *aprovecharnos* cuanto sea posible de quienes
respetan la moralidad para obtener otras ventajas. Gracias a
tales sabios vivimos rodeados de policías, cárceles, miseria y
abandono. ¿Son tan astutos tales consejeros cínicos como
suele creerse? ¿Merecen verdaderamente la pena las ventajas ocasionales que personalmente obtenemos escuchándoles
frente a lo que perdemos todos en general? ¿Es prudente que
tú o yo, lector, renunciemos a intentar merecer el amor de
nuestros semejantes hasta que el último de los despistados o
de los malvados se haya convencido de que es *filía* y no otra
cosa lo que necesitamos?

Las más características manifestaciones humanas sólo
pueden comprenderse en un contexto social: son cosas que
hacemos pensando en los demás y *llamándoles* por medio de
ellas cuando no están presentes. Por ejemplo, reír. El humor
es un guiño en busca de auténticos «compañeros vitales» que
puedan compartir con nosotros la aparición gozosa y a veces
demoledora del sinsentido en el orden rutinario de los significados establecidos. Nada es tan sociable ni une tanto como
el sentido del humor: por eso cuando en una reunión amisto-

sa se oyen muchas risas o se intercambian abundantes sonri-
sas decimos que «lo están pasando bien». Es decir, que se encuentran a gusto reconociéndose unos a otros. Hasta quien
ríe solo en verdad ríe a la espera de las almas gemelas que
puedan unirse a reír con él. Y muchas amistades —¡y no pocos amores!— comienzan cuando dos entienden un chiste
que se les escapa a los demás...

Tampoco la creación estética y sus goces pueden entenderse adecuadamente si no se *comparten*. Cuando descubrimos algo hermoso lo primero que hacemos es buscar a alguien que pueda disfrutarlo con nosotros: junto a él o a ella,
también nosotros lo disfrutaremos más. Los niños pequeños
se pasan la vida arrastrando de la manga a los mayores para
enseñarles pequeñas maravillas que a veces los adultos son
demasiado estúpidos para apreciar en lo que valen. Pero ¿qué
es la belleza? ¿Por qué resulta tan importante para nosotros
descubrirla, crearla y compartirla? ¿Por qué hasta lo feo tiene que arreglárselas a veces para aparecer como bonito o si
no la vida deja de resultarnos apetecible?

Da que pensar...

*¿Podemos hacernos «humanos» por nosotros mismos, sin
necesidad de nadie más? ¿Empezamos a humanizarnos con la
palabra o ya antes, con la mirada de los semejantes? ¿Es inevitable que nos resulte «dolorosa» la convivencia con los otros?
¿Está justificado que protestemos de los resultados efectivos de
esta sociedad que por otra parte tanto necesitamos? ¿No sería
peor el infierno de ser ignorado por los otros que el de vivir entre ellos? ¿Estamos «incomunicados» o es que no debemos esperar nunca «comunicarnos» del todo? ¿Nos enfrentamos los
humanos en la sociedad porque no somos lo suficientemente
racionales o porque no somos razonables? ¿Puede obtenerse algún modo de concordia a partir de la discordia producida por
las razones contrapuestas de los hombres? ¿Cómo explica He-*

*gel el paso desde nuestra animalidad «natural» hasta nuestra
«humanidad» histórica y cultural? Los filósofos que han refle-
xionado sobre la política ¿quieren comprenderla mejor o abo-
lirla de una vez? ¿Puede haber «política» sin conflicto ni enfrentamientos? ¿Puede haber democracia sin política? ¿En qué
se parece la esencia de la filosofía a la esencia de la democracia? ¿Qué son las «utopías»? ¿Por qué los filósofos suelen ser
aficionados a ellas? ¿Es lo mismo «utopía» que «ideal»? ¿Hay
«utopías» aborrecibles o por lo menos peligrosas? ¿Se ha realizado históricamente alguna «utopía»? ¿Establecemos los humanos un «contrato social» o somos más bien resultado de
elecciones privadas que determinan lo mejor para todos? ¿Son
plenamente compatibles todos los ideales políticos en la sociedad efectiva? ¿Qué es la justicia? ¿Cuál es su relación con la
«dignidad humana»? ¿Cuál es la relación entre la «dignidad»
humana y los «derechos humanos»? ¿Puede haber «derechos
humanos» colectivos? ¿Estamos los humanos determinados
inexorablemente por nuestra raza o nuestra cultura? ¿Cuáles
son los principios más generales de las morales humanas? ¿Es
la risa un argumento a favor de la vida en común de los hombres?*

Capítulo noveno

El escalofrío de la belleza

En *Las leyes*, su último diálogo, el viejo Platón comenta que los humanos estamos sometidos a la forzosa pedagogía de dos maestros exigentes: el placer y el dolor. Ellos nos enseñan con sus coacciones —gratas o terribles— a vivir y a sobrevivir. Como la mayor parte de lo que nos hace gozar y sufrir a los humanos es común para todos, el placer y el dolor son fuertes abrazaderas de la hermandad universal entre nosotros; pero como nadie disfruta y padece exactamente con los mismos matices ni a lo largo de su trayecto vital ha estado sometido a los mismos estímulos, son también placeres y dolores los que nos dotan de una *biografía* irrepetible, los que perfilan la auténtica individualidad de cada cual. El placer y el dolor nos enseñan que somos «iguales» en lo general pero a la vez «diversos» en lo particular. De nuevo se comprueba que lo mismo que nos une —nuestros «intereses»—, es también lo que nos separa, nos personaliza y quizá antes o después nos enfrenta.

Veamos un poco más de cerca lo que en términos muy amplios podríamos llamar «placer». No me refiero solamente a cuanto nos produce una sensación físicamente grata sino a todo aquello —sea cosa, persona, producto, comportamiento, etcétera— ante lo que sentimos claramente *aprobación*: «¡a esto, sí!», «¡de esto, más!», «¡esto, que vuelva otra vez!». Por ejemplo, un delicioso plato de comida... (dejo a cada cual que llene la línea de puntos con el nombre de su especialidad culinaria favorita), el cual nos complace porque resulta muy agradable al paladar. O quizá una ducha refrescante en el calor del verano, también enormemente placentera. Estas sensaciones «gratificantes» resultan muy importantes en la vida de todos nosotros, los humanos, pero también lo son para cualquier animal dotado de un sistema nervioso pasablemente desarrollado. Otro ejemplo distinto: la satisfacción que nos produce ver a alguien realizar una acción generosa y valiente o, mejor todavía, realizarla nosotros mismos. «¡Vaya —suspiramos contentos—, esto sí que es bueno! ¡Así habría siempre que portarse!» El aprecio por lo «bueno» es propio de los seres dotados de razón, que al reflexionar nos damos cuenta de cuánto mejor sería esta perra vida si fuésemos todos capaces de tales conductas excelentes. Último ejemplo: veo una llameante puesta de sol en el mar o escucho una polonesa de Chopin bien interpretada al piano. Y de nuevo me surge la aprobación placentera: «¡Qué hermosa es!»

Sin embargo, este caso resulta diferente a los otros dos: indudablemente no podría disfrutar de lo «hermoso» si no fuera por mis sentidos, pero también interviene la razón en ese goce porque no se trata de una satisfacción meramente sensorial. Los placeres de la belleza son los menos «zoológicos» de todos. Sin embargo, lo que siento ante la belleza tampoco se trata de algo parecido al respeto moral o al aplauso que suscita en mí un gesto virtuoso; incluso es posible que yo prefiriese por razones éticas que en el mundo no hubiese tal o cual cosa hermosa... ¡aunque no por ello deja de parecerme hermosa! Supongamos que estoy con un amigo ante la gran pirámide egipcia de Keops y le confieso que me parece muy bella. «¿Bella? ¿A qué te refieres? ¿Debo suponer que te gustaría vivir dentro de ese túmulo oscuro? ¿O que te parece un lugar "agradable" para estar fuera, aquí sentado, a pleno sol del desierto?» Le respondo que la simple idea de habitar en

una pirámide o de encaramarme a ella para tomar el sol me resulta perfectamente desagradable. «Además, ¿acaso no sabes —sigue malévolamente mi amigo— cómo se contruyó? ¡Miles de esclavos arrastrando piedras enormes a latigazos para contruirle una tumba suntuosa al tirano que pisoteaba sus derechos! ¿Es eso lo que te resulta tan bonito? ¿Acaso quieres que volvamos a construir pirámides como ésta a tal precio?» Admito que no, todo lo contrario: incluso preferiría que no existiese la pirámide si de ese modo se les hubiera ahorrado sufrimiento injusto a quienes la contruyeron. Y desde luego no abrigo el más mínimo deseo de que vuelva a emprenderse una obra semejante con tales procedimientos inhumanos. Sin embargo, no tengo más remedio que reconocer que la gran pirámide se me antoja muy bella, pese a que no vea en ella nada «agradable» ni me parezca moralmente «bueno» que un día fuese construida. Y ya no sé qué más decir ante las pullas de mi amigo, porque no soy capaz de explicar claramente *qué saco yo* de eso que llamo «hermosura» o «belleza» para que me resulte gozosa a pesar de todo: es difícil entender por qué me «interesa» tanto.

Kant, algunos de cuyos planteamientos en la *Crítica del juicio* he parafraseado a mi manera hasta aquí, asegura que el deleite producido por la belleza es el único verdaderamente desinteresado y libre. En efecto, nuestras demás satisfacciones provienen de los intereses *necesarios* de nuestros sentidos o de nuestra razón. Lo «agradable» nos atrae porque cumple los afanes primordiales de comida, bebida, cobijo, comodidad, recompensa sexual, etc. Lo «bueno» se nos impone porque nuestra razón no tiene más remedio que aceptar que la vida humana resulta más digna de ser vivida cuando cualquiera de nosotros hace lo que es debido y reconoce a los demás como verdaderos semejantes, no meros instrumentos manipulables. Pero el afán de belleza no parece responder a ninguna necesidad concreta ni sensorial ni racional. Sabemos por qué los hombres primitivos hicieron cuencos de arcilla cocida para satisfacer con mayor comodidad su hambre y su sed. Podemos suponer que también los utilizaron para alimentar a sus hijos o dar de beber a sus compañeros sedientos, puesto que somos seres necesariamente sociales. Pero ¿por qué los adornaron con una cenefa de figuras geométricas o de motivos florales? Esa decoración no sirve para nada, no cumple en apariencia ninguna función: ningún chimpancé hubiese perdido el tiempo añadiendo tal superfluidad a un objeto cuya utilidad, por lo demás, podría llegar a entender. Sin embargo, esos motivos ornamentales revelan que los hombres no sólo buscan satisfacer sus necesidades sino que también tienen interés en que las cosas sean hermosas o que les parezcan hermosas a ellos. ¿Qué tipo de «interés»? Sin retroceder ante la paradoja, Kant dice que se trata de un *interés desinteresado*. Lo cual, francamente, no nos ayuda demasiado a salir de dudas...

Pero sigamos un poco más en compañía de Kant, que nunca resulta del todo una mala compañía. Según Kant, «es bello lo que complace universalmente sin concepto». Las dos características son importantes. Decir que una flor es «hermosa» o que un poema es «bello» no es lo mismo que asegurar «me gusta la paella»: en el primer caso consideramos que la belleza está en la flor o en el poema y que cualquiera debería poder verla si mira adecuadamente (¡y no sólo desde nuestro personal e intrasferible punto de vista!), en el segundo admitimos que —como suele decirse— «el gusto es mío» y «sobre gustos no hay nada escrito» (es decir, no hay escrita ninguna *ley* que nos obligue a compartirlos, porque por lo demás sobre gustos se escribe muchísimo... probablemente más que sobre ninguna otra cosa). A lo que se refiere Kant cuando dice que lo bello complace «universalmente» no es a que «de hecho» todos coincidamos en considerar «bellas» a las mismas cosas sino a que sólo llamamos «bello» a lo que consideramos que tiene derecho y mérito suficiente en sí mismo para ser considerado así por todo el mundo, mientras que no exigimos tanto al proclamar otro tipo de gustos: sería de una ridícula falsa modestia dar a entender que algo es «bello» sólo para mí, mientras que sería admisible —¡aunque profundamente erróneo!— considerar como un rasgo original y personalísimo de mi carácter mi afición a la paella.

No menos interesante es la afirmación kantiana de que lo bello «no tiene concepto». Según el uso que Kant hace del término, el concepto es lo que nos permite identificar inequívocamente algo y además brinda una regla práctica para construirlo o juzgarlo. Pero aunque podemos identificar conceptualmente que tal cosa es un amanecer y tal otra una catedral, carecemos de una regla o modelo determinante que establezca necesariamente cuándo el uno y la otra merecen el atributo de «hermosura». Sólo la pedantería o el academicismo estéril creen que pueden dictarse unas normas según las cuales resultarán bellas obligatoriamente unas cosas y otras no. Incluso Kant va más allá y distingue entre la belleza propiamente «libre» o «vaga» y la belleza «adherente» (aunque ya nos ha dicho que el contento producido por todo tipo de belleza es desinteresado y libre). La «adherente» es la belleza de aquellas cosas cuyo objetivo conocemos o cuya perfección funcional podemos más o menos definir: por muy «desinteresado» que sea nuestro aprecio estético de un palacio o un caballo de carreras nunca puede desligarse del todo de que sabemos «para qué sirven». Lo mismo ocurre con las obras de arte basadas en la representación fiel de lo real o en finos análisis morales y psicológicos, cuya hermosura siempre está también ligada a la interpretación precisa de lo que existe o debería existir. En cambio, la belleza «vaga» es la que corresponde a las flores, las conchas que encontramos en la playa, el juego de las sombras una tarde de verano, los intrincados jeroglíficos ornamentales del arte islámico, el dibujo de una tapicería o algo que Kant no pudo conocer porque apareció en el mundo más de un siglo después de su muerte: la pintura abstracta (Mondrian, Jackson Pollock... son ejemplos que el viejo filósofo hubiera quizá considerado con atónito aprecio). Según la *Crítica del juicio*, todos esos tipos de belleza «sin sentido» ni «concepto» son los que con mayor pureza y nitidez suscitan el placer más indudablemente «estético»... ¡aunque Kant no solía emplear esta palabra en su uso actual!

Pero ¿podemos realmente separar por completo la belleza de otros valores humanos, utilitarios o morales? En su origen, como siempre suele suceder con términos encomiásticos, estas formas de aprecio debían estar mucho más mezcladas que hoy, si la etimología no nos engaña. La palabra que nos resulta inmediatamente más familiar —«bello», del latín *bellus*— parece ser un diminutivo de «bueno» —*bonus, bonulus*— como también ocurre obviamente con el término «bonito»: algo bastante bueno, superior a la media, aunque no excelente, sino más bien «gracioso». También el griego *kalos*, para el que Platón en su diálogo *Cratilo* busca o imagina una etimología que significa «atrayente», está ligado semánticamente a la voz «bueno» —*agathos*— y forma a veces compuestos muy comunes como *kalokagathos*, calificación habitual del hombre ejemplar, el perfectamente logrado en lo físico y lo cívico. Señalemos de paso que en griego moderno *kalos* significa hoy propiamente bueno. También en chino el ideograma para «bello» —*miei*, que representa un gran cordero— está directamente vinculado con el ideograma para «bueno» o «bien» (*shan*, que si no estoy mal informado representa la madre con el niño en brazos). En cuanto a «hermoso», viene del latín *formosus*, es decir aquello que conserva adecuadamente su «forma» de manera armónica y de acuerdo con la debida proporción entre sus partes. Señala Remo Bodei, de quien tomo estos datos etimológicos, que el aprecio por la idea de «forma» proviene en primer término quizá del contraste con el horror provocado por el deshacerse de los organismos roídos por el tiempo y por la muerte:[35] amamos lo bien formado porque amamos antes lo que está bien vivo.

35. *Le forme del bello*, de R. Bodei, Il Mulino, Bolonia.

Resumiendo: parece indudable que originariamente la idea de lo bello (aún no de la Belleza misma), planteada de modo más intuitivo que reflexivo, estuvo ligada a la noción de lo bueno (aún no del Bien), es decir lo mejor para la vida. Tanto lo bello como lo bueno y por supuesto lo agradable, las categorías que Kant distingue y —hasta cierto punto— separa, derivan probablemente de un núcleo común centrado en un mismo objetivo: hacer la vida humana *mejor*, es decir más cooperativa y solidaria, más rica en experiencias, más llena de imaginación, más confortable y exquisita, en una palabra, menos sumisa a la oscuridad devoradora e insensible de la muerte. Resumen de resúmenes: lo bello comparte con lo bueno y lo delicioso la tarea de lograr que haya más vida y menos muerte... para los mortales. Uno de los filósofos contemporáneos que más y mejor han insistido sobre esta perspectiva es Jorge Santayana (un pensador de origen español y existencia dichosamente vagabunda que escribió toda su obra en inglés).

Para Santayana los valores estéticos nunca pueden ser «separados» del resto de los valores vitales humanos, aunque deban ser distinguidos en ciertos aspectos de los demás. No son «desinteresados» —el valor demuestra siempre apasionado «interés» por un aspecto positivo de la vida— sino que exploran y amplían el campo posible de nuestros intereses. Siempre se trata de ensanchar la finitud angosta de la vida para rebajar cuanto podamos la anchura agobiante de la muerte. Aún más, según Santayana, el arte nunca ha carecido de una base o motivo práctico ni de una función intelectual, social o religiosa. En su obra principal sobre este tema, *El sentido de la belleza*, asegura que «nada salvo lo bueno de la vida entra en la textura de lo bello. Lo que nos encanta de lo cómico, lo que nos espolea de lo sublime y lo que nos conmueve de lo patético, es el vislumbre de algún bien; la imperfección tiene valor sólo como una incipiente perfección». En otro de sus libros, *Reason in art*, afirma tajantemente que «es pura barbarie creer que una cosa es estéticamente buena, pero moralmente mala, o moralmente buena, pero odiosa a la percepción. Las cosas parcialmente buenas o parcialmente feas pueden haber sido escogidas bajo la coerción de desfavorables circunstancias, antes de que llegue algo peor; pero si una cosa es fea *por eso mismo* no puede ser completamente buena, y si es *completamente* buena debe también ser por fuerza hermosa». Y convierte a los antiguos griegos en un trasunto del paraíso y un canon, para así refutar a quienes se alejan de ellos hacia los aspectos bárbaros de lo que llamamos «modernidad» (sobre lo «feo» en el arte contemporáneo tendremos sin duda que hablar más adelante): «Entre los griegos, la idea de felicidad era estética y la de belleza era moral; y esto no porque los griegos estuviesen confundidos, sino porque eran civilizados» *(The Mutability of Aesthetics Categories)*.

Sin embargo, tampoco los griegos de la época clásica consideraron el asunto de la belleza de un modo nítido y uniforme. El más ilustre protagonista de nuestra tradición filosófica, Platón, distingue entre la belleza propiamente dicha —que efectivamente coincide con lo bueno y lo verdadero— y el tipo de hermosura al que aspiran los artistas. Esta última se le antoja prescindible por lo inauténtica y hasta peligrosa para un orden político bien concebido. En su *República*, el diálogo en el que diseña a qué debería parecerse una *polis* organizada de acuerdo con la más recta justicia, nos informa de que si a su ciudad ideal llegase un poeta dramático sería acompañado con firmeza cortés a la frontera y devuelto sin más trámite a su casa. En otros pasajes de la misma obra se deja entender que a otros artistas se les reservaría también un trato parecido... empezando por ciertos arquitectos de tendencias «modernas» para su época. Y lo que nos resulta todavía más escandaloso hoy: en *Las leyes* no sólo se preconiza la *censura* de obras de arte por razones políticas sino que hasta se dan normas bastante detalladas para aplicarla del modo más eficaz. ¿Hace falta recordar que cuando Platón habla de poetas y otros artistas no se refiere a gente mediocre o movida solamente por bajos intereses comerciales —como los que hoy tan reiteradamente se denuncian— sino a genios como Homero, Esquilo, Sófocles, Fidias, Policleto, etc., es decir, a los creadores que formaron lo que con la perspectiva de los siglos nos parece una especie de Edad de Oro artística de la humanidad?

No ha sido Platón el único enamorado de la belleza (y sin duda en cierto modo artista también él mismo, porque sus diálogos son obras maestras de la literatura universal cuyo prestigio ha sido constante desde hace veintitantos siglos) que ha fustigado o por lo menos menospreciado los logros de la belleza artística, la primera en la que probablemente pensamos ahora nosotros cuando se dice de alguien que es un «amante de la belleza» o que tiene «buen gusto estético». También para Kant el prototipo de la verdadera belleza es el espectáculo de lo natural y mira a los artistas con cierta desconfianza, todo lo más concediéndoles alcanzar de vez en cuando esa «belleza adherente» o añadida de rango netamente inferior. Rousseau detestaba el teatro, que hubiera querido ver erradicado por completo de la república de Ginebra en la que vivía, y en ocasiones parece considerar todas las artes como una forma de decadencia de la que los ciudadanos con mejor salud democrática harían bien en alejarse. Y un artista tan excepcional de la novela como Leon Tolstói escribió páginas virulentas nada menos que contra Shakespeare (el cual por cierto tampoco le gustaba a Wittgenstein) considerándole representante de un tipo de arte que corrompe la rectitud moral y religiosa de sus víctimas. Incluso un esteta tan refinado como Santayana señaló en su última obra, *Dominations and Powers*, que «un genuino amante de lo bello podría no entrar nunca en un museo».

Pero vamos a centrarnos en los argumentos antiartísticos de Platón, los más importantes no sólo por la excepcionalidad incomparable del personaje sino también porque de un modo u otro Rousseau, Tolstói y el resto —incluidos los nazis

que persiguieron las obras de arte «degeneradas», los talibanes que prohíben en Afganistán la música y casi todo el cine
americano, o quienes exigen menos violencia y mayor moralidad en los programas de televisión— repiten sabiéndolo o
sin saberlo buena parte de la argumentación platónica. ¿Por
qué Platón quería desterrar a los artistas de su ciudad ideal?
Esta pregunta sirve de subtítulo a un precioso libro, *El fuego
y el sol*, en el que la notable novelista y pensadora irlandesa
Iris Murdoch estudia con penetración el «caso» platónico. A
continuación seguiremos en parte su análisis y en ocasiones
citaremos algunos fragmentos relevantes de esta obra.[36]

Empecemos por aclarar que Platón desconfía de los artistas y nos previene contra ellos porque está convencido de su
fuerza, es decir de su capacidad de seducción. Si el arte no
fuese más que una trivial pérdida de tiempo, Platón no le hubiese dedicado probablemente la menor atención crítica. ¿En
dónde reside la «fuerza» de los artistas? Sin duda en su habilidad para producir *placer*, el cual es junto al dolor —como ya
hemos indicado— el instrumento por excelencia de la formación social de las personas. Quien es dueño de los mecanismos de placer controla también al menos en gran parte la
educación de la ciudadanía: por tanto más vale que dichos
instrumentos estén en buenas manos. A este respecto, los artistas no le parecen a Platón candidatos idóneos a educadores. Los más peligrosos de todos son quienes se ocupan en
describir los sentimientos, pasiones y destinos humanos, es
decir los poetas épicos o los dramaturgos (sin lugar a dudas
hoy Platón incluiría en este rango a los novelistas y a los
creadores cinematográficos) puesto que nada ejerce mayor
seducción sobre los seres humanos que la representación, por
ficticia o caprichosa que sea, del comportamiento vital de
nuestros semejantes. Cualquier persona mínimamente adies-
trada en el uso de la razón puede descubrir los fallos o las
trampas de una argumentación teórica (si la mayoría parece

36. *El fuego y el sol*, de I. Murdoch, Fondo de Cultura Económica, México.

incapaz de hacerlo es simplemente porque no presta atención a los razonamientos), pero en cambio un buen artista puede hacerle «creíble» y hasta admirable cualquier tipo de vida incluso al más sofisticado de los espectadores... ¡por no hablar de su influjo sobre el vulgo!

Pero ¿por qué los dramatizadores artísticos de la vida humana ejercen por lo general una influencia más perniciosa que benéfica? Porque, según Platón, el arte suele aceptar acríticamente las apariencias en lugar de cuestionarlas: es decir, porque al artista le gustan sobremanera esas apariencias que también fascinan al público en general, en lugar de apreciar y promover las verdades racionales que las subyacen y desmienten, de las cuales sólo se ocupan los filósofos... es decir, los auténticos educadores. Fantasear sobre cosas inverosímiles es mucho más «entretenido» que estudiar la esencia inmutable de lo real, sobria y rigurosa como la geometría. Aún más grave: como el poeta o el dramaturgo (en nuestros días también el novelista, el director cinematográfico, etc.) lo que quieren ante todo es agradar a su clientela y causar placer a la mayoría, se centran con delectación en las biografías de malvados «porque el hombre malo es múltiple, divertido y extremo, mientras que el hombre bueno es tranquilo y siempre el mismo». La ética lleva las de perder en materia de diversión frente a la estética. ¿Por qué? Pues porque sabemos de antemano cómo deben ser las personas decentes —su actuación se rige por *principios*, es decir por normas que conocemos aun antes de conocerles a ellos—, en tanto que los malos resultan variados en su transgresión y sorprendentes. Sólo hay unas cuantas maneras de portarse bien, mientras que las de portarse mal son innumerables; de aquí proviene que la ética —la cual no hace más que recordar una y otra vez lo fundamental— sea estéticamente «aburrida», mientras que la estética —que pretende ante todo la novedad y lo insólito— sea moralmente sospechosa. Tal como resume Murdoch, «el artista no puede representar ni encomiar lo bueno, sino sólo lo demoníaco, lo fantástico y lo extremo; mientras que la verdad es tranquila, sobria y limitada; el arte es sofistería, en el mejor de los casos una *mímesis* (imitación) irónica cuya falsa "veracidad" es un astuto enemigo de la virtud».

Para Platón hay una clara contraposición entre el arte y el verdadero conocimiento, es decir la filosofía. En el arte predomina ante todo la personalidad hechicera del artista, mientras que la filosofía aspira a la realidad impersonal tal como es en sí misma, más allá de los arrebatos y caprichos humanos. Los artistas consiguen gracias a su capacidad seductora objetivar universalmente su mera subjetividad, mientras que la tarea del filósofo es apropiarse subjetivamente por medio del conocimiento de la universalidad objetiva. La belleza a que el filósofo aspira es la alegría que nos produce la realidad cuando la comprendemos con precisión matemática tras habernos purificado de nuestros deseos, no el estremecimiento morboso que halaga nuestras pasiones. Tampoco Platón descarta todo tipo de arte, sólo se opone al demasiado individualista y personal, el arte de los grandes creadores: en cambio no tiene objeciones contra lo que hoy llamaríamos arte «popular», las artesanías tradicionales y la música tonificante que despierta sanas emociones patrióticas o religiosas; es decir, las manifestaciones en las que prima lo colectivo sobre la idiosincrasia subversiva de unas cuantas subjetividades con tendencia a la introspección. En nombre de la armonía unánime de la sociedad debe censurarse lo que cierto tipo de arte tiene de *disgregador*. ¿Deberemos subrayar que en nuestro siglo también han existido y existen planteamientos semejantes, aunque siempre al servicio de doctrinas políticas escasamente deseables por los partidarios de la libertad personal?

Pero la pretensión platónica de oponer la belleza del fingimiento artístico y la belleza de la verdad filosófica no es en modo alguno inatacable. Aunque Platón haya tenido destacados seguidores, Aristóteles y otros muchos filósofos también considerables han pensado de modo muy distinto, manteniendo que las obras de los grandes artistas no son un obstáculo para llegar al verdadero conocimiento de la realidad sino que, por el contrario, resultan imprescindibles para desarrollarlo cabalmente. En efecto, a su modo los artistas también exploran nuevas vías de comprensión de lo que existe. Sin duda parten de su peculiar forma de sentir y de los fantasmas de su interioridad, pero ¿acaso podemos excluir lo subjetivo de la comprensión total de la realidad, como si se tratase meramente de una ilusión superflua? Incluso las obras de arte que apuestan por lo fantástico desarrollan también nuestra percepción de las posibilidades de lo real y ofrecen sus alternativas ante lo vigente.

No es cierto que los mejores artistas pretendan solamente divertir o halagar las pasiones menos nobles del público: ante todo aspiran a ayudarle a mejorar su conocimiento. Leonardo da Vinci dijo que la misión de la pintura y de la escultura era llegar a *saper vedere*, a saber ver mejor. Y ¿acaso en efecto no hemos descubierto nuevos matices de las cosas, de las formas y de los colores gracias al propio Leonardo, a Miguel Ángel, a Velázquez o a Picasso? ¿Acaso los poetas, dramaturgos y novelistas no han enriquecido decisivamente la comprensión de la vida humana, de lo que significa habitar como humanos en la complejidad del mundo? Sin duda esa visión que nos proporcionan no siempre es plácida ni tranquilizadora, pero en eso mismo reside su mayor mérito. Nos desasosiegan porque nos abren los ojos, no por simple afán de ofuscarnos. Como certeramente señala Irish Murdoch, «el buen artista nos ayuda a ver el lugar de la necesidad en la vida humana, qué es lo que se debe soportar, qué hacer y deshacer, y a purificar nuestra imaginación hasta contemplar el mundo real (generalmente velado por miedos y ansiedad) incluyendo lo terrible y lo absurdo». También a veces lo obsceno, lo contradictorio y lo siniestro, aunque ello suela desazonar a bienintencionados guardianes de la decencia pública.

Quizá el pensador que con mayor decisión se enfrentó a las tesis platónicas (¡aunque, eso sí, alrededor de veinticuatro siglos más tarde!) fue el notable poeta, autor dramático e historiador Federico Schiller. En sus *Cartas sobre la educación estética del hombre*, este discípulo poco ortodoxo de Kant reivindica con ardor romántico la importancia que tiene cultivar la sensibilidad estética para conseguir auténticos ciudadanos capaces de vivir y participar en una sociedad moderna no autoritaria. A fin de cuentas, para Schiller «la obra de arte más perfecta que cabe es el establecimiento de una verdadera libertad política»,[37] proyecto que sin duda no hubiera contado con la aprobación de Platón más que después de infinitas reservas y matices... ¡en el afortunado caso de haber llegado alguna vez a obtenerla! Para Schiller, la formación estética complementa decisivamente la preparación moral e intelectual del ciudadano y le dispone para decidir libremente por sí mismo no sólo en cuanto poseedor de razón sino también de sentidos corporales no menos nobles que aquélla. El arte ciertamente no nos indica lo que tenemos que hacer —en tal caso sólo sería una mera sucursal plástica o narrativa de la moral— sino que nos agita y purifica tonificantemente para que seamos lo que queremos llegar a ser. Tomando al toro por lo cuernos, Schiller responde así vigorosamente a Platón: «Hay que dar la razón a los que dicen que lo bello y el estado en que lo bello pone al espíritu son enteramente indiferentes con respecto al conocimiento y a la *convicción moral*. Tienen razón, en efecto: la belleza no produce en absoluto un resultado particular, ni realiza ningún fin, ni intelectual ni moral; no nos descubre una verdad, no nos ayuda a cumplir un deber; y, en una palabra, es igualmente incapaz de afirmar el carácter y de iluminar el intelecto. La cultura estética, pues, deja en la más completa indeterminación el valor de un hombre o su dignidad, en cuanto que ésta sólo puede depender de él mismo; lo único que consigue la cultura estética es poner al hombre, *por naturaleza*, en situación de hacer por sí mismo lo que quiera, devolviéndole por

---

37. *La educación estética del hombre*, de F. Schiller, trad. de M. García Morente, col. Austral, Madrid.

completo la libertad de ser lo que deba ser.» La función de la
belleza, tanto si proviene de la admiración de la naturaleza
como de la creación artística (en especial esta última), es puramente emancipadora: sirve para *revelar* al hombre lo abierto y aun lo terrible de su libertad.

La gran originalidad de Schiller es relacionar la vocación
artística con una dimensión de la actividad humana habitualmente tenida por trivial y de rango inferior: el *juego*. Sólo
algunos presocráticos como Heráclito (véase capítulo quinto) se atrevieron a comparar el supuesto «orden» del universo con los resultados de un juego infantil, aunque en tal caso
los «niños» que juegan pudieran ser los dioses o el azar. La
actividad lúdica no tiene otro objetivo, no se propone otro
modelo ni obtiene otro provecho que su propio cumplimiento: así también lo más grave, eso que llamamos «cosmos».
Ciertamente Platón desconfiaba de esta metáfora peligrosa-
mente anárquica. Schiller vuelve a ella, situando la diferencia específica de lo humano precisamente en la capacidad de
jugar: «Sólo juega el hombre cuando es hombre en el pleno
sentido de la palabra, y *sólo es plenamente hombre cuando
juega*.» Las crías de los animales superiores y los niños muy
pequeños, más que «jugar» propiamente, lo que hacen es *en-
trenarse* gozosamente en la realización de los gestos y movimientos corporales que luego necesitarán para cumplir las
tareas de la vida adulta. El verdadero «juego» comienza
cuando se constituye un mundo simbólico autosuficiente y
autorreferente en el que se desarrolla una actividad que se da
a sí misma las debidas pautas y sanciones. Ese mundo tiene
que ver desde luego con el de la vida cotidiana, al que imita y
refleja en cierto modo, pero también se sacude sus normas
y descarta los apremios mortíferos de la necesidad. Según
Schiller, en ese ámbito del juego es donde se mueve el artista: juega con la belleza de lo real y convierte en realidad primordial la belleza misma en cuanto tesoro que va descu-
briendo y a la vez fraguando nuestra libertad. El juego del
arte nos convierte en dueños de un mundo propio y así nos

hace manifiesto un destino social pero también personal más allá de las coacciones naturales o legales, en el que tendremos que decidir sin culpas ni disculpas lo que queremos llegar a ser.

En varias ocasiones nos hemos referido anteriormente a los artistas, sobre todo a los más grandes, llamándoles *creadores*. Es un término que no suele aplicarse a los científicos o a los deportistas, por notables que sean. ¿Por qué esta diferencia de trato? ¿En qué sentido decimos que un artista es «creador»? Desde luego no parece que sea «creador» tal como se supone que lo es Dios, porque ni el mayor de los artistas puede sacar su obra de la *nada*. Siempre utilizan materiales previos (pinturas, mármol, una lengua, las notas musicales...), y se apoyan más o menos en lo que hicieron sus antecesores, aunque sea para rechazarlo y buscar nuevos caminos. Pero un poco «divinos» sí que son, porque su obra no se explica sin ellos —sin su vocación y personalidad—, o sea que si cada uno de ellos no hubiera existido lo que han hecho nunca hubiese llegado a ser. Me explico: si Colón no hubiese llegado en 1492 al continente americano, antes o después otro hubiera hecho este viaje desde Europa tal como los vikingos los realizaron en épocas más remotas; si Alexander Fleming no hubiera descubierto la penicilina, antes o después otro sabio habría descubierto las propiedades curativas del hongo milagroso; y el récord de los cien metros lisos ha sido ya batido muchas veces y sin duda volverá antes o después a serlo. El descubridor, el científico y el campeón deportivo son los primeros en llegar hasta dónde aún no se había alcanzado... pero en terrenos ya existentes que se ofrecen previamente a la curiosidad y habilidad de cualquiera. En cambio, si Mozart o Cervantes hubieran muerto en la cuna nadie habría compuesto *La flauta mágica* ni contado la historia de Don Quijote. No nos habrían faltado música o novelas, pero no *esa* música o *esa* novela. Podemos imaginar el teléfono sin Graham Bell o la teoría de la relatividad sin Einstein, pero no *Las Meninas* sin Velázquez. Decimos que es «creador» quien fabrica algo que sin él nunca hubiera llegado a ser, el que trae algo al mundo —grande o pequeño— que sin él nunca podría haber existido precisamente de ese modo y no de otro más o menos parecido. Las obras de arte no son posibilidades o cualidades realizadas de lo que previamente ya hay, sino que brotan de la personalidad misma de los artistas que las llevan a cabo. Se les parecen, reflejan tanto la forma de ser de quien las hace como la realidad del mundo de las que pasan a formar parte. El artista no es el primero en descubrir o lograr algo, sino el *único* que podía «crearlo» a su insustituible modo y manera...

Pero ¿tiene que ser siempre «bella» en el sentido de «bonita», es decir, lo contrario de «fea», la obra realizada por el artista? ¿Tiene que fundarse explícitamente en la armonía y equilibrio entre las partes, en la perfección del conjunto, o puede acoger también lo disonante e incluso lo deforme? La santísima trinidad platónica está formada por el Bien, la Verdad y la Belleza y pertenece a un orden ideal más allá de este mundo; pero la tríada infernal que parece en cambio presidir nuestros conflictos terrenales está constituida por el Mal, lo Falso y lo Feo. ¿Es obligación del artista aspirar sólo a mostrarse devoto de la primera trinidad o también incluye su tarea darse cuenta y darnos cuenta de la segunda? Tomemos por ejemplo el caso de Giorgione, uno de los pintores más excelsos del Renacimiento italiano. En muchas ocasiones reprodujo la hermosura de figuras humanas agraciadas y sin embargo también pintó el retrato implacablemente fiel de una vieja desdentada y decrépita que debía haber sido guapa en su mocedad, porque el cuadro se titula *Col tempo* («Con el tiempo»). No es cuadro que represente la belleza sino lo que el tiempo suele hacer con la belleza. Y la anciana así representada no es «bella» bajo ningún punto de vista, ni tampoco tiene nada de bonito o armonioso el destructivo paso de los años que la ha reducido a tan triste estado físico. ¿Traicionó entonces Giorgione su compromiso artístico con la «belleza» pintando algo que nos produce casi repulsión y que puede suscitar negros temores si reflexionamos sobre ello? Sin embargo me atrevería a decir que el cuadro es artísticamente «hermoso», incluso infinitamente más bello que tantas reproducciones tópicas de paisajes almibarados o de alguna Miss Universo en la flor de su edad. ¿Por qué?

Porque quizá lo que en arte puede ser llamado «belleza» —si es que admitimos que lo que pretende el arte es producir belleza a toda costa— tiene poco que ver en muchas ocasiones con el sentimiento de agrado o con la placidez de lo decorativo. El poeta Rainer Maria Rilke opinaba que la belleza «es aquel grado de lo terrible que aún podemos soportar». La atracción del arte no nos llega siempre como una suave caricia sino a menudo como un zarpazo. Alain, un pensador contemporáneo que escribió mucho sobre el proceso artístico, señala que «lo bello no gusta ni disgusta sino que nos detiene». El primordial efecto estético es *fijar* la atención distraída que resbala sobre la superficie de las cosas, las formas, los sentimientos o los sonidos sin prestarles más que una consideración rutinaria. Según este criterio, es realmente hermoso todo aquello en lo que no hay más remedio que fijarse. Más que buscar nuestra complacencia o nuestro acuerdo, el arte reclama nuestra *atención*. Y quedar atentos puede ser lo opuesto a dejarnos invadir por lo inmediatamente gratificante, como quien se introduce tras un largo día de esfuerzos en un baño bien caliente. Más bien lo contrario, si le damos la razón a otro pensador actual —Theodor W. Adorno— que en su *Estética* sostiene que «el logro estético podría definirse como la capacidad de producir algún tipo de escalofrío, como si la piel de gallina fuese la primera imagen estética». Nos estremece lo que no nos permite pasar de largo, lo que nos agarra, sujeta y zarandea: la *evidencia* de lo real, deslumbrante y atroz, que quizá nunca habíamos advertido antes en su pureza y desnudez implacables. Paradoja de la belleza, que a veces puede ser experimentada como beatitud y en otras ocasiones como escalofrío...

La trayectoria del arte moderno, sobre todo el más contemporáneo, nos abruma con distorsiones del sonido y de la forma, nos enfrenta a lo monstruoso, nos familiariza con los desgarramientos de almas sin esperanza. Sin embargo, también a través de él podemos sentir el estremecimiento conmovedor de la belleza y logramos a veces, incluso desde un radical desasosiego, vislumbrar ciertas formas de serenidad. ¿Traición a la belleza? Quizá todo lo contrario: un intento de no ofrecerla demasiado barata, fácil y accesible, es decir: engañosa. El novelista Stendhal dijo memorablemente que «la belleza es una promesa de felicidad». Pero mantener viva la aspiración a la armonía que encierra esa promesa nos obliga a comprometernos hasta el final con lo malo, lo falso y lo feo de la realidad no reconciliada aún en que vivimos. En la denuncia de lo que falta se vislumbra al trasluz la posibilidad futura de lo que podría ser la plenitud. Sin duda el peligro de esta trayectoria es caer en lo meramente chocante o en formas tan abstrusas de representaciópn estética que requieran la aceptación de disquisiciones teóricas para digerir lo que resulta sensorial o emotivamente arbitrario, provocando además una radical confrontación entre los productos artísticos populares —que el mercado se encarga de vulgarizar más y más— y el llamado «gran arte» cada vez más reservado a una elite que tanto puede ser de entendidos como de simples pedantes.

¿Es reversible este camino? ¿Podemos aspirar sin renunciar a lo que sabemos al regreso nostálgico a una armonía perdida, la cual quizá nunca fue tal como hoy desde nuestra desazón la imaginamos? Seguramente Giorgione tenía razón: también para la belleza, como para cada uno de nosotros, como para todo lo real, el tiempo pasa y se niega a retroceder o detenerse. El tiempo... pero ¿qué es el tiempo? Bien podría ser esta cuestión la que cerrase nuestro recorrido teórico por las preguntas de la vida.

Da que pensar...

¿Cuáles son los dos instrumentos fundamentales que nos condicionan socialmente a los humanos? ¿Tenemos acaso otra biografía que la de nuestros placeres y dolores? ¿En qué consiste el «placer», más allá de la mera sensación física agradable? ¿Además de los evidentes placeres de la sensación y de la satisfacción de necesidades físicas, ¿hay también placeres de la razón? ¿Podemos decir que no sólo es placentero lo confortable o lo útil sino también lo «bueno»? ¿Qué tipo de placer produce la belleza y en qué se diferencia de los otros placeres mencionados? ¿Es placentera la belleza porque resulte «útil» o «buena»? ¿Por qué dijo Kant que el aprecio de la belleza es un «interés desinteresado»? ¿Cuál es la diferencia kantiana entre la belleza «vaga o libre» y la belleza «adherente»? ¿Han estado siempre los valores estéticos radicalmente separados de los restantes valores de la vida? ¿Cuál es el planteamiento de Santayana sobre la relación entre lo bello y lo bueno? ¿Es posible valorar la belleza y desconfiar o menospreciar la «belleza» que producen los artistas? ¿Se da el caso de que grandes artistas hayan desconfiado de las obras de arte? ¿Por qué Platón quiso desterrar a los poetas y demás artistas de su ciudad ideal? ¿Diría Platón que un «buen» artista es lo mismo que un artista «bueno»? ¿Cuál es la diferencia platónica entre la tarea educativa del artista y la del filósofo? ¿Cuál fue la respuesta de Schiller a las tesis platónicas? ¿En qué se parecen el juego y el arte? ¿Puede favorecer la educación artística la preparación del ciudadano para la libertad política? ¿Por qué llamamos «creadores» a los artistas y no a los científicos? ¿Debe el artista siempre buscar la belleza o también tiene que representar a veces la fealdad e incluso el mal? ¿Es «feo» o «malo» estéticamente hablando representar lo «malo» o lo «feo»? ¿Por qué el arte moderno y contemporáneo parecen haber abandonado el concepto tradicional de «belleza»? ¿En qué sentido la belleza puede ser una promesa de felicidad? ¿Cómo nos «detiene» la belleza y qué tipo de «escalofrío» produce?

CAPÍTULO DÉCIMO
Perdidos en el tiempo

Preguntemos a cualquiera cómo es su vida cotidiana. Quizá opte por respondernos enumerando diversas actividades: «A las ocho, me levanto; a las ocho y media, desayuno; a las nueve, entro a trabajar, etc.» Otro puede preferir un estilo más impresionista: «¡No tengo tiempo para nada!» Los habrá que prefieran la confidencia: «Salgo desde hace dos meses con una chica y ahora por fin soy feliz.» Seguro que escucharemos también a algunos nostálgicos: «No hago más que acordarme de cuando éramos pequeños y jugábamos en la playa.» Si el interrogado es un anciano, preparémosnos al suspiro: «Yo ya me tomo la vida sin prisas, porque ¡para el tiempo que me queda!...» Y todo así: «Hace diez años que no me suben el sueldo, desde que murió Franco se respira mejor, ya no somos tan jóvenes como antes, ¡mañana empieza la primavera!, etc.» Nadie logrará hablar de sí mismo, de su vida, de lo que quiere o teme, de lo que le rodea, sin referirse inmediatamente al tiempo. Sin indicaciones cronológicas de algún tipo resultamos ininteligibles e inexpresables.

Por tanto se debería suponer que nada nos es tan conocido y familiar que el tiempo, del cual echamos mano constantemente para hablar de nosotros mismos, de lo que hacemos y de lo que nos pasa. Sin embargo, con el tiempo nos ocurre lo mismo que con el ordenador, el fax, el vídeo y tantos otros aparatos que tenemos en casa: sabemos cómo utilizarlos y no podemos ya vivir sin ellos, pero si se nos pregunta por qué funcionan y en qué consisten (qué *son*) no nos queda otro remedio que encogernos de hombros. Aunque a diferencia de nuestra ignorancia electrodoméstica, el desconcierto sobre el tiempo viene de muy antiguo... ¡como no podía ser menos! Quizá haya sido una mente tan preclara y tan sincera como la de san Agustín, allá por los comienzos del siglo v de nuestra era, quien lo ha expresado de un modo que aún sigue resultando estrictamente válido: «¿Qué es, pues, el tiempo? Sé bien lo que es, si no se me pregunta. Pero cuando quiero explicárselo al que me lo pregunta, no lo sé. Pero me atrevo a decir que sé con certeza que si nada pasara no habría tiempo pasado. Y si nada existiera, no habría tiempo presente» (*Confesiones*, XI, 14).

Dice Agustín de Hipona: si me lo preguntan. Pero en éste como en tantos otros casos de la reflexión filosófica hay que entender «si me lo pregunto», porque el diálogo con los otros no es más que la ocasión o la provocación a dialogar con uno mismo, es decir a *pensar*. Dentro de cada uno están todas las voces y también es cierto que pensamos entre todos (recuérdese lo que dijimos ya en el capítulo segundo). Pues bien: resulta que sé lo que es el tiempo mientras no me lo preguntan ni me lo pregunto, o sea mientras no necesito demostrar que lo sé. Luego empiezan las dificultades y el gran enigma.

¿Qué tiene de «enigmático» el tiempo? ¿Por qué resulta tan difícil de pensar? Porque para pensar algo hay que *fijarse* en ello y fijarlo, pero el tiempo no se deja fijar, resulta inaprensible, no hay modo de verlo «quieto»... ¡ni siquiera imaginariamente! Supongamos que intento fijarme en el tiempo según pasa, deteniendo el momento transitorio tal como el Fausto de Goethe quiso ordenar un día a cierto instante: «¡Detente!, ¡eres tan hermoso...!» Pero ¿en qué momento podré fijarme? Pues en este mismo: ¡ahora! Sin embargo, ese «ahora» está ahora ya pasado, ya no no es «ahora» sino «antes», «hace un rato». En una palabra, se trata de un viejo «ahora», en el cual sin duda han nacido y han muerto miles de personas, se han hecho caricias, se han tenido sueños, se han cruzado promesas, se han adquirido y olvidado conocimientos, etc. Fue, pero ya no es: pasó. ¿En qué otro «ahora» podría fijarme? ¿En el que está a punto de llegar? Pero ése aún no está y sería peregrino intentar atraparlo antes de que llegase. Cuando pretendo «fijar» el tiempo en su «ahora», lo que consigo es conmemorar un «ahora» que ya no es o prevenir un «ahora» que aún no es. Paradójicamente, el momento pasado que ya no está y el momento futuro que todavía no está parecen más manejables que el instante presente, que se desvanece en cuanto se presenta o, mejor dicho, en cuanto intento fijarme en él. Al presente lo vemos venir y lo vemos alejarse pero nunca lo vemos *estar*. Y ¿cómo podemos determinar qué cosa «es» lo que nunca «está»?

Vamos a intentarlo de nuevo. El tiempo es un potro salvaje difícil de montar, porque en cuanto queremos darnos cuenta nos descabalga y lo vemos alejarse haciendo corvetas. Pero no debemos dejarnos engañar por la reducción a lo infinitesimal de la actualidad vivida. Según Zenón de Elea, el veloz Aquiles nunca podrá alcanzar a la pausada tortuga, por poca ventaja que en la carrera conceda a ésta: si la distancia que les separa es por ejemplo de veinte centímetros, Aquiles tendrá que tardar un brevísimo lapso en recorrerlos; en ese tiempecito, la tortuga irá un poco más allá, estableciendo una nueva separación entre ambos; también Aquiles la recorrerá con celeridad extrema, pero siempre invertirá en tan corto viaje alguna fracción de tiempo, aprovechado por el obstinado quelonio para alejarse a rastras: tan cerca, tan lejos, el bicharraco fugitivo permanece lentamente inasequible... Y sin embargo, maldita sea, *sabemos* que Aquiles atrapa a la tortuga aunque no consigamos explicar convincentemente cómo se las arregla para cumplir tal hazaña. De igual modo, sabemos también que vivimos el presente y que «ahora» es precisamente ahora, no más pronto ni más tarde. Lo sabemos, desde luego: en cambio «pensarlo» ya resulta más complicado... como reconocía el bueno de san Agustín.

Es sorprendente, según ya indicó muy bien Hegel, que aquello de lo que parece que podemos estar más seguros, lo que tenemos más a mano, lo que desafía al escepticismo, lo que estamos tentados a denominar como «concreto» —«ahora», «aquí», «esto»...— se vacía por completo de contenido cuando intentamos someterlo al pensamiento. Estamos segurísimos de estar aquí, pero resulta que todos los «aquí» se parecen tanto que en seguida necesitan alguna precisión más. A la pregunta «¿dónde?» no basta con responder «aquí», pues tal respuesta es un índice subjetivo y —como ya indicamos en el capítulo segundo— la tarea racional consiste en intentar combinar el punto de vista meramente subjetivo con el objetivo. Por tanto, tendré que intentar responder algo más: «Estoy aquí, en mi cuarto, en tal calle de tal ciudad, en tal país, en tales coordenadas, etc.» Según vaya ganando contenido, la ampliación de mi «aquí» irá perdiendo certidumbre: quizá me equivoco de calle o de provincia, de latitud o de longitud, pero nunca puedo equivocarme cuando digo simplemente «aquí». Lo mismo ocurre cuando aseguro «esto» mientras, por ejemplo, señalo con el dedo o —aún mejor— doy unos golpecitos en el objeto indicado. No hay duda de que «esto es esto»; pero para pensar adecuadamente qué es esto y por qué no es aquello otro, debo decir que se trata de una mesa, hecha de nogal, acabada hace cincuenta años por un artesano llamado... etc., una serie de nociones que van llenando «esto» de contenido aunque también aumentando las posibilidades de duda o error. Nunca fallo si, a fuerza de querer ser concreto, digo lo más abstracto: «Esto es esto.» Pero cuando quiero ser concreto de verdad para explicarle lo que tengo delante a un ausente es cuando me las veo y me las deseo.

De todas formas, por lo menos «aquí» o «esto» permanecen en su sitio mientras procuro dar el paso desde la mera subjetividad a lo intersubjetivo objetivado. El «ahora», en cambio, se resiste a esa determinación, perdiéndose inmediatamente cuando pretendo dar cuenta de él. Para fijar tanta movilidad deberé poner en conexión el instante buscado con otro movimiento de tipo distinto que sirva como referencia a mi interlocutor: «¿Cuándo será *ahora*?» Respuesta: «Cuando yo baje el brazo, cuando la manecilla del reloj llegue a las doce, cuando avistemos el barco que regresa de Delfos (así se determinó el "ahora" de la ejecución de Sócrates), cuando el caballo cruce aquel poste, cuando la niña tenga su primera menstruación, cuando muera el dictador, etc.» Como ya vio Aristóteles en su *Física*, la noción de tiempo está ligada intrínsecamente a la del *movimiento* de los seres, entendiendo este término en toda su extensión: desplazamiento de un lugar a otro, modificación de estado (v. gr.: aumento o disminución de temperatura, cambios de color), nacimiento y muerte, envejecimiento, aumento o disminución, etc. El tiempo pasa porque las cosas pasan o a las cosas les pasan otras cosas. Donde nada pueda pasar no podrá hablarse de «tiempo». Por ejemplo, en la aritmética: a la pregunta «¿cuándo?» no podemos responder «cuando dos y dos sean cuatro» porque tal relación existe siempre, sin que ningún cambio pueda afectarla. ¿Diremos que es *eterna*? Para evitar esta palabra de linaje teológico, quizá sea mejor decir que es «intemporal». Las verdades lógicas o matemáticas están «fuera» del tiempo aunque de ellas nos ocupemos seres con los que el tiempo tiene muchísimo que ver. Demasiado, como luego se dirá.

Conscientes del tiempo y de la dificultad para pensarlo, los humanos hemos ingeniado muy diversas maneras de establecer ese paso que jamás se detiene. Es decir, formas diversas de *medir* el tiempo. Pero ¿qué estamos «midiendo» cuando medimos el tiempo? ¿Cómo «medir» algo que no sabemos apenas lo que es? Medir el tiempo equivale más o menos a determinar el plazo de los cambios que nos afectan, a nosotros, a nuestras actividades y al mundo en que habitamos. Pero como tales cambios pueden ser de numerosos tipos y como las medidas que les aplicamos responden a criterios muy diferentes, es imposible en realidad hablar de un solo «tiempo»: tendremos que resignarnos a que haya diversos «tiempos», según los cambios observados y las pautas de medición utilizadas. Y también según la urgencia social de controlar ciertos cambios por encima de todos los restantes.

Los filósofos, y junto con ellos la gente común, tendemos a pensar que la intuición del tiempo que pasa es algo «natural» que se da del mismo modo en todos los seres humanos. Resulta una forma de pensamiento «atemporal», «ahistórica», que peca precisamente contra el concepto mismo que intenta establecer. Un autor que se ha dedicado profundamente a reflexionar sobre la antropología y sociología de las costumbres, Norbert Elias, demuestra convincentemente que solemos absolutizar como «naturales» las formas de temporalidad que en realidad corresponden a nuestra cultura y nuestra época histórica.[38] Los grupos humanos se han *orientado* temporalmente de manera muy diversa. Establecer los ritmos y plazos del tiempo no responde a una curiosidad meramente teórica, sino a la necesidad de acotar claramente el momento oportuno de realizar ciertas actividades sociales (cosechas, cacerías, rituales religiosos) y también al afán de sincronizar tareas que debemos llevar a cabo en común con los demás. La red de precisiones temporales en que hoy nos movemos tiene la malla muy fina, pero para Aristóteles o san Agustín no contaban intelectualmente tal cosa como los minutos o los segundos... ¡por no mencionar los nanosegundos de la física actual!

A determinados grupos humanos les ha bastado para orientarse temporalmente decir «cuando hacía frío»; otros hablan de «invierno» y después de «enero» o «febrero», de meses, días, etc. Ciertas comunidades se han orientado por las fases de la luna (la alternancia «día» y «noche» supongo que es la más común y antigua de todas las reglas temporales), por la llegada de las lluvias, por la crecida de las aguas

---

38. *Sobre el tiempo*, de N. Elias, Fondo de Cultura Económica, México.

fluviales o de las mareas, hasta desembocar en los actuales cronógrafos de precisión. A veces un acontecimiento histórico (una batalla, el nacimiento de Jesucristo) basta para establecer un signo indicativo en el flujo temporal. Depende de las actividades que el grupo deba llevar a cabo, de la memoria compartida que guarde de su pasado o del nivel científico de las observaciones que realice en el mundo natural. No necesita la misma exactitud en la determinación del instante el campesino o el cazador que el obrero industrial de la sociedad moderna. La medida del tiempo es siempre un punto de encuentro social en el que se armonizan los miembros del grupo de acuerdo con determinados objetivos compartidos: a veces basta que florezcan los campos o que vuelvan los pájaros (lo que no siempre ocurre en plazos idénticos), en otras ocasiones deben establecer recurrencias precisas que tengan que ver con mecanismos abstractos y no admitan alteración o excepciones, como el tiempo de nuestros relojes mecánicos.

En cualquier caso, las formas de medir el tiempo son *convenciones* necesarias para establecer determinadas unanimidades socialmente imprescindibles. Sin medidas del tiempo comunes (como sin baremos comunes para medir longitudes, cantidades o pesos) el funcionamiento del grupo social —basado en la cooperación y el intercambio— se hace imposible. Ciertos grupos sólo requieren medidas temporales muy laxas, en otros es de rigor la mayor exactitud; en las sociedades tradicionales lo importante es determinar los momentos de reunión de toda la colectividad, en las modernas cuenta sobre todo la forma en la que cada cual organiza sus actividades particulares. Desde luego tales pautas de medición caracterizan el tono peculiar de la relación con el tiempo dentro de un grupo. En las sociedades técnicamente desarrolladas, por ejemplo, vivimos en un tiempo de precisión agobiante pero también mucho más «privatizado» que en otras colectividades. No son tanto los hitos colectivos sino las relaciones entre particulares las que se ven sometidas a horarios estrictos. Por lo demás, cada cual se orienta temporalmente a su gusto:

cuanto más moderna es una gran ciudad, tanto más fácil por ejemplo resulta comer o hacer compras en cualquier momento. Aun así, persisten algunos mojones colectivamente significativos, como el final del año o el comienzo de las vacaciones estivales, y ciertas convenciones se cargan de significados trascendentes: pensemos en cuántas elucubraciones se están haciendo en torno a un avatar del calendario tan fortuito como el próximo cambio de milenio...

Ya adoptemos unas u otras medidas temporales, uno no puede dejar de pensar que existe además y al margen de ellas un tiempo independiente de cualquier convención humana. Es decir, que ciertos cambios naturales cumplen sus plazos sea cual fuere nuestra forma de orientarnos socialmente en lo temporal. Los astros tardan un determinado tiempo en recorrer sus órbitas y las células tienen inscrita su propia fecha de caducidad aunque nadie pueda establecerla precisamente: no por carecer de una medida exacta del giro de la Tierra en torno al sol logra ningún hombre vivir mil años... Por arbitrarias que sean nuestras pautas de orientación temporal, en todas ellas ciertos acontecimientos preceden siempre e irreversiblemente a otros, como el nacimiento de un padre al de sus hijos o la siembra a la cosecha. Aunque la cosmología actual relativice nuestras formas de medir el tiempo a escala cósmica e incluso se hable de una «creación» constante de espacio y tiempo de acuerdo con la expansión del universo, nadie sostiene a favor de tal perspectiva que la aparición del sol fuese posterior a la del resto de los planetas o que los mamíferos antecedan evolutivamente a los dinosaurios. Además del tiempo «social», establecido por nuestras necesidades colectivas y las formas de medición que responden a ellas, debe existir algo así como otro tiempo «natural» que a veces sirve como orientación del primero pero que en todo caso transcurre de modo independiente a las normas humanas. Sólo en fantasías subversivas como *A través del espejo*, de Lewis Carroll, sucede que *primero* se grite de dolor, *luego* se empiece a sangrar y *finalmente* se sufra el pinchazo en un dedo...

Según ya hemos apuntado al comienzo, el «ahora» que responde a la pregunta «¿cuándo?» puede registrarse en cualquiera de las tres grandes zonas que se reparten nuestra comprensión del tiempo: pasado, presente y futuro. Pero de las tres, dos de ellas —el pasado y el futuro— no tienen más que una realidad digamos que «virtual». La vida siempre ocurre en el presente y fuera del presente nada es del todo real, nada tiene *efectos* directos: no me herirá ninguna de las balas disparadas en la segunda guerra mundial ni me puedo broncear al sol del verano del año 2005. El guasón de Lewis Carroll inventó una rica mermelada que se podía comer cualquier día, menos hoy: eso equivale a dejarnos literalmente con la miel en los labios, porque lo que no puedo comer «hoy» —cualquiera que sea la fecha en el calendario de ese «hoy»— no lo podré paladear nunca. ¿Deberíamos, por tanto, desentendernos del pasado y del futuro para concentrarnos exclusivamente en el presente? ¿Hacemos mal en llenar nuestro presente de las sombras del pasado y de las promesas del futuro? Tal es la opinión de Pascal, severo y lúcido moralista: «El pasado no debe preocuparnos, porque de él no podemos más que lamentar nuestras faltas. Pero el porvenir nos debe afectar aún menos, porque nada tiene que ver con nosotros y quizá no lleguemos nunca hasta él. El presente es el único tiempo verdaderamente nuestro y que debemos usar según manda Dios... Sin embargo, el mundo es tan inquieto que no se piensa casi nunca en el presente y en el instante que vivimos, sino en el que viviremos. De modo que siempre estamos empeñados en vivir en lo venidero y nunca en vivir ahora» (carta a Koannez, diciembre de 1656). No sólo a nivel individual los remordimientos del pasado o la desazón del futuro pueden pudrirnos el presente en que efectivamente vivimos: también vemos que pueblos, naciones o colectividades sacrifican el presente «ahora» empeñándose en vengar o reparar agravios pretéritos o sacrifican a las generaciones actuales en nombre del bienestar de las futuras (¿por qué dicho incierto bienestar debería ser preferible al de nuestros contemporáneos?).

Si el pasado y el futuro abruman de tal modo nuestro presente, quizá debamos pensar que no son tan «pasado» y «futuro» como parecen. Vamos, que el presente es *también* la zona temporal donde pasado y futuro son reales, es decir, donde pueden tener algún tipo de efectos (creo que podemos llamar «real» solamente a lo que afecta de algún modo a otras realidades, nunca a lo que no sabríamos señalar el modo en que su existencia modifica de hecho a cualquier otra cosa existente). De nuevo es san Agustín el que plantea de forma más competente el asunto: «Tampoco se puede decir con exactitud que sean tres los tiempos: pasado, presente y futuro. Habría que decir con más propiedad que hay tres tiempos: un presente de las cosas pasadas, un presente de las cosas presentes y un presente de las cosas futuras. Estas tres cosas existen de algún modo en el alma, pero no veo que existan fuera de ella. El presente de las cosas idas es la memoria. El de las cosas presentes es la percepción o la visión. Y el presente de las cosas futuras la espera.»[39] Tanto el pasado o el futuro tienen efectos presentes porque están presentes en nuestro presente. Mutilar el presente del recuerdo del pasado y de la expectativa del futuro es dejarlo sin espesor, sin «sustancia»...

Sin embargo, nuestra relación con el pasado no es simétrica a la que guardamos con el futuro. Más bien diríamos que lo ya ocurrido nos afecta en el presente de modo opuesto a lo que va a ocurrir, siempre que caractericemos el presente como el momento en que sucede la vida y tenemos que actuar. En el pasado se sitúa lo conocido que ya no podemos modificar; en el futuro está lo desconocido aún modificable. Ninguna de nuestras acciones puede cambiar el pasado, aunque todas pueden tenerlo en cuenta; en cambio, nada del futuro podemos dar por descontado, aunque cualquiera de nuestras acciones influirá en su devenir. Diríamos que las cosas pasadas ya las tenemos a mano —aunque intangibles—,

---

39. *Confesiones*, de Agustín de Hipona, trad. de P. Rodríguez de Santidrián, Alianza Editorial, Madrid.

mientras que las futuras están envueltas en la oscuridad del misterio, pero admiten y aun exigen para hacerse presentes nuestra intervención. Si nuestra condición humana es ante todo *activa*, parece que el futuro debe contar en nuestro presente más que el pasado.

Contra esta opinión también pueden alzarse reservas: a la más dogmática la llamaremos doctrina del destino, y a la más hipotética se la suele denominar teoría de los futuros contingentes. Los creyentes en el destino —los filósofos estoicos, por ejemplo— sostienen que todos los acontecimientos futuros están rigurosamente determinados desde siempre, tal como lo estuvieron los pasados. Según Crisipo (siglo III a. J.C., citado por Aulo Gelio, *Noches Áticas*, VII), «el destino es una disposición natural de todo, desde la eternidad, de como cada cosa sigue y acompaña cada otra cosa, y tal disposición es inviolable». Por tanto el porvenir «está ya escrito», como suele decirse: en realidad no hay futuro, porque no hay novedad ni incertidumbre en lo que ha de ocurrir, sólo ignorancia por nuestra parte para preverlo. El orden universal se despliega como una tela pintada que se va desenrollando paulatinamente pero donde nada puede aparecer, salvo lo que ya sabemos que está representado previamente en ella. En ese cuadro que se va desvelando poco a poco estamos también cada uno de nosotros, con todos los incidentes que van a ocurrirnos en la vida: por tanto no ya nuestra libertad sino nuestra misma capacidad de acción (si por «acción» se entiende la posibilidad de intervenir en el curso de lo real y no simplemente de seguirlo) quedan seriamente en entredicho. Se pueden aplicar aquí *mutatis mutandis* algunas de las reflexiones que hicimos en el capítulo sexto. Señalemos ahora solamente que en cuanto desaparece el futuro —por predeterminado, sea quien lo dispone Dios o la Naturaleza— se asfixia la libertad, que sólo puede respirar aires de porvenir.

Más sutil es el planteamiento aristotélico (en el capítulo IX del tratado *De la interpretación*), dirigido precisamente a defender la posibilidad de un futuro propiamente tal, es decir abierto, frente a quienes por razones estrictamente *lógicas* se puedan ver inclinados a negarlo. Supongamos que nos hallamos aparentemente en vísperas de una gran batalla naval. Sobre tal eventualidad son posibles dos proposiciones: «mañana habrá una batalla naval» o «mañana *no* habrá una batalla naval». Una de estas dos afirmaciones y sólo una es cierta ya hoy, aunque no sepamos todavía cuál. Pero lo que es verdad es verdad *in aeternum*, puede recordarnos un lógico implacable (¡hay gente para todo!): por tanto, en alguna parte debe estar escrito ese futuro que convierte en verdadera o falsa a cada una de las proposiciones. Con un sentido común racionalista que produce alivio, Aristóteles sostiene en cambio que lo único que hoy es verdadero es que «mañana habrá *o* no habrá una batalla naval», mientras que *aún* no puede ser verdad ni que «mañana habrá una batalla» ni que «mañana no habrá una batalla».[40] Es decir, lo verdadero «para mañana» es la duda entre dos o más posibilidades, no la certeza profética de una u otra. El futuro es «contingente» —puede ser así o de otro modo—, no fatal ni necesario. Lo que ocurra mañana tendrá sin duda sus propias causas, entre las cuales bien puede estar nuestra efectiva decisión humana de actuar que sólo intervendrá en lo real cuando la pongamos en práctica y nunca antes. Ciertamente, puede haber futuros contingentes que para nada dependan de acciones humanas. No nos limitamos pues a «leer» un futuro ya escrito sino que colaboramos a escribirlo. Gracias, Aristóteles.

Quizá estas formas de negación del futuro se deben en gran medida a una concepción *espacial* del tiempo. Cuando intentamos pensar el tiempo empezamos por «imaginarlo» y es difícil —¿imposible?— tener «imágenes» que no sean espaciales. «Vemos» pasar el tiempo como algo que se traslada en el espacio: el tiempo «corre», se nos hace muy «largo», «avan-

---

40. Actualmente es tema de discusión si Aristóteles dice esto o quiere decir mañana «necesariamente»...

zamos» hacia el año 2000, estamos a una «distancia» de dos siglos de la Ilustración y el poeta Jorge Manrique dijo que «nuestras vidas [es decir, el transcurso temporal de nuestras vidas, F. S.] son los ríos que van a dar a la mar que es el morir»... La comparación del tiempo con un «río» es particularmente repetida: es habitual referirnos a un «lapso» de tiempo, palabra cuya etimología nos remite al latín *labi*, «fluir». Pero el tiempo también puede ser una especie de «viento» que sopla en las velas de la historia para llevarnos hacia el futuro; y Walter Benjamin, comentando el cuadro de Paul Klee *Angelus novus* —que representa a un ángel volando hacia atrás—, lo imagina más bien como una auténtica tormenta que «desciende del Paraíso, se arremolina en sus alas y es tan fuerte que el ángel no puede plegarlas. Esta tempestad lo arrastra irremediablemente hacia el futuro, al cual vuelve las espaldas, mientras el cúmulo de las ruinas sube ante él hacia el cielo. Tal tempestad es lo que llamamos progreso».[41] La concepción judeocristiana del tiempo lo presenta como una flecha que avanza desde el Paraíso al Juicio Final de modo irreversible; en la versión laica de ese mito, a la que se refiere Benjamin, tal avance es un «progreso», es decir, viaja de lo peor a lo mejor; no faltan pesimistas que lo ven como una perpetua «decadencia» de signo opuesto.

Muchas otras culturas —y algunos autores dentro de la nuestra, como Giambattista Vico o Nietzsche— han preferido imaginar un tiempo cíclico, que se desplaza girando como una rueda o que rota permanentemente sobre sí mismo, trayendo una y otra vez lo mismo al escenario del presente. Un río, una flecha, una rueda, una tempestad, siempre algún tipo de energía motriz que nos traslada desde un punto a otro siguiendo una trayectoria que se parece demasiado a las que realizamos a través del espacio. Por cierto, la ciencia ficción contemporánea se ha tomado literalmente lo de «viajar por el

---

41. Tesis de filosofía de la historia, de W. Benjamin, en *Ensayos escogidos*, trad. de H. Murena, Ed. Sur, Buenos Aires.

tiempo» y ha compuesto diversas novelas sobre el tema, desde la estupenda *La máquina del tiempo* de H. G. Wells hasta las invenciones de Poul Anderson, Ray Bradbury, las películas del tipo *Regreso al futuro* y tantas otras variantes cada vez más sofisticadas que siguen añadiéndose a la nómina (recuerdo también una candorosa serie televisiva de mi adolescencia, que me encantaba, protagonizada por David Hedison y llamada *El túnel del tiempo*... en homenaje privado a la cual he escrito este capítulo, porque para reflexionar sobre el tiempo me parece obligado partir de la memoria).

Diversos pensadores han protestado contra esta «espacialización» de lo temporal. En el primer tercio de nuestro siglo, Henri Bergson contrapuso el tiempo «exteriorizado» de la visión cientifista y racionalista a la *durée*, la duración íntimamente vivida y continua que se resiste a cualquier fragmentación espacializante. Según Bergson, el «tiempo» de los físicos es algo parecido al «movimiento» que reproduce el cinematógrafo: una serie de fotogramas o «instantáneas» sucesivas que el ojo humano capta como gestos, carreras, explosiones, etc. Pero nosotros, que estamos *dentro* de la película, sabemos que el movimiento no es verdaderamente una sucesión de instantes estáticos —¡la trampa de Zenón!— sino una «continuidad» que sólo tras haber sido asesinada puede diseccionarse como la suma rapidísima de muchas paradas; del mismo modo, el transcurso del tiempo no recorre una serie de estaciones intemporales —aquí, allá y aún más allá, siempre en la misma carretera— sino que fluye sin trayecto previo, apareciendo en el mismo instante que desaparece *a través* de nosotros: no nos transporta sino que nos traspasa.

Hay otras muchas diferencias esenciales entre el movimiento *en* el espacio y el pasar *del* tiempo. La más notable es que en cada lugar del espacio sólo puede encontrarse un cuerpo, mientras que en cada instante del tiempo se hallan todos los cuerpos contemporáneos, desde la estrella más remota a la hormiga que trepa por nuestro zapato. En cada punto del espacio sólo *cabe* tal o cual cosa definida, mientras que cualquier subdivisión del tiempo, por mínima que sea, abarca lo innumerable... o lo infinito. Desde luego, la velocidad de nuestros viajes por la superficie terráquea nos han acostumbrado a suponer que en cierta medida nos trasladan también por el tiempo: el avión que parte de Madrid hacia Nueva York «gana» horas en su trayecto, de modo que cuando llegamos a la ciudad estadounidense y telefoneamos a nuestra familia sus relojes marcan varias horas más que el nuestro (recuérdese la sorpresa final de la *Vuelta al mundo en ochenta días* de Julio Verne, cuando el aventurero Phileas Fogg descubre que después de todo ha logrado ganar su apuesta gracias a los cambios horarios debidos a la rotación de la Tierra). Pero tales «ganancias» o «pérdidas» horarias lo son solamente en la *medición convencional* del tiempo, no en el tiempo mismo: el instante que vivo cuando hablo telefónicamente con mi mujer a través del Atlántico es el mismo que vive ella, aunque... ¿a ojos de quién? Tampoco «viajar» por el tiempo podría ser nunca como trasladarse espacialmente hacia adelante o hacia atrás, por mucho que los escritores de ciencia ficción nos entretengan ingeniosamente especulando con tal posibilidad. El problema no estriba solamente en los diversos absurdos que se propiciarían (vuelvo al pasado para estrangularme en la cuna e impedirme crecer, con lo cual nunca llegaría a la edad en que he debido emprender mi viaje; o viajo hacia el futuro para encontrarme conmigo mismo y revelar a mi «yo» del porvenir esa travesía cronológica, que ya debería conocer por haberla efectuado «antes» de llegar a tal encuentro, etc.). Todas estas contradicciones demuestran que los sucesivos «lugares» del tiempo no están simplemente yuxtapuestos como los «lugares» del espacio sino que tienen una concatenación interna que no puede ser invertida sin destruir lo propiamente «temporal» del tiempo mismo. Pero es que, además, cualquier «desplazamiento» temporal implicaría también un lapso de tiempo, por breve que fuese, que no sabríamos si pertenece al pasado o al futuro ni cómo computarlo. Es decir, mientras viajamos por el espacio siempre podemos saber dónde estamos, pero *durante* el viaje temporal no estaríamos temporalmente en ningún sitio. Y es que, según parece, el tiempo no «está ahí» ya dado, como el espacio, para que lo recorramos, sino que más bien lo llevamos *puesto*. Un poco más adelante volveremos sobre esta cuestión.

Aún se da otra diferencia importante entre espacio y tiempo, en la que insiste el pensador contemporáneo Cornelius Castoriadis. En el espacio se nos ofrece lo distinto, pero es en el tiempo donde puede aparecer lo radicalmente otro, la verdadera *alteridad*. Abarcadas por el espacio se reproducen las diversas formas de la identidad, pero el espíritu creador madura con el paso del tiempo y se yergue de pronto trayendo la auténtica novedad de lo no-idéntico, de lo literalmente «nunca visto», trátese de un poema, una herramienta, un hallazgo científico, una sinfonía, una ley o una revolución. Los antiguos griegos hablaban del *kairós*, el momento propicio en el que se puede realizar lo antes imposible y donde aparece por obra del ánimo humano la nueva «idea» que antes faltaba en el mapa del mundo real. Lo que cuenta de veras en la temporalidad es la siempre abierta posibilidad del *kairós*, el instante futuro que rompe con la rutina y lo previsible para inaugurar una perspectiva inédita de vida consciente en el universo: el momento en que la *imaginación* se pone en práctica. En el espacio podemos explorar lo desconocido y encontrar lo que aún no sabíamos que estaba allí, pero es en el tiempo donde podemos dar a luz aquello que imaginamos en ruptura con lo meramente constatable.

El 31 de diciembre de 1902, Jules Renard anota en su diario: «Año, una rodaja cortada al tiempo y el tiempo sigue entero.» Más allá de las constataciones antropológicas sobre la forma de medir el tiempo y el distinto papel de la temporalidad en las culturas, más allá de las elucubraciones de los físicos sobre el tiempo en el universo, lo que nos pasma vivencialmente a los humanos es que el tiempo —ese algo inaprensible que perpetuamente escapa— permanece en cierto sentido completo e intacto mientras nosotros somos tragados por su remolino. ¿Es el tiempo el fugaz o más bien nosotros en él? La respuesta del poeta Pierre de Ronsard (s. XVI) certifica nuestra más íntima convicción:

> *Le temps s'en va, le temps s'en va, ma Dame,*
> *Las!, le temps non, mais nous nous en allons.*

> (El tiempo se va, el tiempo se va, señora,
> ¡ay!, no el tiempo sino nosotros nos vamos.)

Queremos suponer que el tiempo pasa, pero en realidad sabemos que el tiempo siempre está ahí, fluyendo aunque sin disminuir ni aumentar: lo que transcurre y decrece incesantemente no es el tiempo sino *nuestro* tiempo. Ahora bien, si lo propio del tiempo es ese pasar irremediable que, cuando lo consideramos en términos absolutos, no afecta al tiempo mismo pero en cambio nos atañe más bien a nosotros, ¿no será acaso el tiempo nada más pero tampoco nada menos que nuestra dimensión esencial? Algo así sospechó ya en su día el clarividente Agustín: «Me parece que el tiempo no es otra cosa que una cierta extensión. Pero no sé de qué cosa. Me pregunto si no será de la misma alma.» No es que nosotros midamos el tiempo sino que nos medimos a nosotros mismos *en* el tiempo... ¡a no ser que sea el tiempo el que nos mide!

Quizá entonces haya que replantear de nuevo la cuestión del tiempo, vinculándolo de forma mucho más directa a nuestra condición humana (o al menos a nuestra condición «humana» tal como la entendemos los occidentales de la modernidad). Eso es precisamente lo que hace Martin Heidegger en el libro de filosofía más celebrado y discutido del siglo XX, *Ser y tiempo* (1927). Ya tres años antes de publicar su obra máxima, Heidegger concluía una conferencia titulada «El concepto de tiempo» formulando de otro modo la vieja pregunta: «¿Qué es el tiempo? se ha convertido en: ¿quién es el tiempo? Más precisamente: ¿somos nosotros mismos el tiempo? O aún con mayor precisión: ¿soy yo mi tiempo?» La respuesta de Heidegger es afirmativa: lo que llama *Dasein*, el existente humano, consiste precisamente en «tiempo», esa inconsistencia transitoria. Su planteamiento coincide en lo sustancial con la formulación a la par poética y reflexiva con la que Jorge Luis Borges concluye su ensayo titulado significativamente *Nueva refutación del tiempo* (un propósito metafísico que desde luego no logra llevar a cabo): «El tiempo es un río que me arrebata, pero yo soy el río; es un tigre que me destroza, pero yo soy el tigre; es un fuego que me consume, pero yo soy el fuego. El mundo, desgraciadamente, es real; yo, desgraciadamente, soy Borges.»

Y de este modo volvemos otra vez a tropezarnos con la realidad insoslayable de la muerte, de la que partimos en el primer capítulo. Para Heidegger, como para Borges (¡por eso quería refutar el tiempo!), estar hechos de tiempo significa estar abocados a la muerte, resbalar sin tregua hacia ella. ¡Qué poco nos importaría el tiempo en ninguna de sus formas o medidas si nos creyésemos inmortales! Nos desentenderíamos de él como los niños pequeños, que nos dicen «¿te acuerdas ayer...?» y se están refiriendo al verano pasado... ¡o a esta misma mañana! La temporalidad es la conciencia de nuestro tránsito hacia la muerte y del tránsito hacia su acabamiento o ruina de las cosas que más amamos. Por eso nos urge, por eso nos angustia, por eso nos empuja a la melancolía... o al desafío. A este respecto, da igual que vivamos muchos o pocos años. Según cuenta Baltasar Gracián en *El criticón*, cierto rey se disponía a construir un gran palacio pero antes de comenzar quiso saber cuánto iba a vivir, para estar seguro de que la inversión merecía la pena. Sus astrólogos le dijeron que viviría mil años y entonces el rey renunció a su proyecto, diciendo que para tan corto plazo cualquier choza le podía bastar. Ser temporales (*sabernos* temporales) es siempre vivir «poco», pero también proporciona un sabor fuerte, intenso, a la brevedad vital que paladeamos. La vida nunca puede dejarnos indiferentes porque siempre se está acabando: y el acecho de la muerte vuelve desgarradoramente *interesante* el más insípido de los momentos.

Lo que nos ata definitivamente al tiempo y por tanto a la mortalidad es nuestro *cuerpo*. En sus células se esconde el veneno de relojería que poco a poco nos va corroyendo. Ese mortal tiempo que «somos» podemos suponer fundadamente que resulta un requisito fisiológico de los órganos que evolutivamente corresponden a cada uno de los miembros de nuestra especie. En cuanto «producto» material, llevamos la fecha de caducidad inscrita en nuestros genes. Así nos lo aseguran los expertos: tengo sobre la mesa, por ejemplo, un estudio científico sobre el proceso de envejecimiento llamado *El reloj de la edad* (de John J. Medina, Ed. Crítica), en el cual se explican los diversos pasos bioquímicos de tal proceso irreversible. Estamos «programados» para envejecer y morir. Sometidos a los achaques del cuerpo, constantemente sentimos también *miedo*, sea un temor vago e inconcreto o apremiante (quizá más vago e inconcreto al comienzo de nuestra vida consciente, para hacerse más apremiante con los años). Ese miedo es el eco de la conciencia temporal de nuestro destino de seres arrastrados hacia su fin, como explica muy bien Marcel Conche en su obra *Tiempo y destino*: «Un Miedo difuso es el fondo afectivo de nuestro ser, la tonalidad afectiva fundamental. El miedo siempre está ahí. Una nadería y tenemos miedo, pues esa "nadería", ¿quién sabe?, quizá no es una nadería, quizá es ya la muerte.»[42] Y como es el cuerpo el que constantemente nos expone sin resguardo a la muerte por su propia naturaleza, en todas las épocas se ha cultivado entre los humanos la idea de que hay algo en nosotros no-corporal, por tanto no-temporal, inalcanzable a las heridas e invulnerable ante los procesos letales de la biología, algo inextenso, inexpugnable, opuesto en todo a las características corporales, imperecedero. Y señala Marcel Conche: «La noción de es-

42. *Temps et destin*, de M. Conche, PUF, París.

píritu puro o de *alma*, como sustancia incorporal, indivisible, etcétera, parece fruto del Miedo. El hombre tiene un miedo tan profundo ante la muerte que se ha forjado una idea de sí mismo como *hombre-sin-cuerpo* = *alma*, para escapar a su destino, a la muerte.» Así el alma sería consciente del tiempo sólo como algo que le ocurre al cuerpo, aunque manteniéndose ella misma a salvo de su perpetuo desgaste...

Sin embargo, ¿puede estar realmente *vivo* lo que no debe morir? Quizá nacer y morir no son solamente el comienzo y el final de nuestro destino sino un componente que se repite incesantemente a lo largo de toda nuestra existencia. En cada trayectoria vital la muerte del niño da paso al joven, la pérdida de un amor o el acabamiento de una tarea nos proyectan hacia nuevas empresas, lo que se va es condición de lo que viene, no podríamos abrirnos a lo inédito —sea terrible o gozoso— si no fuésemos despojados de lo antiguo. El futuro se abalanza hacia nosotros trayendo nuestro acabamiento pero también es la provincia desconocida en la que siempre estamos entrando como forzosos exploradores para descubrir trampas y tesoros. De nuevo recurramos al dictamen de un poeta, esos grandes *orientadores* del pensamiento. Dice William Butler Yeats que «el hombre vive y muere muchas veces entre sus dos eternidades». Esa alternancia de vida y muerte es precisamente aquello a lo que sin renunciar a nuestra libertad podemos llamar «destino humano», frente a la eternidad que nos excluye.

Da que pensar...

¿Podríamos dar cuenta —o darnos cuenta— de nuestra vida sin recurrir a referencias temporales? ¿Acaso hay algo que nos resulte más «familiar» que el tiempo? Sin embargo, ¿sabemos realmente lo que es el tiempo? ¿En qué consiste la dificultad para pensar el tiempo? ¿Podemos «fijar» el ahora, el momento presente? ¿Por qué resulta más fácil hablar del «ahora»

en tiempo pasado o en la expectativa del futuro? ¿Por qué recurrimos a movimientos para intentar precisar el instante temporal? ¿Son las formas de medir el tiempo algo intrínseco a la condición humana o tienen que ver con las diversas culturas y las situaciones históricas de las sociedades? ¿Por qué cada sociedad establece medidas unánimes del tiempo para todos sus socios? ¿Por qué el tiempo del hombre actual resulta juntamente más agobiante y más «privado» que en otras culturas o épocas? ¿Puede existir un tiempo más allá de las formas humanas de medirlo o de emplearlo socialmente? ¿Tienen la misma «realidad» el pasado y el futuro que el presente? ¿Están también pasado y futuro incluidos en el presente? ¿Son el pasado y el futuro lo mismo de relevantes para el hombre en cuanto sujeto activo? ¿En qué sentido niega el futuro la teoría fatalista del destino? ¿Por qué nuestras «imágenes» del tiempo son casi todas de tipo espacial? ¿Qué diferencia existe entre los instantes del tiempo y los lugares del espacio? ¿Podríamos «viajar» a través del tiempo? ¿Es realmente el tiempo mismo lo que pasa o somos nosotros los que pasamos temporalmente? ¿Está el ser humano esencialmente «hecho» de tiempo? ¿Qué relación existe entre nuestro interés por el problema del tiempo y nuestra preocupación por la muerte? ¿Es el cuerpo la única «parte» de nosotros sometida al desgaste del tiempo? ¿Influye el miedo a la muerte en nuestra tendencia a imaginar «algo» incorporal en nosotros? ¿Está realmente vivo lo que no puede morir? ¿De qué forma nacimiento y muerte son ingredientes constantes de nuestra existencia temporal?

EPÍLOGO

La vida sin por qué

Soy, más, estoy. Respiro.
Lo profundo es el aire.
La realidad me inventa.
Soy su leyenda. ¡Salve!

JORGE GUILLÉN

Tan antigua como la filosofía es la costumbre de reírse de los filósofos. Del primero de ellos, Tales de Mileto, conocemos la anécdota de que se cayó a un pozo por ir mirando al firmamento, lo que provocó las carcajadas de dos sirvientas que pasaban por allí. Tampoco los humoristas han desaprovechado a unos personajes tan espontáneamente cómicos. En *Las nubes*, Aristófanes se burla con desvergonzada crueldad de su contemporáneo Sócrates: parodia su talante intelectual hasta el galimatías y le presenta en una escena de la comedia colgando de una cesta bien alto para que estudie mejor las estrellas. También le achaca el enseñar a los jóvenes a dar de palos a sus padres, broma bastante más peligrosa que las restantes a la vista de las acusaciones de corruptor de la juventud que sirvieron para condenar a Sócrates. El agudo satírico Luciano de Samosata (s. II d. J.C.) escribió un diálogo muy divertido titulado *Subasta de filósofos*: el propio Zeus, ayudado por Hermes, ofrece en público remate a las principales lumbreras de la filosofía, como si fuesen esclavos o prostitutas. Los compradores pagan de acuerdo con la utilidad para guiar sus vidas que ofrecen las doctrinas —cómicamente resumidas— de los subastados. Los más cotizados son Sócrates y Platón, a dos talentos cada uno; la puja por Aristóteles no sube más que hasta veinte minas (cada talento son sesenta minas) y Epicuro, una auténtica ganga, termina adjudicado sólo por dos. ¡Heráclito y Demócrito, incomprendidos, son retirados por falta de comprador! Por supuesto, también Molière presenta en sus piezas a más de un sabio ridículo, empeñado por ejemplo en explicar los efectos somníferos del opio por una «cualidad oculta» llamada *vis dormitiva* (es decir, pontificando que el opio hace dormir porque tiene una cualidad que se llama «fuerza-para-hacer-dormir»), etc.

A veces la sonrisa a costa de los filósofos está teñida de irónica simpatía o al menos de conmiseración por ellos. La ópera *Cenerentola* («Cenicienta») de Rossini ofrece una variante «ilustrada» del cuento clásico debida al libretista Giacomo Ferretti, en la cual el hada madrina que protege a la niña desventurada y propicia su ligue con el príncipe es sustituida por el filósofo Alidoro. El sabio señor se convierte así en una figura bienhechora pero irreal, del género «demasiado-bueno-para-ser-verdad» al que también pertenecen sus primas las hadas. Y hace muy poco se ha publicado una ingeniosa novela de Tibor Fischer, *Filosofía a mano armada* (*The Thought Gang*, trad. esp. publicada por Tusquets), protagonizada por el profesor de filosofía Eddie Féretro, fracasado y borrachín, que se dedica a planear asaltos de bancos siguiendo las pautas de los más afamados sistemas de pensamiento. El filosófico gángster anota de vez en cuando sus profundas reflexiones, alguna de las cuales tiene mucho que ver por cierto con el tema del presente libro: «Avanzamos con dificultad a través de preguntas y respuestas que nos llegan hasta la cintura; han inundado el mundo, hay tantas que si logramos emparejar unas pocas es un buen avance...» Por cierto que como método para atracos los sistemas filosóficos se muestran en la novela mucho más útiles de lo que suelen ser en otros campos.

¿Por qué resultan tan frecuentemente risibles los filósofos para quienes les quieren mal y hasta para muchos de los que les quieren bien? En primer lugar, probablemente, por esa mezcla característica que se da en ellos de ambición teórica desmesurada (querer preguntarlo todo, siempre «¿por qué?» y más «¿por qué?») y resultados prácticos escasos (casi todas sus respuestas son tan desasosegantes como las preguntas y no suelen servir para hacer nada «eficaz» a partir de lo que afirman). Además con frecuencia los filósofos chocan contra las evidencias del sentido común o las respetables tradiciones que la gente decente no pone nunca en solfa. *Item* más, por lo general utilizan una jerga incomprensible —con abundancia de términos obsoletos o extranjeros, cuando no directamente inventados para la ocasión— y no condescienden a discutir con quienes les argumentan en lenguaje coloquial, sino que les miran por encima del hombro. Pueden ser eventualmente modestos —«sólo sé que no sé nada»— pero les asoma la arrogancia disparatada por debajo de la túnica: «¡Nadie sabe tanto como yo!» Algunos no se privan de dar lecciones sublimes de moral, pero rara vez se les ve vivir de acuerdo con lo que predican (¡aunque no todos lleguen, por supuesto, a los extremos de Eddie Féretro!). Para colmo se llevan fatal entre ellos y desacreditan a sus colegas con auténtica saña. En pocas palabras: son pedantes, pomposos, inútiles, irreverentes, hipócritas y egocéntricos. ¿Hay quién de más... por menos?

Aunque haya mucho de exageración y de generalización injusta en estas acusaciones es preciso aceptar que no carecen en buena parte de razón. Y los profesores de filosofía con desdichada frecuencia agravamos tales defectos ya presentes en los grandes maestros. Hace más de cuarenta años Jean-François Revel escribió un brioso panfleto titulado *¿Pourquoi des philosophes?* («Filósofos ¿para qué?») muy discutido y discutible, pero que convendría volver hoy a releer. Allí señalaba algunos males que siguen aquejando en gran medida a la enseñanza de la filosofía. Por ejemplo, la sacralización de nuestra jerga especializada y la negativa a discutir con quien no la domina: «Estudie usted a Kant o a Hegel y luego ya hablaremos.» Aunque superflua en demasiadas ocasiones (y desde luego siempre que se recurre sin otro motivo que el exhibicionismo erudito a palabras foráneas, como si sólo se pudiera cuestionar lo real en alemán o en griego), la decantación de un lenguaje técnico para la filosofía puede afinar nuestros instrumentos de comprensión y hacer más precisos los debates. Después de todo, filosofar es una tradición antigua y ciertos términos son aportaciones muy valiosas que nos permiten pensar a partir de lo ya pensado y no empezar a cada momento desde cero. Pero eso no quiere decir que el filósofo o el profesor de filosofía deban cerrarse con desdén a las cuestiones que plantea el profano inteligente. Palabras más ajustadas y cargadas de sentido por la reflexión del pasado es probable que mejoren nuestra discusión de lo real, pero lo que cuenta es precisamente lo real y no las palabras con las que intentamos comprenderlo. Con razón Kierkegaard aconseja desconfiar de cualquier supuesto pensamiento que sólo puede «decirse» de una manera determinada y aconseja como signo de honradez cambiar eventualmente de expresión: no es lo mismo una idea que una «fórmula verbal». A veces resulta mucho más interesante analizar las expresiones del lenguaje ordinario que manejamos casi automáticamente que sustituirlas de golpe por términos más especializados que matan la curiosidad fingiendo satisfacerla y suelen convertirse en fetiches. Los filósofos deben intentar responder a las preguntas e inquietudes de los humanos, no encerrarse a discutir quisquillosamente de terminología sólo con los de su gremio.

Ya comentamos en la introducción a este libro las diferencias que hay entre la indagación propiamente filosófica y la científica. Pero en modo alguno se trata de dos mundos perfectamente ajenos ni mucho menos opuestos. No hay nada más justificadamente risible en nuestros días que esos metafísicos que desprecian con suficiencia a los científicos, por su apego «empírico» a lo meramente «positivo». Lo peor es que suelen hacerlo invocando la defensa de la educación «humanista», como si el humanismo consistiese tanto en saberse de memoria a Cicerón como en ignorar concienzudamente la física cuántica. Lo cierto es que la filosofía es una actividad intelectual que viene «después» de la información positiva en los diversos campos del saber humano, no «antes». El filósofo carece de cualquier ciencia infusa que le permita hablar del hombre en general sin tener el mínimo conocimiento de antropología o psicología, profundizar en el lenguaje sin saber una palabra de lingüística o razonar sobre estética sin visitar museos, leer novelas o ver películas. Un pensador que hoy intentase hacerse preguntas filosóficamente serias sobre la materia ignorándolo todo de la física y la química actuales sería un chamán o un nigromante, nunca un filósofo. Por esta vía la filosofía se convierte en verbosidad oscurantista, lo más opuesto que cabe imaginar a su verdadero designio ilustrado. La tarea filosófica es reflexionar sobre la cultura en que vivimos y su significado no sólo objetivo sino también subjetivo para nosotros: para ello, como resulta obvio, es necesario tener la mejor formación cultural posible. No todas las personas cultas son filósofos, pero no hay filósofos declaradamente incultos... y las ciencias son parte imprescindible de la cultura, no una desviación de interés puramente instrumental. Sin preparación cultural previa a lo más que llega la filosofía es a fórmulas no totalmente irrelevantes pero bastante limitadas tipo el «no somos nadie» que suele prodigarse a la hora del pésame en los entierros o a las consideraciones tumultuosas sobre la justicia y la verdad que abundan en las tertulias radiofónicas.

Filosofar no debería ser salir de dudas, sino entrar en ellas. Por supuesto, muchos filósofos —¡y aun de los más grandes!— cometen a veces formulaciones perentorias que dan la impresión de haber encontrado ya respuestas definitivas a las preguntas que nunca pueden ni deben «cerrarse» intelectualmente del todo (véase la introducción a este libro). Agradezcámosles sus contribuciones pero no les sigamos en sus dogmatismos. Hay cuatro cosas que ningún buen profesor de filosofía debería ocultar a sus alumnos:

— *primera*, que no existe «la» filosofía sino «las» filosofías y sobre todo el filosofar: «La filosofía no es un largo río tranquilo, donde cada cual puede pescar su verdad. Es un mar en el que mil olas se afrontan, donde mil corrientes se oponen, se encuentran, a veces se entremezclan, se separan, vuelven a encontrarse, se oponen de nuevo... Cada uno lo navega como puede y es a eso a lo que llamamos filosofar.»[43] Hay *una* perspectiva filosófica (frente a la perspectiva científica o artística) pero afortunadamente es polifacética;

— *segunda*, que el estudio de la filosofía no resulta interesante porque a ella se dedicaron talentos tan extraordinarios como Aristóteles o Kant, sino que dichos talentos nos interesan porque se ocuparon de esas cuestiones de vasto alcance que tanto cuentan para nuestra propia vida humana, racional y civilizada. O sea, que el empeño de filosofar es mucho más importante que cualquiera de quienes mejor o peor se han dedicado a él;

— *tercera*, que incluso los mejores filósofos dijeron notables absurdos y cometieron graves errores. Quienes más se arriesgan a pensar fuera de los caminos intelectualmente trillados son los que más riesgo corren de equivocarse, dicho sea como elogio y no como reproche. Por tanto la tarea del profesor de filosofía no puede ser solamente ayudar a comprender las teorías de los grandes filósofos, ni siquiera debidamente contextualizadas en su época, sino sobre todo mostrar cómo la correcta intelección de tales ideas y razonamientos pueden ayudarnos hoy a nosotros a mejorar la comprensión de la realidad en que vivimos. La filosofía no es una rama de la arqueología ni mucho menos simple veneración de *todo* lo que viene firmado por un nombre ilustre. Su estu-

---

43. *La sagesse des modernes*, de A. Comte-Sponville y L. Ferry, Laffont, París.

dio debe remunerarnos con algo más que un título académi-
co o cierto barniz de «alta cultura»;

— *cuarta*, que en determinadas cuestiones sumamente
generales aprender a preguntar bien es también aprender a
desconfiar de las respuestas demasiado tajantes. Filosofamos
desde lo que sabemos hacia lo que no sabemos, hacia lo que
parece que no podremos del todo nunca saber; en muchas
ocasiones, filosofamos *contra* lo que sabemos o, mejor dicho,
repensando y cuestionando lo que creíamos ya saber. ¿Nunca
podemos sacar entonces nada en limpio? Sí, cuando al menos
logramos *orientar* mejor el alcance de nuestras dudas o de
nuestras convicciones. Por lo demás, quien no sea capaz
de vivir en la incertidumbre hará bien en no ponerse nunca a
pensar.

Uno de los motivos de ridículo más justificado en que suelen incurrir los filósofos es el de pretender competir con la religión en la búsqueda redentora del *sentido de la vida*. Y es que
la pregunta por tal «sentido» es ya de por sí religiosa y lo único que puede hacer la filosofía respecto a ella es mostrar
—como yo intento hacer ahora— tal religiosidad e intentar re-
plantearla de otro modo para que resulte filosóficamente válida. Cuando se dice estar buscando —¡o haber encontrado!—
el sentido de la vida ¿a qué tipo de «sentido» nos estamos refiriendo? Decimos que tiene «sentido» aquello que quiere significar algo por medio de otra cosa o que ha sido concebido
de acuerdo a determinado fin. El sentido de una palabra o
una frase es lo que *quiere* decir; el sentido de una señal es lo
que quiere indicar (una dirección, el rango de una persona,
etcétera) o de lo que quiere advertir (un peligro, la hora de le-
vantarse, el paso de peatones, etc.); el sentido de un objeto es
aquello para lo que quiere servir (comer la sopa, matar al
enemigo, hablar con alguien lejano, etc.); el sentido de una
obra de arte es lo que quiere expresar su autor (una forma de
belleza, la representación de lo real, la insatisfacción ante lo
real, la ilusión de lo ideal, etc.); el sentido de una conducta o

una institución es lo que quiere conseguirse por medio de ella (amor, seguridad, diversión, riqueza, orden, justicia, etc.).

En todos los casos, lo que cuenta para determinar el sentido de algo es la *intención* que lo anima. Los símbolos, obras, conductas e instituciones humanas están llenos del sentido que les conceden nuestras intenciones, lo mismo que los comportamientos de los animales o incluso que los tropismos de las plantas o de los infusorios. En todos los casos, la intención está ligada a la vida, a conservarla, reproducirla, diversificarla, etc. Allí donde no hay vida deja también de haber intención y por tanto sentido: podemos explicar las causas de una inundación, de un terremoto o de un amanecer pero no su «sentido». Por tanto, si las intenciones vitales son la única respuesta inteligible a la pregunta por el sentido ¿cómo podría tener «sentido» la vida misma? Si todas las intenciones remiten como última referencia a la vida, ¿qué «intención» podría tener la propia vida en su conjunto?

Lo propio del «sentido» de algo es que remite intencionalmente a *otra cosa* que a sí mismo: a los propósitos conscientes del sujeto, a sus instintos, en último término a la autoconservación, autorregulación y propagación de la vida. Pero si nos preguntamos «¿qué *quiere* la vida?», las únicas respuestas posibles —vivir, vivir más, etc.— nos retrotraen de nuevo a la vida misma sobre la que preguntamos. Para encontrar el sentido de la vida debemos buscar «otra cosa», algo que no sea la vida ni esté vivo, algo *más allá* de la vida. Supongamos que respondemos «el sentido de la vida orgánica es el perpetuo despliegue del universo inorgánico del que ha brotado». Conceder «intenciones» a lo inorgánico parece bastante abusivo, sólo puede hacerse extendiendo el significado de la palabra «intención» tanto que se nos descoyunta, pero admitámoslo por un momento. La pregunta inmediata es: ¿y cuál es el sentido del universo inorgánico? Para responder a esto de modo no autorreferente (evitando decir «la intención del universo es seguir siendo universo más y más», por ejemplo) debemos re-

ferirnos a algo *que no forme parte del universo mismo*, es decir, de la naturaleza tal como la conocemos: algo «sobrenatural», lo cual es apelar auténticamente a lo desconocido porque nadie sabe realmente a qué se podría parecer algo «sobrenatural». Con razón dijo Wittgenstein en su *Tractatus logico-philosophicus*, otra de las piezas maestras de la filosofía de
este siglo: «El sentido del mundo debe de encontrarse fuera
del mundo» (6, 41). Muy bien, pero ¿dónde? ¿Tiene el mundo
un «fuera»? (Véase el capítulo quinto.) ¿Acaba la pregunta
acerca del sentido donde acaba el mundo o se puede seguir
preguntando por el sentido «más allá»?

Lo característico de la mentalidad religiosa (por oposición *directa* a la filosófica) no es responder «Dios» a la cuestión acerca del sentido o intención del universo: lo propiamente religioso es creer que, una vez dada tan sublime respuesta, *ya* está justificado dejar de preguntar. Gracias a Dios
las cosas tienen sentido, pero sería impío preguntar qué sentido entonces tiene Dios. Y sin embargo, desde un punto
de vista filosófico, la pregunta que inquiere por el sentido de
Dios es tan razonable y urgente como la que pretende desve-
lar el sentido del mundo o el sentido de la vida. Si tal pregunta no puede hacerse o en nombre del Gran Enigma Divino resulta soportable no responderla («Dios *es* el sentido y
más allá de Él la pequeñez humana nada puede saber», etc.),
lo mismo nos habría dado quedarnos conformes mucho antes. Podríamos haber aceptado de entrada, por ejemplo, la
lección de aquellos dos versos de *El guardián de los rebaños*
que escribió Fernando Pessoa:

las cosas no tienen significado sino existencia,
las cosas son el único sentido oculto de las cosas.

Aceptar que Dios sea el Sentido Supremo, el que da Sentido a todos los Sentidos, es un pacto aún más conformista
con la oscuridad que responder que el sentido de todos los
sentidos es la intencionalidad vital o la intención humana. Al

menos existen razones filosóficas para no ampliar más allá de la vida la pregunta sobre el sentido, es decir, más allá del uso habitual de la palabra «intención»: una vez saltada esa barrera, ya no hay por qué detenerse ni contentarse *nunca*. Lo religioso no es tanto querer ir más allá como creer que después está justificado «frenar». Algunos filósofos han intentado con grandes respuestas sistemáticas justificar también un «frenado» semejante al de la religión, sea recurriendo a lo sobrenatural o sin llegar a ello. Y han solido tomarse sus respuestas de modo tan dogmático como cualquier pontífice o inquisidor (aunque por lo general con menos fuerzas represivas a su servicio para castigar a los herejes). Se merecen lo que anota Cioran en sus *Cahiers*, publicados póstumamente: «Un sistema filosófico es como una religión pero *en más bobo.*»

Si la vida no tiene «sentido» (por la misma razón que todos los restantes «sentidos» remiten mediata o inmediatamente a la vida), ¿debemos concluir desoladamente que la vida es *absurda*? Ni mucho menos. Llamamos «absurdo» a lo que debería tener sentido y no lo tiene, no a lo que —por caer fuera del ámbito de lo intencional— no «debe» tener sentido. Del mismo modo, decimos que un hombre o un animal es «ciego» cuando no ve, pero no podemos decir salvo metafóricamente que una piedra sea «ciega»: porque el hombre o el animal «deberían» ver según su condición natural, mientras que la vista no forma parte de lo que podemos pedirle a una piedra. No es absurdo que la vida en su conjunto no tenga sentido, porque no conocemos intenciones fuera de las vitales y más allá del ámbito de lo intencional la pregunta por el sentido... ¡carece de sentido! Lo realmente «absurdo» no es que la vida carezca de sentido, sino empeñarse en que deba tenerlo.

En realidad, la búsqueda de un «sentido» para la vida no se precupa de la vida en general ni del «mundo» en abstracto, sino de la vida humana y del mundo en que nosotros habitamos y sufrimos. Al preguntar si la vida tiene sentido lo que queremos saber es si nuestros esfuerzos morales serán recompensados, si vale la pena trabajar honradamente y respetar al prójimo o daría lo mismo entregarse a vicios criminales, en una palabra, si nos *espera* algo más allá y fuera de la vida o sólo la tumba, como parece evidente. Uno de los pensadores que ha planteado la cuestión con mayor crudeza es precisamente alguien por lo común tan poco truculento como Kant. Al final de la *Crítica del juicio*[44] habla del hombre recto (pone como ejemplo nada casual a Spinoza) que se encuentra convencido de que no hay Dios ni vida futura. ¿Cómo se las arreglará entonces para justificar su propio compromiso moral? Por muy buena voluntad que despliegue, sus logros serán siempre limitados y nunca evitarán del todo que el engaño, la violencia y la envidia sigan campando por sus respetos entre los hombres. Tanto él como los restantes hombres justos con los que se encuentre —por muy dignos que sean de obtener la felicidad— serán tratados por la imparcial naturaleza del mismo modo que los malvados y estarán sometidos «a todos los males de la miseria, de las enfermedades, de una muerte prematura, exactamente como los demás animales de la Tierra, y lo seguirán estando hasta que la tierra profunda los albergue a todos (rectos o no, que eso aquí da igual) y los vuelva a sumir, a ellos que podían creer ser el fin final de la creación, en el abismo del caos informe de la materia de donde fueron sacados». Al constatar este panorama tan escasamente alentador, la única defensa —según Kant— que le queda a la persona decente para salvaguardar su rectitud y no considerarla un empeño estéril es aceptar la existencia de un Dios que sea el creador *moral* del mundo, garantizando así un «sentido» ultramundano feliz para la buena voluntad, aquí abajo tan tristemente retribuida.

No seré yo, desde luego, quien tome a la ligera lo que pensó sobre esta cuestión una inteligencia tan preclara y un espíritu tan honrado como Kant. Sólo me atrevo a señalar la

---

44. *Crítica del juicio*, de M. Kant, apéndice a la 2.ª parte, § 87, trad. de M. García Morente, col. Austral, Madrid.

posibilidad de una línea de reflexión alternativa, que también cuenta con valedores ilustres (creo que mayoritarios en la filosofía posterior a Kant). En efecto, no por comportarse éticamente y luchar para que haya más solidaridad y justicia en el mundo humano logra ningún hombre o ninguna mujer escapar al destino común que nos reserva nuestra condición mortal. Tampoco ningún esfuerzo, por recto que sea, purgará definitivamente nuestra convivencia de engaño y violencia, posibilidades siempre abiertas a la libertad de cada cual y demasiadas veces favorecidas por estructuras socioeconómicas aberrantes. Pero ¿implica esto necesariamente que el proyecto moral sea un sin sentido superfluo, salvo que alguna sanción sobrenatural lo refrende contra la muerte misma? El hombre recto (¡y cuerdo!) quiere vivir *mejor*, no escapar a su condición mortal: intenta hacer lo bueno no sólo pese a que es consciente de que siempre existirá lo malo sino *precisamente por eso*, para defender contra lo irremediable la fragilidad preciosa de lo que considera preferible. No se conduce éticamente a fin de conseguir algún premio o retribución, sino que llama «ética» al modo de obrar que le recompensa en su propia actividad haciéndole saberse más razonablemente humano y libre. En una palabra, no vive para la muerte o la eternidad sino para alcanzar la plenitud de la vida en la brevedad del tiempo. Al menos creo que algo así hubiera respondido Spinoza a Kant.

Digámoslo de otro modo. El hombre se sabe mortal y es tal destino el que le despierta a la tarea de pensar. Su primera reacción ante la certidumbre de la muerte (en el caso que opte por no negarla y renuncie a refugiarse en la ilusión de algún tipo de existencia en el más allá) es de angustiada desesperación, por las razones bien expuestas más arriba por Kant. ¿Qué conducta le dictará la desesperación? Sin duda miedo ante todo lo que le amenaza con acelerar su fin (privaciones, hostilidad, enfermedad, etc.), acompañado de avidez por acumular cuanto parece ofrecerle resguardo ante la muerte (riqueza, seguridad, preeminencia social, renombre, etcétera) y odio contra aquellos que le disputan esos bienes o parecen obligarle a compartirlos: quien teme a la nada, lo necesita todo. El miedo, la avidez y el odio son las características de vivir a la desesperada: naturalmente, tampoco logran salvar a nadie de su destino fatal pero en cambio se las arreglan para introducir el *malestar* de la muerte en cada momento de la vida, incluso en sus mayores goces.

Cuando logra sobreponerse a la desesperación, el ser humano constata que no menos cierto que va a morir es que *ahora* está vivo. Si la muerte consiste en no ser ni estar de ningún modo en ninguna parte, *todos hemos derrotado ya a la muerte una vez, la decisiva.* ¿Cómo? Naciendo. No habrá muerte eterna para nosotros, puesto que estamos *ya* vivos, *aún* vivos. Y la certeza gloriosa de nuestra vida no podrá ser borrada ni obnubilada por la certeza de la muerte. De modo que tenemos derecho a preguntar, como en el libro sagrado: «Muerte, ¿dónde está tu victoria?» Podrá la muerte un día impedir que sigamos viviendo, nunca que ahora estemos vivos ni que hayamos ya vivido. Puede convertir en ceniza nuestro cuerpo, nuestros amores y nuestras obras, pero no la *presencia* real de nuestra vida. ¿Por qué debería la muerte futura restar importancia a la vida, cuando la vida presente se ha impuesto ya a la oscura muerte eterna? ¿Por qué debería contar más para nosotros la muerte en que no somos que la vida que somos? Cada cual puede repetir, con el poeta Lautréamont: «No conozco otra gracia que la de haber nacido. Un espíritu imparcial la encuentra completa.»

Cuando constata su presencia en la vida, el ser humano se exalta. Y esa constatación exaltada es lo que podemos llamar *alegría*. La alegría afirma y asume la vida frente a la muerte, frente a la desesperación. La alegría no celebra los contenidos concretos de la vida, a menudo atroces, sino la vida misma *porque no es la muerte*, porque no es «no» sino «sí», porque es todo frente a nada. Pero la alegría no es puro éxtasis sino actividad y va todavía más allá: lucha contra el malestar desesperado de la muerte que nos infecta de miedo, de avidez y de odio. Nunca la alegría podrá triunfar por completo sobre la desesperación (dentro de cada uno de nosotros coexisten la desesperación y la alegría) pero tampoco se rendirá ante ella. A partir de la alegría tratamos de «aligerar» la vida del peso abrumador y nefasto de la muerte. La desesperación no conoce más que la nada que amenaza a cada cual mientras que la alegría busca apoyo y extiende su activa simpatía a nuestros semejantes, los mortales vivientes. La sociedad es el lazo formado por mil complicidades que une a quienes saben que van a morir para afirmar juntos la presencia de la vida.

Si la muerte es olvido, la sociedad será conmemoración; si la muerte es igualación definitiva, la sociedad instaurará las diferencias; si la muerte es silencio y ausencia de significado, el eje de la sociedad será el lenguaje que convierte todo en significativo; si la muerte es completa debilidad, la sociedad buscará la fuerza y la energía; si la muerte es insensibilidad, la sociedad inventará y potenciará todas las sensaciones, el derroche «sensacional»; como la muerte es el aislamiento final, la sociedad instituirá la compañía del afecto y el mutuo auxilio en la desventura; si la muerte es inmovilidad, la sociedad humana premiará los viajes y la velocidad que nada logra detener; si la muerte es repetición de lo mismo, la sociedad intentará lo nuevo y amará como algo siempre nuevo los viejos gestos de la vida, los nuevos seres como nosotros, la progenie indomable de los mortales; contra la putrefacción informe cultivará la hermosura, el juego donde puede morirse y resucitarse muchas veces, las metamorfosis del significado. Cada sociedad es una prótesis de inmortalidad para mortales, los que conocen la muerte pero desacatan sus lecciones desesperadamente aniquiladoras. Cierto, todas las empresas sociales de los humanos están *también* marcadas por el miedo, la avidez y el odio de la desesperación. Pero no es la desesperación la que crea, sino la alegría. En recordar esto consiste la única lección de la ética. Por eso Spinoza al hombre recto le llamó «alegre». Y sabio.

En sí mismo, el mundo en que nos movemos los humanos carece de ningún sentido o significado propio. ¿La prueba? Que los resiste todos, por diversos que sean. Como señaló Castoriadis, «sólo por el hecho de que no existe un significado intrínseco al mundo, los hombres han debido y sabido atribuirle esta variedad extraordinaria de significados extremadamente heterogéneos».[45] El sentido es algo que los humanos damos a la vida y al mundo, frente al abismo insignificante del caos al que vencemos brotando y al que nos sometemos muriendo. Significativa victoria y derrota insignificante porque muere el individuo pero no el sentido que quiso dar a su vida... ése queda para nosotros, su compañeros de humanidad. Pero el abismo caótico está también oculto en todos nuestros significados, como su reverso, como su *espesor*. Vivimos *sobre* el abismo y conscientes de él. Por eso la razón humana no es mera fábrica de instrumentos ni se contenta con encontrar soluciones a preguntas aún no definitivas. Y también por eso la filosofía no es sólo razón sino imaginación creadora: «Es la mediación de lo imaginario, de lo inverificable (lo poético), son las posibilidades de la ficción (mentira) y los saltos sintácticos hacia mañanas sin fin lo que ha convertido a hombres y mujeres, a mujeres y hombres, en charlatanes, en murmuradores, en poetas, en metafísicos, en planificadores, en profetas y en rebeldes ante la muerte» (George Steiner en *Errata*).

La religión promete salvar el alma y resucitar el cuerpo; en cambio la filosofía ni salva ni resucita sino que sólo pretende llevar hasta donde se pueda la aventura del sentido de lo humano, la exploración de los significados. Ni rechaza la realidad de la muerte —como el mito— ni se deja empapar desesperadamente por el miedo y el odio que de ella brotan: intenta *pensar* los contenidos de la vida y sus límites... ¡como si la vida misma nos fuera en ello! Y lo hace con tal denuedo que a veces provoca la burla o la sonrisa.

---

45. *La creaziones del tempo*, de C. Castoriadis, *Volontà*, 1/95, Milán.

Esbocé el índice de este libro hace un par de años, durante un vuelo entre Bogotá y Lima con escala en Quito en el que ya no me quedaban revistas que leer. El resultado definitivo ha resultado ser sorprendentemente fiel al esquema inicial. Empecé a escribir en mayo de este año y la mayor parte de la obra la llevé a cabo durante el verano en San Sebastián. Temprano cada mañana, mientras paseaba por la Concha camino al Peine de los Vientos, planeaba la sección que me tocaba desarrollar por la tarde. Cierto día me abordó un joven turista y me preguntó dónde estaba «el Peine del Tiempo»; mientras le sacaba de su error y le indicaba el camino, pensé que ese peine es el que nos deja a todos calvos... Terminé los tres últimos capítulos durante el otoño, en Madrid, donde pongo punto final hoy, 10 de diciembre de 1998 y cincuenta aniversario de la Declaración de los Derechos Humanos. Ojalá el lector pueda sentir a ratos el mismo gozo con que fueron escritas muchas de estas páginas.

Despedida

Y no dejamos de preguntarnos,
una y otra vez,
hasta que un puñado de tierra
nos calla la boca...
Pero ¿es eso una respuesta?

HEINRICH HEINE, «Lázaro»

Principales estrellas invitadas

HERÁCLITO (*c*. 550-*c*. 480 a.C.), Éfeso (Grecia).

PARMÉNIDES (540-450 a.C.), Grecia, *Sobre la naturaleza*.

SÓCRATES (470-399 a.C.), Atenas (Grecia).

PLATÓN (*c*. 427-347 a.C.), Atenas, *Diálogos*, *Apología de Sócrates*, *Cartas*, *Timeo*.

SÓFOCLES (*c*. 496-406 a.C.), Colono (Grecia), *Antígona*, *Edipo rey*, *Electra*, *Traquinias*.

ARISTÓTELES (384-322 a.C.), Estagira (Grecia), *Política*, *Física*, *Ética a Nicómaco*, *Metafísica*.

LUCRECIO (*c*. 98-55 a.C.), Roma, *De la naturaleza de las cosas*.

SAN AGUSTÍN (354-430), Tagaste (Numidia), *Ciudad de Dios*, *Confesiones*, *Homilías*, *Cartas*.

TOMÁS MORO (1478-1535), Londres, *Utopía*.

GIOVANNI PICO DELLA MIRANDOLA (1463-1494), Florencia, *De la dignidad del hombre*, *Heptaplis*, *De ente et uno*.

MONTAIGNE (1533-1592), Francia, *Ensayos*.

SHAKESPEARE (1564-1616), Stratford upon Avon (Inglaterra), *Hamlet*, *Otelo*, *Macbeth*, *El sueño de una noche de verano*.

DESCARTES (1596-1650), La Haye (Francia), *Discurso del método*, *Principios de filosofía*, *Meditaciones metafísicas*.

PASCAL (1623-1662), Clermont Ferrand (Francia), *Discurso sobre las pasiones del amor*, *Provinciales*, *Escritos sobre la gracia*, *Pensamientos*.

SPINOZA (1632-1677), Amsterdam, *Tratado sobre la reforma del entendimiento, Principios de la filosofía de Descartes, Pensamientos metafísicos*.

HUME (1711-1776), Edimburgo, *Tratado sobre la naturaleza humana, Ensayos morales y políticos, Ensayos sobre el entendimiento humano*.

LICHTENBERG (1742-1799), Ober-Ramstadt (Alemania), *Aforismos, Cartas desde Inglaterra*.

KANT (1724-1804), Königsberg (Alemania), *Crítica de la razón pura, Crítica de la razón práctica, Prolegómenos a toda metafísica futura que haya de presentarse como ciencia, Crítica del juicio*.

SCHILLER (1759-1805), Marbach (Alemania), *De la educación estética del hombre, Guillermo Tell, María Estuardo, Oda a la alegría*.

SCHOPENHAUER (1788-1860), Danzig (Alemania), *El mundo como voluntad y representación, De la cuádruple raíz del principio de razón suficiente, Fundamento de la moral, Sobre el pesimismo*.

HEGEL (1770-1831), Stuttgart (Alemania), *Fenomenología del espíritu, Principios de la filosofía del derecho, Enciclopedia de las ciencias filosóficas, Lógica*.

DARWIN (1809-1882), Sherewsbury (Inglaterra), *Sobre el origen de las especies en términos de selección natural, Descendencia del hombre, Selección en relación a sexo*.

LEWIS CARROL (1832-1898), Daresbury (Inglaterra), *Alicia en el país de las maravillas, A través del espejo mágico, La caza del snark*.

NIETZSCHE (1844-1900), Röcken (Alemania), *La gaya ciencia, Así hablaba Zaratustra, Más allá del bien y del mal, El origen de la tragedia*.

FREUD (1856-1939), Freiberg (Austria), *La interpretación de los sueños, Tres ensayos sobre la teoría sexual, Psicología de las masas y análisis del yo, Introducción al Psicoanálisis*.

UNAMUNO (1864-1936), Bilbao, *En torno al casticismo, Del sentimiento trágico de la vida, Niebla, Amor y pedagogía*.

O. SPENGLER (1880-1936), Blankenburg (Alemania), *La decadencia de Occidente, El hombre y la técnica*.

SANTAYANA (1863-1952), Madrid, *La vida de la razón, Escepticismo y fe animal, El sentido de la belleza, El reino de la verdad, Los reinos del ser*.

FERNANDO PESSOA (1888-1935), Lisboa, *Poemas dramáticos, Textos filosóficos, El libro del desasosiego.*

ORTEGA Y GASSET (1883-1955), Madrid, *Meditaciones del Quijote, España invertebrada, La rebelión de las masas, Historia como sistema.*

BERTRAND RUSSELL (1872-1970), Trelleck (Inglaterra), *Principia mathematica, Análisis de la materia, El conocimiento humano, su alcance y sus limitaciones, La conquista de la felicidad.*

E. CASSIRER (1874-1945), Breslau (Alemania), *El problema del conocimiento en la filosofía y en la ciencia modernas, Filosofía de las formas simbólicas, Antropología filosófica, Un ensayo sobre el hombre.*

HEIDEGGER (1889-1976), Messkirch (Alemania), *Ser y tiempo, ¿Qué es metafísica?, Identidad y diferencia, Caminos de bosque, Introducción a la metafísica.*

WITTGENSTEIN (1889-1951), Viena, *Tractatus logico-philosophicus, Investigaciones filosóficas, Observaciones filosóficas sobre los fundamentos de las matemáticas, Gramática filosófica.*

JORGE GUILLÉN (1893-1984), Valladolid, *Aire nuestro, Cántico, Lenguaje y poesía, Fe de vida.*

H. ARENDT (1906-1975), Hannover (Alemania), *Los orígenes del totalitarismo, La condición humana, Crisis de la república, Hombres en tiempos oscuros.*

KARL R. POPPER (1902-1994), Austria, *Lógica de la investigación científica, La miseria del historicismo, Búsqueda sin término.*

SARTRE (1905-1980), París, *El ser y la nada, El existencialismo es un humanismo, La náusea, La edad de la razón.*

W. BENJAMIN (1892-1940), Berlín, *El origen del drama barroco alemán, La obra de arte en la era de su reproducción técnica, Iluminaciones.*

ADORNO (1903-1969), Frankfurt, *Dialéctica de la Ilustración, La personalidad autoritaria, Introducción a la sociología de la música, Mínima moralia.*

JORGE LUIS BORGES (1899-1986), Buenos Aires, *Fervor de Buenos Aires, Inquisiciones, El jardín de senderos que se bifurcan, Historia de la eternidad, El Hacedor, Ficciones.*

CLAUDE LÉVI-STRAUSS (1908), Bruselas, *Antropología estructural, El pensamiento salvaje, Tristes trópicos, Lo crudo y lo cocido.*

OCTAVIO PAZ (1914-1998), México, *Libertad bajo palabra, El laberinto de la soledad, La estación violenta, El arco y la lira.*

E. M. CIORAN (1911-1995), Rasinari (Rumania), *Breviario de podredumbre, Historia y utopía, Del inconveniente de haber nacido, El ocaso del pensamiento, El libro de las quimeras.*

CORNELIUS CASTORIADIS (1922-1997), Estambul, *Escritos políticos y sociales, La sociedad burocrática, La institución imaginaria de la sociedad.*

IRIS MURDOCH (1919-1999), Dublín, *Bajo la red, El príncipe negro, Mensaje al planeta, El fuego y el sol.*

GEORGE STEINER (1929), París, *La muerte de la tragedia, Lenguaje y silencio, Después de Babel, Presencias reales, Errata.*

Índice

Impreso en el mes de febrero de 2001
en HUROPE, S. L.
Lima, 3 bis
08030 Barcelona

Manter and Gatz's Essentials of Clinical Neuroanatomy and Neurophysiology

EDITION 7

Manter and Gatz's Essentials of Clinical Neuroanatomy and Neurophysiology

EDITION 7

SID GILMAN, M.D.
Professor and Chairman
Department of Neurology
The University of Michigan Medical School
Ann Arbor, Michigan

SARAH WINANS NEWMAN, Ph.D.
Professor
Department of Anatomy and Cell Biology
The University of Michigan Medical School
Ann Arbor, Michigan

ESSENTIALS OF MEDICAL EDUCATION SERIES

 F. A. DAVIS COMPANY • Philadelphia

NOTE: As new scientific information becomes available through basic and clinical research, recommended treatments and drug therapies undergo changes. The author(s) and publisher have done everything possible to make this book accurate, up-to-date, and in accord with accepted standards at the time of publication. However, the reader is advised always to check product information (package inserts) for changes and new information regarding dose and contraindications before administering any drug. Caution is especially urged when using new or infrequently ordered drugs.

Library of Congress Cataloging-in-Publication Data

Manter, John Tinkham, 1910-
    Manter & Gatz's essentials of clinical neuroanatomy and neurophysiology.

    Bibliography: p.
    Includes index.
    1. Neuroanatomy. 2. Neurophysiology. I. Gatz,
Arthur John, 1907-   II. Gilman, Sid.
III. Newman, Sarah Winans. IV. Title. V. Title:
Manter and Gatz's essentials of clinical neuroanatomy and neurophysiology. VI. Title:
Essentials of clinical neuroanatomy and neurophysiology. [DNLM: 1. Nervous
System—anatomy & histology. 2. Nervous System—physiology. WL 100 M292e]
QM451.M25   1986   612.8   86-11484
ISBN 0-8036-4156-7

Preface to the Seventh Edition

In the past two decades knowledge in both basic and clinical neuroscience has expanded rapidly, especially in the last five years, since the sixth edition of this book was published. We undertook the present revision to keep the book current with developments in the field. We have thoroughly revised and updated each chapter and added two new chapters, one on the anatomy of the neurotransmitter systems of the brain and another on neurologic diagnostic tests, including the new imaging modalities (magnetic resonance imaging and positron emission tomography). In the present edition we have placed greater emphasis on physiologic concepts than in previous editions, particularly with respect to the functions of the major anatomic pathways of the nervous system. As in past editions of the book, we have pointed out systematically the clinical relevance of the major anatomical structures of the nervous system. We have expanded the index and added many new illustrations. In a departure from previous editions, we have provided a suggested reading list so that interested students can obtain further information about the topics covered. We have restricted the list to current textbooks and monographs.

In the new edition, we have adhered to Dr. Manter's original objective of providing a short but comprehensive survey of the human nervous system. We have written the book for the beginning student who wishes to have a brief, clinically oriented overview of neuroanatomy and neurophysiology to summarize the material in more comprehensive textbooks. Our book will be useful also for advanced students wishing to review this material rapidly. We hope that the book will be useful as well to house officers in neurology and neurosurgery who wish to update their knowledge.

We thank Margaret Brudon for revising some of her previous illustrations and producing new figures and Pamela Hendee for typing the manuscript.

SID GILMAN, M.D.
SARAH WINANS NEWMAN, Ph.D.

v

Preface to the First Edition

This book has been written with the object of providing a short, but comprehensive survey of the human nervous system. It is hoped that it will furnish a unified concept of structure and function which will be of practical value in leading to the understanding of the working mechanisms of the brain and spinal cord. Neither of these two aspects—structure and function—stands apart from the other. Together they furnish the key to the significance of the abnormal changes in function that go hand in hand with structural lesions of the nervous system. The viewpoints of three closely dependent sciences—neuroanatomy, neurophysiology, and clinical neurology—are combined and used freely, not with the intent of covering these fields exhaustively, but in the belief that a more discerning approach to the study of the nervous system can be attained by bringing together all three facets of the subject.

To suit the needs of the medical student, or the physician who wishes to review the nervous system efficiently, basic information is presented in concise form. Consequently, it has not been feasible to cite published reports of research from which present concepts of the nervous system have evolved. The planning and arrangement of the chapters are such that whole topics can be covered rapidly. Presenting the subject material to classes in this form allows more time for discussion and review, or, if the teacher desires, for lectures dealing with advanced aspects, than would otherwise be permitted.

For the encouragement and valuable suggestions they have given me, I am indebted to my former colleague, Dr. William H. Waller, Jr., and to Dr. Lester L. Bowles. I am deeply grateful to Mr. A. H. Germagian for executing most of the drawings and diagrams, and to Mr. Richard Meyers for his special assistance with the illustrations.

JOHN T. MANTER

Contents

xiii

Introduction

NERVE CELLS AND NERVE FIBERS

The **neuron** (nerve cell) is the primary functional and anatomic unit of the nervous system. Each neuron consists of a **cell body** (perikaryon) containing a nucleus and possessing one to several dozen processes (fibers) of varying lengths (Fig. 1A, B). **Dendrites** are branching processes that receive **stimuli** and conduct **impulses** generated by those stimuli **toward** the nerve cell body. These are **afferent** processes. Most stimuli that affect nerve cells are chemical messengers, or **transmitters**, that are secreted from one neuron onto an adjacent neuron. The **axon (axis cylinder)** of a nerve cell is a single fiber extending to other parts of the nervous system or to a muscle or gland. The term **axon**, in a physiologic sense, applies to a fiber that conducts impulses **away** from a nerve cell body, and thus is an **efferent** fiber or process. Any long fiber, however, may have the anatomic properties of an axon regardless of the direction of conduction.

Many peripheral nerve fibers have a **myelin sheath** and a **neurolemma (sheath of Schwann)** outside the myelin. The myelin is actually a spiralled wrapping of many layers of cell membranes from the same **Schwann cell**, which forms the neurolemma on the outside. Each Schwann cell contributes myelin to one segment (or internode) of a myelinated axon. Between two adjacent Schwann cell internodes is a small gap called the **node of Ranvier** (Fig. 1E). **Unmyelinated fibers,** on the other hand, are enfolded into the cytoplasm of a Schwann cell by a simple extension of that cell. There is no layering of Schwann cell membranes around an unmyelinated fiber.

The myelinated fibers that are located in the white matter of the brain and spinal cord possess a myelin sheath but have no neurolemma because their myelin sheaths are formed by cytoplasmic extensions of **glial cells,** each of which contributes myelin to several nearby axons (see Fig. 1A).

1

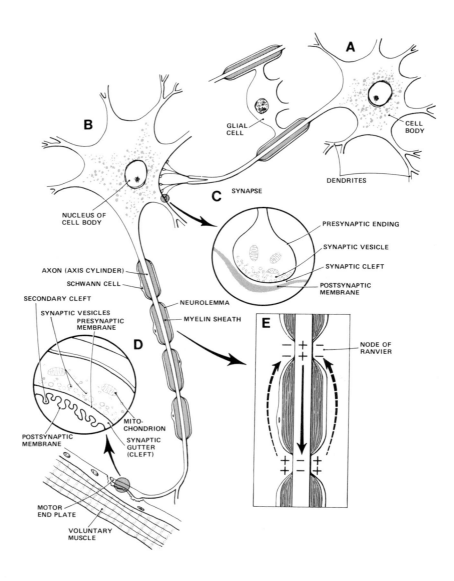

FIGURE 1. Neurons of the central nervous system (CNS). Neuron *A* is confined to the CNS and terminates on neuron *B* at a typical chemical synapse *(C)*. Neuron *B* is a ventral horn cell; its axon extends to a peripheral nerve and innervates a striated (voluntary) muscle at the myoneural junction (motor end plate, *D*). In *E* the action potential is moving in the direction of the solid arrow inside the axon; the dashed arrows indicate the direction of flow of the action current.

Like all animal cells, nerve cells are bounded by membranes consisting of lipoprotein bilayers. The intracellular portions of nerve cells contain high concentrations of organic anions and inorganic cations (mainly potassium [K^+]) and low concentrations of sodium (Na^+) and chloride (Cl^-) relative to the extracellular fluid. In the extracellular fluid, the concentrations of K^+ are low and those of Na^+ and Cl^- are high. These differences in ionic concentrations across nerve cell membranes are maintained primarily by the expenditure of metabolic energy, and to a much lesser extent, by a Donnan equilibrium. **Donnan equilibrium** refers to the irregular distribution of permeant ions across a semipermeable membrane when a large impermeable organic ion is present on one side. The result of the differences in the concentrations of these ions (K^+, Na^+, and Cl^-), as well as organic ions, is a difference in electrical potential across the membrane of the nerve cell, with the inside of the cell strongly negative compared with the fluids outside the cell. The difference in potential across the membrane is known as the **resting potential**. The magnitude of the resting membrane potential can be determined by the **Nernst equation**, which describes the diffusion potential of the ions on either side of the membrane. In general form, the Nernst equation is:

$$E = 2.3 \; \frac{RT}{F} \; \log \frac{C_2}{C_1}$$

where:

    E = electrical potential difference between the inside and the outside of the cell.

    R = universal gas constant.

    T = absolute temperature.

    F = Faraday's constant (electric charge per gram equivalent of univalent ions).

    C_2 = concentration of ion outside the membrane.

    C_1 = concentration of ion inside the membrane.

A nerve cell is capable of conducting changes in potential along the membranes of both its cell body and its processes. During impulse transmission, there is an alteration of the resting potential and a flow of electrical current across the membrane. The passage of the impulse results from a potential change that commonly is termed the **action potential**. A flow of current occurs during the action potential and is termed the **action current**. The action potential is characterized by a very rapid **depolarization** (decrease in negativity of the inside relative to the outside) and a somewhat slower repolarization to the resting potential. During the action potential, there is a transient reversal of polarity of the electrical potential such that, at the peak of the action potential, the inside of the cell becomes positive with respect to the outside (Fig. 2C). The action potential results from an initial inward current due to an inrush of sodium from the exterior to the interior of the cell and an immediately subsequent outward current due to the passage of potassium ions from the interior of the cell to the exterior. The passage of ions across the membrane is referred to as an **ionic conductance** (Fig. 2D). The initial depolarization of the membrane causes sodium conductance to begin to increase, which depolarizes the membrane further, and this increases sodium conductance, and so on (Fig. 2A). This sequence of events is termed the **regenerative nature** of the depolarization phase of the nerve impulse. **Repolarization** of the membrane results when potassium efflux restores the internal negativity (Fig. 2B). The conductances of sodium and potassium are thought to occur through separate channels in the cell membrane. Other ions also cross the membrane during the action potential. Calcium enters the cell and may carry most of the current in some cells. Calcium modulates the conductance of other ions, notably potassium, and influences the release of neurotransmitters at synapses.

The action potential has characteristics determined only by the properties of the cell, independent of the characteristics of the exciting stimulus. The action potential can be propagated a very long distance along the nerve fiber without any variation of wave form and at an essentially constant velocity.

The ability of a nerve cell to produce an action potential is termed **excitability**. The event that elicits an action potential in an excitable cell is called a **stimulus**. The minimal stimulus intensity needed to evoke an action potential is termed a **threshold stimulus**. A stimulus below threshold intensity is called **subthreshold** or **subliminal**, and one above threshold intensity is termed **superthreshold** or **supraliminal**. The expression "all or none" is used to describe the ability of a nerve fiber to initiate an action potential with consistent characteristics once a superthreshold stimulus has been applied to its surface. Two or more subthreshold stimuli may combine to cause an action potential to develop. This process is called **summation**. Summation may result from temporal events, as when two subthreshold stimuli are applied in close succession, or from spatial events, as when two subthreshold stimuli occur simultaneously but at different loci on the neuron.

Nerve cells show **refractoriness**, which is the inability to respond to a second stimulus delivered after the first superthreshold stimulus. During the initial portion of the action potential, triggered by the first stimulus, the cell cannot respond to any other stimulus, no matter how intense. This period is called the **absolute refractory period**. Following the absolute refractory period, an action potential can be produced, first by a very in-

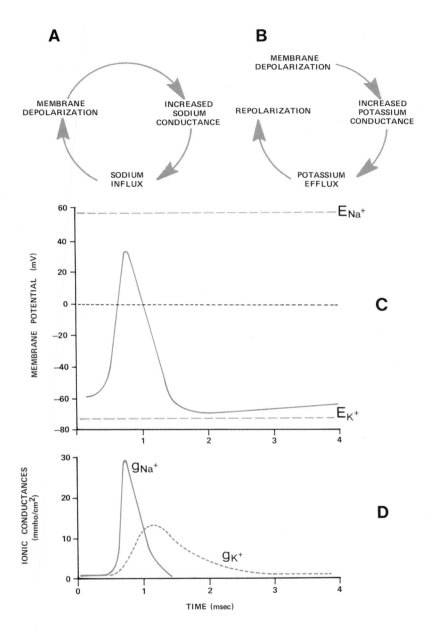

FIGURE 2. *(A)* The depolarization phase of the nerve impulse has a regenerative aspect resulting from the positive feedback of membrane potential, sodium conductance, and sodium influx. *(B)* Membrane repolarization occurs when potassium efflux restores the internal negativity of the membrane. *(C and D)* Theoretical solution of the Nernst equation for changes in membrane potential *(C)*, and sodium and potassium conductances *(D)* as a function of time.

tense stimulus, and then gradually by stimuli of lesser intensity. The period after the absolute refractory period is called the **relative refractory period**.

In unmyelinated fibers, nerve impulses are propagated by the continuous progression of the action potential along the length of the fiber. In myelinated fibers, the process is the same quantitatively, but there is a major difference. During the propagation of the impulse, the transmembrane ionic current does not flow across the myelin sheath, but flows only across the periodic interruptions of the myelin sheath at the nodes of Ranvier (see Fig. 1E). At the nodes, the membrane contains large numbers of voltage-dependent conductance channels, whereas the intervening membrane has few channels. The action potential, in effect, jumps from node to node, a form of propagation termed **saltatory conduction**. This is an efficient method of transmitting action potentials since it results in maximal conduction speeds with a minimal amount of active membrane and metabolic activity.

Communication from neuron to neuron occurs at the **synapse**, which is a place where a terminal branch of the axon of one neuron makes contact with the cell body, dendrites, or axon of another neuron. Communication between neurons can occur through electrical or chemical synaptic connections. **Electrical synapses** consist of low-resistance connections between the membranes of two neurons where a change in potential in a presynaptic neuron can be transmitted to a postsynaptic neuron with little attenuation. Electrical synapses are found extensively in the invertebrate and lower-vertebrate nervous system and at some sites in the mammalian nervous system. **Chemical synapses** (see Fig. 1C) are the predominant type of interneuronal communication in the mammalian brain. Action potentials in the presynaptic neuron cause the release of **neurotransmitters** or **neuromodulators** from synaptic vesicles. The transmitter substance traverses the synaptic cleft and either excites (depolarizes) or inhibits (hyperpolarizes) the postsynaptic neuronal membrane. The synaptic potentials produced in the postsynaptic membrane are graded responses, in contrast to the all-or-none behavior of the action potential transmitted along axons. Depolarizing responses are termed **excitatory postsynaptic potentials (EPSPs)**, and hyperpolarizing responses are termed **inhibitory postsynaptic potentials (IPSPs)**. EPSPs lead to impulse generation and/or synaptic transmitter release, whereas IPSPs oppose impulse generation and/or synaptic transmitter release. **Synaptic integration** is a term used to express the process by which different synaptic inputs are combined within a postsynaptic neuron. Many chemicals have been identified as probable (putative) neurotransmitters, including acetylcholine, gamma-aminobutyric acid, glutamate, dopamine, norepinephrine, serotonin, and enkephalins. Only some of these have met the rigorous experimental criteria that establish them as neurotransmitters.

Organization of Neuronal Elements and Glia

Nerve cell bodies usually are located in groups. Outside of the brain and spinal cord, such groups are called **ganglia**. Within the brain and spinal cord, neurons form groups of various sizes and shapes, known as **nuclei**. In this instance, the term nucleus has a meaning different from that of the nucleus of an individual cell. The laminated sheets of nerve cell bodies on the surface of the cerebrum and cerebellum are referred to as the cerebral cortex and cerebellar cortex. Regions of the brain and spinal cord that contain aggregations of nerve cell bodies comprise the **gray matter**, and in the fresh state, they are grayish in color. In gray matter, ramifications of dendrites and terminal branches of axons with synapses between them form a delicate network surrounding the neuron cell bodies, known as **neuropil**. The remaining areas of the brain and spinal cord consist primarily of myelinated nerve fibers and make up the **white matter**.

Nerve fibers of the brain and spinal cord that have a common origin and a common destination constitute a **tract**. Although a tract occupies a regular position, it does not always form a compact bundle because of some dispersion with intermingling fibers of neighboring tracts. A number of bundles of fibers in the brain are so anatomically distinct that they have been given the names **fasciculus, brachium, peduncle, column**, and **lemniscus**. These may contain only a single tract, or they may consist of several tracts running together in the same bundle. **Nerve, nerve root, nerve trunk, nerve cord**, and **ramus** are appropriate terms for bundles of nerve fibers outside the brain and spinal cord.

Three types of glial cells are present in the central nervous system: **oligodendrocytes, astrocytes**, and **microglia**. Oligodendrocytes form and maintain the myelin sheaths of the central nervous system. The functions of astrocytes are less well understood. Astrocytes cannot develop action potentials, but they are highly permeable to potassium and become depolarized if the extracellular concentration of potassium increases. Astrocytes are thought to (1) take up extracellular potassium during intense neuronal activity and to (2) buffer potassium concentration in the extracellular space. They also (3) take up and store neurotransmitters and thus may regulate extracellular concentrations of neurotransmitters and (4) store and transfer metabolites from capillaries to neurons. Astrocytes are sensitive to a wide variety of insults to central nervous system tissue. Depending on the noxious agent, they may respond with cytoplasmic swelling, accumulation of glycogen, fibrillar proliferation within the cytoplasm, cell multiplication, or a combination of these reactions. They are frequently the cells that form a permanent scar or plaque after destruction of neuronal elements. Microglia are phagocytic cells that form part of the nervous system's defense against infection and injury.

PERIPHERAL NERVOUS SYSTEM

The 12 pairs of cranial and 31 pairs of spinal nerves, with their associated ganglia, make up the human **peripheral nervous system (PNS)**. Motor (or efferent) fibers of peripheral nerves are of two types: **somatic motor fibers**, which terminate in **skeletal muscle**, and **autonomic fibers**, which innervate **cardiac muscle, smooth muscle, and glands**. The termination of the somatic motor fiber on a skeletal muscle fiber occurs at the **motor end plate**, which resembles a synapse (Fig. 1D). The transmitter released by the vesicles of the motor end plate is acetylcholine. The sensory (or afferent) nerve fibers transmit signals from receptors of various types. Each afferent fiber conducts impulses toward the spinal cord and brain from the particular receptor type with which it is connected.

CENTRAL NERVOUS SYSTEM

The **central nervous system (CNS)** consists of the brain and the spinal cord. The brain of the young adult human male averages 1380 g in weight (generally 100 g less in females). The adult brain is divided into three gross parts: the cerebrum, the cerebellum, and the brain stem.

Cerebrum

The left and right cerebral hemispheres are incompletely separated by a deep **medial longitudinal fissure**. The surface of each hemisphere is wrinkled by the presence of eminences, known as **gyri**, and furrows, which are called **sulci** or **fissures**. The **cerebral cortex** consists of a layer of gray matter that varies from 1.3 to 4.5 mm in thickness and covers the expansive surface of the cerebral hemisphere. This cortex is estimated to contain 14 billion nerve cells.

There are two major grooves on the lateral surface of the brain (Fig. 3). The **lateral fissure (of Sylvius)** begins as a deep cleft on the basal surface of the brain and extends laterally, posteriorly, and upward. The **central sulcus (of Rolando)** runs from the dorsal border of the hemisphere near its midpoint obliquely downward and forward until it nearly meets the lateral fissure. For descriptive purposes, the lateral surface of the hemisphere is divided into four lobes. The **frontal lobe** (approximately the anterior one third of the hemisphere) is the portion that is rostral (anterior) to the central sulcus and above the lateral fissure. The **occipital lobe** is that part lying behind, or caudal to, an arbitrary line drawn from the parieto-occipital fissure to the preoccipital notch. This lobe occupies a small area of the lateral surface but has more extensive territory on the medial aspect of the hemisphere (Fig. 4), where it includes all cortex posterior to the parieto-occipital sulcus. The **parietal lobe** extends from the central sulcus

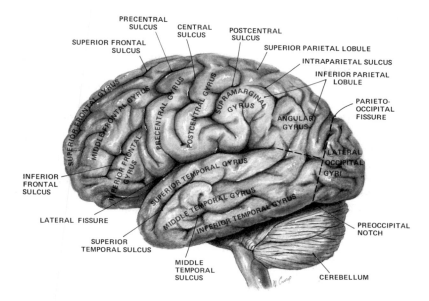

FIGURE 3. Lateral surface of the brain.

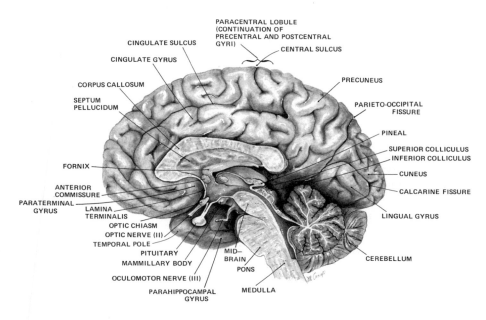

FIGURE 4. Medial (midsagittal) view of a hemisected brain.

to the parieto-occipital fissure and, on the lateral surface, is separated from the temporal lobe below by an imaginary line projected from the horizontal portion of the lateral fissure to the middle of the line demarcating the occipital lobe. The gyri within each lobe are separated by sulci whose patterns may show considerable individual variation.

Figure 4 depicts the structures that are located on the medial (midsagittal) surface of the brain. This surface is exposed by cutting the brain in half on a plane through the medial longitudinal fissure. This cut severs the **corpus callosum, brain stem,** and **cerebellum,** and it exposes to view a portion of the ventricular system within the brain (Fig. 5). On the medial surface of the cerebral cortex, the gyri and sulci of the frontal, parietal, occipital, and temporal lobes are continuous with those seen on the lateral surface. The central sulcus sometimes extends a short distance over the dorsal crest of the hemisphere onto the medial side, marking the boundary between the frontal and parietal lobes. The parieto-occipital fissure, as its name implies, separates the parietal and occipital lobes. Only the temporal pole region of the temporal lobe can be seen on this medial section through a whole brain. A part of a fifth lobe can now be seen on the cerebral cortex. This is the **limbic lobe,** a ring (or limbus) of cortical tissue consisting primarily of the **paraterminal gyrus,** the **cingulate gyrus,** and the **parahippocampal gyrus,** which is partially hidden by the brain stem.

A more complete view of the parahippocampal gyrus can be seen on the ventral surface of the brain (Fig. 6). This view also shows the cranial nerves exiting from the brain stem.

A sixth lobe, the **insular lobe,** cannot be seen in any of these figures. It is the cortical tissue that forms the floor of the deep lateral fissure, and can be seen only when the lips (opercula) of this fissure are separated.

Cerebellum

The cerebellum is attached to the dorsal surface of the brain stem at the level of the pons. Like that of the cerebral hemispheres, its surface is a layer of gray matter, the cerebellar cortex, which is thrown into ridges and grooves. In the cerebellum, the eminences of gray matter are called **folia.** On the midsagittally cut brain (see Fig. 4), a core of white matter, the **arbor vitae,** can be seen under the cortex of the cerebellar folia.

Brain Stem

The brain stem consists of the following areas of the brain: **medulla, pons,** and **midbrain.** This region is described in Chapter 9.

Ventricles, Meninges, and Cerebrospinal Fluid

Cavities within the brain, called the ventricles, are filled with **cerebrospinal fluid (CSF)** (see Fig. 5). CSF is formed primarily by specialized

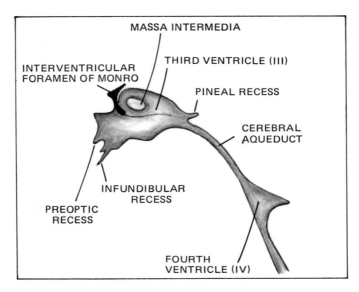

FIGURE 5. Components of the ventricular system as seen on the midsagittal section of the brain (compare with Figure 4).

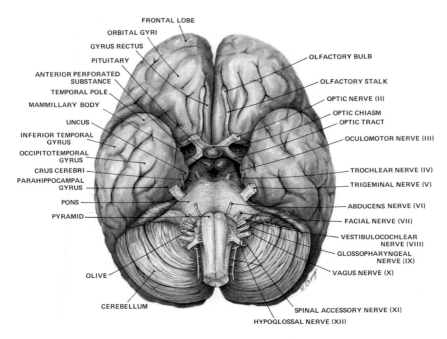

FIGURE 6. Ventral surface of the brain.

tissue in the ventricles, called the **choroid plexus**. The ventricular system opens to the space outside of the brain at three sites in the brain stem. Through these three openings, CSF flows from the ventricles into the **sub-arachnoid space**, which surrounds the brain and spinal cord. This space exists between the pia mater and the arachnoid, two layers of the three connective-tissue membranes that enclose the central nervous system. The **pia mater** is intimately attached to the surface of the brain and spinal cord. Fine strands of connective tissue, the trabeculae, stretch across the subarachnoid space between the pia and the **arachnoid**. Outside the arachnoid, the tough **dura mater** lines the bony cranial cavity around the brain and the vertebral canal around the spinal cord. Together, the pia mater, arachnoid, and dura mater constitute the **meninges**. Additional detail on the meninges and CSF can be found in Chapter 26.

Spinal Cord

The human spinal cord is a slender cylinder less than an inch in diameter. It is surrounded by the closely applied **pia mater,** and anchored through the arachnoid to the dura mater by paired lateral septae of pia— the **denticulate ligaments**. From its rostral junction with the medulla to its caudal end, the spinal cord is divided arbitrarily into five regions: cervical, thoracic, lumbar, sacral, and coccygeal. The spinal cord is enlarged in the lower cervical region and in the lumbosacral region, where nerve fibers supplying the upper and lower extremities are connected.

Spinal nerves are attached to the spinal cord in pairs: 8 cervical, 12 thoracic, 5 lumbar, 5 sacral, and 1 coccygeal (Fig. 7). Each nerve is formed by the union of a dorsal root (sensory or afferent) and a ventral root (mostly motor or efferent). The sensory fibers of the dorsal roots are processes of special sensory cells in the dorsal root ganglia. The motor fibers in the ventral root are axons of cells in the spinal cord (see Fig. 10 in Chapter 2). The spinal cord does not extend to the lower end of the vertebral canal but ends at the level of the lower border of the first lumbar vertebra. Its tapered end is called the **conus medullaris**. The pia mater continues caudally as a connective tissue filament, the **filum terminale,** which passes through the subarachnoid space to the end of the dural sac (level of vertebra S-1, see Fig. 7), where it receives a covering of dura and continues to its attachment to the coccyx bone. Because the cord is some 25 cm shorter than the vertebral column, the lower segments of the spinal cord are not aligned opposite corresponding vertebrae. Thus, the lumbar and sacral spinal nerves have very long roots, extending from their respective segments in the cord to the lumbar and sacral intervertebral foramina, where dorsal and ventral roots join to form the spinal nerves. These roots descend in a bundle from the conus, and because of its resemblance to the tail of a horse, this formation is known as the **cauda equina.**

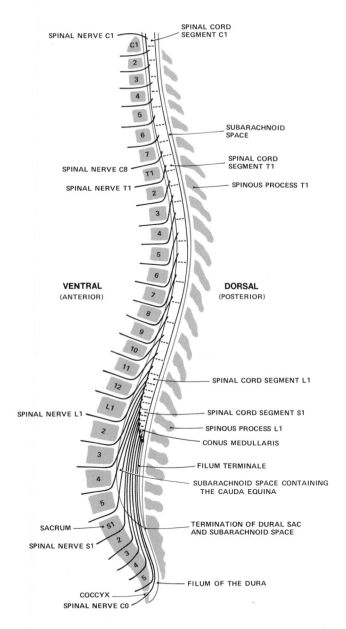

FIGURE 7. Diagram of the relationship of the spinal cord segments and spinal nerve roots to the dural sac and vertebrae of the spinal column. The bodies of the individual vertebrae on the ventral side of the spinal cord are numbered. The spinous processes of the vertebrae are dorsal to the cord. The dural sac, filum terminale, and filum of the dura are shown in color.

In describing the spinal cord, the terms **posterior** and **dorsal** are used interchangeably. Similarly, the terms **anterior** and **ventral** are interchangeable. Sections of the spinal cord cut perpendicular to the length of the cord (transverse sections) reveal a butterfly-shaped area of gray matter with surrounding white matter, which is made up mainly of longitudinal nerve fibers (Fig. 8). Midline grooves are present on the dorsal and ventral surfaces: the **dorsal median sulcus** and the **ventral median fissure**. The lateral surface shows a **dorsolateral** and a **ventrolateral sulcus**, which correspond to the dorsal root zone and the ventral root zone, respectively. These markings divide the white matter of the spinal cord into **dorsal, lateral,** and **ventral funiculi.** The dorsal root zone is interposed between the dorsal and lateral funiculi, and the ventral root zone is between the lateral and ventral funiculi. The gray matter of the cord contains dorsal and ventral enlargements known as the **dorsal horns** and the **ventral horns.** Small **lateral horns** also are present in the thoracic and upper lumbar segments of the spinal cord (see Fig. 8). The ventral horns are larger in the cervical and lumbosacral enlargements than in the thoracic segments. This is because the muscle mass of the limbs is greater than that of the trunk, and these horns are made up largely of cell bodies of neurons that innervate skeletal muscles. Accordingly, the ventral horn of the lumbosacral enlargement is more massive than that of the cervical enlargement because of the greater muscle mass in the lower limbs. In addition, there is more white matter, relative to the amount of gray matter, at cervical levels than in the lumbosacral region (see Fig. 8). This is because the white matter in the cervical region is made up of fibers connecting the entire cord with the brain, whereas the white matter of the lumbosacral cord contains only fibers serving the caudal part of the cord.

In a transverse section of the cord, the gray matter can be subdivided into groups of perikarya, called nuclei. When the spinal cord is cut along its length, these nuclei are seen to be cell columns, or laminae. Rexed divided the cord into 10 laminae (Fig. 9). Each lamina extends the length of the cord. Lamina I is the most dorsal part of the dorsal horn; lamina IX is in the most ventral part of the ventral horn; and lamina X surrounds the central canal. Laminae I through VI are confined to the dorsal horn. Cells here receive and transmit information concerning sensory input from the spinal nerve afferents. Fiber pathways from other cord levels and the brain also influence cells in these laminae. Within laminae I to VI are found several classically defined nuclei or cell columns of the cord. For example, laminae II and III correspond to the **substantia gelatinosa,** which receives information from pain and temperature afferents.

Lamina VII is located in the intermediate gray area and extends into the anterior horn. It contains both the **nucleus dorsalis** and the **intermediolateral gray column.** The connections and functions of these cell groups

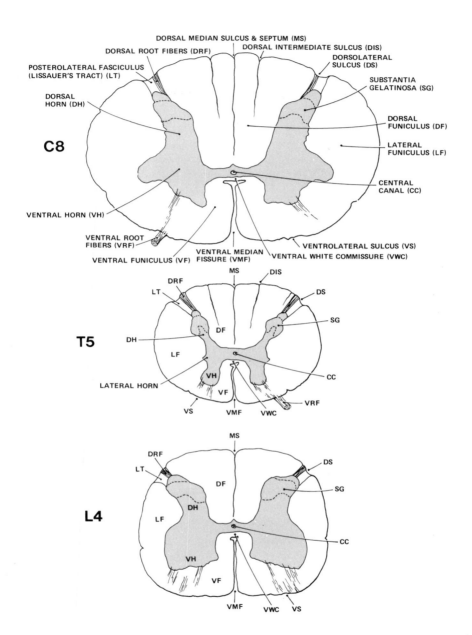

FIGURE 8. Cross sections of the spinal cord at approximately the eighth cervical (C-8), fifth thoracic (T-5), and fourth lumbar (L-4) segmental levels.

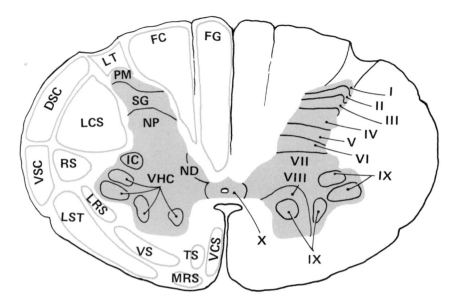

FIGURE 9. Cross section of the spinal cord at approximately the C-8/T-1 segmental level. Tracts and nuclei of the cord are illustrated on the left; Rexed's laminar organization of the gray matter is illustrated on the right. DSC = dorsal spinocerebellar tract; FC = fasciculus cuneatus; FG = fasciculus gracilis; IC = intermediolateral cell column; LCS = lateral corticospinal tract; LRS = lateral reticulospinal tract; LST = lateral spinothalamic tract; LT = Lissauer's tract; MRS = medial reticulospinal tract; ND = nucleus dorsalis; NP = nucleus proprius; PM = posteromarginal nucleus; RS = rubrospinal tract; SG = substantia gelatinosa; TS = tectospinal tract; VCS = ventral corticospinal tract; VHC = ventral horn cell columns; VS = vestibulospinal tract; VSC = ventral spinocerebellar tract.

will be described later. Lamina VIII is located in the ventral horn and contains many neurons that send **commissural** axons to the opposite side of the cord. Lamina IX is restricted to the ventral horn. It contains the **alpha** and **gamma motoneurons** that send axons into the ventral roots of the spinal nerves and innervate the skeletal muscles.

CHAPTER 2

Functional Components
of the Spinal Nerves

The functions of the nerves of the body may be conveniently categorized by the following terminology: The fibers that innervate the body wall are termed **somatic;** those that innervate the viscera are termed **visceral; sensory** fibers are designated **afferent;** and **motor** fibers are designated **efferent**.

SUMMARY OF FUNCTIONAL COMPONENTS

General Afferent Fibers

General afferent fibers are the sensory fibers that have their cells of origin in the **dorsal root ganglia**. These cells differ significantly in shape from the neurons pictured in Figure 1 in Chapter 1. Dorsal root ganglia cells are round and have only one process leaving the cell body. That process soon splits into a peripheral process, which enters the nerve, and a central process, which passes through the dorsal root to the spinal cord (Fig. 10).

General somatic afferent (GSA) fibers carry exteroceptive information from receptors in the skin mediating pain, temperature, and touch. They also carry proprioceptive information from sensory endings in the muscles, tendons, and joints.

General visceral afferent (GVA) fibers carry sensory impulses from receptors in the visceral structures within the body.

General Efferent Fibers

General somatic efferent (GSE) fibers consist of the motor fibers (originating from alpha and gamma motoneuron cell bodies of lamina IX) that innervate the striated musculature (derived from the myotomes of somites).

17

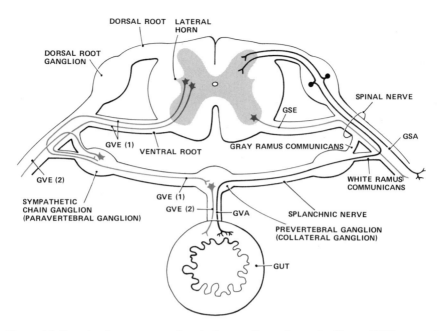

FIGURE 10. Functional components of a spinal nerve. General somatic afferent (GSA), general visceral afferent (GVA), and general somatic efferent (GSE) fibers and their cells of origin are illustrated on the right and are arbitrarily separated, for clarity, from the general visceral efferent fibers and cells (GVE-1 and GVE-2) on the left. The autonomic (GVE) structures diagrammed here belong to the sympathetic division.

General visceral efferent (GVE) fibers consist of the preganglionic and postganglionic autonomic fibers that innervate smooth and cardiac muscle and regulate glandular secretion. **Preganglionic sympathetic** cell bodies are located in the intermediolateral cell column, which forms the lateral horn, extending from T-1 to L-2 (lamina VII). **Preganglionic parasympathetic** cell bodies are located in a similar region in the sacral cord (S-2 to S-4). The axons of these cells are labeled GVE(1) in Figure 10. In the sympathetic ganglia (or parasympathetic ganglia in the pelvis), GVE(1) fibers from the spinal cord synapse on the cell bodies of postganglionic autonomic fibers, which are labeled GVE(2) in Figure 10.

CLASSIFICATION OF NERVE FIBERS

Electrical stimulation and extracellular recording from a nerve consisting of large myelinated fibers produce a **spike potential** followed by a **negative afterpotential** and then a **positive afterpotential** (Fig. 11A). The negative afterpotential results from residual depolarization of the membrane

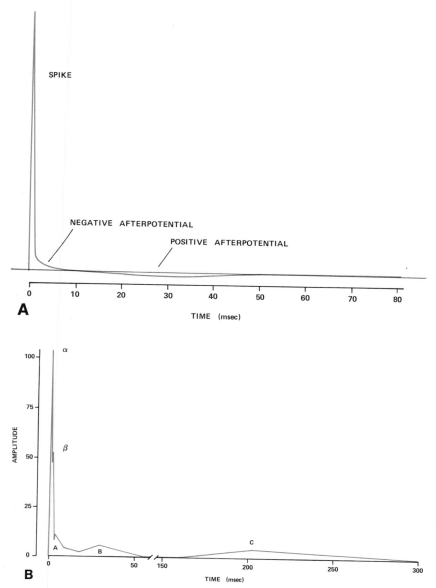

FIGURE 11. (A) Scale drawing of an action potential and related afterpotentials resulting from electrical stimulation and recorded extracellularly from the saphenous nerve of the cat. (B) Drawing of a complete compound action potential resulting from electrical stimulation of the sciatic nerve of the frog. Several components of the A group of fibers cannot be distinguished because the time scale was chosen to illustrate the B and C fiber peaks. The amplitude of the action potential is plotted relative to the A-alpha peak. (Adapted from Erlanger, J and Gaser, HS: *Electrical Signs and Nervous Activity*. University of Pennsylvania Press, Philadelphia, 1938.)

due to the transient accumulation of potassium ions outside the axonal membrane. The positive afterpotential reflects hyperpolarization of the membrane and probably results from stimulation of the sodium pump.

Nerve fibers can be categorized according to fiber diameter, thickness of the myelin sheath, and speed of conduction of the nerve impulse. In general, the greater the diameter of the fiber, the thicker the myelin sheath and the faster the conduction velocity. Currently, two classifications of nerve fibers are in use. One is an electrophysiologic classification based on the conduction velocities of motor and sensory nerve fibers, as revealed by

TABLE 1. Classification of Nerve Fibers

Sensory and Motor Fibers	Sensory Fibers	Largest Fiber Diameter	Fastest Conduction Velocity (Meters/Sec)	General Comments	
A-α	Ia	22	120	Motor:	The large alpha motoneurons of lamina IX, innervating extrafusal muscle fibers
				Sensory:	The primary afferents of muscle spindles
A-α	Ib	22	120	Sensory:	Golgi tendon organs, touch and pressure receptors
A-β	II	13	70	Motor:	The motoneurons innervating both extrafusal and intrafusal (muscle spindle) muscle fibers
				Sensory:	The secondary afferents of muscle spindles, touch and pressure receptors, and pacinian corpuscles (vibratory sensors)
A-γ		8	40	Motor:	The small gamma motoneurons of lamina IX, innervating intrafusal fibers (muscle spindles)
A-δ	III	5	15	Sensory:	Small, lightly myelinated fibers; touch, pressure, pain, and temperature
B		3	14	Motor:	Small, lightly myelinated preganglionic autonomic fibers
C	IV	1	2	Motor:	All postganglionic autonomic fibers (all are unmyelinated)
				Sensory:	Unmyelinated pain and temperature fibers

peaks in the compound action potential, when an entire compound nerve (one containing many motor and sensory fibers) is stimulated electrically and recordings are made extracellularly. This action potential consists of the algebraic sum of the action potentials of the individual fibers within the nerve. In this classification, nerve fibers consist of three groups: A, B, and C (Fig. 11B). The A and B fibers are myelinated, and the C fibers are unmyelinated. The A fibers are further subdivided on the basis of mean conduction velocity, and hence fiber size, into several subgroups: alpha, beta, gamma, and delta. The A fibers contain two important motor components: **alpha fibers**, which innervate **extrafusal muscle**, and **gamma fibers**, which innervate intrafusal muscle (muscle spindles). The C fibers are subdivided into two classes: sC fibers (postganglionic efferent sympathetic C fibers) and drC fibers (afferent dorsal root C fibers).

A second system of nerve fiber classification, pertaining only to sensory fibers, includes four groups that are differentiated chiefly on the basis of size, but also according to fiber origin. Three important elements in this classification are as follows: group IA afferents (**spindle primary afferents**), which arise in muscle spindles; group IB afferents, which originate in **Golgi tendon organs;** and group II afferents (**spindle secondary afferents**), which also come from muscle spindles.

Table 1 summarizes the two classification systems.

CHAPTER 3

Spinal Reflexes and Muscle Tone

SPINAL REFLEXES

A **reflex** action consists of a specific, stereotyped response to an adequate stimulus. The stimulus for a somatic spinal reflex involves input to the central nervous system from peripheral receptors, including muscle, skin, and joints. (Visceral reflexes will not be discussed in this chapter.) The response usually involves contraction of the striated skeletal muscle fibers (extrafusal fibers). A reflex response may be mediated by as few as two neurons, one afferent and one efferent, and in this case it is termed a **monosynaptic reflex response**. Muscle stretch (deep tendon) reflexes such as the knee jerk are mediated by monosynaptic reflexes. In most instances, a reflex response involves several neurons, termed interneurons or internuncial cells, in addition to the afferent and efferent neurons. A reflex response mediated by more than two neurons is termed polysynaptic. A reflex may involve neurons in (1) just one or a few spinal cord levels, as in the case of segmental reflexes (those restricted to a single spinal cord segment); (2) several to many spinal cord levels, as with intersegmental reflexes; or (3) structures in the brain that influence the spinal cord, as in the case of supraspinal reflexes.

MUSCLE SPINDLES

Muscle spindles are receptor organs that provide the afferent component of many muscle stretch responses, including the monosynaptic deep tendon reflex response. Muscle spindles are muscle stretch receptor organs equipped with a motor nerve supply capable of altering the sensitivity of the receptor to muscle length. Muscle spindles are encapsulated structures, 3 to 4 mm in length, located in varying numbers in most skeletal muscles of the body (Fig. 12). They are particularly numerous in the small, delicate muscles of the hand. A spindle consists of 2 to 12 thin muscle fibers of modified striated muscle. Because they are enclosed in the fusiform spin-

22

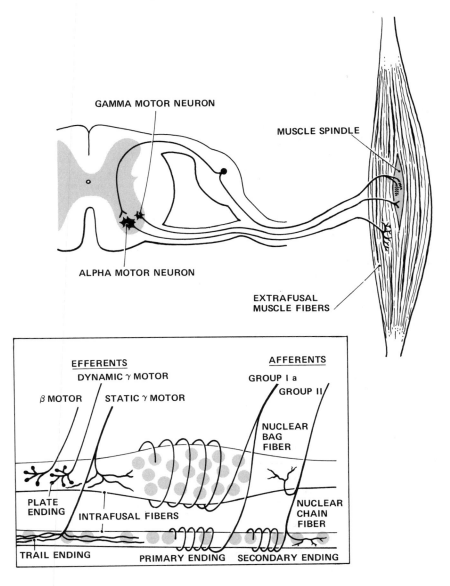

FIGURE 12. A cross section of the spinal cord showing a Ia afferent fiber originating in a muscle spindle, passing through a peripheral nerve, entering a dorsal root, and making synaptic connection with an alpha motoneuron. The axon of the alpha motoneuron emerges through the ventral root, passes through the peripheral nerve, and terminates in the extrafusal muscle fibers. The axon of the gamma motoneuron makes synaptic connection with the intrafusal fibers of the muscle spindle. The inset shows an enlarged view of the intrafusal fibers within the muscle spindle and the principal nerve endings on the fibers.

SPINAL REFLEXES AND MUSCLE TONE   23

dle, they are termed **intrafusal** muscle fibers to contrast them with the large **extrafusal** fibers. The muscle spindle is attached to the connective tissue septae that run between extrafusal fibers. Consequently, the entire muscle spindle structure is connected to the muscle's tendons in parallel with the extrafusal fibers, a fact that is important in the function of the muscle spindle. There are two distinct types of intrafusal fibers, as well as a third, intermediate type. The longer and larger fiber contains numerous large nuclei closely packed in a central bag and hence is called a **nuclear bag** fiber (see Fig. 12). The other type is shorter and thinner and contains a single row of central nuclei. The structure resembles a chain and thus is known as a **nuclear chain** fiber (see Fig. 12). A third type of muscle spindle intrafusal fiber is intermediary in structure between bag and chain fibers and is termed bag_2 to differentiate it from the more conventional type of bag fiber, which is now termed bag_1.

Both bag and chain fibers are innervated by gamma motoneurons, which terminate in two types of endings—**plates** and **trails** (see Fig. 12). Plate endings occur chiefly on nuclear bag fibers and rarely on nuclear chain fibers. Trail endings occur mostly on nuclear chain fibers but are found frequently on bag fibers as well. Muscle spindles are amply supplied with sensory nerve endings of two types: primary endings derived from group Ia nerve fibers, and secondary endings derived from group II fibers. Primary afferents arise in the central equatorial region of both bag and chain fibers. Secondary endings arise predominantly on nuclear chain fibers and lie to either side of the primary endings.

ALPHA, BETA, AND GAMMA MOTONEURONS

Muscle contraction in response to a stimulus involves activation of the alpha, beta, and gamma motoneurons of lamina IX. Alpha motoneurons are the largest of the anterior horn cells. They can be stimulated monosynaptically by (1) the Ia primary afferents and group II secondary afferents of the muscle spindles; (2) corticospinal tract fibers in primates; (3) lateral vestibulospinal tract fibers; and (4) reticulospinal and raphe spinal tract fibers. Although alpha motoneurons can be stimulated monosynaptically, in a vast majority of cases they are stimulated through interneurons in the spinal cord gray matter in response to reflex activation of segmental, intersegmental, and supraspinal circuits. All descending tracts of the spinal cord ultimately influence the activity of these neurons. Alpha motoneurons innervate not only the large extrafusal skeletal muscle fibers, but also interneurons in the ventral horn (**Renshaw cells**) through collateral fibers emerging from the axons of alpha motoneurons. Renshaw cells are capable of inhibiting alpha motoneurons, producing a negative feedback response. This can have the beneficial effect of turning off the alpha motoneuron immediately after it has fired so that it will be able to fire again.

Gamma motoneurons, which are also termed fusimotor neurons, innervate the intrafusal muscle fibers within the muscle spindles of skeletal muscle. They do not innervate extrafusal muscle fibers and, consequently, do not produce extrafusal muscle contraction. Gamma motoneurons differ from alpha motoneurons in other ways as well: (1) they are smaller; (2) they are not excited monosynaptically by segmental inputs; (3) they are not involved in inhibitory feedback mechanisms by Renshaw cells; and (4) they tend to discharge spontaneously, often at high frequencies. Despite these differences between gamma and alpha motoneurons, both generally respond similarly to incoming stimuli. Most of the descending pathways of the spinal cord influence the activity of both types of neurons. The reticular system, cerebellum, and basal ganglia exert particularly strong control over the gamma motoneurons.

Beta motoneurons have axons intermediate in diameter between those of alpha and those of gamma motoneurons. Beta motoneurons innervate both extrafusal and intrafusal muscle fibers, and they provide a large fraction of the innervation of muscle spindles.

STRETCH REFLEX

The stretch reflex is the basic neural mechanism for maintaining tone in muscles. Aside from its role in keeping relaxed muscles slightly active, the stretch reflex is capable of increasing the tension of select muscle groups to provide a background of postural muscle tone on which voluntary movements can be superimposed.

The stretch (myotatic) reflex can be tested by tapping the tendon of a muscle. For example, tapping the patellar tendon stretches the extrafusal fibers of the quadriceps femoris muscle group. Since the intrafusal fibers are arranged in parallel with the extrafusal fibers of the quadriceps, the muscle spindles also will be stretched. The stretching stimulates the sensory endings in the spindles, particularly the primary afferents (group Ia fibers). The Ia afferents monosynaptically stimulate the alpha motoneurons that supply the quadriceps muscle and polysynaptically inhibit the antagonist muscle group (the hamstring muscles). Consequently, the quadriceps suddenly contracts and the hamstring muscles relax, causing the leg to extend at the knee.

Group Ia fibers innervating the primary endings in muscle spindles establish direct monosynaptic connections with alpha motoneurons innervating the same (homonymous) muscles and synergistic (heteronymous) muscles (see Fig. 12). Group II afferent fibers from muscle spindles excite homonymous alpha motoneurons monosynaptically.

The sensory function of the intrafusal fibers is to inform the nervous system of the length and rate of change in length of the extrafusal fibers. In the absence of any gamma motoneuron activation, the primary afferents respond to both the length of muscle and the rate of change in length of muscle. In contrast, the secondary endings respond chiefly to muscle length. Activation of gamma motoneurons makes the intrafusal muscle fibers contract and therefore makes the sensory portion of the muscle spindles more responsive to stretch. Since muscle spindles are located in parallel with extrafusal fibers, muscle spindles are passively shortened during muscle contraction, which results in cessation of discharge of the afferent nerve fibers. Gamma motoneuron activation, however, can prevent muscle spindles from ceasing to fire during extrafusal muscle contraction.

Two types of gamma motoneurons have been described. One type affects the afferent responses to phasic stretch more than the responses to static stretch. This group is called the **dynamic gamma motoneurons**. The other type increases the spindle response to static stretch and thus is called the **static gamma motoneurons**. Dynamic gamma motoneurons are thought to terminate in plate endings solely on nuclear bag fibers, whereas static gamma fibers terminate in trail endings on both bag and chain fibers. Gamma motoneurons thus can adjust the length of intrafusal fibers so that the spindle receptors can always operate on a sensitive portion of their response scale. In addition, during a powerful contraction with considerable shortening, it may be advantageous for the spindle receptors to continue firing in order to reinforce the power of the contraction reflexly. This is referred to as the **servo-assisted** method of producing and controlling movement. Much of the information from spindles is utilized at high levels of the nervous system, particularly the cerebellum and cerebral cortex. These regions can influence the descending pathways that facilitate and inhibit alpha and gamma motoneuron activity. Supraspinal, intersegmental, and segmental influences usually cause the discharge of both alpha and gamma motoneurons innervating a particular muscle. This phenomenon is known as **coactivation**.

GOLGI TENDON ORGANS

Golgi tendon organs are encapsulated structures attached in series with the large, collagenous fibers of tendons at the insertions of muscles and along the fascial covering of muscles. Within the capsule, sensory nerve endings (Ib afferents) terminate in small bundles of collagenous fibers of tendons. When muscle contraction occurs, shortening of the contractile part of the muscle results in lengthening of the noncontractile region where tendon organs are located. The result is vigorous firing of the Golgi tendon organs. Thus, these receptors are primarily sensitive to muscle contraction. Their afferents project to the spinal cord, where they polysynaptically inhibit the alpha motoneurons innervating the agonist muscle and facilitate motoneurons of the antagonist muscle. The central actions of the Golgi tendon organs are responsible for the **"clasp knife"** phenomenon in spasticity, which is described below.

MUSCLE TONE

The term **muscle tone** indicates the resistance that an examiner perceives when passively manipulating the limbs of a patient. In the relaxed normal person, when a limb is manipulated at one of the joints, a certain amount of resistance will be encountered in muscle, which is not related to any conscious effort on the part of the patient. There are two general abnormalities of muscle tone, termed hypotonia and hypertonia. **Hypotonia** is a decrease of resistance to passive manipulation of the limbs, and **hypertonia** is an increase of resistance to passive manipulation of the limbs.

Hypotonia occurs in a limb at once if the ventral roots containing the motor nerve fibers to the limb are cut. It also results from transection of the dorsal roots that contain sensory fibers from the muscle. Thus, muscle tone is maintained and regulated in muscles by reflex activity of the nervous system and is not a property of isolated muscle. Hypotonia may also occur with a disease that affects certain parts of the nervous system, particularly the cerebellum.

Hypertonia appears in one of two general forms—spasticity and rigidity. In **spasticity**, there is an increase in the "clasp-knife" type of resistance to passive manipulation, and this is usually accompanied by an increase of the deep tendon reflexes. The "clasp-knife" phenomenon indicates a marked increase of resistance to passive manipulation (in flexion or extension), occurring during the initial portion of the manipulation. As the manipulation proceeds, the resistance suddenly decreases and disappears. In **rigidity**, there is a plastic or "cogwheel" type of resistance to passive manipulation, often without changes in the deep tendon reflexes.

REFLEXES OF CUTANEOUS ORIGIN

The sensory receptors in skin and subcutaneous tissues respond to touch, pressure, heat, cold, and tissue damage. These receptors generate signals that have reflex effects on spinal motoneurons mediated by interneurons. The flexor and crossed extensor reflexes are examples of aversive responses that permit a limb to be withdrawn from a source of injury and that allow a postural compensation to occur. A noxious stimulus to a limb results in flexion of the ipsilateral limb and extension of the contralateral limb. A common example occurs when an individual steps on something very hot or sharp. This results in reflex withdrawal of the stimulated extremity. It is due to the polysynaptic facilitation of alpha motoneurons innervating the ipsilateral flexor muscles and inhibition of motoneurons innervating the extensor muscles of the same leg. Simultaneously, the opposite limb extends in order to support the weight of the body. The limb extension results from facilitation of motoneurons innervating extensor muscles and inhibition of motoneurons innervating flexor muscles. This is a good example of an intersegmental reflex that involves control of motor neurons in the lower lumbar and sacral segments of the cord.

The Descending Pathways

MOTOR AREAS OF THE CEREBRAL CORTEX

Based on differences in cytoarchitecture in the cerebral cortex, Brodmann designated 52 anatomic areas. The **primary motor area,** also known as **Brodmann's area 4,** is located in the precentral gyrus of the frontal lobe (see Fig. 3 in Chapter 1 and Fig. 60 in Chapter 24). It extends from the lateral fissure upward to the dorsal border of the hemisphere and a short distance beyond on the medial surface of the frontal lobe in the rostral aspect of the paracentral lobule (see Fig. 3 in Chapter 1 and Fig. 61 in Chapter 24). The left motor strip controls the right side of the body, and the right strip controls the left side. The larynx and tongue are influenced by neurons in the lowest part of this strip, followed in upward sequence by the face, thumb, hand, forearm, arm, thorax, abdomen, thigh, leg, foot, and the muscles of the perineum. The neurons controlling leg, foot, and perineal muscles are in the paracentral lobule. In humans, areas for the hand, tongue, and larynx are disproportionately large, conforming with the development of elaborate motor control of these muscle groups. A functional map of the motor cortex resembles a distorted image of the body turned upside-down and reversed left for right (see Fig. 62 in Chapter 24). Immediately rostral to area 4 is the **premotor cortex,** which consists of **areas 6 and 8.** Area 6 is involved in movement of the body musculature, and area 8 influences eye movements. The most medial aspect of area 6 can be observed on a midsagittal section of the brain just rostral to the paracentral lobule (see Fig. 61 in Chapter 24). This is the location of the **supplementary motor area.** A third motor area is found in the **postcentral cortex** (areas 3, 1, and 2 of Brodmann). Another motor area, referred to as the **secondary motor area,** is present on the most ventral aspect of the precentral and postcentral gyri near the lateral fissure. This overlaps the **secondary somatosensory** cortex, which is shown in Figure 63 in Chapter 24.

Area 4 is concerned with the performance of movements, particularly those of the distal joints of the limbs, and confers skill, precision, and agility upon these movements. The activity of neurons in area 4 results in precisely fractionated muscle contractions, which are needed for individual finger movements. The discharge frequency of individual neurons in this area is related to the force that is generated during a movement.

The supplementary motor area and the premotor cortex are concerned with the planning and programming of movement performance. Both of these areas are thought to provide signals that influence the output of area 4. The functions of supplementary motor area neurons are related to complex movements of the limbs, including movements of the limbs simultaneously on both sides of the body.

DESCENDING FIBERS FROM THE CEREBRAL CORTEX AND BRAIN STEM THAT INFLUENCE MOTOR ACTIVITY

Skeletal muscle activity results from the net influence of higher nervous system structures upon the alpha and gamma motoneurons of the spinal cord and upon the motor components of the cranial nerve nuclei. Collectively, these are the neurons that provide the final direct link with muscles through myoneural junctions (motor end plates). Such neurons are referred to as **lower motoneurons (LMNs)**. Their cell bodies reside within the central nervous system, and their axons make synaptic contact with extrafusal and intrafusal muscle fibers of somatic and branchiomeric origin. **Somatic** muscle fibers derive from true somites in the developing embryo. **Branchiomeric** muscles stem from segments of the head and neck, which develop into gill arches in water-dwelling vertebrates. These branchiomeres are not true somites, but the muscles that develop from them, like somatic muscles, are striated and under voluntary control. They include the muscles of mastication, the muscles of facial expression, and the muscles of the pharynx and larynx.

A number of descending motor pathways regulate lower motor neuronal activity, which in turn controls somatic and branchiomeric muscles. These descending pathways are controlled directly or indirectly by the cerebral cortex, cerebellum, or basal ganglia. In the strictest sense, the neurons in all such pathways should be termed **upper motoneurons (UMNs)**. Upper motoneurons operate directly, or through interneurons, upon alpha and gamma motoneurons and upon motor components of the cranial nerve nuclei. They are contained completely within the central nervous system. Clinicians usually use the term upper motoneuron only when referring to the corticospinal tract or, to a lesser extent, the corticobulbar tract (Fig. 13).

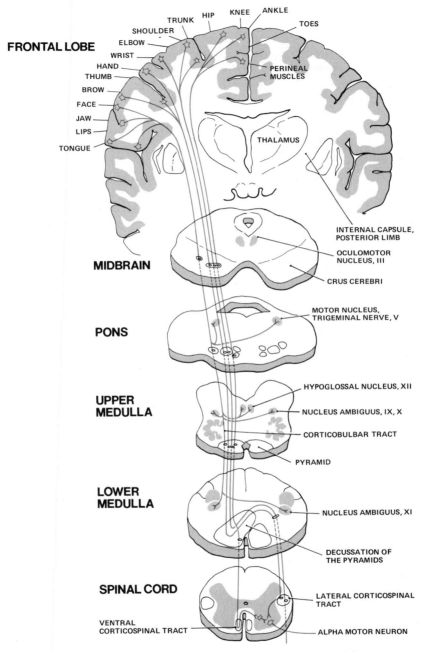

FIGURE 13. The corticospinal and corticobulbar pathways of the central nervous system.

Corticospinal Tract

The corticospinal tract, also termed the pyramidal tract, was once considered to be the pathway that initiated and controlled all "voluntary" muscular activity. It is now known to be concerned primarily with skilled movements of the distal muscles of the limbs and, in particular, with facilitation of the alpha and gamma motoneurons that innervate distal flexor musculature. Approximately one third of the axons in this tract arise from area 4, the primary motor cortex, and about 3 percent of these fibers originate from unusually large pyramidal cells, called Betz cells, which are located in the fifth layer of the cortex. Another one third of the fibers arise from area 6, and the remainder of the fibers originate from the parietal lobe (primarily areas 3, 1, and 2 of the postcentral gyrus).

The corticospinal tract passes through the posterior limb of the internal capsule and the middle of the crus cerebri (see Fig. 13). It then breaks up into bundles in the basilar portion of the pons and finally collects into a discrete bundle, forming the pyramid of the medulla. This pathway was originally named the pyramidal tract because of its passage through the medullary pyramid, and not because of its origin from pyramidal cells in the cortex. In the lower levels of the medulla, most of the corticospinal tract crosses (decussates) to the opposite side. This region is referred to as the level of the motor or pyramidal tract decussation. Approximately 90 percent of the fibers cross at this level and descend through the spinal cord as the **lateral corticospinal tract,** which passes to all cord levels in the lateral funiculus and synapses in the lateral aspect of laminae IV through VIII. Many of the cells in these laminae are interneurons that synapse on alpha and gamma motoneurons in lamina IX. In primates, a small percentage of the fibers (perhaps those arising from Betz cells) synapse directly upon the alpha and gamma motoneurons in lamina IX. These motoneurons innervate the muscles in the distal parts of the extremities (hands and feet).

The 10 percent of corticospinal fibers that do not decussate in the medulla descend in the anterior funiculus of the cervical and upper thoracic cord levels as the ventral corticospinal tract. However, at their respective levels of termination, the fibers in this pathway decussate through the anterior white commissure (ventral white commissure, see Fig. 9 in Chapter 1) prior to synapsing upon interneurons and motoneurons. The number of fibers in both lateral and ventral corticospinal tracts decreases in successively lower cord segments as more and more fibers reach their terminations.

The corticospinal tract is not purely motor. It also sends fibers to synapse on interneurons in laminae IV, V, and VI of the spinal cord. These interneurons can influence local reflex arcs and cells of origin of ascending sensory pathways. Thus, the cerebral cortex can control motor output and can also modify sensory input reaching the brain.

The corticospinal tract exerts both facilitatory and inhibitory influences on the spinal interneurons and motoneurons it contacts. Activation of the corticospinal tract generally evokes excitatory postsynaptic potentials in interneurons and motoneurons of flexor muscles and inhibitory postsynaptic potentials in those of extensor muscles. The discharge rate of cerebral cortical neurons of the corticospinal tract is directly related to the force exerted by a limb during an active movement. The facilitatory effects of the corticospinal tract are thought to be mediated by the acidic amino acid neurotransmitter, glutamate.

Corticobulbar Tract

The fibers of the corticobulbar tract arise from neurons in the ventral lateral part of areas 4 and 6, and from area 8. The axons start out in company with the corticospinal tract but take a divergent route at the level of the midbrain. The fibers of this pathway terminate in the brain stem, where they influence (but not by direct, or monosynaptic, connections) the motor nuclei of cranial nerves III (oculomotor); IV (trochlear); V (trigeminal); VI (abducens); VII (facial); IX, X, and XI (glossopharyngeal, vagus, and accessory); and XII (hypoglossal). Fibers from cortical area 8, the frontal eye fields, influence eye movements indirectly by synapsing on cells in the superior colliculus, pretectal nuclei, and accessory optic nuclei of the midbrain. These areas project directly, or via another relay in the pontine reticular formation, to the nuclei of cranial nerves III, IV, and VI. Corticobulbar fibers from the facial region of areas 4 and 6 terminate on interneurons adjacent to the motoneurons that innervate the remaining (non-extraocular) striated skeletal musculature, either of somatic or branchiomeric origin. (Some of these connections are shown in Fig. 13.) With the exception of the portion of the facial nucleus that innervates facial musculature below the angle of the eye, the cranial nerve motor nuclei are innervated bilaterally, and the muscles they control cannot be contracted voluntarily on one side only. The lower facial nucleus receives innervation from the opposite cerebral cortex only (see Fig. 38 in Chapter 12). Clinical evidence indicates that in some individuals, the hypoglossal nucleus similarly receives only a crossed component.

Like the corticospinal tract, the corticobulbar tract contains fibers that terminate on sensory "relay" neurons. In the brain stem, these relay nuclei include the nuclei gracilis and cuneatus, the sensory trigeminal nuclei, and the nucleus of the solitary fasciculus.

Corticotectal Tract

In the past, some authors have used the term "corticomesencephalic tracts" to identify the pathways that arise from cerebral cortical areas 18 and 19 in the occipital lobe and project to the upper parts of the brain stem to influence extraocular muscle activity. These fibers are referred to here as the corticotectal tract. Many of the fibers synapse in the superior colliculus, the interstitial nucleus of Cajal, or the nucleus of Darkschewitsch. These nuclei project through the pontine reticular formation and the medial longitudinal fasciculus (MLF) to synapse upon the oculomotor, trochlear, and abducens nuclei. Other cortical fibers may first synapse in various regions of the reticular formation that influence the extrinsic eye muscle nuclei directly or via connections through the MLF.

The corticotectal projections are concerned with turning movements of the head and eyes, possibly combined with reaching movements of the arm. Corticotectal fibers have a greater influence on reflexive than voluntary eye movements and are thought to govern slow pursuit movements rather than rapid saccadic ones. Body movements accompanying eye movements from corticotectal activation are mediated through tectobulbar and tectospinal projections, which originate in neurons of the superior colliculus.

Corticorubral and Rubrospinal Tracts

The corticorubral and rubrospinal tracts represent an indirect route from the cerebral cortex to the spinal cord. Fibers originating from the same cortical areas that give rise to the corticospinal tract form the **corticorubral tract**. This tract projects to the ipsilateral red nucleus in the tegmentum of the midbrain. The red nucleus gives rise to the **rubrospinal tract**, the fibers of which cross the midline in the ventral tegmental decussation and descend through the lateral tegmentum of the pons and midbrain (see Fig. 21 in Chapter 8). In the spinal cord, this crossed pathway is found just anterior to the lateral corticospinal tract in the lateral funiculus (see Fig. 9 in Chapter 1). Its fibers synapse at all cord levels in the lateral aspect of laminae V, VI, and VII and thus overlap part of the termination of the corticospinal tract. In fact, the rubrospinal tract is functionally similar to the corticospinal tract in that generally it facilitates flexor and inhibits extensor alpha and gamma motoneurons, particularly those innervating the distal parts of the arms. The red nucleus is also a way station between the cerebellum and the ventral lateral nucleus of the thalamus.

Corticoreticular and Reticulospinal Tracts

The reticular formation (a matrix of nuclei in the core of the brain stem) receives a large input from **corticoreticular fibers**, which accompany the corticospinal tract. Two areas of the reticular formation send major projections into the spinal cord. The pontine reticular formation gives rise to the uncrossed **pontine (medial) reticulospinal tract**. In the brain stem, this pathway travels just ventral to the medial longitudinal fasciculus. In the spinal cord, it passes through the ventral funiculus (see Fig. 9 in Chapter 1) to all cord levels. Its fibers synapse in laminae VII and VIII. This tract is mainly facilitatory for extensor alpha motoneurons, particularly those innervating the midline musculature of the body and the proximal parts of the extremities, and it provides an important input to gamma motoneurons.

The medial aspect of the medullary reticular formation gives rise to the **medullary (lateral) reticulospinal tract**, which is primarily uncrossed but has a small crossed component. This tract passes to all cord levels in the lateral funiculus just anterior to the rubrospinal tract. It synapses in laminae VII and IX. There is controversy regarding the exact function of this pathway with respect to the alpha and gamma motoneurons. The tract conveys **autonomic information** from higher levels to the preganglionic sympathetic and parasympathetic neurons to influence respiration, circulation, sweating, shivering, and dilatation of the pupils, as well as the function of the sphincteric muscles of the gastrointestinal and urinary tracts. Autonomic functions are also influenced directly by hypothalamic projections to the spinal cord from the paraventricular and other hypothalamic nuclei.

Raphe-Spinal and Ceruleus-Spinal Projections

The raphe nuclei are a special subgroup of the nuclei that constitute the reticular formation. Fibers arising from neurons within the raphe nuclei, particularly the nucleus raphe magnus, project to the spinal cord. These fibers pass through the dorsolateral parts (funiculi) of the spinal cord and terminate within laminae I, II, and V, ending upon preganglionic sympathetic neurons as well as other neurons. The raphe-spinal projection is serotonergic and appears to be involved in pain mechanisms.

The nucleus locus ceruleus and nucleus subceruleus give rise to a projection descending into the spinal cord through the ventrolateral funiculus and terminating in laminae I, II, V, VII, IX, and X. This projection is noradrenergic.

The functional role of the raphe-spinal and ceruleus-spinal projections is not clear. These systems are thought to exert a facilitatory action on motoneurons, and thus they may function as a gain-setting system that determines the overall responsiveness of the motoneurons. These pathways may be used to modulate the responsiveness of the motor system in different phases of sleep-waking cycles and with various changes in emotional state.

Vestibulospinal Tracts

The two vestibulospinal tracts are discussed in Chapter 15. Both of these tracts pass into the anterior funiculus and synapse upon cells in laminae VII and VIII. The **lateral vestibulospinal tract** extends the entire length of the cord, and the **medial vestibulospinal tract** extends only to upper thoracic levels. Stimulation of the lateral vestibulospinal tract evokes excitatory postsynaptic potentials (EPSPs) in extensor motoneurons innervating the neck, back, forelimb, and hindlimb muscles. These EPSPs are monosynaptic for neck motoneurons and some back and leg motoneurons. Stimulation of the lateral vestibulospinal tract evokes reciprocal inhibition on flexor motoneurons, through disynaptic or polysynaptic connections. Stimulation of the medial vestibulospinal tract evokes monosynaptic inhibition and excitation in neck and back motoneurons, but does not influence limb motoneurons. The vestibulospinal pathways are concerned with postural adjustments of the body accompanying head movements and with the maintenance of postural tone.

Medial Longitudinal Fasciculus

The medial longitudinal fasciculus (MLF) is not a single tract but a bundle of several tracts, some of which project into the ventral funiculus of the spinal cord. This "descending portion" of the MLF contains the **pontine reticulospinal tract** and the **medial vestibulospinal tract**, which have already been discussed. The **interstitiospinal tract**, which arises from the interstitial nucleus of Cajal (an accessory oculomotor nucleus), is also part of the MLF. It supplies only the upper cervical levels where it synapses in laminae VII and VIII. The MLF is concerned with neck and head reflex movements in response to visual and vestibular stimuli. In addition, the **tectospinal tract,** which arises from the superior colliculus, crosses to the opposite side near the oculomotor nucleus (in the dorsal tegmental decussation), joins the MLF, and passes caudally adjacent to it.

INFLUENCE OF DESCENDING PATHWAYS UPON THE SPINAL CORD

The motor system pathways arising in the cerebral cortex and brain stem that reach the spinal cord consist functionally of two general projection systems, **ventromedial** and **lateral**. The **ventromedial brain stem system** consists of fibers arising in the interstitial nucleus of Cajal, the superior colliculus, the mesencephalic, pontine, and some of the medullary reticular formation, and the vestibular nuclei. The tracts formed from these fibers terminate in the ventral and medial aspects of the anterior horn of the spinal cord, including laminae VII and VIII. The ventromedial pathways are particularly concerned with maintenance of the erect posture, integrated movements of the body and limbs, and progression movements of the limbs. These pathways generally facilitate the activity of motoneurons projecting to extensor muscles and inhibit the activity of motoneurons projecting to flexor muscles.

The **lateral brain stem system** consists of fibers arising in the contralateral magnocellular red nucleus that project to the spinal cord through the rubrospinal tract and in the ventrolateral portion of the contralateral pontine tegmentum that project through the lateral column of the spinal cord. This lateral pathway terminates in the dorsal and lateral aspect of the anterior horn of the spinal cord, including laminae V, VI, and VII. It is concerned with fine manipulative independent movements of the limbs, particularly the hands and feet. This pathway generally facilitates the activity of motoneurons projecting to flexor muscles and inhibits the activity of motoneurons projecting to extensor muscles. The corticospinal projections mediate controls similar to those of the lateral pathway, but also provide the capacity for further fractionation of movements, as illustrated by the ability to execute relatively independent finger movements.

Clinicians usually divide the descending pathways into pyramidal and extrapyramidal groups. The pyramidal pathway consists of the corticospinal fibers that course through the medullary pyramid, and the extrapyramidal pathways consist of all the other descending pathways.

CHAPTER 5

Pain and Temperature

Our contact with the external world occurs through specialized structures termed **sensory receptors**. There are three general types: (1) **Exteroceptive receptors** respond to stimuli from the external environment, including vision, hearing, and skin sensations. (2) **Proprioceptive receptors** receive information about the relative positions of the body segments and of the body in space. (3) **Interoceptive** receptors detect internal events such as changes in blood pressure. The **somatic sensory system** receives information primarily from exteroceptive and proprioceptive receptors. There are four major subclasses of **somatic sensation**: (1) **Pain sensation** is elicited by noxious stimulation. (2) **Thermal sensations** consist of separate senses of cold and warmth. (3) **Position sense** is evoked by mechanical changes in the muscles and joints; it includes the sensations of static limb position and limb movement (kinesthesia). (4) **Touch-pressure sensation** is elicited by mechanical stimulation applied to the body surface.

The sensations of pain, temperature, and crude touch are mediated by the **anterolateral system**, which consists of a diffuse bundle of fibers located at the junction of the anterior and lateral funiculi of the spinal cord. The cells of origin of the anterolateral system are activated by dorsal root afferents, including A-δ and C fibers, as well as larger myelinated cutaneous afferents. The system contains pathways that include the **lateral** and **ventral spinothalamic tracts**. Other components of the anterolateral pathway, mainly **spinoreticular**, do not reach the thalamus and thus cannot be termed "spinothalamic." Axons of the anterolateral system arise from cells located in several layers of the dorsal horn. Most of these axons cross through the ventral commissure of the spinal cord and ascend, though a small number may ascend ipsilaterally. This system conveys itching and tactile sensations in addition to pain and temperature. The tactile components will be considered in Chapter 7.

DORSAL ROOTS

Essentially all sensations from receptors below the level of the head are conveyed into the central nervous system by the dorsal roots, which consist almost entirely of sensory (afferent) nerve fibers. A small number of sensory fibers have been discovered in the ventral roots. Many of these fibers respond to painful superficial or deep stimuli, but their function is uncertain. The cell bodies of the dorsal root fibers are located in the spinal, or dorsal root, ganglia. Each ganglion cell possesses a single nerve process that divides in the form of a "T," with a central branch running to the spinal cord and a peripheral branch coming from a receptor organ or organs (Fig. 14). There are no synapses in a spinal ganglion. The area in which the dorsal root fibers enter the spinal cord, in the region of the dorsolateral sulcus, is called the dorsal root zone. The largest and most heavily myelinated fibers generally occupy the most medial position in this zone, and the small myelinated and unmyelinated fibers the most lateral.

PAIN-TEMPERATURE PATHWAYS

The peripheral receptors for pain are thought to be the naked terminals of fine nerve fibers. Many of them may be specialized chemoreceptors that are excited by tissue substances released in response to noxious stimuli. A variety of substances have been implicated, including histamine, bradykinin, serotonin, acetylcholine, substance P, and high concentrations of K^+. The stimulus that evokes pain is usually intense and may cause damage or destruction of tissue. Neural responses to noxious stimuli are mediated by A-δ and C peripheral nerve fibers that enter the spinal cord through the lateral part of the dorsal root zone and divide at once into short ascending and descending branches that run longitudinally in the **posterolateral fasciculus (Lissauer's tract)**. Within a segment or two, these fibers leave this tract to make synaptic connections with neurons in the dorsal horn, including interneurons in laminae I, II and III (**substantia gelatinosa**), IV, and V. Substance P is thought to be the neurotransmitter released by C fibers at their connections with interneurons. The interneurons project to neurons in laminae V through VIII and there make synaptic connection upon the cells of origin of the anterolateral system, including the lateral and ventral spinothalamic tracts and the spinoreticular projections.

The axons of spinothalamic tract cells cross anterior to the central canal in the **ventral white commissure** and then course rostrally in the **anterolateral funiculus**. The lateral spinothalamic tract extends through the spinal cord and brain stem, supplying inputs to the **reticular formation,** the **superior colliculus,** and several **thalamic nuclei,** including the **intralaminar nuclei,** the **posterior nuclear complex (PO)**, and the **ventral posterolateral nucleus (VPL)**. The PO and VPL are considered to be part

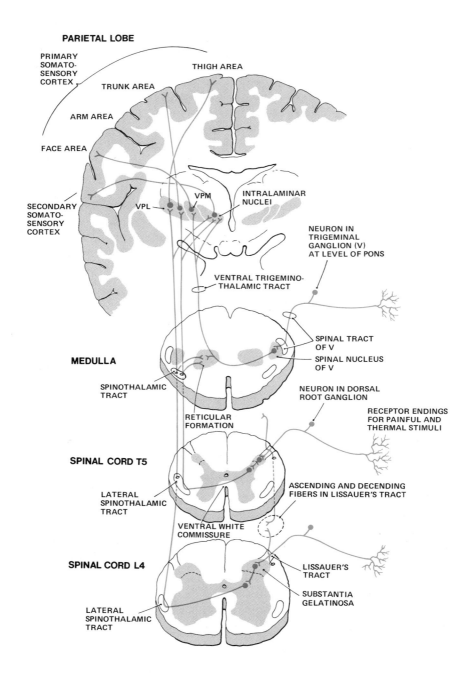

FIGURE 14. The central nervous system pathways that mediate the sensations of pain and temperature.

of the **ventrobasal complex**. The ventrobasal complex is a site in which stimuli mediated by the spinothalamic projections converge with stimuli mediated by the lemniscal system (described in Chapter 6). Thalamo-cortical fibers relay pain information from the thalamic nuclei primarily to the **secondary somatic sensory area** of the cerebral cortex (see Fig. 14 and Fig. 63 in Chapter 24). Some fibers conveying painful and thermal sensations from the VPL nucleus also may project to the **primary somato-sensory cortex**—areas 3, 1, and 2 of the postcentral gyrus (see Fig. 14, and Figs. 60 and 61 in Chapter 24). Like the adjacent primary motor cortex, the primary somatosensory cortex is organized by body parts. The fibers from the upper parts of the body project to cortical areas near the lateral fissure, and the fibers conveying information from the lower limb and perineum terminate on the medial surface of the hemisphere, in the para-central lobule (see Fig. 63 in Chapter 24). The posterior portions of the cerebral hemisphere, including the parietal lobe, are responsible for ap-preciating the localizing qualities of pain and integrating painful modali-ties with other types of sensory stimuli.

Portions of the anterolateral system are phylogenetically old. The sys-tem consists of the "**paleospinothalamic tract**," which projects to the me-dial portions of the thalamus (the intralaminar nuclei), and the "**neospino-thalamic tract**," which projects to the ventral posterolateral region of the thalamus. In conjunction with the spinoreticular projections, these two pathways constitute the anterolateral system. The anterolateral system is predominantly a slowly conducting, polysynaptic system. In humans, a small percentage of the fibers go directly to the thalamus, but most synapse in the medial aspect of the reticular formation throughout its length in the brain stem. Ascending reticular fibers relay pain information to thalamic nuclei and to the hypothalamus and limbic system. The projection of the anterolateral system to the VPL is organized somatotopically so that the input from the upper body is located medial to that from the lower body (see Fig. 14).

Pain fibers from the face, the cornea of the eye, the sinuses, and the mucosa of the lips, cheeks, and tongue are carried in the **trigeminal nerve** to its sensory ganglion, which is known as the **semilunar, trigeminal,** or **gasserian ganglion**. Upon entering the brain stem in the pontine region, the central processes of the trigeminal ganglion neurons form a descending tract, the **spinal tract of V,** which courses to the level of the upper cervical segments of the spinal cord. Terminals of the spinal tract of V form syn-apses in an adjacent nucleus, the **spinal nucleus of V**. Axons originating in the spinal nucleus of V cross to the opposite side and ascend as the **ventral (anterior) trigeminothalamic tract** to the **ventral posteromedial nucleus (VPM)** of the thalamus (see Fig. 14). This pathway also projects to the reticular formation and the medial and intralaminar thalamic nuclei that receive projections from the anterolateral system. The cortical projections of the VPM are to the part of the somatosensory cortex closest to the lateral fissure. The areas of the body most sensitive to somatosensory stimuli (e.g., lips and fingers) have disproportionately large areas of neuronal representation in the somatosensory cortex.

PERCEPTION OF PAIN

Although the clinical management of pain is a problem that confronts the physician continually, there are wide gaps in our knowledge concerning the structure and function of the receptors and central pathways mediating this modality. Pain is composed of a distinctive sensation, the individual's reaction to this sensation (including accompanying emotional overtones), activity in both somatic and autonomic systems, and volitional efforts of avoidance or escape. Three types of pain sensation are generally recognized. The first is "**fast**" **pain**, consisting of a sharp, pricking sensation that is accurately localized and results from activation of A-δ fibers, which are myelinated. The second is "**slow**" **pain**, a burning sensation that has a slower onset, greater persistence, and a less clear location. Slow pain results from the activation of C fibers, which are unmyelinated. The third type of pain is "**visceral**" **pain**, described as aching, sometimes with a burning sensation. Visceral pain results from stimulation of visceral and deep somatic receptors. These receptors are connected with nerve fibers running largely in sympathetic and somatic pathways consisting of both unmyelinated C fibers and A-δ sized myelinated afferent fibers.

There is no convincing evidence that separate central nervous system pathways mediate "fast" pain or "slow" pain. There is good evidence that the neospinothalamic pathway, projecting to the ventral posterolateral nucleus of the thalamus and to somatosensory areas I and II in the cerebral cortex, is essential for the spatial and temporal discrimination of painful sensations. The paleospinothalamic pathway and the spinoreticular pathway mediate the autonomic and reflexive responses to painful input, and probably the emotional and affective responses as well.

Painful stimuli can be detected on the contralateral side of the body in patients with complete destruction of the somatosensory areas of cerebral cortex on one side of the brain, provided the thalamus and lower structures remain intact. Destruction of the posterior and intralaminar nuclei of the thalamus has been found to relieve intractable pain. Such lesions may be effective only briefly, however, and pain may return. Lesions of the dorsomedial and anterior nuclei of the thalamus, or transection of the fibers linking these nuclei to the frontal lobe ("**prefrontal leukotomy**"), can diminish the anguish of constant pain by changing the psychological response to painful stimuli. Unfortunately, however, marked negative changes in personality and intellectual capacities occur after these lesions. Recently, bilateral destruction of the anterior portion of the cingulate gyrus (**cingulotomy**) has proven to be effective in relieving pain without causing the drastic personality changes that occur with prefrontal leukotomy.

OPIOID PEPTIDES

Analgesia results from electrical stimulation of peripheral nerve fibers or of discretely distributed loci in the brain, particularly in an irregular series of sites along the medial periventricular and periaqueductal axis, including the **midline raphe nuclei** of the brain stem. The raphe nuclei are found throughout the brain stem, and their axons descend to the spinal cord through the dorsolateral fasciculus. The axons terminate in the dorsal horn, where they attenuate the responses of spinothalamic and other dorsal horn cells to noxious stimuli. The analgesia from electrical stimulation of the central nervous system probably results from the release of opioid peptides. Enkephalin, β-endorphin, and dynorphin are examples of these opioid peptides, which are naturally occurring substances that bind to the same receptors in the central nervous system that bind opiate drugs. Opioid peptides have been found to be neurotransmitters in specific systems of the brain (see Chapter 25). These neurotransmitters and their opiate-binding receptors are found in the brain structures involved in the modulation of pain transmission. One of these neurotransmitter systems is concentrated densely in the dorsal horn, particularly in laminae I to III. The effect of peptide release and binding upon their receptors is a suppression of the activity of neurons in the immediate vicinity. This is thought to be a mechanism by which pain may be suppressed.

A number of substances with opiate-like properties have been isolated from brain and pituitary gland tissue. The first of these to be characterized were termed **enkephalins**, which are small peptides. Others include a family of structurally related peptides (dynorphin and α, β, and γ-endorphin), two pituitary peptides, and a low-molecular-weight peptide (anodynin). When injected into the ventricles of experimental animals, these substances cause analgesia.

TEMPERATURE SENSE

The receptors in the skin for the sensations of cold and warmth consist of naked nerve endings. The peripheral nerve fibers mediating these sensations consist of the thinly myelinated A-δ and some C fibers. Others types of C fibers mediate only the painful components of the extremes of heat and cold stimulation. The central nervous system pathway for thermal sensation appears to follow the same course as that of the pain pathway. The two systems are so closely associated in the central nervous system that they can scarcely be distinguished anatomically, and injury to the one usually affects the other to a similar degree.

EFFECT OF CUTTING THE LATERAL SPINOTHALAMIC TRACT

The lateral spinothalamic tracts are sometimes sectioned in the spinal cord of humans to relieve intractable pain. This surgical procedure is known as **tractotomy**. The cut is made in the anterior part of the lateral funiculus. There is usually some damage to the ventral spinocerebellar tract, and perhaps to certain extrapyramidal motor fibers, but no permanent symptoms develop except a loss of pain sensibility on the contralateral side, beginning one or two segments below the cut (see Fig. 18 in Chapter 6). In some patients, pain relief occurs only temporarily, suggesting that other routes may be available or that the information is mediated by both crossed and uncrossed tracts. Bilateral tractotomy is usually necessary to abolish pain from visceral organs.

SENSORY EFFECTS OF DORSAL ROOT IRRITATION

Mechanical compression or local inflammation of dorsal nerve roots irritates pain fibers and commonly produces pain along the distribution of the affected roots. The area of skin supplied by one dorsal root is a **dermatome**, or skin segment. The approximate boundaries of human dermatomes are shown on the left side of Figures 15 and 16. Pain that is limited in distribution to one or more dermatomes is known as **radicular pain**. The dorsal and ventral roots together form the **spinal nerves**. Peripherally, both sensory and motor fibers of individual spinal nerves separate into bundles or fascicles that join those of adjacent spinal nerves to form **peripheral nerves**. The cutaneous branches of each peripheral nerve therefore carry fibers from more than one spinal nerve, and the skin territory of each of these peripheral nerves covers portions of several dermatomes (see Figs. 15 and 16, right side).

Sensory changes other than pain may be associated with dorsal root irritation. There may be localized areas of **paresthesias**, which are spontaneous sensations of prickling, tingling, or numbness. Zones of **hyperesthesia,** in which tactile stimuli appear to be grossly exaggerated, may be present. If the pathologic process progresses and gradually destroys fibers, the dorsal roots will finally lose their ability to conduct sensory impulses. There will then be **hypesthesia** (diminished sensitivity) and eventually **anesthesia** (the complete absence of all forms of sensibility).

VISCERAL AND REFERRED PAIN

The parenchyma of internal organs, including the brain itself, is not supplied with pain receptors. Pain receptors are contained within the walls of arteries, all peritoneal surfaces, pleural membranes, and the dura mater covering the brain, and these structures may be sources of severe

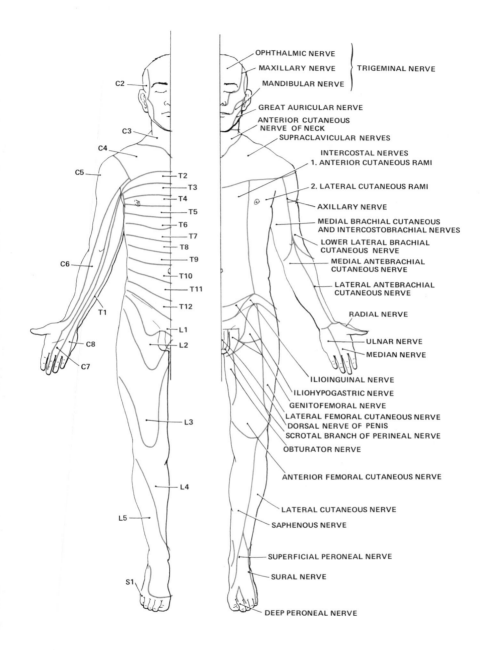

OPHTHALMIC NERVE
MAXILLARY NERVE   } TRIGEMINAL NERVE
MANDIBULAR NERVE

C2

GREAT AURICULAR NERVE
ANTERIOR CUTANEOUS
NERVE OF NECK
SUPRACLAVICULAR NERVES

C3

INTERCOSTAL NERVES
1. ANTERIOR CUTANEOUS RAMI

C4

2. LATERAL CUTANEOUS RAMI

C5

T2
T3
T4
T5
T6
T7
T8
T9
T10
T11
T12

AXILLARY NERVE
MEDIAL BRACHIAL CUTANEOUS
AND INTERCOSTOBRACHIAL NERVES
LOWER LATERAL BRACHIAL
CUTANEOUS NERVE
MEDIAL ANTEBRACHIAL
CUTANEOUS NERVE
LATERAL ANTEBRACHIAL
CUTANEOUS NERVE
RADIAL NERVE

C6

T1

L1
L2

ULNAR NERVE
MEDIAN NERVE

C8
C7

ILIOINGUINAL NERVE
ILIOHYPOGASTRIC NERVE
GENITOFEMORAL NERVE
LATERAL FEMORAL CUTANEOUS NERVE
DORSAL NERVE OF PENIS
SCROTAL BRANCH OF PERINEAL NERVE
OBTURATOR NERVE

L3

ANTERIOR FEMORAL CUTANEOUS NERVE

L4

LATERAL CUTANEOUS NERVE

L5

SAPHENOUS NERVE

SUPERFICIAL PERONEAL NERVE
SURAL NERVE

S1

DEEP PERONEAL NERVE

FIGURE 15. The innervation of the front surface of the body by dorsal roots *(left)* and peripheral nerves *(right)*.

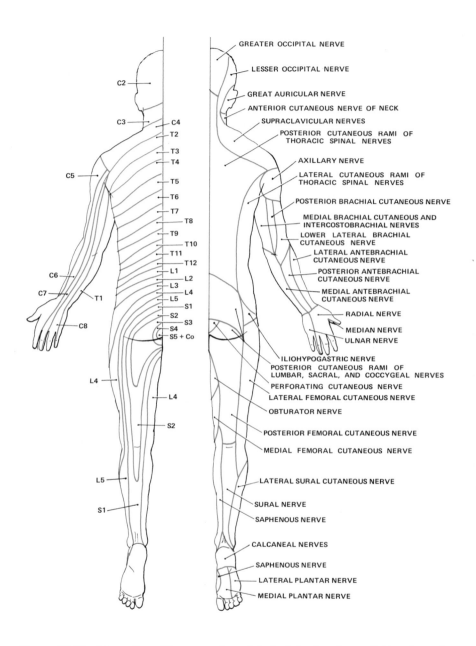

GREATER OCCIPITAL NERVE

LESSER OCCIPITAL NERVE

GREAT AURICULAR NERVE

ANTERIOR CUTANEOUS NERVE OF NECK

SUPRACLAVICULAR NERVES

POSTERIOR CUTANEOUS RAMI OF THORACIC SPINAL NERVES

AXILLARY NERVE

LATERAL CUTANEOUS RAMI OF THORACIC SPINAL NERVES

POSTERIOR BRACHIAL CUTANEOUS NERVE

MEDIAL BRACHIAL CUTANEOUS AND INTERCOSTOBRACHIAL NERVES

LOWER LATERAL BRACHIAL CUTANEOUS NERVE

LATERAL ANTEBRACHIAL CUTANEOUS NERVE

POSTERIOR ANTEBRACHIAL CUTANEOUS NERVE

MEDIAL ANTEBRACHIAL CUTANEOUS NERVE

RADIAL NERVE

MEDIAN NERVE

ULNAR NERVE

ILIOHYPOGASTRIC NERVE

POSTERIOR CUTANEOUS RAMI OF LUMBAR, SACRAL, AND COCCYGEAL NERVES

PERFORATING CUTANEOUS NERVE

LATERAL FEMORAL CUTANEOUS NERVE

OBTURATOR NERVE

POSTERIOR FEMORAL CUTANEOUS NERVE

MEDIAL FEMORAL CUTANEOUS NERVE

LATERAL SURAL CUTANEOUS NERVE

SURAL NERVE

SAPHENOUS NERVE

CALCANEAL NERVES

SAPHENOUS NERVE

LATERAL PLANTAR NERVE

MEDIAL PLANTAR NERVE

C2, C3, C5, C6, C7, T1, C8, C4, T2, T3, T4, T5, T6, T7, T8, T9, T10, T11, T12, L1, L2, L3, L4, L5, S1, S2, S3, S4, S5 + Co, L4, L4, S2, L5, S1

FIGURE 16. The innervation of the rear surface of the body by dorsal roots *(left)* and peripheral nerves *(right)*.

pain, especially when they are subjected to inflammation or mechanical traction. Abnormal contraction or dilatation of the walls of hollow viscera also causes pain.

Pain of visceral origin is apt to be vaguely localized. At times, it is felt in a surface area of the body far removed from its actual source, a phenomenon known as **referred pain**. For example, the pain of coronary heart disease may be felt in the chest wall, left axilla, or down the inside of the left arm; inflammation of the peritoneum covering the diaphragm may be felt over the shoulder. In each case, the neurons that supply the skin area in which the pain is felt enter the same segment of the spinal cord as do the neurons that actually conduct the pain stimuli from the visceral organ. Spinal cord segments T-1 and T-2 receive sensory fibers from skin areas of the left upper extremity and from the heart as well; segments C-3, C-4, and C-5 supply the skin of the shoulder area and also receive sensory fibers from the diaphragm. One of the many theoretical explanations of referred pain is that the visceral sensory fibers are discharging into the same pool of neurons in the spinal cord as the fibers from the skin, and an "overflow" of impulses results in misinterpretation of the true origin of the pain.

Pain may be referred from deep somatic as well as visceral structures. In the case of ligaments and muscles associated with the vertebral column, the referred area may be in a segmental distribution different from the level of origin of the painful stimuli.

GATE CONTROL THEORY OF PAIN

The gate control theory of pain concerns the mechanisms by which pain can be suppressed by other cutaneous stimuli and certain emotional states. The theory states that collateral input from large A-β touch fibers and the smaller A-δ and C fibers have opposing effects upon cells in the substantia gelatinosa. The cells in the substantia gelatinosa are presumed to have "gating" properties, which can selectively control the firing of neurons that give rise to the ascending pathway mediating pain. The gating neurons were thought to be controlled by activity descending from higher levels of the central nervous system. Several studies have failed to support the details of the gate control theory, but it remains a useful conception. The theory emphasizes the notion that pain is more than a sensory experience; it is a subjective sensation with affective and motivational properties that strongly influence the individual's perception of its severity. The theory also was helpful in predicting that certain stimuli, such as activation of large peripheral afferent fibers, could alter the perceived intensity of painful stimuli.

Proprioception and Stereognosis

There are two different sets of sensory pathways that provide essential information to the brain about muscle action, joint position, and the objects with which we are in contact. One of these groups of pathways projects to the cerebellum, and the information mediated is used for the coordination of movement and not for the conscious recognition of the information. The second set of pathways, the lemniscal system, projects to the cerebral cortex via the thalamus, and the information mediated can be consciously perceived. Both of these sets of pathways begin with receptors that send information to the central nervous system about muscle stretch, the position and movements of the joints, and vibratory, tactile, and pressure stimuli on the skin. The receptors include **muscle spindles** and **Golgi tendon organs**, as well as **Pacinian corpuscles, Meissner's corpuscles,** and other encapsulated receptors in muscles, tendons, ligaments, joints and skin. Information about static limb position comes chiefly from muscle spindle afferents, whereas kinesthetic (joint movement) sensation is mediated by both joint afferents and muscle spindles. Pacinian corpuscles detect vibration, and Meissner's corpuscles mediate superficial phasic touch sensation. Most of the proprioceptive receptors are innervated by large diameter myelinated fibers. The cell bodies of these peripheral nerve fibers are in the dorsal root ganglia, and their central processes enter the medial side of the dorsal root zone.

PATHWAYS TO THE CEREBELLUM

After entering the spinal cord, proprioceptive fibers and fibers from mechanoreceptors continue on to at least three sites: spinal interneurons and motoneurons in the ventral horn, neurons of origin of the spinocerebellar pathways in the dorsal horn, and neurons of the dorsal column nuclei in the brain stem (Fig. 17).

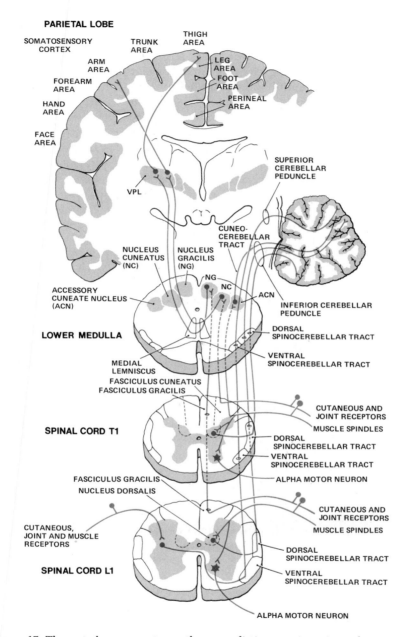

FIGURE 17. The central nervous system pathways mediating proprioception and stereognosis. Note that the origin of the crossed ventral spinocerebellar tract is on the left side of the diagram and the origin of the other tracts is on the right. NG = nucleus gracilis; NC = nucleus cuneatus; ACN = accessory cuneate nucleus; VPL = thalamic nucleus ventral posterolateral.

Afferent fibers from muscle spindles make excitatory monosynaptic connections upon alpha motor neurons innervating the muscles of origin of the spindles. These connections form the basis of the myotatic (deep tendon) reflex (see Fig. 12 in Chapter 3). Afferent fibers from muscle spindles make inhibitory polysynaptic connections with motoneurons innervating the physiological antagonists of the muscles of origin of the spindles. Afferent fibers from Golgi tendon organs make inhibitory polysynaptic endings on motoneurons innervating the muscles of origin of the tendon organs and excitatory polysynaptic endings on motoneurons of antagonist muscles.

Some proprioceptive fiber collaterals, especially from Golgi tendon organs, as well as fibers conveying other sensory modalities such as pressure and pain, synapse with neurons in the base of the posterior horn of the spinal cord (see Fig. 17, left side). Neurons in this part of the cord at lumbar and sacral levels send primarily crossed fibers to the **ventral spinocerebellar tract,** the most peripheral tract in the ventral margin of the lateral funiculus.

The **nucleus dorsalis,** or **Clarke's nucleus,** located in lamina VII at the base of the dorsal horn in spinal segments T-1 through L-2, receives Ia and Ib afferents from muscle spindles, cutaneous touch receptors, and joint receptors, and sends fibers rostrally on the ipsilateral side in the **dorsal spinocerebellar tract,** which is located just posterior to the ventral spinocerebellar tract in the lateral funiculus. The dorsal and ventral spinocerebellar pathways are primarily concerned with the lower extremities.

Afferent fibers from the level of C-1 to T-5 travel up the dorsal funiculus (fasciculus cuneatus) to synapse with neurons in the **accessory cuneate nucleus.** This nucleus is the upper extremity counterpart of Clarke's nucleus and gives rise to the ipsilateral **cuneocerebellar tract (dorsal arcuate fibers).** This pathway mediates information chiefly from cutaneous receptors, joint afferents, and muscle spindles. The **rostral spinocerebellar tract** is the upper limb equivalent of the ventral spinocerebellar tract. It originates in the nucleus centralis basalis of the spinal cord and projects to the cerebellum ipsilaterally. This tract mediates information from pain receptors and Golgi tendon organs. (This tract is not shown in Fig. 17.) All of the above tracts terminate primarily in the midline portions of the cerebellum and are concerned with the processes governing standing and walking.

LEMNISCAL SYSTEM

The fibers that form the first link of a pathway carrying proprioceptive information to the cerebrum arise from receptors for position sense, which are found in the connective tissue near joints. Recent evidence suggests that fibers from muscle spindles (Ia fibers) and Golgi tendon organs (Ib fibers) may also project through this system to the thalamus and contribute to position and movement sense. These fibers ascend in the posterior funiculi of the spinal cord to relay nuclei in the lower part of the medulla. Fibers from the leg ascend adjacent to the dorsal median septum and form the **fasciculus gracilis** (see Fig. 17). Fibers from the arm ascend lateral to the leg fibers and constitute the **fasciculus cuneatus**. Both fasciculi ascend to the lower medulla, where they terminate in the **nucleus gracilis** and **nucleus cuneatus**, respectively. Clinicians often refer to these tracts as the posterior, or dorsal, column pathways and to the nuclei as the dorsal column nuclei. Many fibers of the lemniscal system travel within the lateral column as well as the dorsal column, and thus the term **dorsolateral pathway** is used for the lemniscal pathway in the spinal cord. Fibers from the cells of the dorsal column nuclei promptly cross to the opposite side in the decussation of the medial lemniscus, forming the internal arcuate fibers. They then ascend as the **medial lemniscus** to the thalamus and terminate in the **ventral posterolateral nucleus (VPL)**. In contrast to the anterolateral system discussed in the last chapter, few if any of the fibers in this system synapse in the reticular formation. Thalamocortical fibers from the VPL continue to the **postcentral gyrus** of the parietal lobe. The band of the cortex that receives these terminals has been designated as the **primary somesthetic area**, or **somatosensory cortex**. The topographic representation of the body areas in this region is similar to that of the motor strip that lies parallel to it on the opposite side of the central sulcus. The conscious recognition of body and limb posture requires cortical participation.

In addition to fibers mediating proprioception, other fibers concerned with certain aspects of the senses of touch, pressure, flutter-vibration, and kinesthesis travel in the posterior funiculi, medial lemnisci, and thalamus to the postcentral gyri. This pathway appears to be important for providing information about the place, intensity, and temporal and spatial patterns of neural activity evoked by mechanical stimulation of the skin, particularly moving stimuli. This pathway to the cerebral cortex is necessary for discriminative tactile sensation. **Tactile discrimination** has several components, including **two-point discrimination** (the ability to appreciate two separate points at which pressure is applied simultaneously), **stereognosis** (the ability to recognize the size, shape, and texture of objects by palpation), and **complex tactile discrimination** (tested, for example, by having a patient identify letters and figures drawn on the skin). The lemniscal system is also responsible for the sense of limb position and movement, including the sense of steady joint angles, the sense of motion produced by active muscular contraction **(kinesthesis)** or passive movement, the sense of tension exerted by contracting muscles, and the sense of effort. In addition, the lemniscal system is responsible for the sense of flutter-vibration. The sense of flutter is a feeling of repetitive movement, and the sense of vibration is a more diffuse and penetrating feeling of humming when a vibrating tuning fork is held in contact with a bony prominence of the body.

LATERAL CERVICAL SYSTEM

The lateral cervical system mediates touch, vibratory and proprioceptive senses, as well as nociceptive sensation. It is described in Chapter 7.

DISTURBANCES OF SENSATION FOLLOWING INTERRUPTION OF THE LEMNISCAL PATHWAYS

Complete loss of proprioceptive sensation from a spinal lesion requires interruption bilaterally of the dorsolateral pathway (both dorsal columns and the medial part of the lateral columns). The results of lesions in this location are deficits in position sense, vibration sense, and tactile discrimination. The symptoms occur prominently on the same side of the body after unilateral injury of a dorsolateral funiculus (Fig. 18). Symptoms are also found, in varying degrees, with lesions of the gracile and cuneate nuclei, the medial lemniscus, the thalamus, and the postcentral gyrus. Lesions of the lemniscal pathway leave preserved the sensations of pain and temperature. Interruption of the dorsal columns without injury to the lateral columns results in deficits of fine and rapid conscious adjustments of position and loss of detection of the direction of a moving stimulus, but touch and movement sense remain intact.

Clinical signs of injury to the lemniscal pathways, which are frequently tested in a neurologic examination, include the following:

1. Inability to recognize limb position. The patient is unable to say, without looking, whether a joint is put in a position of flexion or extension. The patient also cannot detect the direction of limb displacement during a movement.
2. Astereognosis. There is loss or impairment of the ability to recognize common objects, such as keys, coins, blocks, and marbles, by touching and handling them with the eyes closed.
3. Loss of two-point discrimination. There is loss of the normal ability to recognize two points applied simultaneously to the skin as distinct from a single point. The two points of a compass may be used for testing, though the tips should be blunt.
4. Loss of vibratory sense. The normal person perceives the sensation that is evoked by a vibrating tuning fork applied to the base of a bony prominence as mildly tingling. When this ability is lost, the patient cannot differentiate a vibrating fork from a silent one.
5. Positive Romberg sign. In this test, the patient is asked to stand with the feet placed close together. The amount of body sway when the

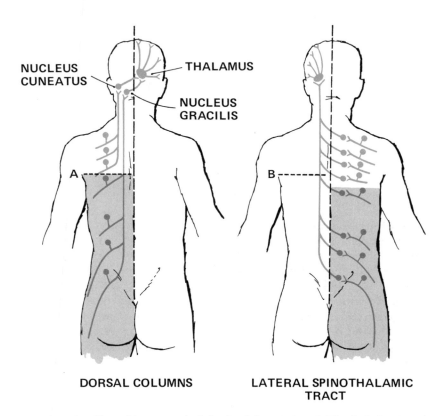

NUCLEUS CUNEATUS

THALAMUS

NUCLEUS GRACILIS

A

B

DORSAL COLUMNS

LATERAL SPINOTHALAMIC TRACT

FIGURE 18. The effects of lesions on the left side of the spinal cord. The shaded regions show the body surface areas affected by interrupting the dorsal column in the diagram on the left (A) and the lateral spinothalamic tract in the diagram on the right (B). In A, the sensory disturbance is on the ipsilateral side of the body because the ascending fibers cross above the level of the lesion, in the medulla, where fibers from the nuclei cuneatus and gracilis cross to form the medial lemniscus. In B, the sensory loss is on the contralateral side of the body and one or two segments below the level of the lesion, because fibers entering the lateral spino-thalamic tract ascend one or two segments and then cross to the opposite side of the body.

patient's eyes are open is noted. This is then compared with the degree of sway present when the patient's eyes are closed. An abnormal accentuation of sway or an actual loss of balance with the eyes closed is a positive result. Visual sense is able to compensate in part for a deficiency in conscious recognition of muscle and joint position; therefore, patients may be able to maintain their balance if they are allowed to open their eyes. Symptoms of ataxia caused by lesions of the cerebellum, on the contrary, are not corrected as strongly by visual compensation.

CHAPTER 7

Touch

Tactile sensations are complex in nature because they involve a blending of light cutaneous contact and variable degrees of pressure, depending upon the intensity of the stimuli. Two different forms of touch sensibility are recognized: simple touch and tactile discrimination. **Simple touch** involves a sense of light contact with the skin associated with light pressure and a crude sense of tactile localization. Tickling and itching sensations are related to pain sense. **Tactile discrimination** conveys the sense of spatial localization and perception of the size and shape of objects.

The method of testing simple touch is by stroking the skin with a wisp of cotton. Von Frey hairs are used for experimental work. These are a series of fine hairs of graduated stiffness used for applying stimuli at calibrated intensities to the skin. Tactile discrimination is tested by having the patient, with eyes closed, describe the location of a touch stimulus on the skin, identify common small objects placed in his or her hand, determine whether one touch stimulus or two simultaneous stimuli have been applied to the skin, and identify numbers written on the surface of the skin with a blunt object.

PATHWAYS MEDIATING THE SENSATION OF TOUCH

At least three different spinal cord pathways mediate tactile sensation. The **lemniscal pathways** are concerned with the discriminative aspects of touch, including place, contour, and quality of the stimulus, and identification of objects and numbers on the hand. This latter sensory capacity is stereognosis. The lemniscal pathways were discussed in Chapter 6. The **lateral and ventral spinothalamic** tracts, components of the **anterolateral system,** subserve simple touch sensation (Fig. 19). The other component of the anterolateral system, the spinoreticular projections, is concerned with responses to noxious stimuli, as discussed in Chapter 5. Finally, the **lateral cervical system** (spinocervicothalamic pathway) is thought to mediate touch sensation as well as vibratory and proprioceptive senses.

54

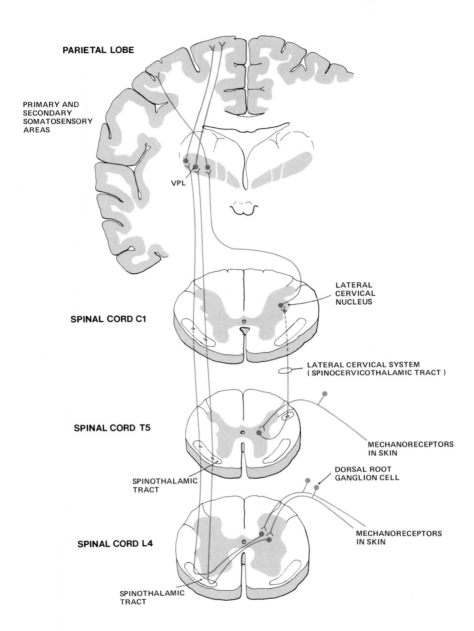

PARIETAL LOBE

PRIMARY AND
SECONDARY
SOMATOSENSORY
AREAS

VPL

LATERAL
CERVICAL
NUCLEUS

SPINAL CORD C1

LATERAL CERVICAL SYSTEM
(SPINOCERVICOTHALAMIC TRACT)

SPINAL CORD T5

MECHANORECEPTORS
IN SKIN

DORSAL ROOT
GANGLION CELL

SPINOTHALAMIC
TRACT

MECHANORECEPTORS
IN SKIN

SPINAL CORD L4

SPINOTHALAMIC
TRACT

FIGURE 19. The central nervous system pathways mediating tactile sensation except for the lemniscal system. The lateral and ventral components of the lateral spinothalamic tract are shown.

Lateral and Ventral Spinothalamic Tracts

These pathways were discussed in Chapter 5. Previously, the lateral and ventral components of the spinothalamic tract were thought to subserve different functions, with the lateral spinothalamic tract mediating nociceptive information and the ventral spinothalamic tract mediating tactile sensation. Recent evidence indicates no functional difference between the lateral and ventral components of the spinothalamic tract. Both are capable of mediating nociceptive and tactile sensations.

Lateral Cervical System

Almost all of the cells of the lateral cervical system are sensitive to light mechanical stimulation of the skin of the ipsilateral side of the body, but a few are activated by noxious stimuli. Peripheral nerve fibers entering this system make synaptic connections in the dorsal horn (laminae III, IV, and V) throughout the length of the spinal cord. Heavily myelinated second-order neurons arise in these laminae and ascend ipsilaterally in the most medial corner of the dorsal lateral funiculus to terminate in the lateral cervical nucleus. This nucleus is located just lateral to the dorsal horn of the first and second cervical segments (see Fig. 19). The axons of these cells cross the spinal cord to join the contralateral medial lemniscus and, with it, terminate within the thalamus. Projections from the thalamus reach the somatic sensory areas of the cerebral cortex. The fibers of the entire lateral cervical system conduct very rapidly.

EFFECT OF SECTIONING THE PATHWAYS MEDIATING TOUCH SENSATION

Of all types of skin sensibility, simple touch is least likely to be impaired by lesions of the spinal cord. Although a lesion of the dorsal column usually abolishes tactile discrimination, such as the ability to detect the direction of movement of a cutaneous stimulus, light touch sensation may be decreased only slightly or not at all on the ipsilateral side by such a lesion. After destruction of the ventral and lateral spinothalamic tracts, pain perception is lost on the opposite side of the body, but light touch generally persists because the dorsal columns also can mediate this function.

PERCEPTION OF TOUCH SENSATION

The anatomical basis of the touch sensations conveyed by the lemniscal system involves peripheral receptors, primary afferent fibers making synaptic contact with second order neurons in the dorsal column nuclei, second order neurons making contact with third order neurons in the thalamus, and third order neurons projecting to the postcentral gyrus (areas 3,

1, and 2 of Brodmann). In the relay nuclei, each neuron receives synaptic input from many afferent fibers, and each afferent cell ends on many relay cells. Thus, there is both **convergence** and **divergence** of the sensory information received by the relay cells.

Afferent fibers reaching relay nuclei activate not only relay cells, but also excitatory and inhibitory interneurons. Consequently, sensory information is not just transmitted along the pathway; the information can be transformed into different patterns of activity. In the somatic sensory system, there is no synaptic inhibition in the peripheral receptor; inhibitory processes can occur only at the first synaptic site in the dorsal column nuclei and then in subsequent synaptic sites along the relay pathway. Two types of inhibitory processes have been described: (1) **local feedback inhibition** and (2) **distal feedback inhibition**. Local feedback inhibition consists of the inhibition of surrounding dorsal column relay cells by collaterals of relay cells activated by incoming volleys. Distal feedback inhibition consists of the inhibition of presynaptic activity (**presynaptic inhibition**) in axons reaching neurons in the dorsal column nuclei. The inhibition comes from the axons of neurons in the motor and somatosensory areas of the cerebral cortex and in the brain stem. The inhibitory processes limit the extent of excitation among adjacent neurons, thereby functionally decreasing the amount of divergence that occurs, and allow higher levels of the nervous system to determine how much information will be transmitted upward.

Neurons in the somatosensory area of the cerebral cortex have specific **receptive fields**. The receptive field of each neuron is the area on the body surface that, when touched, will either excite or inhibit the neuron. The receptive fields of individual neurons vary considerably. The tips of the fingers and the tongue are the regions of skin that are most sensitive to touch. These regions have the largest areas of representation in the postcentral gyrus. In addition, the neurons in these areas of the postcentral gyrus have the smallest receptive fields. Stimulation of skin in the receptive field of a neuron usually excites the neuron, and stimulation of skin surrounding the excitatory area usually inhibits the neuron. This is termed **inhibitory surround**. As with other inhibitory processes in the somatosensory system, the inhibitory surround can sharpen the information being received by blocking out information received from nearby sites.

The somatosensory cortex is organized into narrow vertical columns of neurons that run from the cortical surface to the white matter. Each neuron within a single column responds to the same sensory stimulus. Thus, some columns are activated by touch, some by joint position, and some by movement of hair on the skin. Neurons of each column have almost identical receptive fields. The existence of modality-specific columns indicates that each sensory modality is transmitted through the nervous system in a specific communication line.

Lesions of the Peripheral Nerves, Spinal Roots, and Spinal Cord

HYPOTONIC PARALYSIS OF MUSCLES: LOWER MOTONEURON LESION

The term "**lower motoneuron**" is used to designate the anterior horn cells of the spinal cord, which innervate the skeletal muscles of the body, and the motor nerve cells of the brain stem, which innervate muscles supplied by the cranial nerves. Destruction of these neurons (Fig. 20, lesion 4), their axons in ventral nerve roots (Fig. 20, lesion 3), or motor fibers of peripheral nerves (Fig. 20, lesion 1) abolishes both the voluntary and reflex responses of muscles. Besides paralysis, the affected muscles show hypotonia (diminished resistance to passive manipulation of the limbs) and absence of the muscle stretch reflexes. Within a few weeks, the fibers of the muscles begin to show **atrophy**. The atrophy of muscle fibers deprived of their motoneurons is more profound than the atrophy that occurs in muscles that are rendered inactive. This is because the anterior horn cells exert a trophic influence on muscle fibers that is essential for maintaining their normal state. Muscles that are undergoing early stages of atrophy display **fibrillations** and **fasciculations**. Fibrillations are fine twitchings of single muscle fibers that generally cannot be seen on clinical examination but can be detected on electromyographic examination. Fasciculations are brief contractions of **motor units**, which can be seen in skeletal muscle through the intact skin. A motor unit consists of a single anterior horn cell with its peripheral axon, which commonly branches into many terminal divisions, and all muscle fibers innervated by these terminal branches.

Lesions that damage sensory fibers in the dorsal roots (Fig. 20, lesion 2) or their cell bodies in spinal ganglia also disrupt the stretch reflex pathway (see Fig. 12 in Chapter 3) and, as a consequence, produce hypotonia and loss of the deep tendon reflexes in the muscles. In this instance, the lower

58

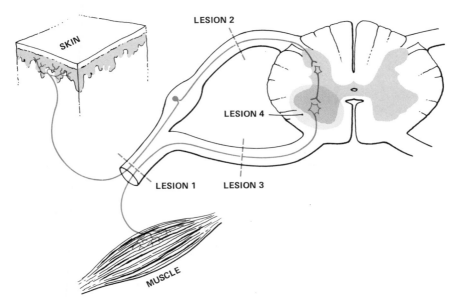

FIGURE 20. A cross section of the spinal cord, dorsal and ventral roots, and peripheral nerve. Lesion 1 affects the peripheral nerve; lesion 2, the dorsal root; lesion 3, the ventral root; and lesion 4, the anterior horn cells.

motoneurons remain intact, and there is no loss of voluntary motor strength. The trophic influence of anterior horn cells is preserved, and neither muscle atrophy (except that of disuse) nor fasciculations appear. Coordinated movements are performed poorly because of the loss of sensory feedback to the nervous system.

SPASTIC PARALYSIS OF MUSCLES: UPPER MOTONEURON LESION

The term **"upper motoneuron"** is used to describe nerve cell bodies that originate in high levels of the central nervous system and send their axons into the brain stem or spinal cord, where they make contact, directly or indirectly, with motor nuclei of the cranial nerves and anterior horn cells. Examples of upper motoneuron pathways include the corticospinal, corticobulbar, reticulospinal, vestibulospinal, and rubrospinal tracts.

A lesion in the **posterior limb of the internal capsule** (Fig. 21, lesion 1) disrupts the influence of the cerebral cortex upon anterior horn cells on the contralateral side of the body. The corticospinal tract is only one of many pathways involved in such a lesion, since the lesion also interrupts connections between the cerebral cortex and the origin of the rubrospinal and reticulospinal pathways. Immediately following such a lesion, the patient

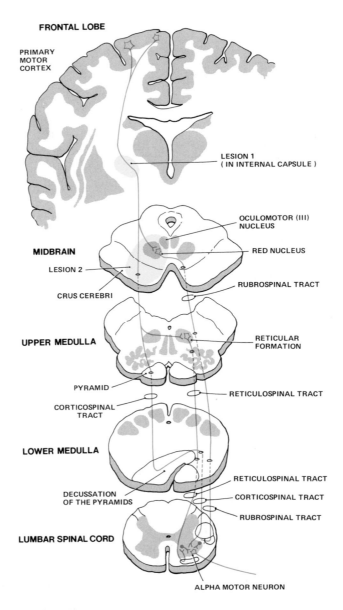

FIGURE 21. Several of the major motor pathways of the central nervous system. Lesion 1 affects the internal capsule and causes a contralateral hemiplegia affecting the lower portion of the face and the arm and leg (the pathways to the facial nucleus and cervical cord are not shown). Lesion 2 causes an ipsilateral cranial nerve disorder (loss of function of the third cranial nerve) and a contralateral hemiplegia affecting the lower portion of the face and the arm and leg.

develops paralysis of the face, arm, and leg (**hemiplegia**) of the opposite side of the body, with hypotonia and depression of the muscle stretch reflexes. After an interval that varies from a few days to a few weeks, stretch reflexes return in these muscles and then progress to become more active than normal. Hypertonia develops, as shown by fixed postures of the limbs and increased resistance to passive manipulation of the limbs. As the examiner manipulates the limbs, the resistance is most marked in the flexor muscles of the arm and the extensor muscles of the leg. This resistance is strong at the beginning of the movement but gives way in a "clasp-knife" fashion as the movement is continued. The muscle stretch reflexes are hyperactive and occasionally may show **clonus**, a sustained series of rhythmic jerks, as a tendon is maintained in extension by the examiner. Muscles showing these signs of hyperreflexia are said to be **spastic** or to show **spasticity**. Other conditions may produce hypertonic muscles, but they have distinguishing features that differentiate them from the spasticity associated with internal capsule lesions. Some examples of these are **decerebrate rigidity, dystonia, parkinsonian rigidity**, and **myotonia**. In addition to spastic weakness with hyperreflexia, internal capsule lesions result in the appearance of the **Babinski sign**. This reflex response is described in the next section.

The **pyramidal tract** consists of nerve cell bodies arising in the cerebral cortex with axons coursing through the pyramidal tract in the medulla and terminating on anterior horn cells or interneurons in the spinal cord. The pyramidal tract is also termed the **corticospinal tract**. In the older literature, signs of upper motoneuron disease (e.g., spastic paralysis, increased muscle stretch reflexes, clonus, Babinski sign, "clasp-knife" response to passive movements, and lack of muscle atrophy except for disuse atrophy) have been attributed to pyramidal (corticospinal) tract lesions. The corticospinal tract, through its termination on lower motoneurons, was previously thought to have the capacity of restricting the activity of the stretch reflex. Spasticity was explained as the **enhancement (release)** of stretch reflexes from the inhibitory influence of the corticospinal tract. There are very few case reports of humans with lesions restricted to the pyramidal tract, and it is debatable whether a lesion in this site will produce signs of the upper motoneuron syndrome. In addition, activity of the stretch reflex is regulated by the balanced effects of all of the fiber tracts descending to the spinal cord from the brain stem as well as the corticospinal tract. Some of these descending systems have inhibitory effects, and others have facilitatory effects. Spasticity and increased deep tendon reflexes can result from a net reduction of inhibitory influences upon alpha and gamma motoneurons. Hypersensitive gamma fibers can stimulate muscle spindles to a higher rate of discharge, resulting in enhanced responses to muscle stretch. Hypersensitive alpha motoneurons can react excessively to proprioceptive input from muscle stretch receptors. It is not yet clear whether the responses of both gamma and alpha motoneurons are enhanced in spasticity. The bulk of evidence suggests that hyperactive alpha motoneurons account for the abnormalities.

It is important to bear in mind that the symptoms listed for corticospinal tract lesions occur because other descending pathways tend to be involved as well. The only neurologic sign that clearly can be attributed selectively to lesions of the corticospinal tract is the Babinski sign. A corticospinal tract lesion rostral to the level of the pyramidal decussation gives rise to **contralateral** spasticity, muscle weakness, and the Babinski sign. A lesion of this tract caudal to the level of the pyramidal decussation causes these signs on the **ipsilateral** side of the body.

The effects of lower motoneuron lesions are limited to the muscles that they innervate, but a small lesion that interrupts the corticospinal tract removes voluntary motor control from the whole sector of the body that lies downstream from the level of the injury. Thus, a lesion of the posterior limb of the internal capsule (see Fig. 21, lesion 1) causes paralysis of the contralateral face, arm, and leg. Involvement of the face is limited to the lower portions of the face because the muscles in the upper portions are innervated by lower motoneurons that receive their innervation from both cerebral hemispheres. A lesion on one side of the brain stem commonly affects one of the cranial nerves (the third nerve in the instance of lesion 2 in Fig. 21), and thus the patient will have loss of function of a cranial nerve on the side ipsilateral to the lesion, with a hemiplegia on the contralateral side.

Paralysis affecting the arm and leg of one side of the body is termed **hemiplegia. Paraplegia** is paralysis of both legs, as, for example, after a transverse lesion of the spinal cord that destroys the upper motoneurons of both sides of the cord. Paralysis of a single extremity is **monoplegia,** and paralysis that includes all four extremities is **quadriplegia.** Lesions that impair function but are not severe enough to cause total paralysis produce weakness that is clinically designated as **paresis.**

OTHER REFLEXES ASSOCIATED WITH LESIONS
OF THE MOTOR PATHWAY

Certain reflexes that are not elicited in normal individuals may be present after injuries of the corticospinal tract. The **Babinski sign** (extensor plantar reflex) is an abnormal reflex obtained by stroking the plantar surface of the outer border of the foot with a blunt object, such as a key. The normal response is plantar flexion of the great toe; however, if the Babinski sign is present, there is a slow dorsiflexion of the great toe, at times accompanied by fanning of the other toes. When it is found, the Babinski sign is a strong indication of a disorder of the corticospinal tract. Many similar pathologic reflexes have been described. **Hoffmann's sign** is sought by flicking the nail of the patient's middle finger. When the sign is present, there is prompt adduction of the thumb and flexion of the index finger. Hoffmann's sign is commonly associated with injury of the corticospinal tract, but it occasionally occurs in normal persons.

Superficial reflexes, which normally are obtained by stroking certain areas of the skin, may be absent if the corticospinal tract is injured. If the skin of the abdominal wall is scratched gently, the abdominal musculature contracts locally, causing the umbilicus to deviate momentarily in the direction of the stimulus. Stroking the upper inner aspect of the thigh normally causes reflex contraction of the cremaster muscle, with elevation of the testicle on the stimulated side. Loss of the **abdominal** or **cremasteric** reflexes confirms the presence of the corticospinal tract lesion, but absence of these reflexes bilaterally in an otherwise normal individual may have no significance.

LESIONS OF PERIPHERAL NERVES

Injury of an individual peripheral nerve (see Fig. 20, lesion 1) is followed by paralysis of muscles and loss of sensation limited to those muscles and skin areas supplied by the nerve distal to the lesion. The paralyzed muscles are **flaccid** (i.e., severely hypotonic) and gradually undergo severe atrophy. All forms of sensation, including proprioception, are lost. Recognition of peripheral nerve lesions is based on knowledge of the course and distribution of such nerves.

Polyneuropathy is a term used to describe the clinical syndrome resulting from diffuse lesions of peripheral nerves. The lesions often occur bilaterally, and the effects are usually more prominent in the distal than in the proximal parts of the extremities. Muscular weakness and atrophy accompanied by sensory loss in the distal portions of the extremities (often in a "glove and stocking" distribution) are characteristic of this disorder. The muscle stretch reflexes usually are diminished or absent in the affected portions of the limbs. Frequent causes of polyneuropathy include diabetes mellitus, alcoholism, vitamin B_{12} deficiency, carcinoma, and the Guillain-Barré syndrome.

LESIONS OF THE POSTERIOR ROOTS

The posterior (dorsal) roots can be damaged by local tumors, infections, or injuries. A frequent cause of injury to dorsal roots is herniation of the nucleus pulposus ("slipped disk"), which can protrude from between adjacent vertebral bodies and compress one or more dorsal roots. The result is pain and paresthesias (sensations of numbness and tingling) that characteristically occur in the distribution of the affected roots. Examination usually reveals loss of sensation in a dermatomal distribution and loss of the associated muscle stretch reflexes.

TRANSECTION OF THE SPINAL CORD

Immediately after complete transection of the spinal cord, sensation and all voluntary movement is lost below the lesion. Control of the bladder and bowel is also lost. If the spinal cord lesion occurs between cervical levels 1 and 3, respirations stop. Following acute spinal transection, **spinal shock** appears (i.e., the paralysis is flaccid, the deep tendon reflexes are lost, and plantar stimulation gives no response). The expected signs of upper motoneuron lesions appear only after several weeks have elapsed. Eventually, extensor plantar responses (Babinski sign) can be detected, followed by the gradual appearance of hyperactive deep tendon reflexes, clonus, and spasticity of the affected limbs. Flexor spasms of the legs appear intermittently, often triggered by local cutaneous stimulation. Bladder and bowel function usually becomes automatic, with these structures emptying in response to filling.

Partial injury to the spinal cord results in damage to some ascending and descending pathways, with sparing of others. The symptoms and signs of partial spinal injury vary depending on the location of the injury.

HEMISECTION OF THE SPINAL CORD
(BROWN-SÉQUARD SYNDROME)

Lateral hemisection of the spinal cord (as, for example, from a bullet or knife wound) produces the **Brown-Séquard syndrome** (Fig. 22B). The specific effects in the patient with a chronic lesion can be understood by considering the fiber tracts and roots affected by the lesion.

1. Lateral column damage results in paralysis of muscles on the same side of the body below the injury, with spasticity, hyperactive reflexes, clonus, loss of superficial reflexes, and the Babinski sign.
2. Dorsal column damage along with the lateral column injury causes loss of position sense, vibratory sense, and tactile discrimination on the same side of the body below the injury. Because of the paralysis, sensory ataxia, which might otherwise occur, cannot be demonstrated readily.
3. Damage to the anterolateral system involves loss of the sensations of pain and temperature **on the side opposite the lesion** beginning one or two dermatomes below the injury.

Simple touch sensation may be unimpaired because the dorsal columns are intact opposite the lesion and the anterolateral system subserving the ipsilateral side of the body is also intact.

Besides the effects produced by interrupting the long ascending and descending tracts of the spinal cord, symptoms are likely from damage to

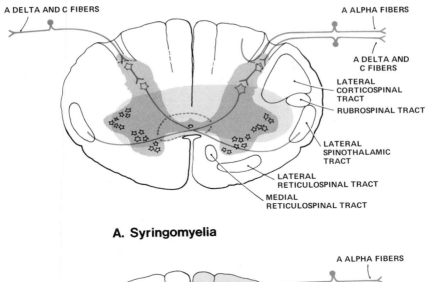

A. Syringomyelia

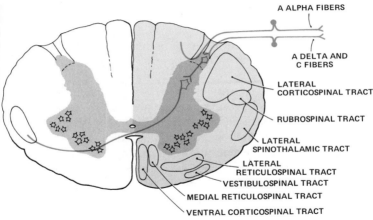

B. Brown-Séquard Lesion

FIGURE 22. (A) A cross section of the spinal cord showing the pathways interrupted by a cavitating lesion of syringomyelia of small size (dotted line) and larger size (shaded area). (B) A cross section of the spinal cord showing the pathways interrupted by a hemisection of the cord (Brown-Séquard lesion).

dorsal and ventral nerve roots at the level of the injury. These symptoms occur on the side of the lesion, and when present, they are of great value in localizing the individual cord segments involved.

1. Irritation of fibers in the dorsal root zone lead to paresthesias or radicular pain in a band over the affected dermatomes.

2. Destruction of dorsal roots results in a band of anesthesia over the dermatome supplied by the involved roots.
3. Destruction of ventral roots evokes a flaccid paralysis affecting only the muscles innervated by fibers that have been destroyed.

Few lesions are precisely localized to one lateral half of the spinal cord. More often, spinal lesions involve one sector of the cord and produce a partial, or incomplete, Brown-Séquard syndrome. The particular symptoms and signs in each case are determined by the position and extent of the lesion.

LESIONS OF THE CENTRAL GRAY MATTER

In **syringomyelia,** there is progressive cavitation around or near the central canal of the spinal cord, most commonly in the region of the cervical enlargement. A lesion in this position interrupts the lateral spinothalamic fibers that pass through the ventral white commissure as they cross from one side to the other (Fig. 22A, lesion enclosed by dotted line). Since these fibers conduct pain and temperature impulses from dermatomes on both sides of the body, the result is loss of pain and temperature sensibility, with a segmental distribution in the upper extremities on both sides. Because the spinothalamic tracts from the lumbosacral segments remain intact, there is no sensory impairment in the lower extremities. Position, vibration, and simple touch sensations are spared in the affected dermatomes of the arms. Loss of pain and temperature sense with preservation of position, vibration, and touch sensation is termed **sensory dissociation.** In later stages of the disease, degeneration often extends to the anterior gray horns (see Fig. 22A, shaded area) and causes paralysis with atrophy of muscles innervated by the segments involved. Signs of upper motoneuron disease may appear in the lower extremities as a result of compression of the lateral corticospinal tracts by the cystic cavity.

LESIONS INVOLVING THE ANTERIOR HORNS AND THE CORTICOSPINAL TRACTS

Amyotrophic lateral sclerosis (ALS) is a progressive, fatal disease of unknown cause characterized by destruction of neurons in the motor nuclei of the cranial nerves and in the anterior gray horns of the spinal cord together with degeneration of the pyramidal tracts bilaterally. Sensory changes usually do not occur. Weakness and atrophy are noted in some muscles, with spasticity and hyperreflexia in others. The effects may be somewhat irregular in distribution, depending on individual variations in the pattern of the lesions in the spinal cord. The classic form of this disease starts with weakness, atrophy, and fasciculations of the muscles of the hands and arms, followed later by spastic paralysis of the limbs. Difficulty in speaking and swallowing results from involvement of the lower cranial nerves.

LESIONS INVOLVING POSTERIOR AND LATERAL FUNICULI

Subacute combined degeneration is a disease of the spinal cord most often seen in pernicious anemia, but it is sometimes seen with other types of anemia or nutritional disturbances. The dorsal and lateral columns of the spinal cord undergo degeneration, but the gray matter ordinarily is not affected. Degeneration of the dorsal and lateral columns results in complaints of difficulty in walking and tingling sensations in the feet. On examination, there is loss of position and vibration sense in the legs and a positive Romberg sign. Degeneration of upper motoneuron projections in the lateral columns leads to weakness in the legs, with spasticity, hyperactive muscle stretch reflexes, and bilateral Babinski signs. Later in the course of the disease, the muscle stretch reflexes may disappear because of the development of a peripheral neuropathy.

THROMBOSIS OF THE ANTERIOR SPINAL ARTERY

The anterior spinal artery runs in the anterior median sulcus and sends terminal branches to supply the ventral and lateral funiculi and most of the gray matter of the spinal cord. The anterior horns, lateral spinothalamic tracts, and pyramidal tracts are included in its territory, but the dorsal funiculi and posterior part of the dorsal horns are supplied independently by a pair of posterior spinal arteries (Fig. 23). Thrombosis of the anterior spinal artery in the cervical region of the cord produces atrophy, fasciculations, and flaccid paralysis at the level of the lesion owing to destruction of anterior horn cells. There will be an accompanying spastic paraplegia from bilateral corticospinal tract involvement and, usually, loss of pain and temperature sense below the lesion owing to bilateral spinothalamic tract damage. The onset of symptoms is abrupt and is often accompanied by severe pain.

TUMORS OF THE SPINAL CORD

Tumors that arise within the vertebral canal but outside the spinal cord (extramedullary tumors) gradually impinge on the cord as they enlarge. Compression of nerve roots often occurs first and accounts for pain distributed over the dermatomes supplied by these roots. This is followed by gradual involvement of the tracts within the spinal cord until a Brown-Séquard syndrome, or some modification of it, occurs. The order of appearance of symptoms may furnish a clue to the site of the tumor. For

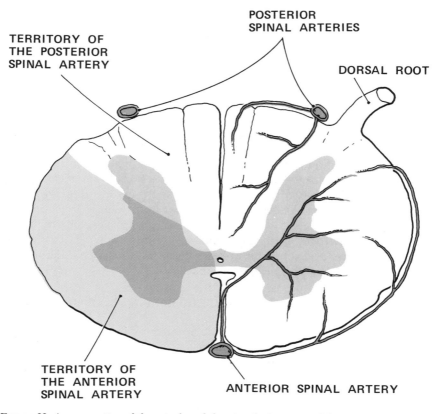

POSTERIOR
SPINAL ARTERIES

TERRITORY OF
THE POSTERIOR
SPINAL ARTERY

DORSAL ROOT

TERRITORY OF
THE ANTERIOR
SPINAL ARTERY

ANTERIOR SPINAL ARTERY

FIGURE 23. A cross section of the spinal cord showing the locations of the anterior and posterior spinal arteries and their branches *(right)* and the territories supplied by these arteries *(left)*.

example, loss of pain and temperature sensibility involving all segments below a certain level on the left side followed by spastic paralysis on the right imply that the tumor has arisen from the ventrolateral region of the cord on the right side. Loss of proprioception on the right side followed by an extension of the proprioceptive deficit to the left side and the development of spastic paralysis on the right indicate that the tumor is compressing the spinal cord from the dorsomedial region on the right side.

Injuries to nerve fibers in the spinal cord vary in degree. Some are sufficient to prevent conduction of nerve impulses without causing irreversible fiber degeneration. The pressure of tumors, herniated intervertebral disks, blood clots, or the swelling and edema of wounds may produce spinal cord symptoms that are later alleviated by treatment. The prospect of recovery depends on the severity and duration of the pressure.

DEGENERATIVE CHANGES IN NERVE CELLS

When a fiber is transected or permanently destroyed, the part that has been separated from the nerve cell body degenerates completely and, in the process, loses its myelin sheath. Degenerated fibers can be studied histologically by obtaining a series of microscopic sections, staining them appropriately, and reconstructing the course of the fibers. The **Weigert** and **Weil staining methods** employ a modified hematoxylin stain that stains normal myelin dark blue or black. An unstained area appearing in the position normally occupied by a fiber tract indicates degeneration, although degenerating fibers are not visible. The **Marchi method** consists of impregnation of the sections with osmium tetroxide, which blackens degenerating nerve fibers but leaves normal myelinated fibers unstained. The test is effective only if osmium tetroxide is applied at a particular stage of the degenerative process when myelin is partly, but not completely, decomposed (generally 6 to 12 days after injury). For this reason, the Marchi method is rarely suitable for use with human postmortem material but has been used extensively in experimental work. The **Nauta method** and its modifications (**Nauta-Gygax** and **Fink-Heimer**) are invaluable techniques in experimental studies tracing degenerating axons. These silver nitrate impregnation techniques have a tremendous advantage over the Marchi method in that the degenerating axon (including its terminal branches and synaptic endings), rather than the myelin sheath, is impregnated.

Besides causing permanent destruction of the disconnected portion, severing a cell's axon has a harmful effect on the nerve cell body itself. For several weeks after the injury, the cell's Nissl bodies (chromophilic substance) undergo **chromatolysis,** a process in which extranuclear granules of RNA (ribosomes of the rough endoplasmic reticulum) lose their staining characteristics and seem to dissolve in the surrounding cytoplasm. Some of the affected cells disintegrate, but others recover with restoration of Nissl substance. As Nissl himself realized, this retrograde chromatolytic reaction furnishes a means of determining the cells of origin for fibers. Some weeks following a lesion placed in the central nervous system of an experimental animal, serial sections stained for Nissl substance with a basic aniline dye may reveal specific areas of chromatolysis.

All of these experimental methods, including the mapping of chromatolytic changes in cells, can be used to study central nervous system pathways following degeneration of the neurons or processes, whether the degeneration is pathologically or experimentally induced. Since the 1970s, however, these techniques have been utilized less frequently as experimental tools. Newer methods that do not require destruction of brain tissue are now preferred for tract tracing experiments. In these techniques, small quantities of chemical tracers are injected slowly into a known brain site. After the chemicals have been transported along axons entering or leaving the site, the brain is studied to locate the transport routes. Movement of the chemical tracer from the cell body to the axon terminals (orthograde or anterograde transport) or the reverse, from terminals to cell body (retrograde transport), can be demonstrated. Whether one or both of these will occur depends on the chemical that is used.

REGENERATION OF NERVE FIBERS

A completely severed peripheral nerve has some capacity to repair itself. Schwann (neurolemma) cells derived from the myelin of the central end of the nerve stump proliferate and attempt to bridge the gap with the distal end of the nerve. The axis cylinders in the central end of the cut nerve divide longitudinally and soon begin to sprout out of the end of the nerve. Many sprouting axons go astray in random directions, but some of them cross the gap and enter neurilemmal tubes leading to the peripheral endings. Their growth rate is normally 1 to 2 mm per day. Chance apparently determines whether a regenerating motor fiber enters a neurilemmal tube leading to a motor or to a sensory terminal. If suitably matched, connections with a motor end plate can be re-established and function restored. Fibers of the brain and spinal cord, however, do not regenerate effectively.

CHAPTER 9

Anatomy of the Brain Stem: Medulla, Pons, and Midbrain

MEDULLA

The **medulla** (**medulla oblongata**, or **bulb**) is the most caudal part of the brain stem. It is continuous with the spinal cord at the foramen magnum and extends rostrally for 2.5 cm to the caudal border of the pons. The central canal of the spinal cord continues through the caudal half of the medulla and then, at a point called the obex, flares open into the wide cavity of the fourth ventricle. The rostral part of the medulla thus occupies the floor of the fourth ventricle. The roof of the ventricle is formed by the **tela choroidea, choroid plexus** (a thin sheet of ependyma and pia mater with blood vessels between them), and the cerebellum.

External Markings of the Medulla

ANTERIOR (VENTRAL) ASPECT. The **pyramids**, which contain the **pyramidal (corticospinal) tracts**, form two longitudinal ridges on either side of the ventral median fissure (Fig. 24). The decussation of the corticospinal tracts can be seen obliterating the fissure at the extreme caudal end of the medulla.

LATERAL ASPECT. Two longitudinal grooves are present: the ventrolateral sulcus and the dorsolateral sulcus (Fig. 25). The ventrolateral sulcus extends along the lateral border of the pyramid, and from this groove, the rootlets of the hypoglossal nerve (XII) exit. Radicles of the **bulbar accessory nerve (XI)**, **vagus nerve (X)**, and **glossopharyngeal nerve (IX)** are attached in line along the dorsolateral sulcus. The spinal portion of the accessory nerve (XI) arises from the gray matter of spinal cord segments C-2 to C-5. Its rootlets exit through the lateral funiculus of the cord, join, and ascend

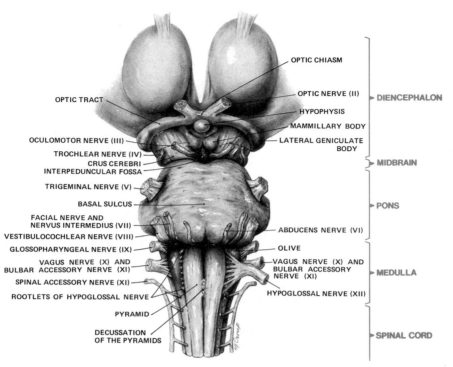

FIGURE 24. The ventral surface of the human brain stem and diencephalon.

along the lateral surface of the medulla. The prominent oval swelling of the lateral area of the medulla between the ventrolateral and dorsolateral sulci is the **olive** (see Figs. 24 and 25). This marks the site of the inferior olivary nuclear complex inside the medulla.

POSTERIOR (DORSAL) ASPECT. (Figures 24, 25, and 26 represent specimens of the brain stem from which the overlying cerebellum and the ependymal roof of the fourth ventricle have been removed. In Figure 26, the fasciculus gracilis and the fasciculus cuneatus are visible as low ridges. The sites of termination of these two tracts in the nucleus gracilis and the nucleus cuneatus are marked by small eminences named, respectively, the **clava** and the **cuneate tubercle**. The fibers from the nuclei gracilis and cuneatus descend into the tegmentum of the brain stem. At this site, the area "opens up," exposing the floor of the fourth ventricle rostral to the obex. Two pairs of small swellings can be seen in the floor of the ventricle. Their tapering margins point caudally and gradually meet the groove of the medial sulcus in a configuration named the **calamus scriptorius**, from its resemblance to the point of a pen. The lateral ridges of the calamus constitute the **vagal**

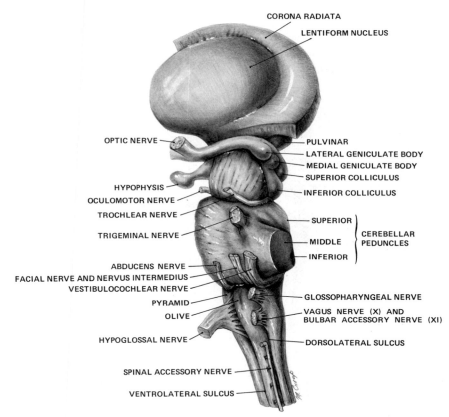

CORONA RADIATA

LENTIFORM NUCLEUS

OPTIC NERVE

PULVINAR
LATERAL GENICULATE BODY
MEDIAL GENICULATE BODY
SUPERIOR COLLICULUS
INFERIOR COLLICULUS

HYPOPHYSIS
OCULOMOTOR NERVE
TROCHLEAR NERVE
TRIGEMINAL NERVE

SUPERIOR
MIDDLE
INFERIOR
CEREBELLAR PEDUNCLES

ABDUCENS NERVE
FACIAL NERVE AND NERVUS INTERMEDIUS
VESTIBULOCOCHLEAR NERVE
PYRAMID
OLIVE

GLOSSOPHARYNGEAL NERVE
VAGUS NERVE (X) AND BULBAR ACCESSORY NERVE (XI)

HYPOGLOSSAL NERVE

DORSOLATERAL SULCUS

SPINAL ACCESSORY NERVE

VENTROLATERAL SULCUS

FIGURE 25. The lateral surface of the human brain stem, lentiform nucleus, and corona radiata.

trigone; the medial ridges are the **hypoglossal trigone**. These trigones are bulges that indicate the locations of underlying nuclei, the **dorsal motor nucleus of the vagus** and the **hypoglossal nucleus**, respectively. The **striae medullares of the fourth ventricle** are ridges formed by fibers passing toward the cerebellum. Laterally, these fibers mark the location of the **lateral recesses**, which lead to lateral openings from the fourth ventricle (the foramina of Luschka), where cerebrospinal fluid is allowed to pass from the ventricular system into the subarachnoid space.

Internal Structures of the Medulla

Some of the long fiber tracts of the spinal cord (e.g., spinothalamic tracts) pass directly through the medulla without any major changes in their relative positions, but both the corticospinal fibers and the dorsal

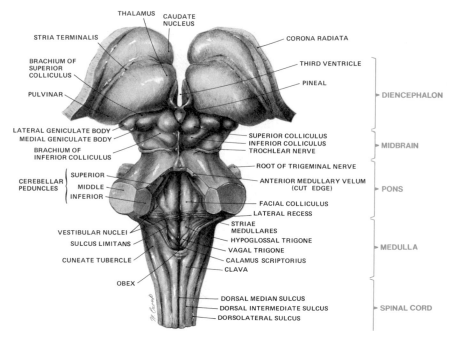

FIGURE 26. The dorsal surface of the human brain stem, diencephalon, caudate nucleus, and corona radiata. The cerebellum has been removed by cutting through the peduncles.

columns of the spinal cord undergo shifts that radically change the arrangement of the gray and white matter in the medulla as compared to the cord.

Figures 27 through 33 are drawings of histologic sections of the human brain stem. These thin slices of tissue were cut perpendicular to the long axis of the brain stem and stained using the Weigert method, in which chemicals in the stain bind to components of myelin. Thus, the dark areas on these cross sections represent myelinated fibers, and the light areas represent areas free of such fibers, which are usually filled with neuron cell bodies forming the various nuclei of the brain stem.

CAUDAL HALF OF THE MEDULLA. A **central gray area** surrounds the central canal and merges at its perimeter with a zone containing a network of fibers and cells known as the **reticular formation**. The reticular formation extends through the medulla, pons, and midbrain (e.g., see Figs. 28, 31, and 33). It is an area that contains nuclear groups carrying out vital functions, such as the control of blood pressure and respiration. Some regions of the reticular formation also serve as an "activating" system, which regulates general levels of activity in the brain and is important in cycles of sleep and wakefulness.

The corticospinal tracts descend through the most anterior part of the medulla in the pyramids, and at the caudal end of the medulla, most of these fibers cross in a prominent decussation that brings them to the lateral position that they maintain in the spinal cord (Fig. 27). On the posterior side, the fasciculi gracilis and cuneatus remain present, but the nuclei in which their fibers terminate now have appeared. Axons of the cells in these nuclei take an anterior, arched course, forming the **internal arcuate fibers** that cross the midline as the **decussation of the medial lemniscus** (Fig. 28). Lateral to the rostral part of the cuneate nucleus, the **accessory cuneate nucleus** appears (see Fig. 28). Cells in this nucleus do not contribute axons to the medial lemniscus. Their axons ascend laterally into the inferior cerebellar peduncle as the cuneocerebellar tract (see Fig. 17 in Chapter 6). In the posterolateral region, a clear nuclear area, capped by a peripheral zone of fine fibers, represents the **spinal nucleus** and **spinal tract of the trigeminal nerve**. The latter structures extend from the pontine region and through the medulla to end in the second segment of the spinal cord.

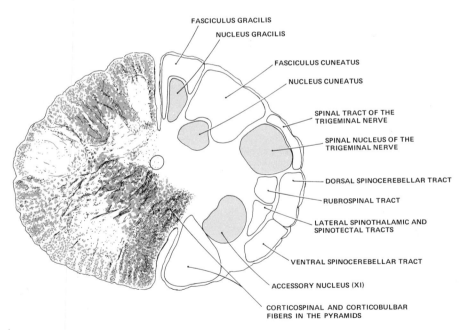

FASCICULUS GRACILIS

NUCLEUS GRACILIS

FASCICULUS CUNEATUS

NUCLEUS CUNEATUS

SPINAL TRACT OF THE TRIGEMINAL NERVE

SPINAL NUCLEUS OF THE TRIGEMINAL NERVE

DORSAL SPINOCEREBELLAR TRACT

RUBROSPINAL TRACT

LATERAL SPINOTHALAMIC AND SPINOTECTAL TRACTS

VENTRAL SPINOCEREBELLAR TRACT

ACCESSORY NUCLEUS (XI)

CORTICOSPINAL AND CORTICOBULBAR FIBERS IN THE PYRAMIDS

FIGURE 27. Cross section of the lowest level of the medulla, through the decussation of the pyramids. The left side of the diagram represents the general appearance of this level in a myelin-stained histologic preparation. On the right side, the major nuclei (color) and tracts (white) are outlined and labeled.

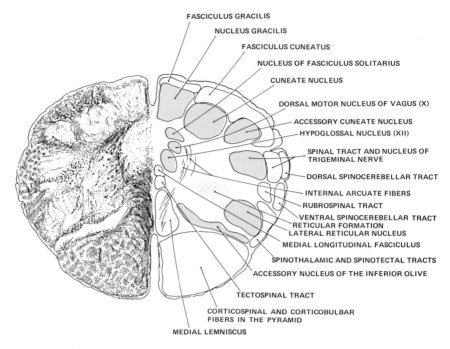

FASCICULUS GRACILIS

NUCLEUS GRACILIS

FASCICULUS CUNEATUS

NUCLEUS OF FASCICULUS SOLITARIUS

CUNEATE NUCLEUS

DORSAL MOTOR NUCLEUS OF VAGUS (X)

ACCESSORY CUNEATE NUCLEUS

HYPOGLOSSAL NUCLEUS (XII)

SPINAL TRACT AND NUCLEUS OF TRIGEMINAL NERVE

DORSAL SPINOCEREBELLAR TRACT

INTERNAL ARCUATE FIBERS

RUBROSPINAL TRACT

VENTRAL SPINOCEREBELLAR TRACT
RETICULAR FORMATION
LATERAL RETICULAR NUCLEUS

MEDIAL LONGITUDINAL FASCICULUS

SPINOTHALAMIC AND SPINOTECTAL TRACTS

ACCESSORY NUCLEUS OF THE INFERIOR OLIVE

TECTOSPINAL TRACT

CORTICOSPINAL AND CORTICOBULBAR FIBERS IN THE PYRAMID

MEDIAL LEMNISCUS

FIGURE 28. Cross section of the lower medulla at the level of the decussation of the internal arcuate fibers forming the medial lemniscus.

ROSTRAL HALF OF THE MEDULLA. The principal nucleus of the **inferior olivary nuclear complex,** a prominent structure in the anterolateral region, resembles a crinkled sac with an opening directed toward the midline (Fig. 29). Many of its efferent fibers cross the midline and stream toward the posterolateral corner of the medulla to join spinocerebellar fibers in the thick **inferior cerebellar peduncle.**

Several distinct cellular areas (symmetrically paired) occupy the posterior part of the medulla close to the floor of the ventricle. Since they extend longitudinally through the upper medulla, they represent nuclear columns (see Fig. 35 in Chapter 10). The **nucleus of the hypoglossal nerve (XII)** is nearest the midline. Fibers of this nerve pass anteriorly and emerge between the pyramid and the olive. The hypoglossal nerve innervates the striated muscles of the tongue. The **dorsal motor nucleus of the vagus nerve (X)** lies at the side of the hypoglossal nucleus and contains neurons that form an important part of the parasympathetic division of the autonomic nervous system. The most lateral nuclear column, separated from the motor nuclei by the sulcus limitans, contains the **vestibular nuclei** (medial and inferior at this level of the medulla), which receive afferent fibers from the

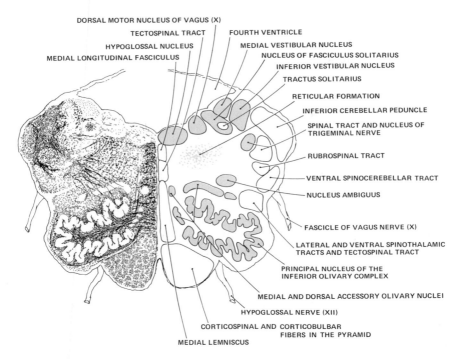

DORSAL MOTOR NUCLEUS OF VAGUS (X)
TECTOSPINAL TRACT
HYPOGLOSSAL NUCLEUS
MEDIAL LONGITUDINAL FASCICULUS
FOURTH VENTRICLE
MEDIAL VESTIBULAR NUCLEUS
NUCLEUS OF FASCICULUS SOLITARIUS
INFERIOR VESTIBULAR NUCLEUS
TRACTUS SOLITARIUS
RETICULAR FORMATION
INFERIOR CEREBELLAR PEDUNCLE
SPINAL TRACT AND NUCLEUS OF TRIGEMINAL NERVE
RUBROSPINAL TRACT
VENTRAL SPINOCEREBELLAR TRACT
NUCLEUS AMBIGUUS
FASCICLE OF VAGUS NERVE (X)
LATERAL AND VENTRAL SPINOTHALAMIC TRACTS AND TECTOSPINAL TRACT
PRINCIPAL NUCLEUS OF THE INFERIOR OLIVARY COMPLEX
MEDIAL AND DORSAL ACCESSORY OLIVARY NUCLEI
HYPOGLOSSAL NERVE (XII)
CORTICOSPINAL AND CORTICOBULBAR FIBERS IN THE PYRAMID
MEDIAL LEMNISCUS

FIGURE 29. Cross section of the upper medulla.

vestibular division of the vestibulocochlear nerve (VIII). This nerve brings information to the brain concerning position and movement of the head in space.

The **nucleus ambiguus,** seen indistinctly in Weigert-stained preparations, is located in the anterolateral part of the reticular formation. Its fibers course posteromedially at first, but they arch back and leave the medulla anterior to the inferior cerebellar peduncle as fibers of the glossopharyngeal (IX), vagus (X), and bulbar accessory (XI) nerves. These nerve fibers control the branchiomeric muscles of the pharynx and larynx and thus control swallowing and vocalization. An isolated bundle of longitudinal fibers accompanied by a small nucleus appears in the posterior part of the reticular formation. It is known as the **solitary tract** and is composed of afferent root fibers from the facial, glossopharyngeal, and vagus nerves. The cells of the **nucleus of the solitary tract** surround the tract and receive fibers from the tract that carry information about taste and visceral sensations. The spinal tract and nucleus of V continue rostrally in a lateral position and somewhat ventral to the other nuclei surrounding the ventricle.

The anterolateral fiber system from the spinal cord (including the spinothalamic tracts) is adjacent to the nucleus ambiguus on its anterolateral side. Two large bands of fibers lie vertically at either side of the midline. The extreme posterior portion of each band contains the **medial longitudinal fasciculus (MLF)**, a structure that extends from the cervical spinal cord to the midbrain. At this level in the medulla, it contains several descending pathways, including the **medial vestibulospinal, interstitiospinal**, and some of the **pontine reticulospinal tracts**. The **tectospinal** pathway, which descends through the brain stem anterior to the MLF, joins the fibers of this fasciculus in the caudal medulla. The **medial lemniscus** comprises the remainder and largest portion of the vertical band.

PONS

The pons is a large mass rostral to the medulla. The cerebral peduncles pass into it from above and the pyramids emerge from its caudal margin.

External Markings of the Pons

ANTERIOR ASPECT. This surface is entirely occupied by a band of thick, transverse fibers, which constitute the pons proper (see Fig. 24). A shallow furrow (the basal sulcus) extends along the midline, coinciding with the course of the basilar artery. The **abducens nerves** (VI) exit in the inferior pontine sulcus at the caudal border of the pons close to the pyramids.

LATERAL ASPECT. The transverse fibers of the pons are funneled into compact lateral bundles—the **middle cerebellar peduncles** (brachia pontis)—that attach the pons to the overlying cerebellum (see Fig. 25). The triangular space formed between the caudal border of the middle cerebellar peduncle, the adjoining part of the cerebellum, and the upper part of the medulla constitutes the **cerebellopontine angle**. The **facial nerve** (VII) and the **vestibulocochlear nerve** (VIII) are attached to the brain stem in this niche. The **trigeminal nerve** (V), one of the largest of the cranial nerves, penetrates the brachium pontis near the middle of the lateral surface of the pons.

POSTERIOR ASPECT. The posterior surface of the pons forms the rostral floor of the fourth ventricle (see Fig. 26). It is a triangular area with its widest point at the pontomedullary junction, where the lateral recesses of the ventricle are situated. Faint, transverse striations observed in this region are named the **striae medullares**. They are formed by arcuato-cerebellar fibers and are totally unrelated to the acoustic system. Rostral to the striae medullares in the floor of the ventricle is the **facial colliculus**. This colliculus ("little hill") is formed by the abducens nucleus (VI) and the fibers of the facial nerve (VII) that cross over the nucleus of VI (Fig. 30). The two bands that course along the sides of the triangular space are the **superior cerebellar peduncles** (brachia conjunctiva). The **anterior medullary** velum is a thin layer of tissue completing the roof of the ventricle.

Internal Structures of the Pons

Internal examination of the pons reveals two evident subdivisions: a posterior portion known as the **tegmentum** and an anterior part called the **basilar portion**. In this region of the brain stem, the roof portion, overlying the cavity of the ventricle, has become expanded and specialized to form the cerebellum.

CAUDAL PORTION. The corticospinal tracts are located centrally in the basilar portion. The gray matter that surrounds them contains the cells of the **pontine nuclei**. Transverse pontine fibers (**pontocerebellar tract**) crossing from one side to the other posterior and anterior to the corticospinal tracts are the axons from cell bodies in the pontine nuclei. They form the **middle cerebellar peduncle** and pass to the cortex of the cerebellum. The pontine nuclei receive input from the cerebrum, and their projections to

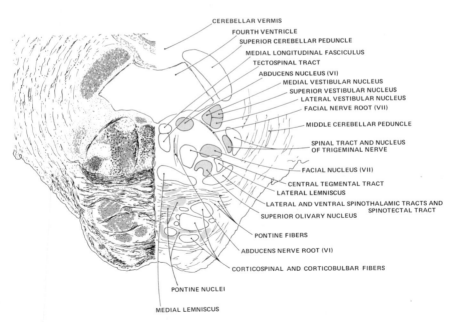

CEREBELLAR VERMIS
FOURTH VENTRICLE
SUPERIOR CEREBELLAR PEDUNCLE
MEDIAL LONGITUDINAL FASCICULUS
TECTOSPINAL TRACT
ABDUCENS NUCLEUS (VI)
MEDIAL VESTIBULAR NUCLEUS
SUPERIOR VESTIBULAR NUCLEUS
LATERAL VESTIBULAR NUCLEUS
FACIAL NERVE ROOT (VII)
MIDDLE CEREBELLAR PEDUNCLE
SPINAL TRACT AND NUCLEUS OF TRIGEMINAL NERVE
FACIAL NUCLEUS (VII)
CENTRAL TEGMENTAL TRACT
LATERAL LEMNISCUS
LATERAL AND VENTRAL SPINOTHALAMIC TRACTS AND SPINOTECTAL TRACT
SUPERIOR OLIVARY NUCLEUS
PONTINE FIBERS
ABDUCENS NERVE ROOT (VI)
CORTICOSPINAL AND CORTICOBULBAR FIBERS
PONTINE NUCLEI
MEDIAL LEMNISCUS

FIGURE 30. Cross section of the pons at the level of the nuclei of cranial nerves VI and VII.

the cerebellum constitute a major route by which the cerebral cortex communicates with the cerebellar cortex.

The **medial lemniscus** is seen as an ellipsoid bundle of fibers. In the medulla, the long axis of this ellipse is oriented in the anterior-posterior axis. In the pons, these fibers have shifted, and the long axis of the ellipse now extends transversely and contacts the basilar portion of the pons. The **medial longitudinal fasciculus (MLF)** retains its position near the midline in the floor of the fourth ventricle. At this level of the pons, the main ascending fibers in the MLF arise from the vestibular nuclei and project primarily to the nuclei supplying the extraocular muscles. The descending **interstitiospinal and pontine reticulospinal tracts** are partially intermingled with the MLF.

The **trapezoid body** (an auditory relay structure) is a prominent band of decussating fibers intermingled with small nuclear groups in the anterior part of the tegmentum. Its fibers interlace at right angles with those of the medial lemniscus. The **superior olive** is a small nucleus that lies lateral and slightly posterior to the trapezoid body. It, too, is a structure belonging to the auditory system. The **central tegmental tract** is an isolated bundle in the anterior part of the reticular formation containing descending pathways (mainly **rubro-olivary tracts**) and part of the very important ascending reticular formation projections to the **thalamus** and **hypothalamus**. The spinal nucleus and tract of the trigeminal nerve have not changed their position, but now they are covered on the lateral side by the fibers of the middle cerebellar peduncle.

The **motor nucleus of the facial nerve** (VII) is immediately posterior to the superior olive and medial to the nucleus of the spinal tract of the trigeminal nerve (V). Before leaving the brain stem, the fibers of the facial nerve form an internal loop **(the internal genu of the facial nerve)**. The first segment of this loop courses posteromedially toward the floor of the fourth ventricle, passing close and just caudal to the **nucleus of the abducens nerve**. The facial nerve courses medially, then laterally around the abducens nucleus, returning on the rostral side of the nucleus. After completing this "hairpin" bend, the nerve takes a direct course anterolaterally and slightly caudally to its exit at the pontomedullary junction. Peripherally, its fibers innervate a thin sheet of branchiomeric muscles underneath the skin of the face. These are the muscles of facial expression. Fibers of the abducens nerve take a course similar to that of the hypoglossal nerve, passing close to the lateral border of the pyramidal tract to emerge on the anterior aspect of the brain stem. These fibers innervate the lateral rectus muscle in the orbit.

The **vestibular nuclei** continue to occupy a lateral area in the floor of the fourth ventricle. The individual subnuclei at this level are the lateral, superior, and medial. The spinal (inferior) nucleus is found in the medulla.

Paired, deep cerebellar nuclei are generally observed in sections through the cerebellum at the lower level of the pons. These nuclei are not shown in Figure 30 but are shown in Figures 49 and 50 in Chapter 16. The deep cerebellar nuclei are the source of most of the neuronal outflow from the cerebellum. They include:

1. **Nucleus fastigii:** located in the midline of the roof of the fourth ventricle in the region of the vermis.
2. **Nucleus globosus:** a small group of cells located just lateral to the nucleus fastigii.
3. **Nucleus emboliformis:** a slightly elongated cellular mass located between the globose and dentate nuclei.
4. **Nucleus dentatus:** the largest and most lateral of the cerebellar nuclei. It is similar in appearance to the inferior olivary nuclear complex, purselike in shape, with an anteromedial hilum.

MIDDLE PORTION. The basilar portion of the pons is widened and thickened at this level. The corticospinal tracts are now dispersed in separate fascicles. Mingling with them are numerous other scattered longitudinal fibers. These are the **corticopontine tracts** descending from the frontal, temporal, parietal, and occipital lobes to synapse with cells of the pontine nuclei (Fig. 31).

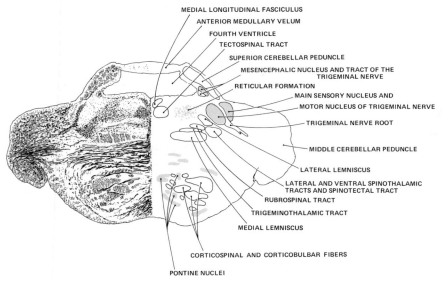

MEDIAL LONGITUDINAL FASCICULUS
ANTERIOR MEDULLARY VELUM
FOURTH VENTRICLE
TECTOSPINAL TRACT
SUPERIOR CEREBELLAR PEDUNCLE
MESENCEPHALIC NUCLEUS AND TRACT OF THE TRIGEMINAL NERVE
RETICULAR FORMATION
MAIN SENSORY NUCLEUS AND
MOTOR NUCLEUS OF TRIGEMINAL NERVE
TRIGEMINAL NERVE ROOT
MIDDLE CEREBELLAR PEDUNCLE
LATERAL LEMNISCUS
LATERAL AND VENTRAL SPINOTHALAMIC TRACTS AND SPINOTECTAL TRACT
RUBROSPINAL TRACT
TRIGEMINOTHALAMIC TRACT
MEDIAL LEMNISCUS
CORTICOSPINAL AND CORTICOBULBAR FIBERS
PONTINE NUCLEI

FIGURE 31. Cross section of the pons at the level of the main sensory and motor nuclei of V.

Two oval-shaped nuclei lie side by side in the posterolateral part of the tegmentum. The more lateral nucleus is the **main (principal) sensory nucleus of the trigeminal nerve;** the medial nucleus is the **motor nucleus of the trigeminal nerve.** Small filaments of the nerve pass posterior as the **mesencephalic root** of the trigeminal nerve. The spinal, main sensory, and mesencephalic components of the trigeminal nerve are all sensory, conveying information from pain, temperature, touch, and muscle stretch receptors. The small motor component of V innervates the muscles of mastication. Trigeminal fibers emerging from the surface of the pons pass directly through the middle cerebellar peduncle in an anterolateral direction.

The **superior cerebellar peduncles** (brachia conjunctiva) appear at the sides of the fourth ventricle as large, compact bands (see Figs. 30 and 31). The anterior medullary velum forms the roof of the ventricle.

MIDBRAIN

The **midbrain** is a short segment of brain stem between the pons and the diencephalon. It is traversed by the **cerebral aqueduct,** an extraordinarily small tubular passage connecting the third ventricle with the fourth.

External Markings of the Midbrain

ANTERIOR ASPECT. The inferior surface is formed by two ropelike bundles of fibers, the **crura cerebri,** and a deep **interpeduncular fossa** that separates them (see Fig. 24). Just before it disappears within the substance of the cerebral hemisphere above, each crus cerebri is skirted by the optic tract, a continuation of fibers in the optic nerves (II). At its caudal end, the peduncle passes directly into the basilar portion of the pons. The oculomotor nerves (III) exit from the sides of the interpeduncular fossa and emerge on the surface at the transverse groove between the pons and midbrain.

POSTERIOR ASPECT. The posterior surface (tectum) of the midbrain presents four rounded elevations—the **corpora quadrigemina** (see Fig. 26). The rostral pair of swellings constitute the **superior colliculi,** and the somewhat smaller, caudal pair constitute the **inferior colliculi.** The trochlear nerves (IV), the smallest of the cranial nerves, emerge from the posterior surface just behind the inferior colliculi after decussating in the anterior medullary velum.

Internal Structures of the Midbrain

In cross section, three zones are designated: (1) a basal portion, or crus cerebri; (2) the **tegmentum,** similar to the pontine tegmentum (the crus cerebri and the tegmentum together make up the **cerebral peduncle**); and (3) the **tectum,** or roof portion, lying above the aqueduct and forming the quadrigeminal plate.

CAUDAL HALF OF THE MIDBRAIN (LEVEL OF THE INFERIOR COLLICU-LUS). Each crus cerebri appears in cross section as a prominent, crescent-shaped mass of fibers within which the corticospinal and corticobulbar tracts occupy a central position, intermingled with and flanked at either side by corticopontine fibers (Fig. 32). The **substantia nigra** lies between the crus cerebri and the tegmentum. In the freshly sectioned brain and in some histological preparations, the neurons of this area appear brown because of the melanin pigment contained in their cell bodies.

The central part of the tegmentum contains a massive interlacement of fibers—**the decussation of the superior cerebellar peduncle.** The **medial lemniscus** is displaced laterally and rotated slightly. Its outer border is in close relation to adjacent fibers of the anterolateral system, the ventral and lateral spinothalamic tracts. The **lateral lemniscus,** containing ascending fibers of the special sensory path of hearing, is clearly defined in the lateral part of the tegmentum posterior to the anterolateral system. Many of the

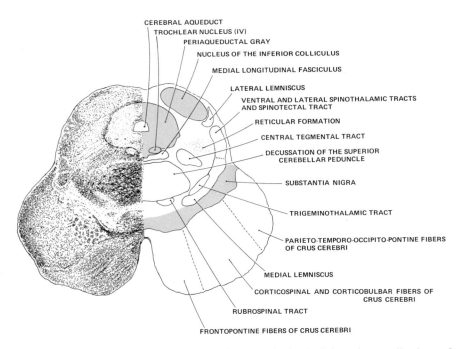

CEREBRAL AQUEDUCT
TROCHLEAR NUCLEUS (IV)
PERIAQUEDUCTAL GRAY
NUCLEUS OF THE INFERIOR COLLICULUS
MEDIAL LONGITUDINAL FASCICULUS
LATERAL LEMNISCUS
VENTRAL AND LATERAL SPINOTHALAMIC TRACTS
AND SPINOTECTAL TRACT
RETICULAR FORMATION
CENTRAL TEGMENTAL TRACT
DECUSSATION OF THE SUPERIOR
CEREBELLAR PEDUNCLE
SUBSTANTIA NIGRA
TRIGEMINOTHALAMIC TRACT
PARIETO-TEMPORO-OCCIPITO-PONTINE FIBERS
OF CRUS CEREBRI
MEDIAL LEMNISCUS
CORTICOSPINAL AND CORTICOBULBAR FIBERS OF
CRUS CEREBRI
RUBROSPINAL TRACT
FRONTOPONTINE FIBERS OF CRUS CEREBRI

FIGURE 32. Cross section of the lower midbrain at the level of the inferior colliculus and decussation of the superior cerebellar peduncles.

fibers in the lateral lemniscus terminate dorsally in the **nucleus of the infe-rior colliculus**. The small, globular nucleus of the **trochlear nerve** lies near the **medial longitudinal fasciculus** in the anterior part of the central gray substance (periaqueductal gray).

ROSTRAL HALF OF THE MIDBRAIN (LEVEL OF THE SUPERIOR COLLICU-LUS). The crura cerebri and the substantia nigra continue to occupy the basal portion. The **red nuclei** are conspicuous globular masses in the ante-rior portion of the tegmentum (Fig. 33). The crossed fibers of the superior cerebellar peduncle pass into the red nucleus and around its edges. Many of them terminate in the red nucleus; others pass forward to the thalamus. Together, these structures comprise an important part of the outflow from the cerebellum. The tectospinal and rubrospinal tracts arise from this part of the midbrain. Both tracts cross near their origin: the tectospinal in the **dorsal tegmental decussation,** and the rubrospinal in the **ventral tegmental decussation.** As described earlier, both of these pathways belong to the extrapyramidal system.

The nuclear complex of the oculomotor nerve lies in the anterior part of the central gray matter, with the **medial longitudinal fasciculus** beside it. The root fibers of the oculomotor nerve stream through and around the red

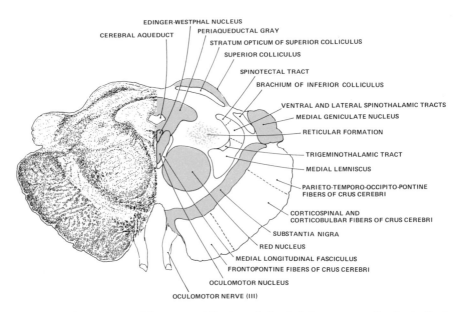

FIGURE 33. Cross section of the upper midbrain at the level of the superior colliculus and red nucleus.

nucleus before converging at their exit in the interpeduncular fossa (see Fig. 43 in Chapter 13). From there they travel to the orbit, where they innervate four of the six muscles that control eye movements and one muscle that elevates the eyelid. This nerve also contains preganglionic parasympathetic fibers, which are responsible for constriction of the pupil and for changes in the shape of the lens within the eye.

The **medial geniculate bodies** appear as projections on the lateral surfaces of the midbrain. They are auditory relay centers, properly considered to be a part of the thalamus rather than the midbrain.

BLOOD SUPPLY TO THE BRAIN STEM

Blood is supplied to the brain stem primarily from the **vertebral arteries**. Direct branches of the left and right vertebral arteries supply the medulla. At the pontomedullary junction, these two arteries join to form the **basilar artery**, which supplies branches to the pons and the midbrain (Fig. 34).

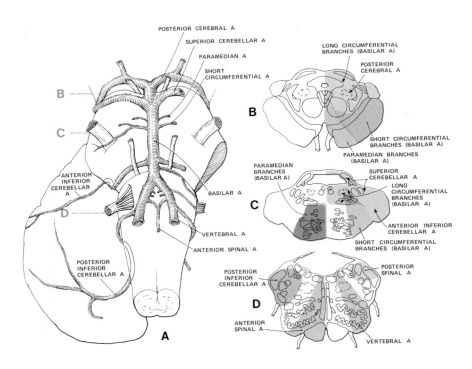

FIGURE 34. The blood supply to the brain stem, illustrated on the ventral surface of the brain stem (A) and on cross sections at three levels through the brain stem (B, C, and D). In B, C, and D, the territories of individual arteries, or arterial branches, are shaded and labeled. Note that in some cases these territories overlap.

Branches of this system also wrap dorsally around the brain stem to supply the cerebellum. At the rostral end of the midbrain, the basilar artery terminates by dividing into the right and left posterior cerebral arteries, which pass superior to the tentorium cerebelli to supply the posterior and ventral surfaces of the cerebral hemispheres.

Functional Components
of the Cranial Nerves

The cranial nerves that have functions similar to those exhibited by spinal nerves are classified as **general**. The cranial nerves that have specialized functions, such as those supplying the eye and ear, conveying olfactory and gustatory impulses, or innervating the branchiomeric muscles, are classified as **special**.

SUMMARY OF FUNCTIONAL COMPONENTS

General Afferent Fibers

Sensory fibers of the general afferent type have their cells of origin in the cranial and spinal dorsal root ganglia. **General somatic afferent (GSA)** fibers carry exteroceptive (pain, temperature, and touch) and proprioceptive impulses from sensory endings in the body wall, tendons, and joints.

General visceral afferent (GVA) fibers carry sensory impulses from the visceral structures (hollow organs and glands) within the thoracic, abdominal, and pelvic cavities.

Special Afferent Fibers

Cells of origin of sensory fibers in this category are found only in the ganglia of certain cranial nerves. **Special somatic afferent (SSA)** nerves carry sensory impulses from the special sense organs in the eye and ear (vision, hearing, and equilibrium).

Special visceral afferent (SVA) fibers carry information from the olfactory and gustatory receptors. These fibers are designated as visceral because of the functional association of these sensations with the digestive tract.

General Efferent Fibers

General efferent fibers arise from cells in the spinal cord, brain stem, and autonomic ganglia. General efferent fibers innervate all musculature of the body except the branchiomeric muscles.

General Somatic Efferent (GSE) fibers convey motor impulses to somatic skeletal muscles (myotomic origin). The bulk of fibers in the ventral roots of spinal nerves are of this type. In the head, the somatic musculature is that of the tongue and the extraocular muscles.

General Visceral Efferent (GVE) fibers are autonomic axons that innervate smooth and cardiac muscle fibers and regulate glandular secretion. Autonomic fibers may be subdivided into the sympathetic and parasympathetic types. Both are found in spinal nerves, but spinal parasympathetic fibers are limited to the sacral nerves. Four cranial nerves have parasympathetic components.

Special Efferent Fibers

Cranial nerves that innervate the skeletal musculature of branchiomeric origin arise from certain cranial nerve nuclei in the brain stem.

Special visceral efferent (SVE) fibers are nerve components that innervate striated skeletal muscles derived from the branchial arches. These muscles comprise the jaw muscles, the muscles of facial expression, and the muscles of the pharynx and larynx. The special visceral efferent fibers are not part of the autonomic nervous system.

There are no special somatic efferent fibers.

ANATOMIC POSITIONS OF CRANIAL NERVE NUCLEI IN THE BRAIN

Early in development, the lateral walls of the embryonic brain and spinal cord are demarcated into an alar plate and a basal plate by the appearance of the sulcus limitans. The motor nuclei of the basal plate differentiate slightly earlier than the sensory nuclei in the alar plate. The locations of the motor and sensory cranial nerve nuclei are shown in Figure 35. In Figure 36, which is a cross section at the level of the medulla, they are labeled according to function. At this level of the neuraxis, the basal plate cells are medial and the alar plate cells are lateral.

Most cranial nerves contain fibers of more than one functional type, and thus most cranial nerves are associated with more than one nucleus in the brain stem. For example, the oculomotor nerve (III) contains motor fibers that originate within a general visceral efferent nucleus and a general somatic efferent nucleus in the midbrain. Its afferent fibers are associated with the mesencephalic trigeminal nucleus.

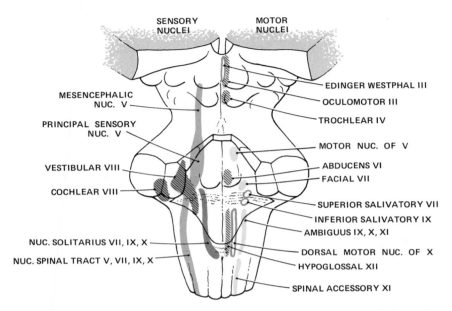

SENSORY NUCLEI   MOTOR NUCLEI

MESENCEPHALIC NUC. V

PRINCIPAL SENSORY NUC. V

VESTIBULAR VIII

COCHLEAR VIII

NUC. SOLITARIUS VII, IX, X

NUC. SPINAL TRACT V, VII, IX, X

EDINGER WESTPHAL III

OCULOMOTOR III

TROCHLEAR IV

MOTOR NUC. OF V

ABDUCENS VI

FACIAL VII

SUPERIOR SALIVATORY VII

INFERIOR SALIVATORY IX

AMBIGUUS IX, X, XI

DORSAL MOTOR NUC. OF X

HYPOGLOSSAL XII

SPINAL ACCESSORY XI

FIGURE 35. Dorsal surface of the brain stem showing the relative positions of the nuclear columns (functional cell columns) associated with cranial nerves III to XII. Motor nuclei are shown on the right side and sensory nuclei on the left side of the illustration for purposes of clarity. Nuclei that belong to the same functional group (e.g., special somatic afferent) are illustrated with the same pattern. Compare this illustration with Figure 36.

The **general somatic efferent** fibers of cranial nerves III, IV, VI, and XII arise from nuclei that are arranged as a discontinuous column of cells in the floor of the basal plate adjacent to the midline. (See the positions of these nuclei in Fig. 35.) These nuclei are continuous with, and homologous to, the anterior horn cells of the spinal cord. They innervate musculature derived from somatic myotomes. The **general visceral efferent** nuclei of cranial nerves VII, IX, and X occupy a position lateral to the somatic efferent column. (Note that the general visceral efferent nucleus of III is "misplaced" medially.) The **special visceral efferent** nuclei of cranial nerves V, VII, IX, X, and XI, which provide the innervation of the branchiomeric musculature, form the most lateral discontinuous column of neurons derived from the basal lamina.

The sensory fibers of cranial nerves V, VII, VIII, IX, and X arise from cell bodies in the cranial nerve ganglia. Like the central processes of cells in the dorsal root spinal ganglia, they enter the central nervous system and terminate in nuclei located in the alar lamina. The **visceral afferent fibers** terminate in a nuclear area adjacent to the visceral efferent column, the **nucleus of the tractus solitarius**. This nucleus receives **general visceral afferent** fibers in its caudal part and gustatory (**special visceral afferent**) fi-

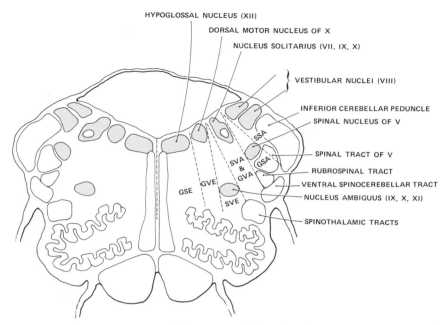

FIGURE 36. Schematic cross section of the upper medulla to show the anatomic organization of the functional cell columns (shown in color) that contribute motoneurons to, and receive sensory input from, the cranial nerves. Several major fiber tracts in the medulla are also labeled. GSE = general somatic efferent; GVE = general visceral efferent; SVE = special visceral efferent; SVA = special visceral afferent; GVA = general visceral afferent; GSA = general somatic afferent; SSA = special somatic afferent.

bers in its cephalic or rostral portion. The **general somatic afferent** column receives fibers primarily from cranial nerve V. It extends from the midbrain through the caudal extent of the medulla and into the cervical spinal cord. It consists of the **mesencephalic nucleus,** the **principal sensory nucleus,** and the **nucleus of the spinal tract of V.** In the spinal cord, the nucleus of the spinal tract is continuous with the **substantia gelatinosa.** The spinal cord and cranial nerve components, which terminate in the substantia gelatinosa and the nucleus of the spinal tract of V, respectively, have the same functions—pain and temperature reception. Figure 36 indicates that the **special somatic afferent fibers** of nerve VIII terminate in the most dorsolateral portion of the alar plate of the brain stem.

Upon entering the brain stem, the functionally distinct sensory components of individual cranial nerves subdivide into fascicles that make connections with their respective, functionally distinct nuclei. For example, the central processes of the gustatory neurons of cranial nerves VII, IX, and X synapse with neurons in the cephalic portion of the solitary complex, while the somatic afferent fibers from these same nerves enter the spinal tract of V and terminate in its adjacent nucleus. Similarly, the motor nuclei of the brain stem may give rise to functional components contributing to more than one cranial nerve. The nucleus ambiguus (see Figs. 35 and 36, and Fig. 37 in Chapter 11) is the origin of the special visceral efferent fibers for IX, X, and the cranial, or bulbar, portion of XI.

FUNCTIONAL COMPONENTS IN EACH
OF THE CRANIAL NERVES

Olfactory Nerve (I)

SPECIAL VISCERAL AFFERENT. The axons of the bipolar olfactory receptor cells constitute the olfactory nerve and terminate in the olfactory bulb.

Optic Nerve (II)

SPECIAL SOMATIC AFFERENT. The fibers that arise from the ganglion cells of the retina (third order neurons) constitute the so-called optic nerve. It is not a true nerve but represents an evaginated fiber tract of the diencephalon. Fibers from the nasal half of each retina decussate in the optic chiasm, and beyond the chiasm these fiber bundles are called the optic tracts.

Oculomotor Nerve (III)

GENERAL SOMATIC EFFERENT. The fibers arise in the oculomotor nucleus and innervate the extrinsic muscles of the eye except for the superior oblique and lateral rectus. These muscles arise from preotic myotomes—thus the term general.

GENERAL VISCERAL EFFERENT. This functional component of III consists of the preganglionic parasympathetic fibers that arise in the accessory oculomotor (Edinger-Westphal) nucleus and terminate in the ciliary ganglion. They constrict the pupil and participate in the light and accommodation reflexes.

GENERAL SOMATIC AFFERENT. The location of the neurons of origin of proprioceptive fibers from the extrinsic ocular muscles is not entirely clear. In some species, these fibers have their cell bodies of origin in the mesencephalic nucleus of V. In others, clusters of ganglion cells have been identified along the third nerve. The central processes of these cells are thought to terminate in the trigeminal nuclear complex.

Trochlear Nerve (IV)

GENERAL SOMATIC EFFERENT. These fibers arise in the trochlear nucleus and innervate the superior oblique muscle of the contralateral eye. This muscle is derived from the preotic myotomes.

GENERAL SOMATIC AFFERENT. The cells of origin of proprioceptive fibers from the superior oblique muscles are unknown but may be in the mesencephalic nucleus of V.

Trigeminal Nerve (V)

GENERAL SOMATIC AFFERENT. These are of two types: exteroceptive and proprioceptive. Exteroceptive fibers from the skin of the face and scalp, the ectodermal mucous membranes of the head (mouth and nasal chamber), and the dura mater of most of the cranial cavity have their cells of origin in the trigeminal ganglion. Proprioceptive fibers from the muscles of mastication and the other muscles innervated by the mandibular nerve arise from cells in the mesencephalic nucleus of the trigeminal nerve.

SPECIAL VISCERAL EFFERENT. Fibers from the motor nucleus of the fifth nerve contribute to the mandibular nerve and innervate the muscles of mastication, tensor veli palatini, tensor tympani, mylohyoid, and the anterior belly of the digastric. These muscles arise embryologically from the first branchial arch.

Abducens Nerve (VI)

GENERAL SOMATIC EFFERENT. Fibers that arise in the abducens nucleus innervate the lateral rectus muscle of the eye, which is derived from the preotic myotomes.

GENERAL SOMATIC AFFERENT. The proprioceptive fibers from the lateral rectus muscle have unknown cells of origin, but these cells, like those contributing to the trochlear nerve, are probably located within the mesencephalic nucleus of V.

Facial Nerve (VII)

GENERAL SOMATIC AFFERENT. Cell bodies located in the geniculate ganglion have fibers conveying exteroceptive sensations (pain and temperature) from the external auditory meatus and skin of the ear. The central processes of these cells terminate in the nucleus of the spinal tract of V.

SPECIAL VISCERAL AFFERENT. Other cells in the geniculate ganglion have peripheral fibers that terminate in the taste buds of the anterior two thirds of the tongue. The fibers reach the tongue by way of the chorda tympani and lingual nerves. Central branches pass through the nervus intermedius and terminate in the rostral portion of the nucleus solitarius.

GENERAL VISCERAL EFFERENT. The preganglionic parasympathetic fibers, which arise in the poorly defined superior salivatory nucleus, pass through the nervus intermedius. Some distribute to the pterygopalatine ganglion via the greater superficial petrosal nerve, others via the chorda tympani and lingual nerves to the submandibular ganglion. Postganglionic fibers from these ganglia terminate in the lacrimal gland and the submandibular and sublingual salivary glands, respectively.

SPECIAL VISCERAL EFFERENT. These fibers arise from neurons in the motor nucleus of the facial nerve. They innervate the superficial muscles of the face and scalp (muscles of facial expression), platysma, stapedius, stylohyoid, and posterior belly of the digastric. These muscles originate from the second branchial arch.

Vestibulocochlear Nerve (VIII)

SPECIAL SOMATIC AFFERENT. The cochlear portion of nerve VIII has bipolar cells of origin in the spiral ganglion. Peripheral processes receive stimuli from the hair cells in the cochlear duct. The central processes terminate in the dorsal and ventral cochlear nuclei. The vestibular portion of VIII originates from bipolar neurons in the vestibular ganglion. Peripheral processes receive stimuli from hair cells in the maculae (of the utricle and saccule) and cristae (in the ampullae of the semicircular canals). The central processes terminate in four vestibular nuclei in the medulla and pons.

Glossopharyngeal Nerve (IX)

GENERAL SOMATIC AFFERENT. Cell bodies located in the superior ganglion of IX have fibers conveying exteroceptive sensations (pain and temperature) from the external auditory meatus and skin of the ear.

GENERAL VISCERAL AFFERENT. The cell bodies located in the inferior (petrosal) ganglion have peripheral fibers that carry general sensory input from the posterior third of the tongue and the pharynx. Most of the central processes terminate in the caudal part of the nucleus of the solitary tract; others probably end in the spinal nucleus of V.

SPECIAL VISCERAL AFFERENT. Other cell bodies of the inferior ganglion have peripheral fibers that carry gustatory sensations from the posterior third of the tongue. Central processes of these cells terminate in the rostral portion of the nucleus of the solitary tract.

GENERAL VISCERAL EFFERENT. Preganglionic parasympathetic fibers from cells in the inferior salivatory nucleus terminate in the otic ganglion. Postganglionic fibers of this ganglion innervate the parotid gland.

SPECIAL VISCERAL EFFERENT. Fibers originating from neurons in the nucleus ambiguus pass through branches of IX to innervate the single skeletal muscle of the third visceral arch (stylopharyngeus).

Vagus Nerve (X)

GENERAL SOMATIC AFFERENT. Cell bodies located in the superior (jugular) ganglion have fibers conveying exteroceptive sensations (pain and temperature) from the skin in the region of the ear. Central processes of these cells end in the spinal nucleus of V.

GENERAL VISCERAL AFFERENT. Cell bodies located in the inferior (nodose) ganglion have fibers conveying general sensations from the pharynx and larynx and from the thoracic and abdominal viscera. Central processes of these neurons terminate in the caudal part of the nucleus solitarius.

SPECIAL VISCERAL AFFERENT. Peripheral processes of other neurons in the inferior ganglion receive gustatory stimuli from epiglottal taste buds by way of the internal laryngeal nerve. These neurons also send their central processes into the nucleus solitarius, but to its more rostral regions.

GENERAL VISCERAL EFFERENT. Preganglionic parasympathetic fibers from neurons in the dorsal motor nucleus of X terminate on postganglionic neurons in the visceral walls of the thoracic and abdominal viscera. Recent reports indicate that the nucleus ambiguus also gives rise to such fibers. Postganglionic fibers innervate glands, cardiac muscle, and smooth muscle.

SPECIAL VISCERAL EFFERENT. Fibers from cells in the nucleus ambiguus innervate the skeletal musculature of the remaining branchial arches (soft palate, larynx, and pharynx).

Accessory Nerve (XI)

BULBAR (CRANIAL) PORTION

Special Visceral Efferent. Fibers arising from neurons in the nucleus ambiguus accompany those of the vagus nerve and supply the muscles of the larynx.

SPINAL PORTION

Special Visceral Efferent. Neurons in the dorsal part of the anterior horn of the upper cervical (C-2 to C-5) spinal cord give rise to fibers that exit from the cord and pass rostrally through the foramen magnum, then exit from the skull in association with cranial nerves IX and X. These fibers innervate the sternomastoid and trapezius muscles.

Hypoglossal Nerve (XII)

GENERAL SOMATIC EFFERENT. Fibers from neurons in the hypoglossal nucleus innervate the skeletal musculature of the tongue, which is derived from the three occipital myotomes.

GENERAL SOMATIC AFFERENT. Proprioceptive fibers from the lingual musculature (similar to that proposed for cranial nerves III, IV, and VI) are supposed to arise from scattered neurons that have been found along the nerve.

CHAPTER 11

Cranial Nerves of the Medulla

HYPOGLOSSAL NERVE (XII)

The **hypoglossal nerve** is the motor nerve of the tongue. Its general somatic efferent fibers arise from lower motoneuron cell bodies in the **hypoglossal nucleus**. This nucleus is a column of cells extending nearly the entire length of the medulla in a position just under the fourth ventricle close to the midline. Axons of these cells pass between the pyramid and the olive to exit as rootlets of the hypoglossal nerve. Among the muscles supplied by the hypoglossal nerve are the genioglossi, which draw the root of the tongue forward and cause the tip of the tongue to protrude. The genioglossus muscle of each side causes the tongue, on protrusion, to deviate to the opposite side. Injury to the hypoglossal nerve on one side causes a lower motoneuron lesion with paralysis, loss of tone, and atrophy of the muscles on the side of the lesion. On voluntary protrusion, the tongue deviates to the paralyzed side.

ACCESSORY NERVE (XI)

The **accessory nerve** has two distinct parts, both of which are special visceral efferents to branchiomeric muscles. The spinal root, which arises from anterior horn cells of cervical cord segments (**spinal accessory nucleus**) C-2 through C-5, exits the spinal cord through the lateral funiculus as a series of rootlets, ascends through the foramen magnum, and courses along the side of the medulla. Here it joins the cranial root from the medulla. After accompanying the spinal root fibers for a short distance, the cranial fibers turn away to join the vagus nerve and are distributed with the terminal branches of the vagus to the muscles of the larynx. The spinal portion of nerve XI passes through the jugular foramen and descends in the neck to end in the sternomastoid and trapezius muscles. Injury to the spinal accessory nerve results in paralysis of the sternomastoid muscle, which causes weakness in rotating the head to the opposite side. Paralysis of the upper part of the trapezius muscle results in downward and outward rotation of the upper part of the scapula, sagging of the shoulder, and weakness in attempting to shrug the shoulder.

THE VAGAL SYSTEM (IX, X, AND PORTIONS OF VII AND XI)

Four nerves of the medulla and pons are closely related in function and in the configuration of their nuclear groups: (1) **the nervus intermedius**, which contains the sensory and parasympathetic fibers of the facial nerve (VII); (2) **the glossopharyngeal nerve (IX)**; (3) **the vagus nerve (X)**; and (4) **the cranial portion of the accessory nerve (XI)**. These will be considered collectively as the **vagal system**.

The vagal system contains special visceral motor, preganglionic parasympathetic, and sensory fibers, but there is no separation of bundles into dorsal and ventral nerve roots as in the spinal nerves. All fibers enter and leave the medulla in a series of rootlets arranged in a longitudinal row posterior to the olive (Fig. 37).

Three nuclear columns that contribute fibers to, or receive fibers from, these four nerves will be considered. They are (1) the special visceral motor column of the medulla, the nucleus ambiguus; (2) the preganglionic parasympathetic column, consisting of the salivatory nuclei and the dorsal motor nucleus of X; and (3) the visceral sensory column, the nucleus of the fasciculus solitarius.

Motor Portion of the Vagal System

The cells of the **nucleus ambiguus** are lower motoneurons. Their axons enter the glossopharyngeal and vagus nerves and the cranial root of the accessory nerve to furnish motor innervation to the striated branchiomeric musculature of the soft palate, the pharynx, and the larynx (see Fig. 35 in Chapter 10).

A unilateral lesion of the vagus nerve leads to difficulty in coughing, clearing the throat, and swallowing. Frothy mucus collects in the pharynx and overflows into the larynx. The palatal arch droops on the side of the lesion. During phonation, the soft palate is elevated on the normal side, and the uvula deviates to the normal side. Bilateral lesions of the vagus nerves result in difficulty swallowing (dysphagia), regurgitation of food into the nose on swallowing, difficulty producing certain vocal sounds and the development of a nasal quality to the voice (dysphonia), a tendency to mouth breathing and snoring at night, and difficulty in draining mucus from the nasal passages into the pharynx. One of the recurrent nerves carrying innervation to the larynx may be injured inadvertently during operations on the thyroid gland, resulting in transient or permanent hoarseness.

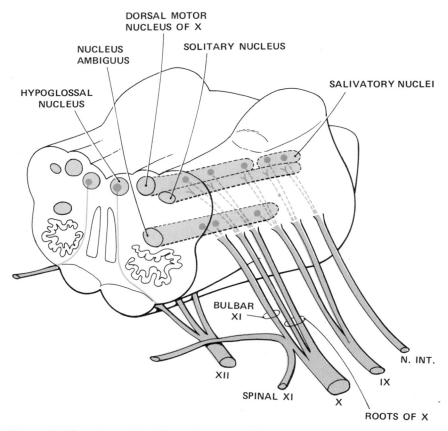

DORSAL MOTOR
NUCLEUS OF X

NUCLEUS
AMBIGUUS

SOLITARY NUCLEUS

HYPOGLOSSAL
NUCLEUS

SALIVATORY NUCLEI

BULBAR
XI

N. INT.

XII

IX

SPINAL XI

X

ROOTS OF X

FIGURE 37. The major nuclei of the vagal system and their connections with the four nerves of that system. The hypoglossal nucleus and nerve root are also shown. N. INT. = nervus intermedius.

Paralysis of both recurrent nerves produces stridor and dyspnea, which may necessitate tracheotomy.

Parasympathetic Portion of the Vagal System

The **dorsal motor nucleus of the vagus nerve** consists of nerve cell bodies whose axons leave the medulla and project to parasympathetic ganglia located in the head, neck, thorax, and abdomen. The ganglia are located close to, or within, the viscera that they innervate, and they send short fibers directly to the smooth muscle, cardiac muscle, and gland cells of these organs. The fibers that arise in the dorsal motor nucleus are preganglionic fibers; those proceeding from the ganglia to muscle and gland cells are postganglionic. Stimulation of vagal parasympathetic fibers slows the heart rate, constricts the smooth muscle of the bronchial tree, stimulates the glands of the bronchial mucosa, promotes peristalsis in the gastrointestinal tract, relaxes the pyloric and ileocolic sphincters, and stimulates the secretion of gastric and pancreatic juices.

At the rostral end of the dorsal motor nuclear column is a group of neurons belonging to the **salivatory nuclei;** activity of these cells stimulates secretion by the salivary glands. The cells in the superior salivatory nucleus send their preganglionic fibers to the nervus intermedius, while those in the inferior nucleus send preganglionic fibers to the glossopharyngeal nerve (see Fig. 37). Some of the preganglionic fibers entering the nervus intermedius terminate in the pterygopalatine ganglion. This parasympathetic ganglion sends postganglionic fibers to the lacrimal gland and to the mucosal glands of the palate, pharynx, and posterior nasal chambers. Other preganglionic fibers of the nervus intermedius end in the submandibular ganglion, which innervates the submandibular and sublingual salivary glands. Preganglionic fibers of the glossopharyngeal nerve end in the otic ganglion, the parasympathetic ganglion that innervates the parotid gland.

Sensory Portion of the Vagal System, Including Taste

The sensory fibers of the vagus and glossopharyngeal nerves have their cell bodies in the superior and inferior sensory ganglia of each nerve. These ganglia are found near the base of the skull. The geniculate ganglion, located at the external genu of the facial nerve, contains the cell bodies of the sensory fibers of the nervus intermedius. After entering the medulla in the dorsolateral sulcus, most of the sensory fibers of the vagal system pass directly into the solitary tract. The fibers turn in a caudal direction and give off terminal branches to the nucleus of the solitary tract as they descend.

The sense of taste, initiated by chemical stimulation of special receptor cells in the taste buds of the tongue, is carried to the rostral portion of the solitary tract by sensory fibers of the nervus intermedius and the glossopharyngeal nerves. The nervus intermedius, through its chorda tympani branch, receives gustatory stimuli from the anterior two thirds of the tongue; the glossopharyngeal, from the posterior one third. A small number of taste buds located on the epiglottis receive innervation from the vagus nerve. Secondary fibers (the ascending gustatory tract) from the rostral portion of the nucleus of the solitary tract ascend through the brain stem on the medial aspect of the medial lemniscus to the region of the ventral posteromedial nucleus (VPM) of the thalamus. In most mammals, these ascending solitarius fibers synapse in the parabrachial nucleus, which projects to the VPM. It is not known whether the taste pathway in the human includes this relay. Thalamic fibers go to a cortical area for taste recognition located in the opercular part of the postcentral gyrus.

The glossopharyngeal and vagus nerves supply the afferent fibers of touch and pain senses to the mucosa of the posterior part of the soft palate, middle ear cavity, auditory tube, pharynx, larynx, and trachea. These fibers, whose nerve cell bodies are in the inferior ganglia of nerves IX and X, enter the solitary tract along with the special sensory fibers of taste, but they terminate in the caudal portion of the nucleus of the solitary tract.

The vagus nerve also conducts sensory stimuli from the heart, bronchi, esophagus, stomach, small intestine, and ascending colon. Vagal stimulation may be responsible for the sensation of nausea, but otherwise, afferent impulses from viscera are not recognized consciously when they are conducted by the vagal route. Visceral pain is transmitted by the anterolateral system of the spinal cord, which receives its input from visceral afferents accompanying the sympathetic nerves. The chief function of the nontaste afferent fibers of the vagal system concerns the operation of visceral reflexes.

Somatic sensation (pain, touch, temperature) from the skin of the posterior part of the auricle is transmitted to the brain stem over fibers whose cell bodies are in the superior ganglia of IX and X and the geniculate ganglion of VII. Upon entering the brain stem, the central processes of these cells are believed to enter the spinal tract of V and to terminate, along with the other fibers in that tract, on cells in the adjacent nucleus of the spinal tract. This functional component of the vagal system is not illustrated in Figure 37.

Course and Distribution of Nerves of the Vagal System

Nervus Intermedius

The **nervus intermedius,** the smaller of the two divisions of the facial nerve, exits from the brain stem at the junction of the medulla and pons. It enters the internal acoustic meatus and proceeds laterally in the facial canal toward the medial wall of the middle ear cavity. The sensory ganglion **(geniculate ganglion)** is located on the external genu of the facial nerve, at the angle of a sharp bend in the facial canal. From this point, some fibers of the nerve continue as the **greater superficial petrosal nerve** to the **pterygopalatine ganglion.** The rest of the nervus intermedius passes downward in the facial canal but leaves it abruptly and crosses the tympanic cavity as the chorda tympani. Leaving the middle ear at the medial end of the **petrotympanic fissure,** the chorda tympani descends between the pterygoid muscles to join the lingual branch of the mandibular division of the trigeminal nerve. Some fibers of the chorda tympani are given off to the submandibular ganglion, and the rest are distributed to taste receptors in the anterior two thirds of the tongue.

GLOSSOPHARYNGEAL NERVE (IX)

The **glossopharyngeal nerve** leaves the skull through the **jugular foramen,** where its two sensory ganglia, superior and inferior, are located. The nerve passes downward and forward to be distributed to the stylopharyngeus muscle and the mucosa of the palatine tonsil, the fauces, and to the posterior one third of the tongue.

The glossopharyngeal nerve has five branches:

1. The **tympanic** branch enters the tympanic plexus, provides innervation to the membranes of the tympanic cavity, proceeds from the plexus as the lesser superficial petrosal nerve, and terminates in the otic ganglion.
2. The **carotid** branch descends along the internal carotid artery to the carotid sinus and the carotid body.
3. The **pharyngeal** branch enters the pharyngeal plexus with the vagus nerve and supplies the mucous membrane of the pharynx with sensory branches.
4. The **stylopharyngeal** branch consists of motor fibers to the stylopharyngeus muscle.
5. The **lingual** branch sends taste and general sensory fibers to the posterior third of the tongue.

VAGUS NERVE (X)

The two **sensory ganglia** of the vagus nerve, the **superior (jugular)** and **inferior (nodose),** are located near the jugular foramen through which the nerve passes. The nerve courses down the neck in the carotid sheath and enters the thorax, passing anterior to the subclavian artery on the right and anterior to the aortic arch on the left. Both nerves pass behind the roots of the lungs. The left nerve continues on the anterior side and the right nerve on the posterior side of the esophagus to reach the gastric plexus. Fibers diverge from this plexus to the duodenum, liver, biliary ducts, spleen, kidneys, and to the small and large intestine as far as the splenic flexure.

The vagus nerve has several branches:

1. The **auricular** branch extends to skin in the external auditory canal and a small sector of the pinna. (The central connections of this branch may be to the nucleus of the spinal tract of V.)
2. The **pharyngeal** branch extends to the pharyngeal plexus, along with the glossopharyngeal nerve. It is the chief motor nerve of the pharynx and soft palate.
3. The **superior laryngeal** internal branch is sensory to mucosa of the upper part of the larynx and epiglottis; its external branch innervates inferior pharyngeal constrictor and cricothyroid muscles.

4. The **recurrent laryngeal** branch, on the left side, loops around the aortic arch from anterior to posterior; on the right side, it takes a similar course around the subclavian artery. Both nerves ascend in the laryngotracheal grooves and supply motor fibers to the intrinsic muscles of the larynx and sensory fibers to the mucosa below the vocal cords.
5. The **cardiac** (superior and inferior cervical cardiac rami and thoracic) branches enter the cardiac plexus on the wall of the heart with cardiac nerves from the sympathetic trunks. They terminate in the ganglia of the plexus near the sinoatrial and atrioventricular nodes.
6. The **pericardial, bronchial, esophageal,** and other branches divide to enter the pulmonary, celiac, superior mesenteric, and other plexi to the thoracic and abdominal viscera.

CRANIAL ACCESSORY NERVE

The cranial accessory nerve joins the vagus nerve and contributes to the laryngeal branches of that nerve, particularly the recurrent laryngeal.

Reflexes of the Vagal System

SALIVARY-TASTE REFLEX

The secretory function of the vagal system is illustrated by the salivary-taste reflex. When a gustatory stimulus, such as a drop of weak acid, is placed on the anterior two thirds of the tongue, the salivary glands increase their output of saliva. The afferent stimulus is carried by the facial nerve to the nucleus of the solitary tract by taste fibers. Connecting fibers from this nucleus go to parasympathetic neurons in the superior and inferior salivatory nuclei, which supply the salivary glands through the facial and glossopharyngeal nerves. This reflex, like most brain stem reflexes, is mediated through interneurons in the reticular formation.

CAROTID SINUS REFLEX

Increased blood pressure stimulates special **baroreceptors** in the wall of the **carotid sinus** and sends impulses over afferent fibers of the glossopharyngeal nerve to the **solitary tract**. Connections from the solitary tract, through a synapse in its nucleus, to the dorsal motor nucleus and efferent fibers of the vagus nerve complete a reflex arc that slows the heart rate. Simultaneously, other reflex connections are made to a diffuse vasomotor "center" located in the reticular formation of the medulla. Inhibition of the vasomotor center, whose fibers descend to sympathetic neurons of the spinal cord, produces dilatation of peripheral blood vessels and further reduces the blood pressure. Some individuals with hypersensitive carotid sinus reflexes are subject to attacks of syncope brought on by light external pressure over the sinus.

CAROTID BODY REFLEX

The **carotid body** contains special chemoreceptors that respond to changes in the carbon dioxide and oxygen content of the circulating blood. Activation of these chemoreceptors sends impulses through the glosso-pharyngeal nerve to the solitary tract. Fibers then go to the respiratory center of the medulla, where they influence the rate of respiration. The respiratory center consists of diffusely arranged cells of the reticular for-mation with reticulospinal fibers descending to the lower motoneurons of the phrenic and intercostal nerves.

Propagation of nerve impulses over the **reticulospinal fibers** from the respiratory center produces inspiration. As the lungs become inflated, stretch receptors in the walls of bronchioles discharge impulses that ascend to the medulla through the vagus nerve. Connecting neurons reach the respiratory center and, by inhibition, temporarily arrest the inspiratory phase of respiration. The respiratory center depends on impulses descend-ing from the pons for maintenance of the rhythm. The activity of neurons in the respiratory center can be controlled voluntarily for acts such as sing-ing and talking.

COUGH REFLEX

Coughing is usually a response to irritation of the larynx, trachea, or bronchial tree, but at times, it may also be produced by stimulation of vagus nerve fibers in other locations, including the external auditory canal or the tympanic membrane. Afferent impulses reach the solitary nucleus and tract by way of the vagus nerve. Connections are made to the respira-tory center to bring about forced expiration. At the same time, fibers going to the nucleus ambiguus cause efferent impulses to descend to the muscles of the larynx and pharynx for their participation in coughing.

GAG REFLEX

Touching the posterior wall of the pharynx results in constriction and elevation of the pharynx. The afferent fibers for this reflex are sensory fibers of the glossopharyngeal nerve. After entering the solitary tract, they make synaptic connections with the nucleus ambiguus, which sends effer-ent fibers to the striated muscles of the pharynx.

Forceful emptying of the stomach is brought about by relaxation of the gastroesophageal sphincter and contraction of the muscles of the anterior abdominal wall, which expels gastric contents. At the same time, inspiration is arrested by closure of the glottis. The stimulus, which may arise in any part of the gut innervated by the vagus nerve, evokes impulses sent to the nucleus of the solitary tract by sensory fibers of the vagus nerve. From here, impulses go to the nucleus ambiguus to close the glottis, and to neurons of the medullary reticular formation. Impulses in the reticular formation descend into the spinal cord and activate the appropriate lower motoneurons to cause contraction of the diaphragm and abdominal muscles.

A general elevation of intracranial pressure can cause vomiting. This probably results from transmission of the increased pressure onto the floor of the fourth ventricle. Vomiting can also occur if there is localized pressure on the medulla from a pathologic process such as a local tumor or hemorrhage.

Initiation of vomiting has also been attributed to the **area postrema,** which is immediately rostral to the obex, on the floor of the fourth ventricle. This area is thought to be a chemoreceptor region with connections to the nucleus solitarius, through which it can elicit vomiting in response to drugs or other emetic agents in the cerebrospinal fluid.

CHAPTER 12

Cranial Nerves of the Pons and Midbrain

ABDUCENS NERVE (VI)

The abducens nerve, arising from its nucleus beneath the fourth ventricle in the pons, supplies the motor fibers of the **lateral rectus muscle** of the eye. Leaving the brain stem anteriorly at the junction of the medulla and pons, the nerve passes along the floor of the posterior fossa of the skull between two layers of dura mater. It then enters the **cavernous sinus,** passes through the sinus, and enters the orbit through the **superior orbital fissure.** The nerve has the longest intracranial course of the cranial nerves and can be damaged in the brain stem or, more often, in its intracranial course. In addition, prolonged elevation of intracranial pressure from any cause may damage the abducens nerve. Complete loss of function of the nerve makes it impossible for the patient to turn the eye outward beyond the midline. The unopposed pull of the medial rectus muscle causes the eye to turn inward (adduct), thereby producing an **internal strabismus.** Strabismus, or **squint,** is an abnormality of eye movement in which the axes of the eyes are not parallel. When strabismus occurs from a nerve VI lesion, visual images do not fall on corresponding points of the left and right retinae, and as a result, the images cannot be fused properly. The result is **diplopia,** or **double vision,** which worsens when the patient attempts to gaze to the side of the lesion. The two images are seen side by side, and thus the disorder is termed **horizontal diplopia.** The patient usually attempts to minimize the diplopia by rotating the head so that the chin turns toward the side of the lesion. With bilateral abducens nerve paralysis, both eyes are turned inward and neither eye can be moved in a lateral direction past the midposition.

TROCHLEAR NERVE (IV)

The nucleus of the trochlear nerve is located anterior to the central gray matter in the midbrain within the region of the inferior colliculus. The fibers of the nerve travel caudally a short distance, then curve posteriorly around the central gray matter. The fibers decussate in the anterior medullary velum and exit from the posterior surface of the tectum caudal to the inferior colliculus. The trochlear nerve is the only cranial nerve with fibers emerging from the posterior aspect of the brain stem. The nerve passes around the brain stem to its ventral surface, courses through a sheath in the lateral wall of the cavernous sinus, and enters the orbit through the superior orbital fissure. The trochlear nerve innervates the superior oblique muscle on the side opposite to its nucleus of origin. The muscle depresses the eye, especially when it is adducted (turned medially). The muscle also abducts the eye (moves it outward) and rotates the abducted eye so that the upper end of the vertical axis is inward. Thus an isolated lesion of the trochlear nerve results in loss of downward ocular movement when the eye is turned toward the nose. The patient with an isolated trochlear nerve lesion complains of vertical diplopia and tilts the head in order to align the eyes and thereby eliminate the diplopia. Lesions limited to the trochlear nerve are rare.

OCULOMOTOR NERVE (III)

The nucleus of the oculomotor nerve is located anterior to the central gray matter in the midbrain within the region of the superior colliculus. The fibers course ventrally, some penetrating the medial portion of the red nucleus and the medial portion of the cerebral peduncle. The nerve exits from the brain stem at the interpeduncular fossa, passes along the brain stem, courses through a sheath in the lateral wall of the cavernous sinus, and enters the orbit through the superior orbital fissure. Shortly after its exit from the brain stem, the nerve passes close to the circle of Willis, which is an anastomotic group of arteries at the base of the brain. An aneurysm (saccular dilatation) in one of the arteries in this region may compress the oculomotor nerve. Tumor or hemorrhage may push the inferior margin of the temporal lobe under the edge of the tentorium cerebelli and exert pressure on the oculomotor nerve as it crosses the tentorium. Mass lesions in the cavernous sinus or superior orbital fissure may compress the nerve.

The oculomotor nerve innervates the **medial, superior,** and **inferior recti,** the **inferior oblique,** and the **levator palpebrae superioris** muscles. Each of these muscles is innervated by fibers from its own subgroup of neurons in the oculomotor nuclear complex. The medial rectus, inferior rectus, and the inferior oblique receive input only from neurons on the same side of the brain stem; the superior rectus is innervated by neurons on the contralateral side; and each levator palpebrae is innervated by axons of cells in both the right and left nuclei. A special subgroup of cells in this complex, the **Edinger-Westphal nucleus,** contributes **preganglionic para-**

sympathetic fibers to the ciliary ganglion, whose postganglionic fibers innervate the ciliary muscle for accommodation and the sphincter muscle of the iris for constriction of the pupil.

Lesions of the oculomotor nerve cause an ipsilateral lower motoneuron paralysis of the muscles supplied by the nerve. This results in (1) outward deviation (abduction) of the eye (external strabismus) because of the unopposed action of the lateral rectus muscle, and inability to turn the eye vertically or inward; (2) ptosis, or drooping of the upper eyelid, with inability to raise the lid voluntarily; and (3) dilatation of the pupil (mydriasis) because of the unopposed action of the radial muscle fibers of the iris, which are supplied by the sympathetic system. Incomplete lesions produce partial effects. There may be some weakness of all functions, or one symptom may appear without the others (e.g., dilatation of the pupil without paralysis of eye movements). Patients with diabetes mellitus are prone to the development of vascular lesions of the oculomotor nerve with loss of all functions except for pupillary responses.

Voluntary conjugate deviation of the eyes results from the actions of neurons in the frontal eye fields in cerebral cortical area 8 of Brodmann. The neurons project with corticobulbar fibers through the posterior limb of the internal capsule and the cerebral peduncle and terminate in neurons of the contralateral paramedian pontine reticular formation (PPRF). Second-order neurons project to both sides of the brain stem via the medial longitudinal fasciculus and make connections with all three nuclei to bring about cooperative, or conjugate, movements of both eyes. Upper motoneuron lesions, therefore, usually do not affect one nerve without involving the others. The frontal eye fields of each cerebral hemisphere control voluntary deviation of the eyes to the opposite side. Thus, electrical stimulation of the left area 8 causes deviation of the eyes to the right, and a destructive lesion of the left frontal eye field causes loss of the ability to turn the eyes voluntarily to the right. Following such a lesion, the predominating influence of the unaffected frontal eye field may cause both eyes to be deviated to the side of the lesion so that the patient "looks at his lesion." Since lesions of area 8 frequently affect the neurons of nearby areas 6 and 4 or their fibers in the internal capsule, the patient often has a hemiplegia (paralysis of the lower face and the arm and leg) on the opposite side of the body. A patient with a large left frontal lesion would have paralysis of the right lower face, arm, and leg, and conjugate deviation of the eyes to the left. Thus, the ocular deviation is away from the paralyzed limbs.

A unilateral lesion of the paramedian pontine reticular formation causes loss of the ability to deviate the eyes to the side of the lesion. Thus, a lesion of the right PPRF causes loss of the ability to deviate the eyes to the right, and because of the unopposed action of the left PPRF, the patient has tonic deviation of the eyes to the left. Since a lesion of the PPRF often damages the nearby corticospinal tract, the patient with a right-sided brain stem lesion will have paralysis of the left arm and leg. Thus, with a lesion in the brain stem affecting conjugate ocular deviation, the patient "looks away from his lesion," and the ocular deviation is in the direction of the paralyzed limbs.

Areas 18 and 19 of Brodmann in the occipital region of the cerebral cortex contain neurons concerned with reflex eye movements, including smooth pursuit tracking movements. These neurons project via the cortico-tectal and tectobulbar tracts to the contralateral paramedian pontine reticular formation.

FACIAL NERVE (VII)

The seventh cranial nerve consists of motor, sensory, and parasympathetic divisions. The motor division innervates the muscles of facial expression (mimetic muscles). The sensory and parasympathetic divisions are parts of the nervus intermedius, which conveys parasympathetic secretory fibers to the salivary and lacrimal glands and to the mucous membranes of the oral and nasal cavities, taste sensation from the anterior two thirds of the tongue, general visceral sensation from the salivary glands and mucosa of the nose and pharynx, and proprioceptive sensation from the muscles of the face. The course and distribution of the nervus intermedius are described in Chapter 11.

The facial nerve arises from nerve cell bodies in the facial nucleus of the pontine tegmentum (see Fig. 30 in Chapter 9 and Fig. 38). The neuronal cell groups in this nucleus are subdivided according to the particular muscles that they innervate. The fibers emerging from these neurons pass dorsally, encircling the nucleus of the abducens nerve, and emerge at the lateral aspect of the caudal border of the pons in the angle formed by the junction of the cerebellum and the pons (the **cerebellopontine angle**). The nerve enters the **internal auditory canal**, then the **facial canal**, leaves the skull via the **stylomastoid foramen**, and courses through the substance of the parotid gland behind the ramus of the mandible. The fibers then divide into branches that fan out to the face and scalp. The fibers also supply the stapedius, the posterior belly of the digastric, and the stylohyoid muscles. The nervus intermedius courses together with the facial nerves from the brain stem to the internal auditory meatus and then into the facial canal. The fibers of the nervus intermedius leave the facial nerve during its course in the facial canal.

Loss of function of the facial nerve from a lesion at the stylomastoid foramen causes total paralysis of the muscles of facial expression on that side. The muscles of one side of the face sag, and the normal lines around the lips, nose, and forehead are "ironed out." When the patient attempts to smile, the corner of the mouth is drawn to the opposite side, and saliva may ooze from the lips on the paralyzed side. The cheek may puff out in

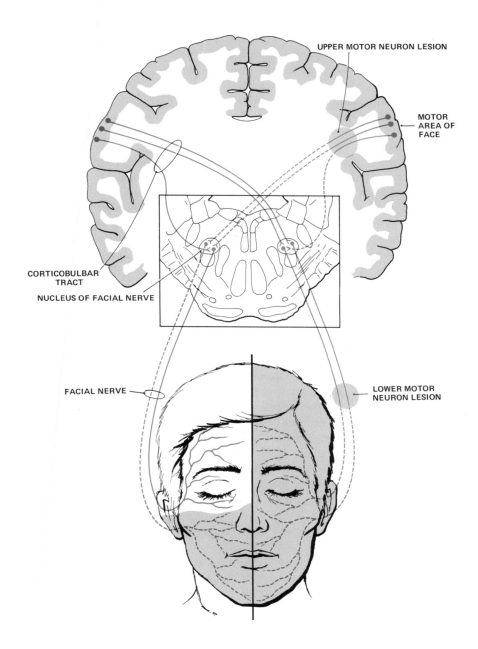

FIGURE 38. The shaded areas of the face show the distribution of the facial muscles paralyzed after a supranuclear lesion of the corticobulbar tract (upper motoneuron lesion) and after a lesion of the facial nerve (lower motoneuron lesion).

expiration because the buccinator muscle is paralyzed. Although corneal sensation persists, the corneal reflex is lost on the side of the lesion because the motor fibers involved in this reflex do not function. The patient's inability to close the eye on the side of the paralysis leads to irritation of the cornea and a predisposition to infection; thus, he or she needs to use protective eye drops and wear a bandage over the eye. It is not uncommon for the facial nerve to lose function overnight without any known cause except for marked swelling with compression of the nerve in the distal part of the bony facial canal, a condition known as **Bell's palsy**. Fortunately, most patients with Bell's palsy recover spontaneously in 1 or 2 months.

If a lesion affects the facial nerve in the cerebellopontine angle, within the internal auditory canal, or in the proximal parts of the facial canal, the facial nerve fibers to the stapedius muscle and the fibers of the nervus intermedius will be involved. Consequently, in addition to paralysis of facial muscles, the patients will have (1) **hyperacusis** (increased sensitivity to sounds because of paralysis of the stapedius muscle), (2) absent taste sensation on the anterior two thirds of the tongue ipsilaterally (from injury to the nervus intermedius), and (3) disturbed secretion of tears and saliva ipsilaterally (from injury to the nervus intermedius).

Because there are no stretch reflexes available for testing the superficial musculature of the face, these cannot be used to distinguish an upper motoneuron lesion from a lower motoneuron lesion causing weakness of the facial muscles. An upper motoneuron lesion usually can be recognized by other means. Nearly all of the axons projecting from the cerebral cortex to the neurons of the facial nucleus that supply the lower part of the face (below the angle of the eye) are crossed fibers; uncrossed as well as crossed fibers project from the cerebral cortex to motor cells for the upper part of the face (Fig. 38). Consequently, an upper motoneuron lesion interrupts the voluntary control fibers for lower facial muscles but leaves an uncrossed connection open for movements of the upper facial muscles. As a result, the upper part of the face is spared from paralysis.

When paralysis results from injury to upper motoneurons rather than to the facial nerve itself or its nucleus, involuntary contraction of the muscles of facial expression remains possible. In response to an emotional stimulus, the muscles of the lower face will contract symmetrically when the patient smiles or laughs. This is because the neural mechanism for emotional facial expression is separate from that for voluntary facial movement. The anatomic pathways mediating emotional facial expression are unknown.

TRIGEMINAL NERVE (V)

The fifth cranial nerve is termed the trigeminal because it divides into three major peripheral nerves: the **ophthalmic**, the **maxillary**, and the **mandibular**. It is a mixed nerve with a large motor root supplying the muscles of mastication and an even larger sensory root distributed to the face, mouth, nasal cavity, orbit, anterior half of the scalp, and dura mater. The sensory branches of the ophthalmic nerve innervate the forehead and nose; the branches of the maxillary nerve innervate the cheeks and upper lip; and the branches of the mandibular nerve innervate the lateral side of the face and the lower jaw (see Fig. 15 in Chapter 5).

Motor Division of Nerve V

Fibers from the motor nucleus of nerve V in the lateral tegmentum of the rostral pons enter the mandibular branch of the fifth nerve and innervate the muscles of mastication (the temporalis, masseter, and medial and lateral pterygoid muscles) and several other smaller muscles (the tensor tympani, tensor veli palatini, mylohyoid, and anterior belly of the digastric). Peripheral lesions of this portion of the nerve cause atrophy and weakness, which can be recognized by feeling the size and tautness of the masseter muscles as the jaws are clenched. Fasciculations may be seen in the denervated muscle fibers. Owing to the action of the pterygoid muscles, which draw the mandible forward and toward the midline, the chin deviates in the direction of the paralyzed side when the jaw opens. The motor nucleus of each side of the brain stem receives input from upper motoneurons originating in both the left and right motor areas of the cerebral cortex, and supranuclear lesions confined to one side do not produce any marked effects. The motor nucleus also receives monosynaptic inputs from the muscle spindle afferents in the muscles of mastication. These afferents arise from the cells of the mesencephalic nucleus of V and from the afferent side of the reflex arc that mediates the jaw jerk (see Fig. 39). The **jaw jerk** is a stretch reflex obtained by placing the examiner's index finger over the middle of the patient's chin with the patient's mouth slightly open and tapping the finger gently with a reflex hammer. The normal response is a slight contraction of the masseter and temporalis muscles bilaterally, causing the jaw to close slightly. This response can become exaggerated by upper motoneuron lesions rostral to the level of the pons.

Sensory Division of Nerve V

The **trigeminal** (semilunar, gasserian) **ganglion** contains cell bodies of the afferent fibers of the fifth nerve with the exception of the proprioceptive fibers from muscle spindles located in muscles innervated by the motor nucleus of V. These proprioceptive fibers are peripheral processes of neurons in the **mesencephalic nucleus**, which is located in the dorsolateral part of the tegmentum of the pons and the lateral periaqueductal gray of the midbrain (see Fig. 31 in Chapter 9). The unipolar nerve cell bodies of this

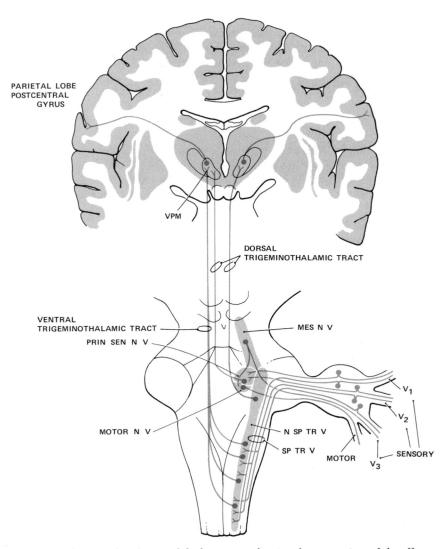

FIGURE 39. Schematic dorsal view of the brain stem showing the connections of the afferent and efferent fibers of the trigeminal nerve. V-1 = ophthalmic nerve; V-2 = maxillary nerve; V-3 = mandibular nerve; MES NV = mesencephalic nucleus of V; PRIN SEN V = principal sensory nucleus of V; N SP TR V = nucleus of the spinal tract of V; SP TR V = spinal tract of V; VPM = ventral posteromedial nucleus of the thalamus.

nucleus are essentially displaced ganglion cells and are unique in that they are located within the central nervous system.

Fibers of trigeminal ganglion cells mediating the sensations of pain, temperature, and crude touch turn caudally after entering the pons and form the **spinal tract of the trigeminal nerve,** giving off terminal branches to the **nucleus of the spinal tract of V** as they descend through the pons and medulla into the upper cervical segments of the spinal cord. Fibers arising from cells of the nucleus of the spinal tract cross to the opposite side of the brain stem as the **ventral trigeminothalamic tract** and ascend to the medial part of the **ventral posteromedial nucleus (VPM)** of the thalamus from which thalamocortical fibers project to the postcentral gyrus. In the medulla, the ventral trigeminothalamic tract is located near the medial lemniscus; as these fibers reach the pons, they gradually shift laterally to join the lateral spinothalamic tract. Fibers mediating tactile sensation project to the principal sensory nucleus (Fig. 39) and the rostral part of the nucleus of the spinal tract. These nuclei give off both crossed and uncrossed fibers that form the **dorsal trigeminothalamic tract.** The name **trigeminal lemniscus** is sometimes applied to all of the trigeminothalamic fibers, although they are never gathered into a distinct and separate bundle.

Lesions in the lateral part of the medulla or lower pons that damage the spinal tract of the trigeminal nerve are likely to include the lateral spinothalamic tract as well. This causes loss of pain and temperature sense on the same side of the face as the lesion, and loss of pain and temperature sense on the opposite side of the body beginning at the neck. In the upper pons and midbrain, the fibers mediating pain, temperature, touch, joint position sense, and vibration sense are all close together; in these regions, one lesion produces anesthesia of the opposite side of the body including the face.

When the cornea is touched by a foreign body, such as a wisp of cotton, the **corneal reflex** produces prompt closing of the eyelids. Sensory fibers entering the upper part of the spinal tract of V synapse with cells of the nucleus of the spinal tract, which send axons to the nucleus of the facial nerve. Motor fibers of the facial nerve then activate the orbicularis oculi muscle to close the eye on the side that had been touched. Connecting fibers from the nucleus of the spinal tract go to the facial nucleus of the opposite side to close the eye on that side as well. The response on the side that is stimulated is the **direct corneal reflex;** that in the other eye is the **consensual corneal reflex.** Interrupting the trigeminal nerve abolishes both responses. A consensual reflex will be obtained if the ipsilateral facial nerve is destroyed, but at the same time, reflex connections are made with autonomic neurons to produce increased lacrimation.

Tic douloureux, or **trigeminal neuralgia,** is a disorder characterized by attacks of unbearably severe pain over the distribution of one or more branches of the trigeminal nerve. A small **trigger zone** may be present, and its stimulation by light touch, temperature changes, or facial movement may set off a painful paroxysm. No cause for the disease has been discovered, but medical therapy can relieve the symptoms in most patients.

CHAPTER 13

Lesions of the Brain Stem

Because the brain stem contains a compact arrangement of diverse structures, a single lesion commonly damages several of them simultaneously. The structures frequently injured are (1) the afferent or efferent components of the cranial nerve nuclei, which innervate structures on the ipsilateral side of the body, and (2) the long descending motor and long ascending sensory pathways, both of which innervate structures on the contralateral side of the body. As a consequence of this anatomic arrangement, a unilateral lesion of the brain stem often causes loss of function of one or more cranial nerves on the ipsilateral side of the body and a hemiplegia with a hemisensory loss on the contralateral side.

The corticospinal tract and the medial lemniscus remain in relatively consistent positions through the medulla and pons, close to the midline and near the base. Consequently, unilateral, medially placed brain stem lesions generally cause a contralateral hemiplegia with loss of the sensations of position and vibration. In contrast, laterally placed lesions usually spare the corticospinal tract and medial lemniscus but often involve (1) the spinothalamic tract, (2) descending sympathetic fibers, (3) the spinal nucleus and tract of V, (4) the vestibular nuclei, and (5) cerebellar connections. Thus, laterally placed lesions do not cause contralateral hemiplegia or loss of position and vibration sense, but they do cause (1) loss of pain and temperature sense contralaterally on the body, (2) an ipsilateral **Horner syndrome** (small pupil, ptosis of the eyelid, decreased sweating on the face, and enophthalmos), (3) loss of pain and temperature sensation ipsilaterally on the face, (4) nystagmus, and (5) ataxia of the limbs ipsilaterally. Additional cranial nerve nuclei and fibers are affected by laterally placed lesions, the specific nuclei affected depending on the location of the lesion.

In addition to the cranial nerves and the long pathways, the brain stem contains the **reticular formation**, which includes autonomic components important in the control of respiration, blood pressure, and gastrointestinal functions. The reticular formation is also important in arousal, wakefulness, and sleep. Brain stem lesions can interfere with each of these functions, and large brain stem lesions such as medullary hemorrhage (which occurs usually in people with chronic, uncontrolled high blood pressure) can cause sudden death.

Brain stem lesions result from diverse types of pathology, including hemorrhages, vascular occlusions, tumors, and lesions of multiple sclerosis. Many of the resulting clinical disorders have been given eponyms, but since there is considerable lack of uniformity in their usage, only the more familiar ones will be presented.

LESIONS OF THE MEDIAL SECTOR OF THE MEDULLA

Several of the individual cranial nerves pass close to the pyramidal tract before they emerge from the brain stem. A single lesion that includes the nerve and the tract at this point produces loss of function of the cranial nerve on the side of the lesion and a contralateral hemiplegia. For example, a lesion of the right hypoglossal nerve and the right pyramid results in paralysis of the muscles of the right half of the tongue together with left hemiplegia (Fig. 40, lesion 1). The paralysis of the arm and leg is on the side opposite the lesion because the pyramidal tract crosses to the left after it has passed caudal to the site of the lesion, at the junction of the medulla with the cervical spinal cord. The muscles of the face are not involved because the lesion is caudal to the connections of the corticobulbar fibers with the facial nerve nucleus. If the lesion occurs acutely, as with a vascular occlusion, the arm and leg show a hypotonic paralysis, with weakness, diminished resistance to passive manipulation, decreased muscle stretch (deep tendon) reflexes, loss of superficial reflexes, and absence of the response to plantar stimulation. Within a month to 6 weeks after an acute lesion, or with a chronic lesion, the arm and leg develop a spastic paralysis, with weakness, "clasp-knife" resistance to passive manipulation, hyperreflexia, loss of superficial reflexes, and an extensor plantar (Babinski) response. The tongue deviates to the right side when protruded, and the right half of the tongue becomes progressively atrophic.

An extension of this lesion across the midline may damage the left pyramid and produce additional signs of upper motoneuron involvement in the right extremities (Fig. 40, lesion 1a). In some patients, disease of the vascular supply to the medulla results in recurring symptoms with recovery of function between attacks. If lesions 1 and 1a in Figure 41 occur temporarily at different times, the result is an **alternating hemiplegia**. If the same lesion is enlarged in the dorsal direction, it will affect the right medial lemniscus and defects will occur in position sense, vibration sense, and tactile discrimination (Fig. 40, lesion 1b). Since the fibers of the medial lemniscus cross in the lower part of the medulla caudal to this level, the sensory signs will appear on the left side of the body.

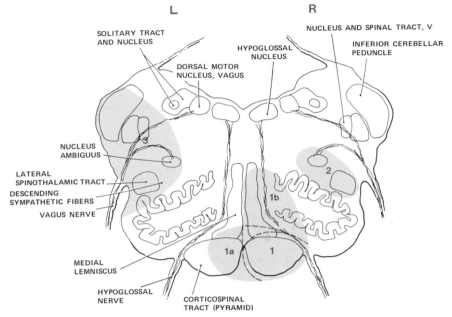

L   R

SOLITARY TRACT
AND NUCLEUS

NUCLEUS AND SPINAL TRACT, V

HYPOGLOSSAL
NUCLEUS

INFERIOR CEREBELLAR
PEDUNCLE

DORSAL MOTOR
NUCLEUS, VAGUS

NUCLEUS
AMBIGUUS

LATERAL
SPINOTHALAMIC TRACT

DESCENDING
SYMPATHETIC FIBERS

VAGUS NERVE

MEDIAL
LEMNISCUS

HYPOGLOSSAL
NERVE

CORTICOSPINAL
TRACT (PYRAMID)

FIGURE 40. A cross section of the medulla. The shaded areas show the positions of lesions. (1) A lesion of the right hypoglossal nerve and right pyramid. (1a) An extension of the lesion involving the left pyramid. (1b) An extension of the lesion involving the medial lemniscus on the right. (2) A lesion of the nucleus ambiguus and lateral spinothalamic tract. (3) A lesion affecting the dorsolateral portion of the medulla, involving the inferior cerebellar peduncle, the spinal tract and nucleus of the trigeminal nerve, the lateral spinothalamic tract, the nucleus ambiguus, the vestibular nuclei (not shown), the descending sympathetic pathways, and the emerging fibers of the vagus nerve.

LESIONS OF THE LATERAL SECTOR OF THE MEDULLA

A small lesion in the lateral part of the reticular formation of the medulla may include the nucleus ambiguus and the lateral spinothalamic tract simultaneously (Fig. 40, lesion 2). When the lesion is on the right side, it causes a loss of pain and temperature sense on the left side of the body, except for the face. The sensory effects are contralateral because fibers of the lateral spinothalamic tract are crossed near their origin. Destruction of the nucleus ambiguus paralyzes the voluntary muscles in the pharynx and larynx supplied by the right glossopharyngeal, vagus, and bulbar accessory nerves. Failure of the right side of the soft palate to contract causes difficulty in swallowing, and on phonation, the palate and uvula are drawn to the nonparalyzed left side. Loss of function of the right vocal cord results in hoarseness of the voice.

A larger lesion in the central region of the upper medulla may extend to the medial lemniscus and to the solitary tract. Interrupting the fibers of the lemniscus on the right causes the additional loss of vibration sense, position sense, and tactile discrimination on the left. Destruction of the solitary tract results in anesthesia of the mucosa of the right side of the pharynx and loss of taste sensations on the right side of the tongue.

LESIONS OF THE DORSOLATERAL SECTOR OF THE UPPER MEDULLA (WALLENBERG'S SYNDROME)

The posterior inferior cerebellar artery, a branch of the vertebral artery, supplies the dorsolateral portion of the medulla and the inferior surface of the cerebellar vermis (see Fig. 34 in Chapter 9). A lesion in this position is commonly the result of arterial occlusion by thrombosis of the posterior inferior cerebellar artery or the vertebral artery. The damage involves the inferior cerebellar peduncle, the spinal tract and nucleus of the trigeminal nerve, the lateral spinothalamic tract, the nucleus ambiguus, the descending sympathetic pathways, and the emerging fibers of the vagus nerve (Fig. 40, lesion 3). The vestibular nuclei often are affected as well. Loss of function of the spinocerebellar fibers in the inferior cerebellar peduncle results in cerebellar ataxia and hypotonia on the side of the lesion. Injury to the spinal tract of the trigeminal nerve causes loss of the sensations of pain and temperature from the ipsilateral side of the face and loss of the ipsilateral corneal reflex, while damage to the lateral spinothalamic tract is responsible for loss of pain and temperature sense in the limbs and trunk of the side opposite to the lesion. Damage to the vestibular nuclei causes nystagmus. Injury to the descending sympathetic pathways results in an ipsilateral Horner's syndrome, with pupillary constriction, ptosis, enophthalmos, and loss of sweating in half of the face. Loss of function of the nucleus ambiguus or the peripheral fibers of the nucleus in IX, X, and bulbar XI leads to ipsilateral paralysis of the soft palate, pharynx, and larynx, with dysphagia and dysphonia.

LESIONS OF THE MEDIAL SECTOR OF THE CAUDAL PART OF THE PONS

A lesion so placed that it includes the right corticospinal tract and the emerging fibers of the right abducens nerve results in an ipsilateral abducens palsy and a contralateral hemiplegia (Fig. 41, lesion 1). In the patient with a chronic lesion, an upper motoneuron type of paralysis of the left arm and leg will be observed, as well as an internal deviation of the right eye due to paralysis of the lateral rectus and the unopposed pull of the medial rectus muscle.

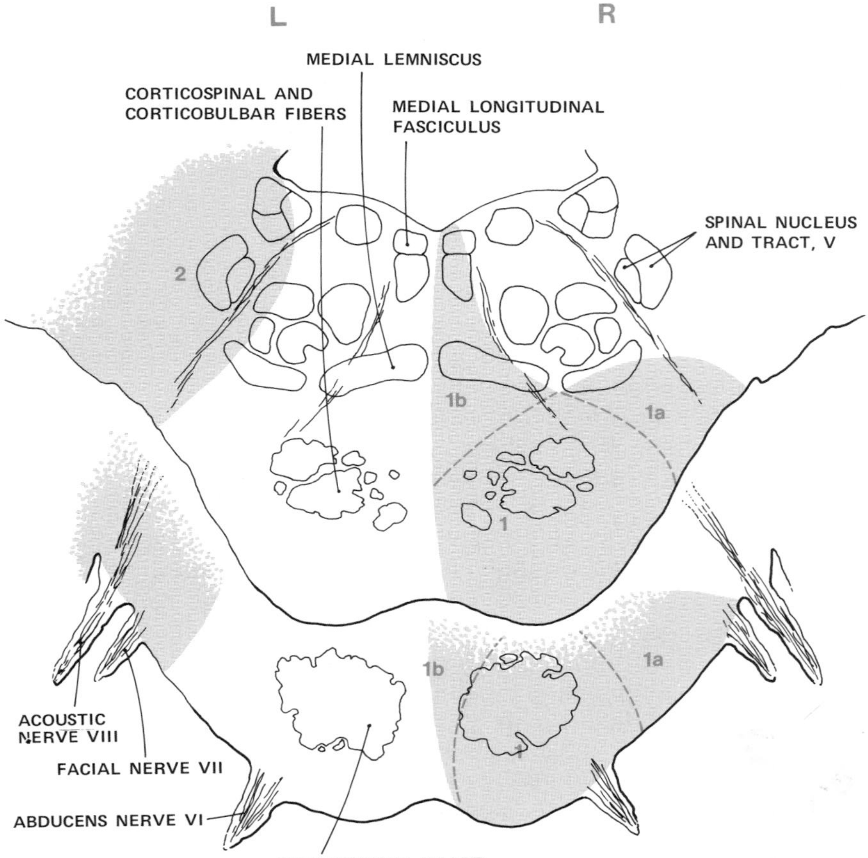

FIGURE 41. A cross section of the caudal portion of the pons. The shaded areas indicate the positions of lesions. *(1)* A lesion of the right corticospinal tract and the emerging fibers of the right abducens nerve. *(1a)* An extension of this lesion to include the facial nerve. *(1b)* An extension of this lesion into the pontine tegmentum, involving the right medial lemniscus and right medial longitudinal fasciculus. *(2)* The region affected by a cerebellopontine angle tumor.

Lesions of this part of the brain stem often extend far enough laterally to include fibers of the facial nerve and thus also produce a peripheral type of facial paralysis. When unilateral loss of function of the abducens and facial nerves is accompanied by contralateral hemiplegia, the condition is called the **Millard-Gubler syndrome** (Fig. 41, lesion 1a).

A similar lesion with considerable dorsal expansion into the pontine tegmentum will involve the right medial lemniscus, the paramedian pontine reticular formation, and the right medial longitudinal fasciculus (Fig. 41, lesion 1b). The effect of interrupting fibers of the medial lemniscus is loss of position sense, vibration sense, and tactile discrimination on the left side of the body. Damage to the neurons responsible for conjugate lateral gaze in the paramedian pontine reticular formation abolishes the ability to turn the eyes voluntarily to the right, resulting in paralysis of right lateral gaze. The eyes may be drawn to the left by the predominating influence of the nonparalyzed antagonistic muscles, but such an effect is temporary. The combination of symptoms produced by this lesion is known as **Foville's syndrome.**

Damage to the medial longitudinal fasciculus bilaterally results in **internuclear ophthalmoplegia,** a disorder commonly found in multiple sclerosis. With attempted gaze to one side, the adducting eye fails to move beyond the midline, and coarse nystagmus develops in the abducting eye. The same abnormality develops with gaze to the opposite side. Despite loss of adduction on attempted lateral gaze, convergence often is preserved. Damage to the medial longitudinal fasciculus unilaterally causes loss of adduction of the eye on the side of the lesion along with nystagmus of the abducting eye. The eye failing to adduct with gaze to one side can adduct with convergence, demonstrating that the loss of adduction is a supranuclear abnormality. Unilateral internuclear ophthalmoplegia occurs usually with vascular disease of the brain stem, but it can result from multiple sclerosis or, rarely, a tumor (glioma).

LESIONS OF THE CEREBELLOPONTINE ANGLE

An acoustic neuroma is a slowly growing tumor that arises from Schwann cells in the sheath of the cochlear nerve close to the attachment of the nerve to the brain stem. The tumor exerts pressure on the lateral region of the caudal part of the pons near the cerebellopontine angle (Fig. 41, lesion 2). At first, the symptoms are those of eighth nerve damage. Progressive deafness will be noted, as well as spontaneous horizontal nystagmus and, if the patient is tested, absence of normal labyrinthine (vestibular) responses. Later, cerebellar ataxia appears on the side of the lesion owing to compression of the cerebellar peduncles. If the tumor becomes extremely large, damage to the spinal tract and nucleus of nerve V can occur, abolishing the corneal reflex and causing diminished pain and temperature sensibility over the face on the side of the injury. A peripheral type of facial paralysis, also on the side of the lesion, can result from damage to the fibers of nerve VII. If they are detected in time, cerebellopontine angle tumors usually can be removed surgically, with full restoration of neurologic function.

LESIONS OF THE MIDDLE REGION OF THE PONS

A large lesion in the basal part of the right side of the pons can affect the right corticospinal tract and the emerging fibers of the right trigeminal nerve to produce an ipsilateral fifth nerve palsy and a contralateral hemiplegia (Fig. 42, lesion 1). Involvement of the motor fibers of nerve V leads to paralysis of the muscles of the right side of the jaw so that the jaw deviates to the right when the mouth is opened. Damage to the sensory fibers of nerve V causes anesthesia of the right side of the face, with loss of the right corneal reflex. In the patient with a chronic lesion, there is an upper motoneuron paralysis of the left arm and leg.

A lesion in the same region that extends farther upward will enter the tegmentum of the pons and destroy the medial lemniscus. This results in loss of position sense, vibration sense, and tactile discrimination on the left side of the body. A lesion in this location also interrupts the small number of aberrant **uncrossed** fibers of the corticobulbar and corticotectal tracts that have separated from the corticospinal tracts and in this region lie near the medial lemniscus (Fig. 42, lesion 1a). In addition to the left hemi-

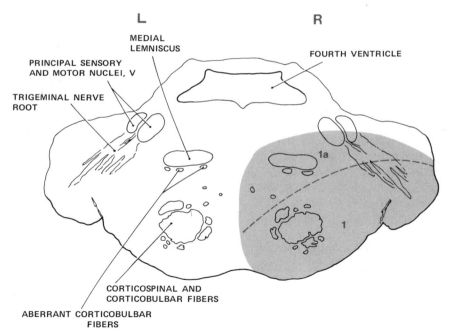

FIGURE 42. A cross section of the middle region of the pons. The shaded areas indicate the positions of lesions. (1) A lesion affecting the right corticospinal tract and the emerging fibers of the right trigeminal nerve. (1a) An extension of this lesion to involve the medial lemniscus and the corticobulbar tract.

plegia, there is paralysis of the superficial muscles of the lower part of the left side of the face, the left side of the soft palate, and the left half of the tongue due to interruption of upper motor neuron fibers to the motor nuclei of cranial nerves VII, X, and XII. The lesion also destroys the tectal projections to the paramedian pontine reticular formation before they cross, interrupting the pathway from the right frontal lobe that produces voluntary turning of the eyes to the left. This results in paralysis of left lateral gaze and deviation of the eyes tonically to the right. If the neurons of the paramedian pontine reticular formation are damaged directly, there will be paralysis of conjugate ocular deviation to the side of the lesion and tonic deviation of the eyes to the opposite side. If there is an associated hemiplegia, the limb paralysis will be on the side opposite the lesion. Thus, the patient will "gaze toward his hemiplegia."

LESIONS OF THE MEDIAL BASAL PART OF THE MIDBRAIN (WEBER'S SYNDROME)

A lesion of the right cerebral peduncle and the right oculomotor nerve produces left hemiplegia with involvement of the face, arm, and leg combined with external strabismus of the right eye, loss of the ability to raise the right upper eyelid, dilatation of the right pupil, loss of adduction of the eye beyond the midline, and loss of upward and downward movement of the eye (Fig. 43, lesion 1). The right pupil is dilated because of interruption of the parasympathetic fibers in nerve III. The combination of unilateral oculomotor palsy and contralateral hemiplegia is termed **Weber's syndrome**. The corticobulbar tract may not be affected, since many of its fibers diverge from the corticospinal tract at this level and shift to a more dorsal position as they continue downward. If the lesion extends dorsally, however, it may include most of these fibers and cause weakness of the face, soft palate, and tongue contralateral to the lesion. In this instance, there will be weakness of the muscles of the lower part of the left side of the face, the soft palate and uvula will be drawn to the right, and the tongue will deviate to the left when protruded.

LESIONS OF THE TEGMENTUM OF THE MIDBRAIN (BENEDIKT'S SYNDROME)

A lesion of the tegmentum of the midbrain affects the fibers of the oculomotor nerve, the medial lemniscus, the red nucleus, and fibers of the superior cerebellar peduncle (Fig. 43, lesion 2). If the lesion is located on the left side, loss of function of the left oculomotor nerve results in paralysis of movement of the left eye, with ptosis and dilatation of the pupil. An external strabismus is noted, the eye can be adducted only to the midline, and

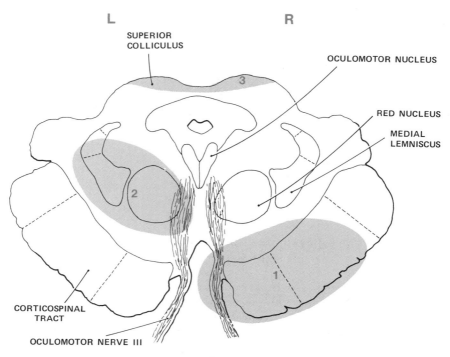

L   R

SUPERIOR
COLLICULUS

OCULOMOTOR NUCLEUS

RED NUCLEUS

MEDIAL
LEMNISCUS

CORTICOSPINAL
TRACT

OCULOMOTOR NERVE III

FIGURE 43. A cross section of the midbrain. The shaded areas indicate the positions of lesions. *(1)* A lesion of the right cerebral peduncle and oculomotor nerve. Dorsal extension of this lesion will involve the corticobulbar pathway. *(2)* A lesion of the tegmentum of the midbrain, affecting the oculomotor nerve, medial lemniscus, red nucleus, and fibers of the superior cerebellar peduncle. *(3)* A lesion involving the superior colliculi.

up and down movements are lost. The right side of the body, including the face, shows a loss of tactile, muscle, joint, vibratory, pain, and temperature sense from injury to the ascending sensory tracts; the left medial lemniscus at this level has been joined on its lateral side by the spinothalamic tracts. Involvement of the red nucleus and the superior cerebellar peduncle, which contains efferent fibers from the right cerebellar hemisphere, produces ataxia and involuntary choreic movements of the right arm and leg. Since the corticobulbar and corticospinal tracts are spared, the patient does not become hemiplegic. The combination of third nerve palsy with contralateral loss of sensation, ataxia, and hyperkinetic movements is termed **Benedikt's syndrome.** Patients with Benedikt's syndrome have involuntary movements of the affected limbs at rest, as opposed to patients with cerebellar disease, who have no involuntary movements at rest.

LESIONS OF THE MESENCEPHALIC TECTUM
(PARINAUD'S SYNDROME)

Injury in the vicinity of the superior colliculi (Fig. 43, lesion 3) causes paralysis of conjugate upward gaze, a disorder termed **Parinaud's syndrome**. The loss of upward gaze may be accompanied by pupillary abnormalities. The pupils may be fixed and unreactive to any stimulus, or they may react in response to accommodation but not to light. Paralysis of convergence can occur as well. This disorder often results from tumors of the pineal gland that compress the tectal region of the mesencephalon.

BRAIN STEM LESIONS CAUSING COMA AND
"LOCKED-IN" SYNDROME

Bilateral lesions that damage substantial amounts of reticular formation in the upper pons and midbrain lead to **coma**, which is a state of unresponsiveness. Bilateral lesions of the ventral pons, usually from occlusion of the basilar artery, may completely interrupt the corticobulbar and corticospinal tracts. As a result, the patient becomes essentially totally paralyzed and unable to speak, but is fully awake. Usually, the patient can open the eyelids and make slight vertical movements of the eyes. Communication can be established with the patient by asking him or her to move the eyes to command. This establishes that the patient is completely immobile, or **"locked in,"** but not in a coma.

CHAPTER 14

Hearing

AUDITORY SYSTEM

The eighth cranial nerve has two divisions: a vestibular and a cochlear. Both are so distinct in their function and anatomic relationships that they could be considered as separate cranial nerves. The vestibular division will be discussed in Chapter 15.

Sound consists of sinusoidal waves—alternating condensations and rarefactions—of air molecules. The frequency of the waves, measured in cycles per second, or **hertz (Hz)**, determines the **pitch** of the sound. The amplitude of each wave is related to loudness and is measured in **decibels (dB)**. The human ear can detect sound frequencies from about 20 to 20,000 Hz and loudness from about 1 to 120 dB.

The auditory apparatus consists of three components: the external, middle, and internal ear. There are three spaces in the skull that are separated from one another solely by membranes (Fig. 44A). The external ear, or external **auditory meatus**, is separated from the cavity of the middle ear by the **tympanic membrane**, which receives airborne vibrations. A chain of three ossicles (malleus, incus, and stapes) spans the middle ear (Fig. 44B). The first, the **malleus**, is attached to the tympanic membrane. The last, the **stapes**, has a footplate that fits into the **oval window** between the middle and inner ear cavities. The stapes is secured to the margin of the oval window by a ligamentous membrane that seals this window and separates the air-filled middle ear from the fluid-filled inner ear.

Sound mediated by air strikes the tympanic membrane and induces motions in this membrane that are conveyed to the oval window by the ossicles. The chain of three ossicles in the middle ear serves as an amplifier as well as an impedance-matching device that decreases the amount of energy lost by the sound waves in going from the air to the fluid (**perilymph**) behind the oval window. The oval window is an opening into the **vestibule** portion of the inner ear (Fig. 44C). Continuous with the perilymph-filled

124

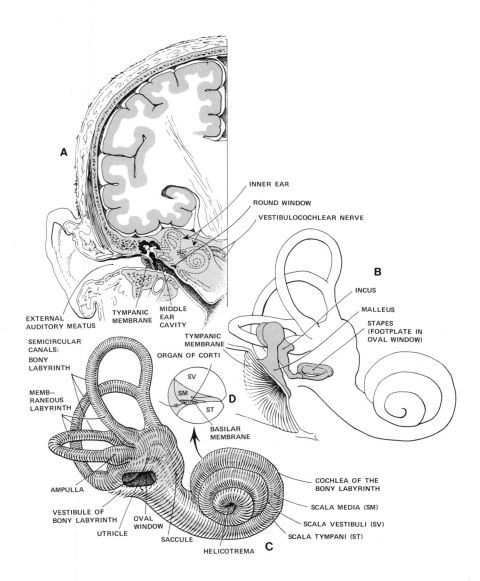

Labels within figure:

A

INNER EAR

ROUND WINDOW

VESTIBULOCOCHLEAR NERVE

B

INCUS

MALLEUS

STAPES
(FOOTPLATE IN
OVAL WINDOW)

EXTERNAL
AUDITORY MEATUS

TYMPANIC
MEMBRANE

MIDDLE
EAR
CAVITY

TYMPANIC
MEMBRANE

ORGAN OF CORTI

SEMICIRCULAR
CANALS:

BONY
LABYRINTH

SV

SM

ST

D

MEMB—
RANEOUS
LABYRINTH

BASILAR
MEMBRANE

COCHLEA OF THE
BONY LABYRINTH

SCALA MEDIA (SM)

SCALA VESTIBULI (SV)

SCALA TYMPANI (ST)

AMPULLA

VESTIBULE OF
BONY LABYRINTH

OVAL
WINDOW

UTRICLE

SACCULE

HELICOTREMA

C

FIGURE 44. The ear. *(A)* The location of the three parts of the ear (external, middle, and inner) in relation to the skull and the brain. *(B)* The relationship of the eardrum (tympanic membrane) and the three bones (ossicles) in the middle ear that connect it to the inner ear. *(C)* The bony labyrinth, and the membranous labyrinth (color) within it, forming the inner ear. *(D)* A cross section through the bony and membranous labyrinths of the cochlea to show the location of the organ of Corti within the membranous labyrinth.

vestibule is the **cochlea**, a tube resembling a snail shell, about 3.5 cm long, and exhibiting 2¹/₂ turns. The vestibule and cochlea constitute two of the three chambers of the inner ear. The third is the set of **semicircular canals**, which will be discussed further in the next chapter. These three connected chambers within the temporal bone of the skull make up the **bony labyrinth**. Within this perilymph-filled bony cavity lies a **membranous labyrinth**, which is similar in shape to the bony labyrinth (except in the vestibule), and which is filled with another fluid—the **endolymph**.

In the cochlear part of the bony labyrinth, the central bony core, or **modiolus**, is the axis around which the turns of the snail shell are wrapped. It provides support for the bony **spiral lamina**, which partially divides the cavity of the cochlea into two perilymphatic chambers: the **scala vestibuli** and the **scala tympani**. The membranous labyrinth within the cochlea is called the **scala media**, or **cochlear duct**. Stretching across the cochlea from the spiral lamina to the opposite wall of the cochlea, this cochlear duct completes the separation of the scala vestibuli and scala tympani. The **organ of Corti** (Fig. 44D), which contains the sensory epithelium or hair cells, stretches along the length of the cochlear duct, resting on the **basilar membrane** as it spirals around the turns of the cochlea.

The piston action of the stapes produces an instantaneous pressure wave in the perilymph of the **scala vestibuli** that travels to the **helicotrema** (the apical connection between the scalae vestibuli and tympani) within microseconds. A traveling wave is set up on the basilar membrane as a result of the pressure wave in the perilymph of the scala vestibuli. The basilar membrane is narrower at the base of the cochlea (near the vestibule) than at the apex; thus, the mechanical properties of the basilar membrane, upon which the organ of Corti is located, vary gradually from base to apex. As a result, the pressure wave produced by a sound of a specific frequency (pitch) causes the basilar membrane to vibrate maximally at a particular point along its length. Shearing forces on the hairs of the hair cells created by this vibration lead to ionic fluxes in the closely applied dendritic processes of the spiral ganglion cells. The **spiral ganglion**, located in the modiolus of the cochlea, contains the bipolar cells of the cochlear division of the eighth nerve.

The organ of Corti serves as an audiofrequency analyzer. It is tonotopically organized so that the highest tones (highest in pitch and frequency) maximally stimulate the hair cells in the most basal portion of the cochlea, where the basilar membrane is narrow. The tones of lowest pitch maximally stimulate the most apical hair cells. Tones or sounds of intermediate pitch stimulate the hair cells in the intermediate portion of the basilar membrane. The pressure waves, after traversing the scala media, cross the basilar membrane, pass through the scala tympani, and are damped at the **round window**.

Most spiral ganglion cells innervate a part of the basilar membrane only a single hair cell in width. These cells show frequency-dependent responses to sound and each has a characteristic **tuning curve**. A tuning curve consists of a graph of the amplitude of sound needed to induce a barely detectable neuronal discharge plotted against the frequency of the sound stimulus.

AUDITORY PATHWAY

The cochlear nerve enters the brain stem at the junction of the medulla and pons. As it attaches to the brain stem, the nerve clings to the lateral side of the inferior cerebellar peduncle and enters the **posterior (dorsal) and anterior (ventral) cochlear nuclei**. The entering nerve fibers bifurcate and make synaptic connections with neurons in both cochlear nuclei. The neurons that make up these two nuclei are tonotopically organized. Three projections, the acoustic striae, arise from the cochlear nuclei to relay the information centrally and rostrally. The **dorsal acoustic stria** originates in the posterior cochlear nucleus, passes over the inferior cerebellar peduncle, and crosses to join the contralateral **lateral lemniscus** (Fig. 45). The two other striae arise from the anterior cochlear nucleus. The **intermediate acoustic stria** takes a course that is similar to that of the dorsal stria. The **ventral acoustic stria** takes a different route and passes anterior to the inferior cerebellar peduncle to terminate in the ipsilateral and contralateral **nuclei of the trapezoid body** and **superior olivary nuclei**. These nuclei project fibers into the ipsilateral and contralateral lemnisci. Fibers in the lateral lemniscus ascend through the brain stem to terminate in the **nucleus of the inferior colliculus** and the medial geniculate nucleus. Some of the fibers terminate in small nuclear groups, the **nuclei of the lateral lemniscus**, which are intermingled with the lateral lemniscus. Some fibers of the lateral lemniscus pass directly to the medial geniculate body as the central acoustic tract, while others terminate in the **nucleus of the inferior colliculus**, which sends axons to the **medial geniculate body** through the **brachium of the inferior colliculus**.

The medial geniculate bodies are special sensory nuclei of the thalamus and serve as the final sensory relay stations of the hearing path. The efferent connection of the medial geniculate body to the temporal lobe forms the **auditory radiation**, which goes to the **anterior transverse temporal gyrus (gyrus of Heschl)** located on the dorsal surface of the superior temporal convolution and partly buried in the lateral fissure. This relatively small cortical region, area 41, is the primary auditory receptive area. When auditory impulses arrive at area 41, a sound is heard; but mammals, including man, can make discriminations of differing frequencies and intensities without an intact auditory cortex. This area appears to be essen-

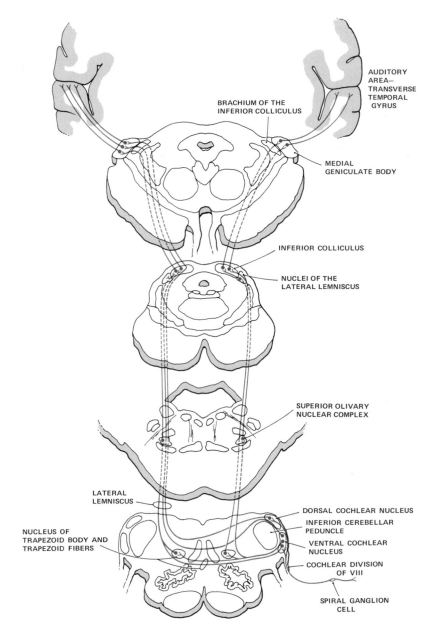

FIGURE 45. The auditory pathways. Axons of neurons in the cochlear nuclei actually cross the midline as they ascend, so that they enter the lateral lemniscus at the level of the pontomedullary junction. Here they are shown crossing completely in the medulla, for diagrammatic convenience.

tial, however, for discriminations requiring a response to changes in the temporal patterning of sounds and for recognition of the location or direction of a sound. The processing of information about the location of a sound may occur primarily in the part of the pathway including the superior olive, inferior colliculus, and auditory cortex, while evaluation of meaningful combinations of different frequencies in a temporal sequence may occur in the cochlear nuclei, medial geniculate nucleus, and auditory cortex. A tonotopic organization has been demonstrated for all of these central auditory nuclei, but as indicated above, this information may be used for analysis of a variety of significant properties of sound in addition to recognition of tones.

Descending efferent fibers have been found in all parts of the auditory pathway. It is believed that they function as feedback loops. In the region of the superior olive, there are neurons projecting into the **olivocochlear bundle**, which travels via the eighth nerve and terminates either directly on hair cells of the organ of Corti, or on afferent fibers of the spiral ganglion. The olivocochlear bundle has an inhibitory action on impulses originating in the cochlea. The efferent fibers of the auditory pathway, including the olivocochlear bundle, may be responsible for the phenomenon of selective auditory attention.

Bilateral Representation of the Ears in Each Temporal Lobe

Above the level at which the cochlear nerve enters the brain stem, the hearing pathway is made up of crossed and uncrossed fibers, the majority of which are crossed. Opportunity for auditory information to be redistributed in both crossed and uncrossed fashion exists at many levels of the brain stem. Fibers crossing from one side to the other occur between the superior olivary nuclei, the nuclei of the trapezoid body, the nuclei of the lateral lemnisci, and the nuclei of the inferior colliculi. (These commissural connections are not illustrated in Fig. 45.) Each lateral lemniscus, therefore, conducts stimuli from both ears. A lesion of the right lateral lemniscus, or of the right anterior transverse temporal gyrus, stops some impulses from both ears but does not interfere with other impulses from both ears going to the cortex of the left hemisphere. Deafness in one ear usually signifies trouble in the acoustic (cochlear) nerve, the cochlea, or the sound-conducting apparatus of the middle ear on that side. The eighth nerve can be damaged bilaterally by toxic effects of some drugs, the most notorious being streptomycin, quinine, and aspirin.

HEARING DEFECTS FROM NERVE DAMAGE AND FROM CONDUCTION DEFECTS

Sound can be conveyed by **air conduction** or **bone conduction**. Sound is mediated by air conduction when the source of the sound is at some distance from the ear and sound waves are transmitted through air to the tympanic membrane. Sound is mediated by bone conduction when the source of the sound, a vibrating body, is in contact with the skull or bones of the body and waves are transmitted through the cranial bones. Injury to fibers of the eighth nerve commonly produces **hearing loss (sensorineural deafness)** and **tinnitus** (ringing or roaring in the ear). These disturbances may also be caused by lesions involving the auditory conducting mechanisms in the middle ear, a condition termed **conduction deafness**.

Examination with a tuning fork is helpful for distinguishing nerve deafness from conduction deafness. A 256-cycle-per-second tuning fork should be used. In **Weber's test**, the base of the vibrating tuning fork is applied to the forehead in the midline, and the patient is asked whether the sound is heard in the midline or is localized in one ear. In normal individuals, the sound appears to be in the midline. In a patient with conduction deafness in one ear, the sound seems louder in the affected ear; and in a patient with nerve deafness in one ear, it seems louder in the other (normal) ear. This is because in conduction deafness, air conduction is reduced but bone conduction is relatively enhanced. By contrast, in nerve deafness, bone conduction of sound is as ineffective in stimulating the damaged nerve as air conduction.

Rinne's test compares the patient's ability to hear a vibrating tuning fork by bone conduction and by air conduction. The base of the vibrating tuning fork is placed over the mastoid process of the skull. When it can no longer be heard, it is removed and the tines are held in front of the ear. A normal person continues to hear by air conduction after bone conduction ceases. In conduction deafness, bone conduction is better than air conduction. In nerve deafness, both are diminished, but air conduction remains better than bone conduction.

Audiometers provide refined testing of hearing since pure tones may be used at controlled intensities. Receivers for both air and bone conduction are available, and it is possible to graph the results of these tests in each ear for both air and bone conduction. Conduction deafness generally is indicated by an impairment in reception of the lower frequencies of pure tones in the air conduction test. In nerve deafness tested in the same manner, the threshold deficit occurs in the reception of tones in the higher frequencies.

Auditory evoked potentials, also known as brain stem auditory evoked potentials, can be recorded from electrodes applied to the scalp. The stimulus is a recurrent series of clicks, and the potentials are amplified and summated by a computer. The individual components of the auditory evoked potential are generated by a succession of structures in the auditory pathway from the auditory nerve to the auditory cortex. Auditory evoked potentials assist the clinician in determining the site of a disease process in the auditory pathway. Brain tumors, stroke, and multiple sclerosis are among the diseases that can alter the auditory evoked potential.

Nerve deafness commonly occurs with Ménière's disease, trauma, damage by drugs, infection, aging, and occlusion of the internal auditory artery. Conduction deafness may result from wax in the external auditory canal, otitis media, and diseases that impair the capacity of the ossicles to function properly, such as otosclerosis.

AUDITORY REFLEXES

Auditory reflexes consist of involuntary responses to sound and are mediated by branches from the main auditory pathway. Many of these collateral pathways synapse in the reticular formation to evoke autonomic responses. Among several possible pathways mediating auditory reflexes, fibers from the inferior colliculus to the superior colliculus provide auditory input to the spinal cord via the **tectospinal tract**. These fibers terminate on lower motoneurons in the cervical spinal cord supplying the muscles of the head and neck that respond to sound. The **general acoustic muscle reflex** is a generalized jerking of the body in response to a loud, sudden sound. The **auditory-palpebral reflex** consists of a blink of the eyelids in response to a loud noise. The **auditory-oculogyric reflex** involves deviation of the eyes in the direction of a sound. The **cochleopupillary reflex** is dilatation of the pupils (or constriction followed by dilatation) in response to a loud noise.

CHAPTER 15

The Vestibular System

The **vestibular system** consists of receptors located in the inner ear on both sides of the head, peripheral nerve fibers to mediate information from the receptors to the central nervous system, and central connections to give information about the position and movement of the head in space. The vestibular system operates to maintain the body balance, coordinate eye, head, and body movements, and permit the eyes to remain fixed on a point in space as the head moves.

VESTIBULAR RECEPTORS

The inner ear, or labyrinth, consists of two parts: a **bony labyrinth** and a **membranous labyrinth**. The bony labyrinth consists of a series of cavities in the petrous portion of the temporal bone. Inside the bony labyrinth is the membranous labyrinth, consisting of tubes of fine membranes. A fluid called **perilymph** fills the space between the bony labyrinth and membranous labyrinth. A fluid termed **endolymph** fills the inside of the membranous labyrinth. The peripheral receptors of the vestibular system, the **vestibular hair cells**, are also located inside the membranous labyrinth. The perilymphatic space of the vestibular portion of the bony labyrinth is continuous with the perilymphatic space of the cochlea. Similarly, the endolymph within the vestibular portion of the membranous labyrinth communicates with the endolymph of the cochlear duct.

The vestibular membranous labyrinth consists of two swellings within the vestibule, the **utricle** and **saccule**, and three semicircular canals, the anterior, lateral (horizontal), and posterior. The semicircular canals are arranged roughly in three planes at right angles to each other (see Fig. 44 in Chapter 14).

The floor of the utricle contains a specialized region, the **macula**, which is the receptor region of the utricle. The macula contains hair cells and distal branches of vestibular ganglion cells in its floor and has a covering of a gelatinous substance containing **statoconia,** which are crystals of calcium carbonate. The macula of the utricle lies in the horizontal plane when the head is held horizontally so that the statoconia rest directly on the hair cells. If the head is tilted or accelerated linearly, the statoconia will push the hairs of the receptor cells. This movement induces changes in the membrane potential of the receptor cells that elicit action potentials in the peripheral processes of the vestibular ganglion cells. The utricle responds to gravitational forces and to linear acceleration, chiefly in the horizontal plane. The saccule contains a similar receptor organ, or macula, but the function of the saccule is uncertain.

Each semicircular canal has an enlarged end called the **ampulla.** Within the ampulla is the **ampullary crest,** a ridge that bears hair cells like those of the maculae. The ampullary crest is covered with a gelatinous capsule termed the **cupula,** which extends up almost to the roof of the ampulla. When the head undergoes angular acceleration, the viscous fluid (endolymph) in the semicircular ducts lags behind, from inertia, and pushes on the cupula. Distortion of the cupula evokes a receptor potential in the hair cells of the ampullary crest, and this alters the level of activity in the peripheral fibers of the eighth nerve innervating the hair cells. The vestibular nerve fibers to each duct respond with an increase in impulse frequency to rotation in one direction and with a decrease in impulse frequency to rotation in the opposite direction.

As a broad generality, the vestibular labyrinth has two separate functions, dynamic and static. The **dynamic functions,** mediated largely by the semicircular canals, can detect motion of the head in space. The **static functions,** mediated mostly by the utricle, allow detection of the position of the head (and body) in space and are important in the control of posture.

VESTIBULAR NERVE AND ITS CENTRAL CONNECTIONS

The afferent fibers of the vestibular nerve have their cell bodies in the **vestibular ganglion** of Scarpa. Axons of bipolar cells of the vestibular ganglion pass through the internal auditory canal and reach the upper medulla in company with the cochlear nerve. Most of the fibers of the vestibular nerve bifurcate into ascending and descending branches and terminate in the vestibular nuclei, which are clustered in the lateral part of the floor of the fourth ventricle (Fig. 46): the **lateral vestibular nucleus (of Deiter),** the **medial vestibular nucleus (of Schwalbe),** the **superior vestibular nucleus (of Bechterew),** and the **inferior vestibular nucleus** (descending spinal). The lateral vestibular nucleus receives input chiefly from the macula of the utricle. The neurons of the lateral vestibular nucleus project to the ascending portion of the medial longitudinal fasciculus (MLF) and to the spinal cord through the lateral vestibulospinal tract. Neurons of the

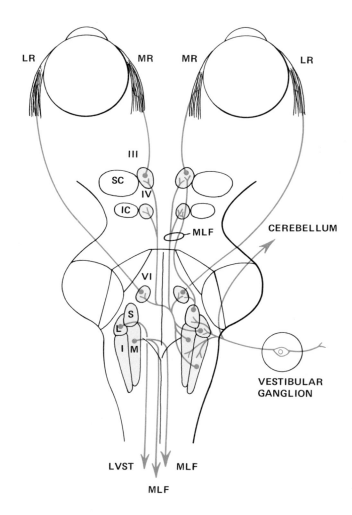

FIGURE 46. Major pathways arising from the vestibular nuclei. On the left side of the diagram, the descending pathways are illustrated; on the right side, the ascending fibers that enter the medial longitudinal fasciculus and control vestibularly mediated eye movements are illustrated. Only the connections to the medial and lateral rectus muscles, controlling horizontal gaze, are shown. I = inferior vestibular nucleus; IC = inferior colliculus; L = lateral vestibular nucleus; LR = lateral rectus muscle; LVST = lateral vestibulospinal tract; M = medial vestibular nucleus; MLF = medial longitudinal fasciculus; MR = medial rectus muscle; S = superior vestibular nucleus; SC = superior colliculus; III = oculomotor nucleus; IV = trochlear nucleus; VI = abducens nucleus.

lateral vestibular nucleus are inhibited monosynaptically by Purkinje cell axons from the vermis of the cerebellum. The medial and superior vestibular nuclei receive input chiefly from the cristae of the semicircular canals. Neurons in these nuclei project into the ascending part of the MLF, where they participate in the vestibulo-ocular reflexes. These reflexes are described further below. The medial nucleus also sends descending fibers into the MLF which terminate in the cervical spinal cord. (The descending portion of the MLF is termed the medial vestibulospinal tract by some authorities.) The inferior vestibular nucleus receives input from the semicircular canals and from the utricle and saccule. It also receives fibers from the cerebellar vermis and from the fastigial nucleus. The inferior vestibular nucleus projects into the ascending medial longitudinal fasciculus.

Some primary fibers of the vestibular nerve pass directly to the cerebellum, ending in the cortex of the flocculonodular lobe. Connections are made within the cerebellum to the **nucleus fastigii**, which gives rise to the **fastigiobulbar tract (tract of Russell)**. The fibers of this tract are crossed and uncrossed and terminate in all of the vestibular nuclei and in the reticular formation of the pons and medulla. As they pass from the cerebellum, some of these fibers loop around the superior cerebellar peduncle to form the **uncinate fasciculus** (hook bundle). Other fastigiobulbar fibers, which are uncrossed, pass from the cerebellum on the medial side of the inferior cerebellar peduncle and constitute a portion of the peduncle sometimes referred to as the **juxtarestiform body**. The fibers of the juxtarestiform body terminate in the vestibular nuclei and in the reticular formation.

VESTIBULOSPINAL TRACTS

Two major projections into the spinal cord arise from the vestibular nuclei: the lateral tract, which is uncrossed, comes from the lateral vestibular nucleus; a medial tract, which is both crossed and uncrossed, comes chiefly from the medial vestibular nucleus. The **lateral vestibulospinal tract** extends ipsilaterally from the cervical to the lumbosacral level of the spinal cord. The descending portion of the medial longitudinal fasciculus **(medial vestibulospinal tract)** extends bilaterally through the cervical level of the spinal cord. Both tracts terminate along their course almost exclusively upon interneurons in laminae VII and VIII, which in turn synapse upon alpha and gamma lower motoneurons (see Chapter 4). The tracts have strong facilitatory effects on motoneurons innervating antigravity muscles. These effects assist the local myotatic reflexes and reinforce the tonus of the extensor muscles of the trunk and limbs, producing enough extra force to support the body against gravity and maintain an upright posture.

An animal whose brain stem has been transected at the midbrain level develops a condition known as **decerebrate rigidity**. This condition is characterized by marked rigidity of the extensor muscles of all of the limbs as well as the trunk and neck. In humans, decerebrate rigidity is characterized by extension of all the limbs, with the arms adducted and internally rotated at the shoulders. Decerebrate rigidity results from a marked tonic enhancement of activity descending from the brain stem through the vestibulospinal and reticulospinal tracts, which exert a strong excitatory influence on muscle tone, particularly in extensor muscles. Normally, muscle tone is maintained by a balance of inhibitory and facilitatory activity descending from the cerebral hemispheres to the level of the spinal cord. Removal of the influence of the cerebral hemispheres by transection of the brain stem allows excessive activity to occur without control in the vestibulospinal and reticulospinal tracts. At the spinal level, decerebrate rigidity results from a marked tonic facilitation of gamma motoneuron activity, which increases the rate of firing of muscle spindle afferents and thereby increases the firing of alpha motoneurons to extensor muscles. Decerebrate rigidity is abolished by transection of the dorsal roots because this interrupts the gamma motoneuron–spindle afferent reflex arc. Decerebrate rigidity is also abolished by lesions of the central nervous system that interrupt the descending vestibular and reticular pathways.

VESTIBULO-OCULAR PATHWAYS

The vestibular system is extremely important in controlling **conjugate eye movements** reflexly in response to head movement and to the position of the head in space. Fibers from the superior, medial, and, to a lesser extent, the lateral and inferior vestibular nuclei project rostrally in the **medial longitudinal fasciculus (MLF)**. The projections from the superior nucleus are uncrossed, while those from the other vestibular nuclei are both crossed and uncrossed. The fibers synapse on the somatic motor nuclei of the cranial nerves (abducens, VI; trochlear, IV; and oculomotor, III) that supply the extraocular muscles. Other fibers from the MLF, which may indirectly influence eye movements, project to several small nuclear groups located in the vicinity of the oculomotor nuclear complex and the pretectal area. These include the interstitial nucleus of Cajal, the nucleus of Darkschewitsch, the nucleus of the posterior commissure, and possibly the thalamic nuclei.

Vestibular reflexes, in cooperation with certain reflexes of the optic system, enable the eyes to remain fixed on stationary objects while the head and body are moving. Turning the head slightly to the right causes a slight flow of endolymph in the horizontal semicircular canals. The flow is directed to the left because the fluid's inertia makes it lag behind the movement of the head. The flow of endolymph causes neural activity to pass from receptors in the ampulla of the horizontal semicircular canals to the vestibular nuclei. From there the activity passes through the MLF to excite the left abducens nucleus (to innervate the left lateral rectus muscle) and the right oculomotor nucleus (to innervate the right medial rectus muscle) (see Fig. 46). Simultaneously, activity in the MLF inhibits the innervation to the left medial rectus and the right lateral rectus muscles. As a result, the eyes are turned the proper distance to the left to keep the fields of vision unchanged.

TESTS OF VESTIBULAR FUNCTION

If stimulation of hair cells in the appropriate ampulla of a semicircular canal is persistent, the eyes draw slowly to one side until they reach a limit and then jerk quickly to the opposite side. These movements are repeated in rapid succession, producing tremorlike oscillations of the eyes, known as **nystagmus**. The **direction of nystagmus** is designated according to the direction of the **fast component**, although this is opposite to the movement induced by stimulation from the semicircular canal. The fact that vestibular stimulation evokes nystagmus provides a basis for clinical tests of vestibular function.

A **rotation test** of vestibular function may be performed by turning the patient in a revolving chair with the head tilted forward 30 degrees to bring the horizontal canals parallel with the floor. Movement is stopped abruptly after 10 or 12 turns. Momentum causes the endolymph to continue to flow in the direction in which the head had been turning, even though the head is now stationary. The induced nystagmus, called **after-nystagmus** or **postrotatory nystagmus**, lasts about 30 seconds in normal individuals. If rotation has been to the left, endolymph flows to the left, and the slow component of the nystagmus is to the left. Since the quick component is to the right, it is called "nystagmus to the right." With a special chair designed to rotate the patient's head in any plane, it is possible to test each of the three pairs of semicircular canals individually. The orientation of the canals is such that the two horizontal canals are one pair; the right anterior and left posterior canals are in the same plane and constitute the second pair; and the right posterior and left anterior canals are the third pair.

Caloric, or **thermal**, **tests** of nystagmus permit the vestibular system of each side to be tested separately. Usually, the patient is either lying down with the head tilted forward about 30 degrees or seated with the head tilted backward about 60 degrees to bring the horizontal semicircular canal into a vertical plane. The external auditory canal is then irrigated with either cold or warm water. Warm water raises the temperature of the endolymph in the semicircular canal and causes a convection current. Stimulation of hair cells by the current flowing past the ampulla produces nystagmus. With warm water in the right ear, the current going up produces a flow equivalent to flow to the left in the horizontal position. Thus the nystagmus has its slow component to the left and its quick component to the right. If cold water is used, the current is reversed and the nystagmus has its slow component to the right and its quick component to the left. The caloric tests of nystagmus can be recorded graphically by placing recording electrodes on the patient's face, near the eyes.

Irritation or destruction of the vestibule, vestibular nerve, or vestibular nuclei commonly produces nystagmus and may also cause deviation of the eyes to one side. If the right vestibular nerve is severed, the influence of the remaining left vestibular apparatus is unbalanced and causes nystagmus with the slow component to the right and conjugate deviation of the eyes to the right. In a few weeks this effect is overcome by the compensating influence of voluntary and visual reflex circuits. The quick component of nystagmus produced by an irritative lesion is usually toward the side of the lesion, but at times it may be difficult to distinguish the effects of irritation on one side from those of destruction on the other. Although **horizontal nystagmus** is the most common type, vertical or rotatory forms of nystagmus also occur. Nystagmus results from lesions of the vestibular system, including its peripheral and central connections, and also from lesions of the brain stem and cerebellum. Nystagmus can result from chronic visual impairment and from a number of toxic substances.

SENSORY ASPECTS OF VESTIBULAR STIMULATION

Stimulation of the vestibular apparatus, whether by motion of the body or by artificial means, produces conscious effects that take the form of a false sense of motion. **Vertigo** is a sensation of whirling. The individual may have a feeling that his body is rotating, or it may seem to him that external objects are spinning around. Motion sickness during travel by air or sea is a familiar manifestation of prolonged and excessive stimulation of the vestibular apparatus. Feelings of giddiness, faintness, and lightheadedness may be vaguely described in somewhat similar terms, but they should not be mistaken for true vertigo. **Ménière's disease** is a condition characterized by sudden attacks of severe vertigo, usually associated with nausea, vomiting, and prostration, and accompanied by progressive unilateral deafness and tinnitus. Edema with increased pressure of fluid in the labyrinth is thought to be responsible for this condition.

CHAPTER 16

The Cerebellum

The cerebellum, along with other central nervous system structures, participates in the execution of a wide variety of movements. It is needed to maintain the proper posture and balance for walking and running; to execute sequential movements for eating, dressing, and writing; to participate in rapidly alternating repetitive movements and smooth pursuit movements; and to control certain properties of movements, including trajectory, velocity, and acceleration. Voluntary movements can proceed without assistance from the cerebellum, but such movements are clumsy and disorganized. Lack of motor skill as a result of cerebellar dysfunction is called **dyssynergia** (also **asynergia** or **cerebellar ataxia**). Although the cerebellum receives large numbers of afferent fibers, conscious perception does not occur in the cerebellum, and its efferent fibers do not contribute to conscious sensations elsewhere in the brain.

The cerebellum is a bilaterally symmetrical structure situated in the posterior cranial fossa. It is attached to the medulla, pons, and midbrain by the cerebellar peduncles, which lie at the sides of the fourth ventricle on the ventral aspect of the cerebellum. The tentorium cerebelli, a transverse fold of the dura mater, stretches horizontally over the superior surface of the cerebellum and separates it from the overlying occipital lobes of the cerebrum. The surface of the cerebellum is corrugated by numerous parallel folds known as folia. A layer of gray matter, the cerebellar cortex, covers the surface and encloses an internal core of white matter. Four pairs of **deep cerebellar nuclei** are buried within the cerebellum. From medial to lateral, these consist of the **fastigial, globose, emboliform,** and **dentate nuclei**. The globose and emboliform nuclei commonly are grouped together and termed the **interposed nuclei**.

PRIMARY SUBDIVISIONS OF THE CEREBELLUM

The cerebellum is divided into two large lateral masses, the **cerebellar hemispheres,** which fuse near the midline with a narrow middle portion

139

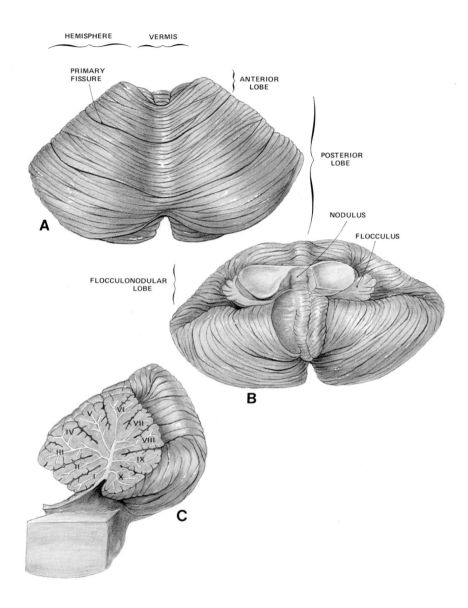

FIGURE 47. Diagrams of the human cerebellum seen from the dorsal *(A)* and ventral *(B)* surfaces and from the medial surface after a midline section through the vermis *(C)*. The primary fissure divides the anterior and posterior lobes. The vermal structures are identified by Roman numerals.

called the **vermis** (Fig. 47). The cerebellum is composed of three major anatomic components:

1. The **flocculonodular lobe** consists of the paired flocculi, which are small appendages in the posterior inferior region, and the nodulus, which is the inferior part of the vermis. The posterolateral fissure separates the flocculonodular lobe from the posterior lobe. The flocculonodular lobe is also termed the **archicerebellum** since phylogenetically it is the oldest part of the structure.
2. The **anterior lobe,** of modest size, is the portion of the cerebellum that lies anterior to the **primary fissure.** This lobe corresponds approximately to the **paleocerebellum,** which is the second oldest part of the cerebellum phylogenetically.
3. The **posterior lobe** is the largest part of the cerebellum and is located between the other two lobes. It contains the major portions of the cerebellar hemispheres and is known as the **neocerebellum.**

The flocculonodular lobe receives projections heavily from the vestibular nuclei. The anterior lobe, particularly its vermal portion, receives input from the spinocerebellar pathways. The flocculonodular and anterior lobes are the predominant regions of the cerebellum in primitive vertebrates. The posterior lobe receives projections from the cerebral hemispheres and has become greatly expanded in mammals that have developed an extensive cerebral cortex.

The foregoing description presents the **transverse arrangement** of the cerebellum. This is based on the formation of 10 rostrocaudally arranged lobules during embryologic development and the formation of various transverse fissures. Currently, a more clinically useful method of describing the cerebellum is based on **longitudinal sagittal zonal patterns.** This classification subdivides each half of the cerebellum into three mediolaterally arranged longitudinal strips, including cerebellar cortex, underlying white matter, and deep cerebellar nuclei: (1) the vermal region with the fastigial nuclei, (2) the paravermal region with the interposed nuclei, and (3) the lateral (hemispheric) region with the dentate nuclei.

THE CEREBELLAR CORTEX

The cerebellar cortex consists of three layers (Fig. 48):

1. The **molecular layer** (outermost), which contains two types of neurons, the **stellate** and **basket cells,** dendrites of Purkinje and Golgi type II cells, and axons (T-shaped parallel fibers) of the granule cells.
2. The **Purkinje cell layer** (middle), which contains the cell bodies of Purkinje cells, which are very large, flasklike neurons that have

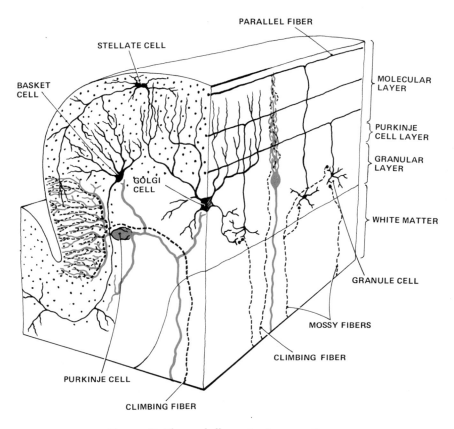

FIGURE 48. The cerebellar cortex in perspective.

enormous dendritic arborizations extending up into the molecular layer, and long axons that synapse either upon deep cerebellar nuclei or vestibular nuclei. Collaterals of Purkinje cell axons make synaptic contact with Golgi cells, other Purkinje cells, basket cells, and stellate cells.

3. The **granular layer** (innermost), which contains numerous **granule cells** (neurons), **Golgi type II cells** (neurons), and **glomeruli** (complex synaptic nodules that contain axons of incoming mossy fibers, axons and dendrites of Golgi type II cells, and dendrites of granule cells). Each glomerulus is encased in glial cell processes.

The cerebellar cortex has a simple synaptic organization. There are two sets of excitatory inputs and two sets of inhibitory inputs; three types of interneurons, all of which are inhibitory (the exception to this is the granule cell, which is excitatory); and one output, which is inhibitory.

All afferents to the cerebellar cortex send collateral projections to the deep cerebellar nuclei. The afferents to the cerebellar cortex terminate either in the granule cell layer (in the glomeruli) as **mossy fibers** or upon the dendrites of Purkinje cells as **climbing fibers**. Mossy fiber afferents are derived from the spinal cord, pontine nuclei, vestibular receptors and nuclei, trigeminal nuclei, reticular nuclei, and deep cerebellar nuclei. Climbing fiber afferents are derived exclusively from the inferior olive. Both mossy fiber and climbing fiber inputs are excitatory to both the deep cerebellar nuclei and the cortex. Mossy fiber input excites Purkinje cells indirectly by activating granule cells and their axons, the parallel fibers. Mossy fiber excitation of Purkinje cells evokes **simple spikes,** which consist of a single action potential. Climbing fiber input excites Purkinje cells directly, evoking **complex spikes,** which consist of an action potential followed by a long-lasting depolarization with multiple small wavelets. Granule cells, through their axonal processes (parallel fibers), excite Purkinje cells, basket cells, stellate cells, and Golgi type II cells. In turn, basket cells and stellate cells inhibit Purkinje and Golgi type II cells. The Golgi type II cells inhibit granule cells. Finally, Purkinje cells (the only route for all information exiting from the cerebellar cortex) are inhibitory to the deep cerebellar and vestibular nuclei. Consequently, of all the neurons whose cells reside within the cerebellar cortex, the granule cell is the only excitatory one.

Afferents to the cerebellum also originate in the locus ceruleus and in the raphe nuclei of the brain stem. Both of these systems send fibers to the deep nuclei and cortex. The afferents from the locus ceruleus are noradrenergic; those from the raphe nuclei are serotonergic; and both sets of afferents are inhibitory. In addition to the presence of norepinephrine and serotonin, several amino acids have been identified as neurotransmitters in the cerebellum. The granule cells utilize glutamate as a neurotransmitter, and the climbing fibers probably use aspartate. Golgi cells, basket cells, and Purkinje cells utilize gamma-aminobutyric acid (GABA). The stellate cells may use taurine.

THE PEDUNCLES OF THE CEREBELLUM

The three paired cerebellar peduncles are composed of large numbers of fibers entering and leaving the cerebellum to connect it with other parts of the nervous system.

The **inferior cerebellar peduncle** (restiform body) consists chiefly of afferent fibers. The peduncle contains a single efferent pathway, the fastigiobulbar tract (also called the juxtarestiform body; see Chapter 15), which projects to the vestibular nuclei and completes a vestibular circuit through the cerebellum. Afferent fibers enter the inferior cerebellar peduncle from at least six sources (Fig. 49): (1) fibers from the vestibular nerve and nuclei; (2) olivocerebellar fibers from the inferior olivary nuclei; (3) the dorsal spinocerebellar tract; (4) some of the fibers from the rostral spinocerebellar tract; (5) the cuneocerebellar tract from the accessory cuneate nuclei in the medulla; and (6) reticulocerebellar fibers.

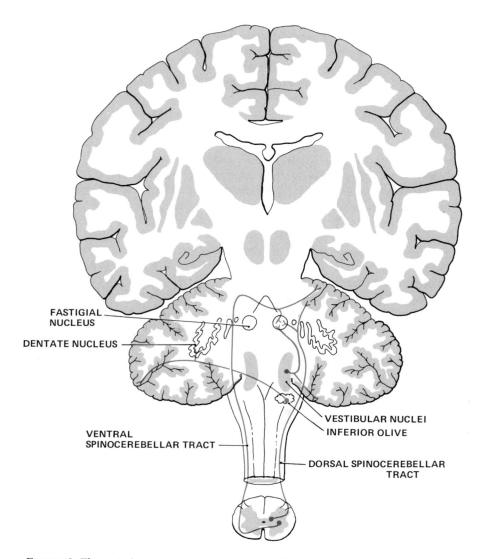

FIGURE 49. The central nervous system connections of the dorsal and ventral spinocerebellar tracts, the fastigial nuclei, and the vestibular nuclei.

The **middle cerebellar peduncle** (brachium pontis) consists almost entirely of crossed afferent fibers from the pontine nuclei in the gray substance of the basal part of the pons (pontocerebellar or transverse pontine fibers). The major projections to the pontine nuclei originate within the cerebral cortex.

The **superior cerebellar peduncle** (brachium conjunctivum) consists principally of efferent projections from the cerebellum. Rubral, thalamic, and reticular projections arise from the dentate and interposed nuclei. Some of the fastigiobulbar tract fibers also run with the superior peduncle for a short distance before they enter the inferior cerebellar peduncle. The superior cerebellar peduncle contains afferent projections from the ventral spinocerebellar tract, a portion of the rostral spinocerebellar tract, and trigeminocerebellar projections.

AFFERENT AND EFFERENT PATHWAYS OF THE CEREBELLUM

The cortex of the cerebellum and the deep cerebellar nuclei are furnished with a constant account of the progress of motor activity by signals from many sources. First, they are informed of the commands being issued from the cerebral cortex by a flow of neuronal impulses through three cerebrocerebellar projection pathways. The largest of these is the corticopontocerebellar pathway, which is a crossed path connecting one cerebral hemisphere with the cerebellar hemisphere on the opposite side by way of the **corticopontine tract** and the **pontocerebellar** projections that ascend through the **middle cerebellar peduncle** (Fig. 50). The other pathways originate primarily in the motor areas of the cerebral cortex and include the **cerebro-olivocerebellar** and **cerebroreticulocerebellar** pathways. Further communication received by the cerebellar cortex consists of a stream of information from the skin, joints, and muscles of the limbs and trunk of the body, mediated by the spinocerebellar and cuneocerebellar tracts. Most sensory modalities, including tactile, auditory, vestibular, and visual, reach the cerebellum. The cerebellum also receives direct connections from neurons in the hypothalamus. All of this information enters a vast pool of cerebellar cortical neurons, where integrations take place. In general, the vermis of the anterior lobe and parts of the posterior lobe receive afferent input from the spinal cord; the flocculonodular lobe receives a major projection from the vestibular system; and the cerebellar hemispheres receive their major input from the cerebral cortex.

Afferent input from essentially all sources reaches both the deep cerebellar nuclei and the cerebellar cortex. The result is an increase in excitability of the deep nuclei and the Purkinje cells of the cerebellar cortex. The Purkinje cells provide strong inhibitory control over neurons of the deep nuclei. The inhibitory control of the Purkinje cell over the excitability of the deep cerebellar nuclei is a key aspect of cerebellar function. Through

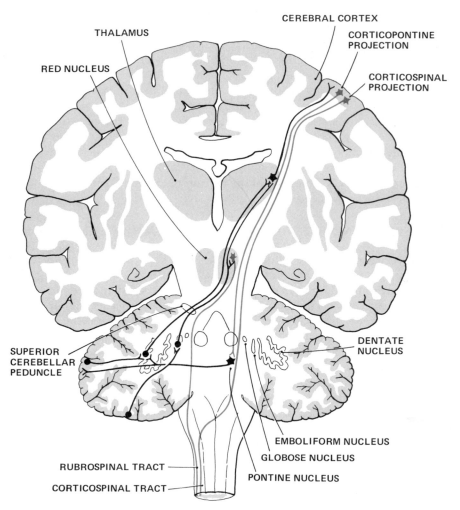

FIGURE 50. The central nervous system connections of the dentate nucleus and interposed (emboliform and globose) nuclei.

interactions between the cerebellar cortex and the deep nuclei, the cerebellum is able to provide appropriate corrections to ensure that the speed and accuracy of movements will be adequate for each task being undertaken by the motor system.

The efferent pathways by which the cerebellum is able to influence movement are best understood by examining the projections of the deep cerebellar nuclei. The fastigial nucleus sends projections to the reticular and vestibular nuclei of the brain stem. These nuclei send projections into the spinal cord and are concerned with posture and balance. The interposed nuclei of each side of the cerebellum send projections through the superior cerebellar peduncle to the red nucleus of the contralateral side. The red nucleus gives rise to axons of the rubrospinal tract (see Fig. 50). This projection crosses the midline and descends into the spinal cord. Thus, the origin of this pathway in the interposed nuclei and the terminal portion in the spinal cord are on the same side of the body. Projections from both the dentate and the interposed nuclei exit through the superior cerebellar peduncle to the contralateral ventral lateral nucleus of the thalamus. Thalamocortical fibers from the ventral lateral nucleus relay impulses to the motor regions of the ipsilateral frontal lobe. The thalamocortical projections in the frontal lobe make contact with cortical efferent fibers that pass through the pyramidal tract and make connection with the contralateral side of the spinal cord through the corticospinal pathway. Thus, the origin of this pathway in the dentate and interposed nuclei and its termination in the spinal cord are on the same side of the body (see Fig. 50).

FEEDBACK CIRCUITS THROUGH THE CEREBELLUM

The general scheme of operation of the cerebellum allows nerve impulses to be returned, or fed back, to the same region from which they originated. Briefly, the following are important feedback circuits involving the cerebellum:

1. The vermal region receives information from the spinal cord and sends back information indirectly by the fastigial nucleus through the reticular formation (reticulospinal tracts) and vestibular nuclei (vestibulospinal tracts) to the spinal cord.
2. The flocculonodular lobe receives information from the vestibular system and returns information through direct cerebellovestibular projections and through fastigioreticulovestibular pathways.
3. The lateral (hemisphere) region receives information from the cerebral cortex and sends information back through the dentatothalamo-cortical path to exert an influence on the cerebrum and through the corticospinal tract to influence the spinal cord.

FUNCTIONS OF THE CEREBELLUM

During ongoing motor tasks, the mossy fiber inputs furnish an excitatory drive for neurons in the deep cerebellar nuclei. The mossy fiber input to the cerebellar cortex constitutes a "side loop" consisting of a mossy fiber–granule cell–parallel fiber–Purkinje cell circuit with related interneurons.

The inhibitory cerebellar cortical side loop has the function of controlling the discharge of neurons in the deep cerebellar nuclei.

The climbing fiber input to the cerebellar cortex has a conditioning effect on the activity of Purkinje cells. Climbing fiber activity can adjust the flow of information through Purkinje cells by strengthening or weakening the influence of various synapses in the cerebellar cortical pathways converging on the Purkinje cells. Moreover, climbing fiber activity influences motor learning by inducing plastic changes in the synaptic activity of Purkinje cells.

The intent to perform a movement probably originates in the cerebral cortical association areas, including the supplementary motor cortex. These areas act in cooperation with the lateral portions of the cerebellar hemispheres and dentate nuclei during the early phases of movement planning. The result is a command to move, which involves the dentate nuclei followed by neurons in area 4 of the cerebral cortex. The intermediate parts of the cerebellar hemispheres, including the interpositus nuclei, are kept informed of the progress of the ongoing movement by inputs from collaterals of pyramidal tract fibers mediated via the pontine nuclei and also from peripheral receptors in the body parts being moved.

CLINICAL SIGNS OF CEREBELLAR DYSFUNCTION

From the clinical perspective, the cerebellum is organized into a series of sagittal zones. The clinical signs of cerebellar dysfunction can be separated into those resulting from disease of the midline zone of the cerebellum and those resulting from disease of the lateral portions.

Disease of the Midline Zone of the Cerebellum

The midline zone of the cerebellum consists of the anterior and posterior vermis, the flocculonodular lobe, and the fastigial nuclei. Disease of these regions produces:

1. **Disorders of stance and gait.** The stance is usually on a broad base, with the feet several inches apart. There may be a severe truncal tremor. It is difficult for the patient to walk in tandem, placing the heel of one foot directly in front of the toes of the other foot. With disease of the midline zone, the gait disturbance usually occurs without ataxia of the movements of individual limbs.
2. **Titubation.** This is a rhythmic tremor of the body or head occurring several times per second.
3. **Rotated or tilted postures of the head.** The head may be maintained rotated or tilted to the left or right. The side of the deviation does not usually indicate the site of the cerebellar disease.

4. **Ocular motor disorders.** A number of disturbances of ocular function result from cerebellar disease, the most prominent of which is nystagmus. This consists of rhythmical oscillatory movements of one or both eyes occurring with the eyes gazing straight ahead or with ocular deviation.

Disease of the Lateral (Hemispheric) Zone of the Cerebellum

For clinical purposes, the lateral cerebellar zone consists of the cerebellar hemisphere and the dentate and interposed nuclei of each side. Disease of this region produces:

1. **Decomposition of movement.** This indicates that the various components of a motor act are performed in a jerky and irregular rather than a smooth sequence.
2. **Disturbances of stance and gait.** The stance is on a broad base and the gait is unsteady, with a tendency to fall to the side, forward, or backward. The gait disorder is accompanied by ataxia of individual movements of the limbs.
3. **Hypotonia.** This is a decrease in the resistance to passive manipulation of the limbs, appearing in one or several limbs at the time of cerebellar injury. Hypotonia often decreases with time. It is detected clinically by manipulating the limbs about the joints and not by palpating the muscles.
4. **Dysarthria.** In cerebellar disease, speech may be slow, slurred, and labored, but comprehension remains intact and grammar does not suffer.
5. **Dysmetria.** This is a disturbance of the trajectory or placement of a body part during active movements. The limb may fall short of its goal in hypometria, or it may extend beyond its goal in hypermetria.
6. **Dysdiadochokinesis and dysrhythmokinesis.** Dysdiadochokinesis is a manifestation of the decomposition of movements in cerebellar disease, demonstrated by testing alternating or fine repetitive movements. Dysrhythmokinesis is a disorder of the rhythm of rapidly alternating movements. It can be evoked by asking the patient to tap out a rhythm such as three rapid beats followed by one delayed beat. In cerebellar disease, the rhythm of the movement is disturbed.
7. **Ataxia.** This term comprehensively describes the various problems with movement resulting chiefly from the combined effects of dysmetria and decomposition of movement. There are errors in the sequence and speed of the components of each movement. An

ataxia of gait results in the patient veering from side to side with difficulty walking in a straight line.

8. **Tremor.** Cerebellar disease results in static and kinetic tremors. Static tremor is demonstrated by asking the patient to extend the arms parallel to the floor with the hands open. A rhythmic oscillation generated at the shoulder will be seen. A kinetic tremor can be brought out by having the patient alternately touch his or her nose and then touch the examiner's finger, which is held at a full arm's length away from the patient. It can also be tested by asking the patient to place the heel of one foot on the knee of the opposite leg and run the heel down the shin. These movements result in a side-to-side coarse tremor that is generated at the proximal joints (shoulder and hip).

9. **Impaired check and rebound.** These are related signs of cerebellar dysfunction. The patient is asked to maintain the arms extended forward while the examiner taps the patient's wrist enough to displace the arm. Normally, the arm returns rapidly to the resting position, but with cerebellar disease, the limb is markedly displaced and repeatedly overshoots when returning to the original position.

10. **Ocular motor disorders.** A number of disorders of eye movement result from injury to the cerebellar hemispheres. The most common disorder is nystagmus.

Cerebellar defects are compensated for, to a considerable extent, by other structures in the brain if sufficient time is given. Consequently, symptoms are less severe in slowly progressive disease processes affecting the cerebellum than in acute injuries to the cerebellum.

Somatotopic localization of separate body regions in the cerebellar cortex has been demonstrated in experimental animals. These studies have revealed an extremely complex representation of body parts. Despite the complexity of the organization of the cerebellum, however, it is clear that the right side of the body is under the influence of the right cerebellar hemisphere and that any symptoms that occur unilaterally are found on the same side as the lesion in the cerebellum. This contrasts strikingly with cerebral lesions, which produce contralateral effects.

CHAPTER 17

The Basal Ganglia and Related Structures

Motor activity is intricately controlled by the interactions of three major regions of the brain: the cerebral cortex, the cerebellum, and the basal ganglia. These regions influence the lower motoneurons either directly through the **pyramidal system** or indirectly through the **extrapyramidal system**. The pyramidal system consists of the **corticobulbar** and **corticospinal** pathways. The extrapyramidal system is composed of all other projection pathways that influence motor control, including the basal ganglia and the projection pathways from the brain stem to the spinal cord (e.g., the rubrospinal, reticulospinal, vestibulospinal, and tectospinal tracts). The neuronal circuits of the extrapyramidal system are closely connected with those of the pyramidal system; thus, separating the connections into two systems is artificial. Nevertheless, the term "extrapyramidal system" is frequently used clinically to denote the components of the basal ganglia and related subcortical nuclei that influence motor activity, and disease of the extrapyramidal system results in neurologic symptoms different from those occurring with disease of the pyramidal system.

STRUCTURES IN THE BASAL GANGLIA

The interrelations of the structures in the basal ganglia are complex, and the terminology used in describing these structures can be confusing. A thorough understanding of the terminology is an essential prerequisite for understanding the interconnections of this system.

The major components of the basal ganglia include the **caudate nucleus,** the **putamen,** and the **globus pallidus**. Although the amygdaloid nuclear complex and the claustrum are components of the basal ganglia developmentally, their function is unrelated to the extrapyramidal system and they will not be considered in this discussion. Two other subcortical nuclei, the **subthalamic nucleus** and the **substantia nigra,** are not part of the basal ganglia per se, but are functionally related. Table 2 provides a guide to the

151

TABLE 2. Basal Ganglia Nomenclature

Term	Descriptive Terms		Synonym	Components
	Prefix	Suffix		
Striatum	Strio-	-striate	Neostriatum	Caudate Nucleus and Putamen
Pallidum	Pallido-	-pallidal	Paleostriatum	Globus Pallidus
Lenticular Nucleus				Putamen and Globus Pallidus
Corpus Striatum				Caudate Nucleus, Putamen, and Globus Pallidus
Subthalamic Nucleus	Subthalamo-	-subthalamic		
Substantia Nigra	Nigro-	-nigral		Pars Compacta and Pars Reticularis

terminology associated with the basal ganglia. Reference to the table should make it apparent that "nigrostriatal" is a proper name for a pathway that arises in the substantia nigra and terminates in the putamen, the caudate nucleus, or both. Similarly, "pallidosubthalamic" is an appropriate name for a pathway that arises in the globus pallidus and projects to the subthalamic nucleus. Note that "corpus striatum" and "striatum" are not synonymous terms. They are frequently mistaken as being equivalent.

The **caudate nucleus** occupies a position in the floor of the lateral ventricle, dorsolateral to the thalamus (Fig. 51B). The bulge at the cephalic end of the caudate nucleus is known as the **head** (Fig. 51A). The **body** passes backward at the side of the thalamus and tapers gradually to form the **tail,** which curves ventrally and follows the inferior horn of the lateral ventricle into the temporal lobe, ending near the amygdala.

The putamen and globus pallidus together form the **lenticular,** or **lentiform,** nucleus (see Fig. 51B), a thumb-sized mass wedged against the lateral side of the internal capsule. The lenticular nucleus is separated from the caudate nucleus by fibers of the internal capsule except in the cephalic part, where the caudate nucleus and putamen fuse around the border of the anterior limb of the capsule. The putamen is the lateral portion of the lenticular nucleus and has the same histologic appearance as the caudate nucleus. The globus pallidus, in the medial region of the lenticular nucleus, contains more large cells and is traversed by many myelinated fibers, which accounts for its pale appearance in the fresh state.

The **subthalamus** is closely related to the basal ganglia in function and contains the **zona incerta** (located between the lenticular fasciculus and the thalamic fasciculus), **Forel's tegmental field H** (which includes the pre-

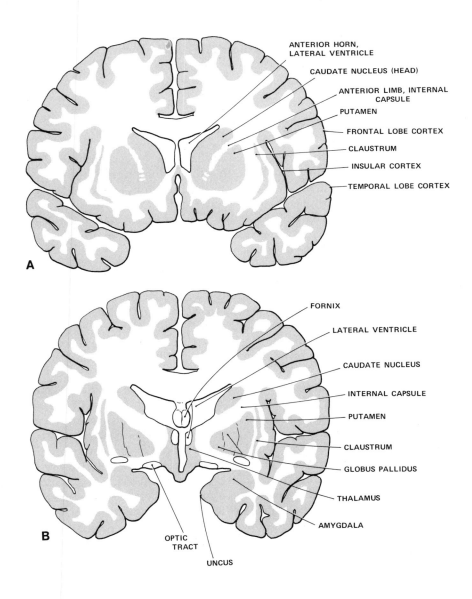

ANTERIOR HORN,
LATERAL VENTRICLE

CAUDATE NUCLEUS (HEAD)

ANTERIOR LIMB, INTERNAL
CAPSULE

PUTAMEN

FRONTAL LOBE CORTEX

CLAUSTRUM

INSULAR CORTEX

TEMPORAL LOBE CORTEX

A

FORNIX

LATERAL VENTRICLE

CAUDATE NUCLEUS

INTERNAL CAPSULE

PUTAMEN

CLAUSTRUM

GLOBUS PALLIDUS

THALAMUS

AMYGDALA

B

OPTIC
TRACT

UNCUS

FIGURE 51. Two coronal sections through the cerebral hemispheres. (A) Section through the rostral part of the frontal lobe to show the relationship of the basal ganglia to the surrounding telencephalic structures. (B) Section through the caudal part of the frontal lobe, showing the location of the basal ganglia lateral to the diencephalon.

rubral field), and the **subthalamic nucleus** (of Luys) (see Fig. 53). The zona incerta and the scattered cells in the prerubral field are considered by some to be a rostral continuation of the midbrain reticular formation. The rostral portions of the **substantia nigra** and the red **nucleus** extend into the region. The **subthalamic nucleus**, lens shaped and lying along the medial border of the internal capsule, is contiguous with the substantia nigra at its caudal extent.

CONNECTIONS OF THE BASAL GANGLIA

The major input to the basal ganglia is from the cerebral cortex, the thalamus, and the substantia nigra, and the major output is to the thalamus. From neurons in all areas of the neocortex, axons project to the striatum (Fig. 52). The primary motor (area 4) and sensory (areas 3, 1, and 2) cortices show a preferential projection to the putamen, while association areas of the frontal, parietal, occipital, and temporal lobes project heavily onto the caudate nucleus. The neurons projecting from the cerebral cortex to the striatum are strongly excitatory and use glutamate as their neurotransmitter. Stimulation of cerebral cortical neurons evokes excitatory postsynaptic potential–inhibitory postsynaptic potential (EPSP-IPSP) sequences in striatal neurons. The EPSPs result from the actions of excitatory glutamatergic cortical efferents, and the IPSPs result from feedback inhibition due to recurrent collaterals of neurons in the striatum. The striatum receives input from the intralaminar nuclei of the thalamus and the substantia nigra.

Neurons in the striatum project to both the lateral and medial segments of the globus pallidus. The projections are organized topographically, with faithful representation of body parts, from the cerebral cortex to the neostriatum, pallidum, and thalamus. Projections from the neostriatum to the pallidum are inhibitory and use the neurotransmitter gamma-aminobutyric acid (GABA). Many of the interneurons within the striatum are excitatory and use the neurotransmitter acetylcholine.

The major outflow of efferent fibers from the basal ganglia comes from the medial segment of the globus pallidus (Fig. 53). Some of these fibers stream directly across the posterior limb of the internal capsule. Upon entering the subthalamic region, they form a bundle known as the **lenticular fasciculus** (Forel's field H_2), located immediately ventral to the zona incerta. Another bundle of fibers from the globus pallidus (medial segment) passes around the ventral aspect of the posterior limb of the internal capsule to form a loop, the **ansa lenticularis**. Both bundles merge on the medial aspect of the zona incerta in the prerubral field, where cerebellothalamic fibers join them. The bundles then curve dorsally and pass laterally just dorsal to the zona incerta to form a discrete bundle called the **thalamic fasciculus** (Forel's field H_1). The fibers in these systems synapse in

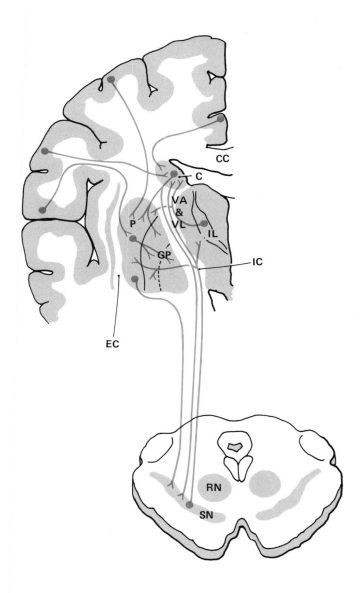

FIGURE 52. The afferent and efferent connections of the caudate nucleus and putamen. C = caudate nucleus; CC = corpus callosum; EC = external capsule; GP = globus pallidus; IC = internal capsule; IL = intralaminar nuclei of the thalamus; P = putamen; RN = red nucleus; SN = substantia nigra; VA = ventral anterior nucleus of the thalamus; VL = ventral lateral nucleus of the thalamus.

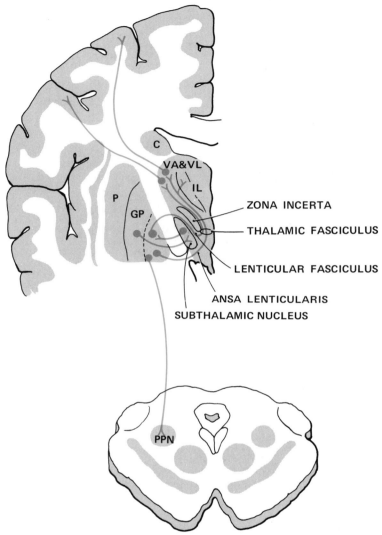

FIGURE 53. The efferent connections of the globus pallidus. PPN = pedunculopontine tegmental nucleus.

the **centromedian** (intralaminar), **ventral lateral,** and **ventral anterior** nuclei of the thalamus. A third bundle of efferent fibers (the **pallidosubthalamic fibers**) arises from the globus pallidus (but in this case, primarily from the lateral segment), crosses the posterior limb of the internal capsule, and synapses in the subthalamic nucleus. The cells of this nucleus project back to the globus pallidus, but primarily to the medial segment. Finally, a fourth bundle arises from the medial segment of the globus pallidus and descends as **pallidotegmental fibers** to terminate in the **pedunculopontine tegmental nucleus** in the caudal aspect of the midbrain. The latter bundle is the only pathway that arises from the basal ganglia to descend caudal to the level of the substantia nigra. The projections from the globus pallidus to the thalamus are inhibitory and use GABA as a neurotransmitter.

The **substantia nigra** is a subcortical nucleus that is very closely related to the basal ganglia (see Fig. 52). It is reciprocally connected with the striatum and sends efferents to the **ventral anterior** and, to some extent, to the **ventral lateral** thalamic nuclei. Neurons that originate in the striatum and project to the substantia nigra are inhibitory and use the neurotransmitter GABA. Neurons that arise in the **pars compacta** of the substantia nigra transmit dopamine, an inhibitory substance, to the striatum, while nondopaminergic cells in the **pars reticulata** project to the thalamus.

There are many circuits and feedback loops within and between the structures related to the basal ganglia. One very significant circuit is the following: cerebral cortex → striatum → globus pallidus → thalamus → cerebral cortex. Another loop includes: cortex → striatum → substantia nigra → thalamus → cortex. Many smaller circuits exist between structures that have reciprocal connections (for example, substantia nigra ⇌ striatum, and subthalamic nucleus ⇌ pallidum).

The basal ganglia and the cerebellum interact with the cerebral cortex through a series of feedback circuits. The dentate and interposed nuclei of the cerebellum project to the ventral lateral nucleus of the thalamus, which also receives projections from the globus pallidus and the substantia nigra. Recent evidence indicates that none of these projections overlaps in the ventral lateral nucleus. The ventral lateral nucleus projects to the primary motor region of the cerebral cortex. In turn, the motor cortex and other regions of the cerebrum) projects to the striatum to enter the basal ganglia circuit; moreover, the motor cortex projects to the pons to enter the cerebellar circuit, including the corticopontocerebellar pathway, Purkinje cells, interposed and dentate nuclei, and the cerebellothalamic tract. Consequently, both the basal ganglia and the cerebellum influence the part of the cerebral cortex that gives rise to the descending motor pathways (pyramidal and "extrapyramidal"), which affect the activity of the lower motoneurons.

FUNCTIONAL CONSIDERATIONS

Recordings from neurons in the basal ganglia of monkeys during various motor tasks reveal that the discharge of single cells in the neostriatum shows a direct correlation with movements of the contralateral arm or leg and that the discharge usually precedes the onset of a movement. These studies suggest that the basal ganglia participate in the initiation of movement. Lesions of the basal ganglia from disease in humans cause (1) disorders of the initiation of movement (akinesia), (2) difficulty continuing or stopping an ongoing movement, (3) abnormalities of muscle tone (rigidity), and (4) the development of involuntary movements (tremor). Thus, the basal ganglia are thought to participate in movement control, particularly in the initiation of movement, but also in the support of ongoing movement. The movements influenced by the basal ganglia include those related to posture, automatic movements (such as swinging the arms while walking), and skilled volitional movements.

Many of the symptoms of basal ganglia disease reflect disorders in the function of neurotransmitter systems. Parkinson's disease is a state characterized pharmacologically by decreased dopaminergic activity and relatively increased cholinergic activity in the basal ganglia, owing to degeneration of nigrostriatal dopaminergic projections and preservation of striatal cholinergic interneurons. A prominent symptom is akinesia. Huntington's disease is a state characterized pharmacologically by degeneration of GABA and cholinergic neurons in the striatum, with relative preservation of dopaminergic connections. A prominent symptom is chorea, which is described later in this section. Parkinson's disease and Huntington's disease represent opposite extremes of basal ganglia dysfunctional states.

Parkinson's disease, or paralysis agitans, is a common condition associated with degenerative changes (neuronal degeneration and depigmentation) in the substantia nigra and locus ceruleus. The pathologic changes in the substantia nigra involve dopaminergic neurons that project to the striatum and thus lead to the depletion of dopamine in the caudate nucleus and putamen. Patients with Parkinson's disease develop akinesia, rigidity, and tremor. The akinesia is manifested as difficulty in initiating and performing volitional movements of the most common type, including standing, walking, eating, and writing. The lines of the patient's face are smooth, the expression is fixed (the so-called masked face), and there is little overt evidence of spontaneous emotional responses. The patient stands with the head and shoulders stooped and walks with short, shuffling steps. The arms are held at the sides and do not automatically swing in rhythm with the legs as they should. Although the patient has difficulty in starting to take the first steps, once under way, the pace becomes more and more rapid, and the patient has trouble in stopping the progress upon reaching his or her goal. This abnormality of walking is termed a **festinating gait**. Rigidity of the limbs (i.e., increased resistance to passive movement) is present in most patients with Parkinson's disease and often consists of cogwheel rigidity. When the examiner passively flexes or extends one of the patient's extremities, an increased resistance occurs that suddenly gives way and then returns sequentially as the movement continues, in the manner of a cogwheel. The muscle stretch (deep tendon) reflexes usually are normal. The tremor of Parkinson's disease typically occurs with the patient at rest and consists of 4- to 6-cycle-per-second flexion-extension movements of the fingers and wrists, at times in the form of a "pill-rolling" movement. Treatment of Parkinson's disease consists of the administration of medications that enhance the dopaminergic activity of the basal ganglia. Although surgical therapy, consisting of the placement of a lesion in the ventrolateral nucleus of the thalamus, has been used extensively in the past, it is now used only rarely. Recently, a severe form of parkinsonism has developed in young adults who have taken intravenous recreational drugs. Improper synthesis of a synthetic heroin-like compound results in the production of MPTP (1-methyl-4-phenyl-1,2,3,6-tetrahydropyridine). This drug causes severe degeneration of the dopaminergic neurons of the substantia nigra.

Chorea is a movement disorder that results from disease of the basal ganglia. Choreiform movements consist of a rapid, irregular flow of motions, including "piano-playing" flexion-extension movements of the fingers, elevation and depression of the shoulders and hips, crossing and uncrossing of the legs, and grimacing movements of the face. **Sydenham's chorea** occurs in children as a complication of rheumatic fever, but the disease is self-limited and recovery is complete. **Huntington's disease** is a disorder inherited as an autosomal dominant trait and characterized by progressive dementia and choreiform movements, usually beginning in adult life. Recently, the approximate site of the genetic locus responsible for this disease was found. There are marked degenerative changes in the basal ganglia, particularly in the caudate nucleus and putamen. There is profound destruction of small intrastriatal cholinergic neurons and of striatonigral GABA-ergic neurons. The choreic movements are thought to result from relatively excessive activity of the preserved nigrostriatal dopaminergic neurons with decreased activity of cholinergic and GABA-ergic neurons. This idea is compatible with the observation that L-dopa worsens the chorea in Huntington's disease and that excessive L-dopa given to parkinsonian patients can induce choreic movements. **Hemichorea** consists of choreiform movements limited to one side of the body, usually resulting from a vascular lesion of the contralateral basal ganglia. The disorder usually occurs abruptly in middle age and often is accompanied by weakness of the affected limbs.

Athetosis is a movement disorder characterized by slow, writhing movements of a wormlike character involving the extremities, trunk, and neck. Athetosis often occurs in association with **dystonia**, which is the abnormal persistence of limb and trunk postures. Athetosis is frequently seen in patients with cerebral palsy and results from brain damage that occurred at birth from hypoxia and ischemia. The pathologic changes involve the cerebral cortex and the basal ganglia.

Hemiballismus is a movement disorder characterized by the sudden onset of continuous, wild, flinging motions of the arm and leg on one side of the body. This results most often from a vascular lesion of the contralateral subthalamic nucleus.

CHAPTER 18

Vision

For vision to occur, reflected rays of light from an object must strike the eye, be refracted by the **cornea** and **lens,** and form an image on the **retina.** The optical properties of the lens invert the projection of the visual field on the retina; the image that is formed is upside-down (inverted) and turned left-for-right (reversed). Thus, the superior half of the visual field is projected upon the inferior half of the retina, and the inferior half of the visual field is projected upon the superior half of the retina. The left temporal half of the visual field is projected upon the right (nasal) half of the left retina and right (temporal) half of the right retina (Fig. 54, pink lines), and this information is conveyed to the right cerebral hemisphere. The reverse is true for the right half of the visual field. The entire visual path within the brain is organized in a fashion that conforms to the peripheral optical system, so that the right hemisphere is presented with upside-down images of objects that lie to the left. This apparent distortion of position, however, is matched by the organization of other systems of the brain. Thus, the motor areas of the frontal lobes and the body image contained in the somesthetic zones of the parietal lobe also are inverted and reversed.

VISUAL PATHWAY

The human retina contains two types of photoreceptors, **rods** and **cones.** Cones mediate color vision and provide high visual acuity. Rods mediate light perception; they provide low visual acuity with good perception of contrasts and are used chiefly in nocturnal vision. The **fovea centralis** within the **macula** is a specialized region in the retina adapted for high visual acuity and contains only cones. Both rods and cones respond to light because they contain visual pigments (**rhodopsin** for rods, **iodopsin** for cones) that are capable of trapping photons of light. The absorption of light by the visual pigments results in chemical breakdown of the pigment. The result is a decrease in sodium conductance of the membrane of the

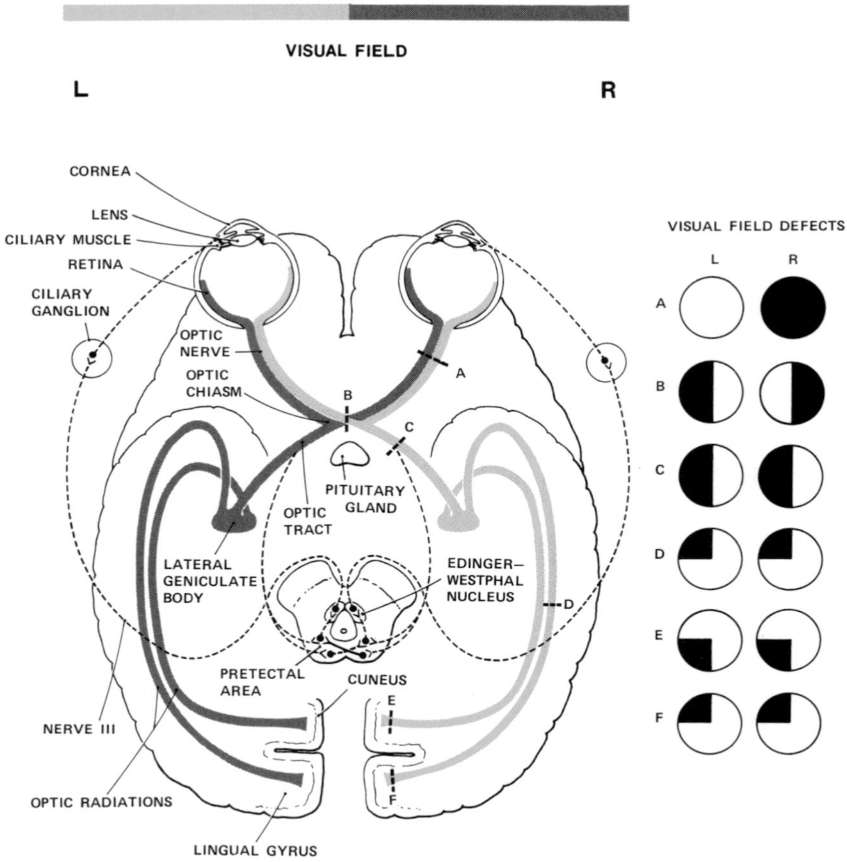

VISUAL FIELD

L R

CORNEA
LENS
CILIARY MUSCLE
RETINA
CILIARY
GANGLION
OPTIC
NERVE
OPTIC
CHIASM
B
A
C
PITUITARY
GLAND
OPTIC
TRACT
LATERAL
GENICULATE
BODY
EDINGER–
WESTPHAL
NUCLEUS
D
PRETECTAL
AREA
CUNEUS
E
NERVE III
F
OPTIC RADIATIONS
LINGUAL GYRUS

VISUAL FIELD DEFECTS

L R

A
B
C
D
E
F

FIGURE 54. The visual pathways. Lesions along the pathway from the eye to the visual cortex (lesions A through F) result in deficits in the visual fields, which are shown as black areas on the corresponding visual field diagrams. The pathway through the pretectum and nerve III, which mediates reflex constriction of the pupil in response to light, is also shown.

receptor cell, which leads to a slow hyperpolarization of the membrane. The hyperpolarization decreases the amount of inhibitory transmitter released by the photoreceptor cell in its synaptic connection with the next cell in the retina, the **bipolar cell** (the first neuron in the visual pathway). The result is depolarization of the bipolar cell and excitation of the second order neuron within the retina, the **ganglion cell**. The axons of ganglion cells on the entire inner surface of the retina converge at the **optic disk**, where they exit from the retina, become myelinated, and form the **optic nerve** (see Fig. 54). Axons from the macula, where visual acuity is sharpest, enter the temporal (lateral) side of the optic disk. Optic nerve fibers pass directly to the **optic chiasm,** which is located at the anterior part of the sella turcica of the sphenoid bone, immediately in front of the pituitary gland. A partial decussation (crossing) of fibers takes place in the chiasm. Fibers from the nasal halves of each retina cross; those from the temporal halves of each retina approach the chiasm and leave it without crossing (see Fig. 54). Optic fibers continue without any interruption behind the chiasm as two diverging **optic tracts** that go to the left and right lateral geniculate nuclei of the thalamus. The fibers in front of the chiasm are designated as optic nerves, while those behind it are the optic tracts. Optic fibers terminate in the **lateral geniculate bodies (LGBs),** the **superior colliculus,** and the **pretectal area,** as well as other locations.

Large numbers of fibers in the optic nerve terminate in the lateral geniculate bodies. Each LGB contains an orderly representation of the contralateral visual half field; ganglion cells in various parts of the retina project systematically upon distinct points in the LGB. The visual field is not reconstructed equally in the LGB: central vision is represented more extensively than peripheral vision. Each LGB contains six layers of neurons, and each layer receives input from one eye only (see description of LGB in Chapter 20).

The **superior colliculus** receives direct visual input from the optic tracts and also some projections from neurons in the visual cortex. The neurons in the superior colliculus receiving visual input project to motoneurons in the pons and spinal cord via the tectopontine and tectospinal tracts, respectively. The tectopontine projection relays visual information to the cerebellum. The tectospinal tract mediates the reflex control of head and neck movements in response to visual inputs.

The **pretectal area** is an important site for the mediation of pupillary reflexes. It is located just rostral to the superior colliculus, where the midbrain fuses with the thalamus. The pretectal area receives input from the optic tract (see Fig. 54). Pretectal neurons project into the mesencephalon, reaching the **Edinger-Westphal** nucleus (a component of the oculomotor complex) bilaterally. Preganglionic neurons in the Edinger-Westphal nuclei project with the third nerve out of the brain stem to neurons in the **ciliary ganglion.** Ciliary postganglionic fibers project to the pupillary constrictor muscles and to the ciliary muscles, which control the shape of the lens. The reflexes mediated by the pretectal area are described in the next chapter.

Neurons of the LGB give rise to fibers that form the **geniculocalcarine tract (optic radiation)** to the cortex of the occipital lobes. The radiation fibers from the lateral part of each LGB are directed downward and forward at first. They then bend backward in a sharp loop and form a flat band that passes through the temporal lobe in the lateral wall of the inferior horn of the lateral ventricle and sweep posteriorly to the occipital lobe. Fibers from the medial portion of the LGB travel adjacent to those from the lateral LGB but take a more direct, non-looping course to the occipital lobe. The area of cortex that receives the optic radiations surrounds the **calcarine fissure** on the medial side of the occipital lobe. The **cuneus,** which is the gyrus above the calcarine fissure, receives visual impulses from the dorsal, or upper, halves of the retinae; the **lingual gyrus,** below the calcarine fissure, receives impulses that arise from the ventral, or lower, halves (Fig. 55). The **visual receptive area** (Brodmann's area 17) is also called the striate area because histological sections of the cortex reveal a horizontal stripe of white matter (Gennari's line) within the gray matter. This stripe is visible to the naked eye. As in the LGB, the retinal map is represented in the orderly arrangement of the receptive areas of the cortex. The information from the upper quadrant of the left half of the visual field is projected onto the lower right quadrant of the retina, from there to the lateral portion of the right LGB, and from the LGB to the right visual cortex below the calcarine sulcus (see Fig. 46 in Chapter 15). The information within this quadrant is further organized so that the central retinal stimuli are projected to the posterior part of area 17, at the occipital pole. More peripheral visual stimuli reach the anterior part of area 17. Areas 18 and 19, which adjoin area 17, are important regions for visual perception and for some visual reflexes, such as visual fixation. These are the proximal visual association areas.

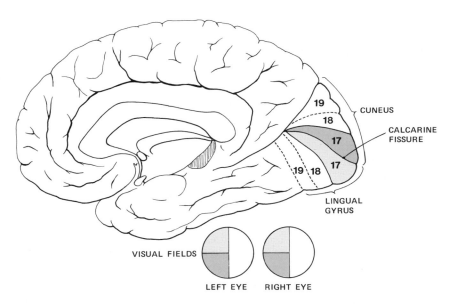

FIGURE 55. The visual cortex on the medial surface of the occipital lobe of the right hemisphere. Note that this brain area receives input from stimuli in the left half of the visual field of each eye.

INFORMATION PROCESSING IN THE VISUAL PATHWAYS

Ganglion cells in the retina respond when light strikes the retina, and the most effective stimulus is a spot of light focused on a small area of the retina. This area is termed the **receptive field** of a ganglion cell and is defined as the area in the retina that, on stimulation with light, induces maximal excitation or inhibition of the firing pattern of that ganglion cell. There are two types of **ganglion cells: on-center** and **off-center**. On-center cells have a central excitatory zone and an inhibitory surround (i.e., shining a focused beam of light in the center of the receptive field causes excitation of the cell, and shining a beam of light in a doughnut-shaped area around the center of the field causes inhibition of the cell). Off-center ganglion cells have reverse properties: they are inhibited centrally and excited by the surround. Diffuse light does not excite ganglion cells. Thus, ganglion cells are sensitive chiefly to contrasts.

Like ganglion cells, neurons in the lateral geniculate body respond to small spots of light and show on-center and off-center receptive fields. These neurons similarly do not respond to diffuse illumination.

The behavior of neurons in the striate cortex is more complex than in the lateral geniculate body. Small spots of light are minimally effective in altering neuronal discharge; optimal light for cortical cell excitation needs to have linear properties (i.e., consist of a short line, a bar, or some other configuration with a clear edge). The stimuli also must have a specific axis of rotation. For an individual striate neuron, for example, a perfectly vertical bar of light may be ineffective, but an oblique bar of light at a particular angle to the vertical will be effective. The functional organization of the visual cortex is based on narrow vertical columns of neurons running from the cortical surface to the white matter. Each column contains many neurons with essentially identical receptive field locations and responds to visual stimuli with the same axis of rotation. The columns are arranged with respect to one another so that, in a series of adjacent columns, the neurons respond successively to a shifting axis of rotation of the visual stimulus. Neurons in the peristriate cortex (areas 18 and 19) also respond to edges of light, but the stimuli required to activate these neurons are more complex than those needed to activate most striate neurons.

EFFECTS OF LESIONS INTERRUPTING THE VISUAL PATHWAY

The **visual fields** can be measured in detail by tangent screen or perimetry. However, they can also be examined for defects at the bedside by using the **confrontation method**. While the patient fixes his or her gaze straight ahead, the examiner faces the patient and fixes on the patient's eyes. The examiner then introduces an object, usually a 4-mm white ball, from some point halfway between the examiner and the patient but beyond the normal periphery of vision and moves it slowly toward the line of vision. The examiner notes the points at which the object is first seen both in his or her own visual field and in the patient's visual field. After repeating the process in several directions, the examiner makes an estimate of the extent of the patient's field of vision. The examiner depicts the information obtained from this examination by drawing the patient's visual fields on paper. By convention, the visual fields are drawn from the patient's perspective. In Figure 54, the visual field defects are depicted as a patient with lesions in sites A to F would experience them. With partial damage of the optic nerves, both visual fields may be contracted, or a centrally located region with loss of vision may be found in each eye. Restricted visual fields, without any organic lesions, are encountered in some psychoneurotic patients to whom everything appears as if viewed through twin gun barrels. These patients, however, do not stumble over objects, and if their visual fields are measured accurately on repeated occasions, gross inconsistencies may be demonstrated.

Complete destruction of one optic nerve produces blindness in the involved eye (see Fig. 54, lesion A). Some disease processes involving the optic nerves can affect some fibers but spare others, and instead of total blindness, there usually are areas of lost function in the peripheral part of the fields of vision of each eye. An area of lost function in the visual field is called a **scotoma**.

Lesions of the middle part of the optic chiasm frequently result from compression of these fibers by a tumor of the pituitary gland, or from a craniopharyngioma lying near the midline immediately behind the chiasm. The decussating fibers of the optic nerves are injured, and visual impulses from the nasal halves of each retina are blocked. As a result, the left eye does not perceive images in the left half of its visual field, and the right eye does not perceive images in the right half of its visual field. The defect is in the temporal field of each eye and is therefore called **bitemporal hemianopia** (see Fig. 54, lesion B). The term hemianopia means that half the visual field is lost. The term bitemporal indicates that both temporal fields are affected. The term **heteronymous** might also be used in this case to indicate that both temporal fields are affected, as opposed to both right or both left fields, which would be a **homonymous** defect. Note that visual defects are always described with reference to the change in the **visual fields**.

A lesion of the optic tract disconnects fibers from one half of each retina. If the right optic tract is destroyed, visual function is lost in the right halves of both retinae. The result is blindness for objects in the left half of each field of vision, a condition known as left **homonymous hemianopia** (see Fig. 54, lesion C).

Lesions that destroy the entire visual area of the right occipital lobe, or all of the fibers of the right optic radiation, will also produce a left homonymous hemianopia. Visual acuity is not affected in the parts of the retinae whose functions remain, and the patient may not be aware of the presence of a hemianopia. With small lesions in the occipital lobe, there may be **macular sparing,** which is preservation of central vision in the otherwise blind half of the visual field. Macular sparing probably results from the extensive representation of macular vision at the occipital pole and in the depths of the calcarine fissure.

As mentioned earlier, the cuneus receives visual impulses from the upper halves of the retinae, and the lingual gyrus receives impulses from the lower halves (see Fig. 55). Thus, a lesion that is confined to the right lingual gyrus cuts off visual impulses from the lower part of the right half of each retina. This produces a loss of vision in one quadrant, rather than a hemianopia. In this instance, an upper left quadrant visual field defect will be found because the images that are focused on the lower part of the retina come from objects above the horizontal line. The visual impulses destined for the lingual gyrus travel in the ventral part of the optic radiation. Consequently, a lesion of the ventral fibers of the right optic radiation has the same effect as a lesion of the right lingual gyrus (see Fig. 54, lesions D, E, and F, and Fig. 55).

CHAPTER 19

Optic Reflexes

LIGHT REFLEX

The normal pupil constricts promptly when light is flashed into the homolateral eye and dilates when the light is removed. This is the **direct light reflex**. The sensory receptors for this reflex are the rods and cones of the retina. The afferent pathway follows the course of the visual fibers through the retina, optic nerve, and optic tract as far as the lateral geniculate bodies, but instead of entering the geniculate body, the reflex fibers turn off in the direction of the superior colliculus. They end in a region rostral to the superior colliculus known as the **pretectal area** (see Fig. 54 in Chapter 18). Interneurons located in this region send axons around the cerebral aqueduct to the **Edinger-Westphal nucleus**, a group of parasympathetic neurons in a rostral subdivision of the oculomotor nuclear complex. The efferent path begins with cells in the Edinger-Westphal nucleus, whose axons leave the midbrain in the oculomotor nerve and end in the parasympathetic **ciliary ganglion**. Postganglionic fibers coming into the ganglion enter the eyeball and supply the sphincter muscle in the iris, which constricts the pupil when it contracts. When light is shined into one eye, the pupillary constriction of the homolateral eye is accompanied by constriction of the pupil of the contralateral eye. This is the **consensual light reflex**. It is accomplished by crossing connections in the pathway at the level of the pretectum (see Fig. 54 in Chapter 18).

The direct light reflex is abolished by diseases that severely damage the retina or the optic nerve. Lesions of the visual pathway that are located in the lateral geniculate bodies, optic radiations, or visual cortex, however, do not interfere with this reflex. Even in cortical blindness, produced by complete destruction of the primary visual areas of both occipital lobes, the light reflexes are preserved. The efferent path for the light reflex may be interrupted by damage to the oculomotor nuclear complex, the oculomotor nerve, or the ciliary ganglion. Neither a direct nor a consensual light reflex can then be obtained on the affected side.

The pupillary reflexes are important clinically. If light shined into one eye of a patient evokes a consensual response but no direct response, the afferent (receptive) limb of the reflex is intact but the efferent (effector) limb is defective, probably because of a third nerve lesion of the eye being tested. If light shined into one eye evokes no direct or consensual response, but light shined into the opposite eye evokes both a direct and a consensual response, the afferent limb of the reflex is impaired in the first eye tested, probably because of a lesion in the retina or the optic nerve.

REFLEXES ASSOCIATED WITH THE NEAR-POINT REACTION

When the eyes are directed to an object close at hand, three different reflex responses are brought into cooperative action.

1. **Convergence.** The medial rectus muscles contract to move both eyes toward the midline so that the image in each eye remains focused on the fovea (the area of highest acuity within the macula). Without convergence, diplopia (double vision) occurs.
2. **Accommodation.** The lenses are thickened as a result of tension in the **ciliary muscles** in order to maintain a sharply focused image on the foveas. The ciliary muscles, like the pupillary sphincter, are innervated by postganglionic parasympathetic neurons in the ciliary ganglia.
3. **Pupillary constriction.** The pupils are narrowed as an optical aid to regulate the depth of focus. This constriction does not depend on any change in illumination and is regulated separately from the light reflex. The pathway mediating the pupillary response to accommodation-convergence reactions involves the optic nerve, optic tract, lateral geniculate body, optic radiations, occipital cortex, corticotectal projections, superior colliculus, Edinger-Westphal nucleus, oculomotor nerve, and iris. Pupillary responses to accommodation and convergence are separate phenomena since pupillary constriction accompanies accommodation even when convergence is prevented by prisms, and it accompanies convergence when accommodation is prevented by atropine.

All three reactions may be initiated by voluntarily directing the gaze to a near object, but an involuntary (reflex) mechanism will accomplish the same result if an object is moved slowly toward the eyes.

ARGYLL ROBERTSON PUPIL AND ADIE'S PUPIL

In a clinical disorder of pupillary function known as the Argyll Robertson pupil, the pupil does not react to light but does react to accommodation. The pupil is small (usually 1 to 2 mm in diameter) and irregular and does not dilate in response to the administration of atropine. The Argyll Robertson pupil results from syphilis of the central nervous system, but it can occur with other conditions, including diabetes mellitus. The site of the lesion causing the altered responses of the pupil is unclear; however, disease affecting the gray matter about the cerebral aqueduct in the region of the superior colliculus is likely to be responsible because in this area, the fibers mediating the pupillary light reflex run close to the sympathetic pupillodilator fibers. A lesion in the gray matter near the superior colliculus may interrupt (1) the pathway from the retina to the pretectal area, and from there to the Edinger-Westphal nuclei and through the third nerve to the iris, and (2) the adjacent pathway of the sympathetic pupillodilator fibers that descend from the hypothalamus through the midbrain to the thoracic spinal cord and then through the cervical sympathetic chain to the iris. The result of interrupting (1) is loss of pupillary responses to light and of (2) is loss of pupillary dilatation. The pathway for accommodation and convergence is thought to be separate from the pathway for the light reflex at this level.

Adie's pupil is a benign condition, often seen in young women, consisting of a unilaterally dilated pupil in association with absent deep tendon reflexes. The pupil shows a slow constriction on prolonged exposure to bright light and a somewhat more rapid response to accommodation. The pupil responds normally to drugs that cause miosis (constriction of the pupil) and mydriasis (dilatation of the pupil). Adie's pupil, however, constricts rapidly on installation in the conjunctival sac of 0.1 percent pilocarpine, while the normal pupil does not respond to this drug. Adie's pupil results from a disorder in function of the parasympathetic postganglionic fibers going from the ciliary ganglion to the iris.

VISUAL FIXATION REFLEX

Voluntary mechanisms turn the head and eyes toward an object occupying one's attention and bring the desired image into approximately the same position on each retina. The final adjustments, which are necessary to produce identical correspondence of the two visual fields, are carried out by the fixation reflex. If the object is moving, this reflex also serves to hold it in view, involuntarily following its progress by causing appropriate turning movements of both eyes. The afferent pathway of the fixation reflex is from the retina to the visual cortex. The efferent path begins in the cortex of the occipital lobe and goes to the superior colliculus and/or pretectum. Fibers arising from cells in these areas reach the oculomotor nuclei directly and the nuclei of IV and VI indirectly, by way of projections to the paramedian pontine reticular formation and from there to nuclei of IV and VI via the medial longitudinal fasciculus. When the visual cortex receives improperly matched images from the left and right retinae, impulses flow through the fibers of the occipitotectal tracts to bring the eyes into correct alignment for fixation.

The fixation reflex is well demonstrated by a passenger viewing the passing scenery from the window of a train. The eyes turn slowly in the direction of apparent movement, then jump ahead quickly to fix the gaze on a new spot. This is done without awareness that the eyes are moving and is called an **optokinetic reflex**.

The fixation reflex is also used during the act of reading. Although we are unaware of it, movement of the eyes along a line of print consists of several jerky movements (saccadic movements) with fixation pauses in between to allow visualization of a group of letters or words. These movements are not under voluntary control. Reading speed can be increased, however, by learning to take in more words at once, or by making the pauses shorter. The difficulty of most people who read slowly does not lie in the oculomotor reflexes, but in the prolonged time required for each pause.

PROTECTIVE REFLEXES

An object thrust quickly in front of the eyes without warning causes a blink. This reflex response cannot be inhibited voluntarily. Afferent impulses from the retinae go directly to the superior colliculus. From there, the impulses are sent via the tectobulbar tracts to the nuclei of the facial nerves and the adjacent reticular formation, which activate the orbicularis oculi muscles and close the lids. A very strong stimulus, such as a sudden blinding flash of light, produces more extensive activity in the tectal region, which sends impulses over tectospinal fibers as well as the tectobulbar tract. Besides closure of the eyes, there will be a "startle" response of the whole body musculature, and the arms may be thrown upward across the face. This reflex probably involves both tectospinal projections and tectal input to areas of the reticular formation that project into the spinal cord.

CILIOSPINAL REFLEX

Painful stimulation caused by pinching the skin of the neck or cheek of one side of the face causes dilatation of the pupil on the ipsilateral side. This is termed the **ciliospinal reflex**. The afferent limb of the reflex consists of cervical or trigeminal nerves, and the efferent pathway is through the sympathetic system. Postganglionic sympathetic neurons in the superior cervical ganglion send axons that follow the branches of the internal carotid artery to reach the orbit and innervate the dilator muscle of the pupil.

EYE MOVEMENTS

Eye movements are extremely complex and require the integrated function of the cerebral cortex (occipital lobe and frontal eye fields), the cerebellum, the vestibular system, and the reticular formation. All of these systems converge on the oculomotor, trochlear, and abducens nuclei to control the extraocular muscles. Voluntary deviation of the eyes results from the activation of area 8 of Brodmann. The movement of the eyes occurs in the form of **saccades**, which are rapid conjugate movements used to change fixation. Electrical stimulation of area 8 results in conjugate ocular deviation to the opposite side, and damage to this region leads to tonic deviation of the eyes to the ipsilateral side. The pathway for voluntary conjugate ocular deviation involves projections from area 8 of the cerebral cortex through the internal capsule to the ipsilateral superior colliculus. After a synaptic relay, second-order fibers project to the contralateral paramedian pontine reticular formation. Third-order neurons probably connect with neurons in the nuclei of cranial nerves III, IV, and VI.

Reflex slow conjugate movements of the eyes occur without saccades when the eyes follow a moving target. These "pursuit" movements result from activation of areas 17, 18, and 19 in the occipital lobe. The pathway to the nuclei of cranial nerves III, IV, and VI involves synaptic relays in the pretectal and tectal regions. Reflex conjugate ocular movements can also result from vestibular, acoustic, and neck muscle inputs.

CHAPTER 20

The Thalamus

DIENCEPHALON

The **diencephalon** consists of an ovoid mass of gray matter situated deep in the brain rostral to the midbrain. It is separated from the **lentiform nucleus** by the fibers of the **internal capsule**. It extends ventrally from the **optic chiasm** to, and including, the **mammillary bodies**. The rostral limit may be demarcated on a hemisected brain by a line between the **interventricular foramen** and the optic chiasm. The caudal extent is demarcated by a line from the **pineal body** to the mammillary bodies (see Fig. 4 in Chapter 1). The third ventricle separates the right half of the diencephalon from the left half, and the roof of this ventricle bears a choroid plexus. In most, but not all, human brains, the two halves of the diencephalon are joined at a small area called the **massa intermedia** or **interthalamic adhesion**. Each half of the diencephalon is divided into the following regions: thalamus, hypothalamus, subthalamus, and epithalamus.

The thalamus comprises the dorsal portion of the diencephalon. It is bounded medially by the wall of the third ventricle and laterally by the posterior limb of the internal capsule. It is separated from the hypothalamus below by the shallow **hypothalamic sulcus** on the wall of the third ventricle. A groove, the **terminal sulcus**, which contains the **stria terminalis** and terminal vein, demarcates the thalamus from the caudate nucleus along the dorsolateral margin of the thalamus.

The thalamus is subdivided into three unequal parts by the **internal medullary lamina**. This band of myelinated fibers demarcates the medial and lateral nuclear masses and bifurcates at its rostral extent to encompass the anterior nucleus (Fig. 56A and B). The **centromedian nucleus** and other **intralaminar nuclei** are enclosed within the internal medullary lamina in the center of the thalamus.

The thalamus serves as the station from which, after synaptic interruption and processing, neuronal activity from all types of peripheral sensory

173

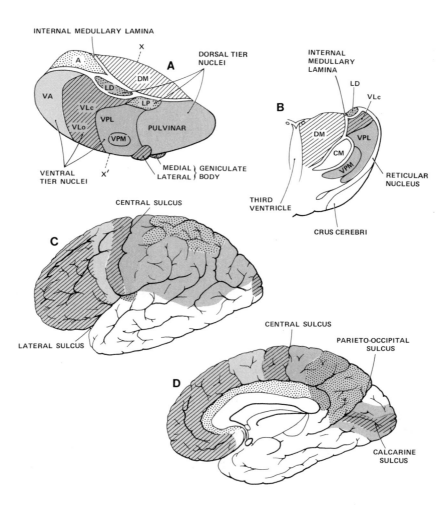

FIGURE 56. The thalamocortical connections in the human brain. (A) A schematic dorsolateral view of the thalamus, which has been dissected from the left side of the brain, showing the boundaries of the major nuclei. The reticular nucleus has been omitted to expose the ventral tier nuclei. (B) A coronal section through the thalamus and subthalamus, showing the plane of a section through X-X' in A. Also shown is the centromedian nucleus (CM), which is one of the intralaminar nuclei. (C) The lateral surface of the cerebral cortex. Shaded and colored areas on the cortex designate the correspondingly shaded thalamic nuclei with which these cortical areas are interconnected. (D) The medial surface of the cerebral cortex. (A = anterior nuclear group; DM = dorsomedial nucleus; LD = lateral dorsal nucleus; LP = lateral posterior nucleus; VA = ventral anterior nucleus; VLc = ventral lateral pars caudalis; VLo = ventral lateral pars oralis; VPL = ventral posterolateral nucleus; VPM = ventral posteromedial nucleus.)

receptors is relayed to the cerebral cortex. It is an important general principle that thalamic nuclei projecting to a specific region of the cerebral cortex also receive afferents (corticothalamic fibers) from that same cortical region.

THALAMIC NUCLEI AND THEIR CONNECTIONS

Medial Nuclear Mass

The **medial nuclear mass** (located medial to the internal medullary lamina) contains one major nucleus, the **dorsomedial nucleus (DM)** (see Fig. 56A and B), which is subdivided into **small cell (parvocellular)** and **large cell (magnocellular)** components. The small cell portion has a reciprocal relationship with most of the prefrontal cortex of the frontal lobe (Fig. 56C and D), which is involved in sensory integration necessary for abstract thinking and long-term, goal-directed behavior. The large cell component is interrelated with the hypothalamus, the amygdala, and the orbital portion of the frontal lobe, and is involved especially in olfactory activity. The dorsomedial nucleus has many interconnections with other thalamic nuclei, including the intralaminar and midline nuclei and the lateral thalamic nuclear mass.

Midline Nuclei

The **midline nuclei** are very diffuse, small nuclei located in the periventricular region and in the interthalamic adhesion. They are interconnected with structures in the basal forebrain and limbic system.

Lateral Nuclear Mass

The **lateral nuclear mass** (located lateral to the internal medullary lamina) is subdivided into a dorsal and a ventral tier of nuclei (see Fig. 56A).

The **dorsal tier of nuclei** are closely related to the association areas of the cerebral cortex and are probably involved in the integration of sensory information. The dorsal tier of nuclei includes, in a rostrocaudal direction, the following nuclei:

1. The **lateral dorsal nucleus (LD)** can be considered as the caudal extension of the **anterior thalamic nucleus (A)** and interconnects with the **cingulate gyrus and precuneus.**
2. The **lateral posterior nucleus (LP)** is reciprocally connected with the caudal aspect of the precuneus and with the **superior parietal lobule**

(areas 5 and 7). It receives input from the superior colliculus and other thalamic nuclei.

3. The **pulvinar nucleus (P)** is a large nucleus in the posterolateral portion of the thalamus. It connects reciprocally with large association areas of the parietal, temporal, and occipital lobes of the cerebral cortex. Similar to the lateral posterior nucleus, it receives input from the superior colliculus, retina, cerebellum, and other thalamic nuclei.

In the **ventral tier of nuclei,** the more posterior nuclei are concerned with essentially all sensory modalities, including somatic sensation, vision, hearing, and taste. These nuclei integrate and transmit sensory information to the cerebral cortex. The more anterior nuclei of the ventral tier nuclei also receive information from the basal ganglia, reticular formation, cerebral cortex, and cerebellum, processing the information and projecting it to the cerebral cortex, especially the motor areas of the cortex. The ventral tier of nuclei includes, in a rostrocaudal direction, the following nuclei:

1. The **ventral anterior nucleus (VA)** is subdivided into **small** and **large cell** populations. The large cell component receives its input from the substantia nigra (SN), and the small cell portion receives fibers from the medial aspect of the globus pallidus (GP). The ventral anterior nucleus also receives fibers from other thalamic nuclei (intralaminar and midline), the brain stem reticular formation, and the cerebral cortex. It projects to the frontal lobe, particularly to area 6 in the premotor cortex, including the **supplementary motor cortex** located on the medial aspect of the superior frontal gyrus immediately rostral to area 4 (see Figs. 60 and 61 in Chapter 24).

2. The **ventral lateral nucleus (VL)** is similar to the ventral anterior nucleus in that it contains both **small and large cell components** that receive fibers from the globus pallidus and substantia nigra, respectively. It also receives fibers from other thalamic nuclei, the brain stem reticular formation, and the cerebral cortex. It may differ from the ventral anterior nucleus in that the ventral lateral nucleus receives a major input from the cerebellum. Contrary to earlier ideas, it appears not to receive input from the red nucleus. It is reciprocally connected to the **precentral gyrus** (area 4), which is the **primary motor region** of the cerebral cortex.

3. The **ventral posterior nuclear complex (VP)** is referred to as the ventrobasal complex by physiologists and consists of two major subdivisions: the **ventral posteromedial nucleus (VPM),** which is also called the semilunar or arcuate nucleus, and the **ventral posterolateral nucleus (VPL).** Some authorities include a third, smaller

component, the ventral posteroinferior nucleus (VPI), which is sand-wiched in between the ventral posterolateral and ventral postero-medial nuclei. The ventral posterior nuclear complex is the main somatosensory and taste region of the thalamus. Many of the cells in this complex are both place and modality specific and have small receptive fields. It is a synaptic station for the medial lemniscus, the gustatory pathways, the secondary trigeminal tracts, and part of the spinothalamic system. The sensory tracts from the head, including the gustatory pathways, terminate in the ventral posteromedial nu-cleus, while those from the remainder of the body synapse in the ventral posterolateral nucleus. Consequently, the ventral posterior nuclear complex is **somatotopically organized** such that the input from the lower portion of the body is most laterally represented and the input from the upper part is most medially represented. Taste fibers from the nucleus of the solitary tract terminate in the most medial part of the ventral posteromedial nucleus. The ventral poste-rior nuclear complex projects primarily to the **postcentral gyrus** ar-eas 3, 2, and 1, the **primary somesthetic cortex**. The postcentral gyrus is also somatotopically organized such that the face is repre-sented ventrolaterally (thus receiving the projection from the ventral posteromedial nucleus), and the leg dorsomedially (receiving its in-put from the ventral posterolateral nucleus). The ventral posterior nuclear complex, especially the neurons receiving gustatory infor-mation, also project to a region in the most ventral aspect of the precentral gyrus (the superior lip of the lateral cerebral fissure), which extends caudally into the parietal lobe. This region includes the **gustatory** and **secondary somesthetic** cortical areas.

4. The **posterior nuclear group (PO)** is a region of the thalamus located just caudal to the ventral posterior complex, medial to the medial geniculate body (MGB), and ventral to the pulvinar nucleus. It re-ceives a bilateral input from the spinal cord and is not somatotopi-cally organized. Its neurons have large, diffuse receptive fields. Other sensory modalities also project to this nucleus. The PO com-plex projects primarily to the **secondary somesthetic cortex**.

5. The **metathalamic nuclei** include the medial and lateral geniculate bodies:

   a. The **medial geniculate body (MGB)** lies adjacent to the superior colliculus and receives bilateral auditory impulses from the nu-cleus of the inferior colliculus (IC) and some fibers from more caudal auditory nuclei through the brachium of the inferior col-liculus. It projects, through the auditory radiations, to the audi-tory cortex of the superior temporal gyrus, specifically to the transverse gyrus of Heschl, area 41 (see Fig. 56C and Fig. 60 in Chapter 24).

b. The **lateral geniculate body (LGB)** is the main portion of this nuclear complex in primates and contains six layers of cells. It receives fibers from both eyes, but the optic tract fibers originating in the left eye distribute to only three of the six layers, and those from the right eye distribute to the remaining three layers. Thus, there are no lateral geniculate cells with binocular receptive fields. The lateral geniculate body is **reciprocally connected** via the optic radiations (the geniculocalcarine tract) to the visual cortex of the occipital lobe (area 17), which is on the medial surface of the hemisphere (see Fig. 56D and Fig. 61 in Chapter 24). In the visual cortex, many of the cells have binocular receptive fields (i.e., they can be excited by a focused bar of light when it falls on the appropriate receptive field area of either eye). This is because lateral geniculate body cells from the same part of the lateral geniculate body, but from alternate layers of cells, converge on individual occipital cortex neurons. The lateral geniculate body also is interconnected with the pulvinar and other thalamic nuclei.

Anterior Thalamic Nucleus

The **anterior thalamic nucleus (A)** is actually a complex of three nuclei located in the conspicuous anterior tubercle of the thalamus. This nucleus, in which the mammillothalamic tract and fibers from the hippocampus terminate, has reciprocal connections with the cingulate gyrus and the hypothalamus. This is an important relay nucleus in the **limbic system**.

Intralaminar Nuclei

Intralaminar nuclei are numerous small, diffuse collections of nerve cells within the internal medullary lamina. In the caudal aspect of the lamina, there are two more circumscribed intralaminar nuclei that can be delineated: the **centromedian nucleus (CM)**, which lies adjacent to the ventral posterior complex, and the **parafascicular nucleus (PF)**, which is located immediately medial to the centromedian nucleus.

In general, the intralaminar nuclei represent the rostral extent of the ascending reticular system. They are interconnected with other thalamic nuclei and receive bilateral input from the anterolateral system. The centromedian nucleus receives fibers from the globus pallidus (GP) and area 4 of the cerebrum and, in conjunction with the parafascicular nucleus, projects to the putamen and caudate nucleus. The parafascicular nucleus receives fibers from area 6 of the cerebrum. Axon collaterals of the fibers to the putamen and caudate nucleus project onto the cerebral cortex.

Thalamic Reticular Nucleus

The **thalamic reticular nucleus** is a thin layer of cells sandwiched between the posterior limb of the internal capsule and the external medullary lamina. It is actually a derivative of the ventral thalamus. There is disagreement as to whether this nucleus should be considered part of the reticular system. It does not project fibers to the cerebral cortex; instead, it sends fibers to the thalamic nuclei, the brain stem reticular formation, and other parts of the thalamic reticular nucleus. It does receive fibers from the cerebrum. Nearly all thalamic efferent fibers to the cortex must pass through this nuclear complex. In doing so, they may send collaterals to the cells in the area. Consequently, the reticular nucleus may be important in the regulation of thalamic activity, though its function has not been defined. The feedback of the cerebral cortex to this nucleus may provide a mechanism with which the cerebrum can screen the information that it receives.

FUNCTIONAL CATEGORIZATION OF THALAMIC NUCLEI

Functionally, the thalamic nuclei have been categorized as either specific or nonspecific. This nomenclature was based on the electrophysiologic responses evoked in the cerebral cortex after stimulation of individual thalamic nuclei. "Nonspecific" nuclei were those that produced evoked potentials over large areas of the cortex, in contrast to localized responses following stimulation of "specific" nuclei.

A somewhat different way of categorizing thalamic nuclei, the anatomic nomenclature, is based on similarities in patterns of connections. In this system, three groups of nuclei are frequently identified.

1. **Specific nuclei** have reciprocal relations with specific areas of the cerebrum known to have specific sensory or motor functions. They receive an input from the ascending pathways or major relay nuclei and include most of the ventral tier nuclei of the lateral nuclear mass: the lateral geniculate body, the medial geniculate body, and ventral anterior (in part), ventral lateral, and ventral posterior nuclei.
2. **Association nuclei** do not receive direct input from ascending tracts. They have reciprocal connections with the association areas of the cerebral cortex. The main structures included are the dorsal tier nuclei in the lateral nuclear mass: the lateral dorsal, lateral posterior, and pulvinar nuclei. The parvocellular component of the dorsomedial nucleus and the anterior nuclei also are included.
3. **Subcortical nuclei** do not have reciprocal connections with the cerebral cortex. These nuclei include the dorsomedial (in part), ventral

anterior (in part), intralaminar (in part), and thalamic reticular nuclei.

EPITHALAMUS

The epithalamus is the most dorsal division of the diencephalon. The major structures of this region are the pineal body (epiphysis), the habenular nuclei and habenular commissure, the posterior commissure, the striae medullares, and the roof of the third ventricle.

The **pineal body** is the dorsal diverticulum of the diencephalon. It is a cone-shaped structure that overlies the tectum of the midbrain. Microscopically, it consists of glial cells (astrocytes) and parenchymal cells (pinealocytes). No neurons are present, but there is an abundance of nerve fibers serving primarily as the terminals of postganglionic sympathetic neurons in the superior cervical ganglion. Calcareous accumulations (corpora arenacea) are conspicuous features of the pineal body after middle age. Since the pineal body is normally a midline structure and its calcifications are often radiopaque, its position can be a useful diagnostic aid on routine skull films. The function of the pineal has been a controversial subject. In many vertebrates, the secretions of the pinealocytes (including melatonin) are involved in seasonal maintenance and regression of gonadal cycling. The function of the pineal in humans is not known.

The **habenular nuclei** are located in the dorsal margin of the base of the pineal body. Afferent fibers to the habenula originate in the septal area, the lateral hypothalamus, and the brain stem, including the interpeduncular nucleus, the raphe nuclei, and the ventral tegmental area. The brain stem afferents reach the habenula in the **habenulopeduncular tract,** while the more rostral afferents are carried in the **stria medullaris.** The stria medullaris forms a small ridge on the dorsomedial margin of the thalamus. The efferent fibers of the habenula in the **habenulopeduncular tract,** or **fasciculus retroflexus,** are contained in a conspicuous, dense bundle that terminates in the interpeduncular nucleus. Fibers from the latter nucleus include ascending projections to the thalamus, hypothalamus, and septal area, and descending fibers that terminate in the central gray matter and serotonergic raphe nuclei of the brain stem.

The **habenular commissure** consists of stria medullaris fibers crossing over to the contralateral habenular nuclei. The **posterior commissure,** located ventral to the base of the pineal body, carries decussating fibers of the superior colliculi and pretectum (visual reflex fibers), and possibly fibers from other sources.

THALAMIC SYNDROME

Injury to the thalamus often results from vascular disease (stroke) and causes clearly recognizable symptoms. The ventral posterolateral nucleus and the ventral posteromedial nucleus are usually involved, and correspondingly, the patient develops a marked decrease of all modalities of sensation on the contralateral side of the body. Usually, the affected limbs are paralyzed because of damage to the corticospinal tract, which is located in the internal capsule adjacent to the thalamus. After a brief interval, generally several weeks, the patient develops a burning, agonizing pain in the affected parts of the body, worsened by any sort of sensory stimulation of the painful areas. The combination of hemianesthesia with spontaneous pain and hemiparesis is called the **thalamic syndrome**. Fortunately, medical therapy can relieve the pain that occurs with this syndrome.

CHAPTER 21

The Autonomic Nervous System

The autonomic nervous system (ANS) is the functional division of the peripheral nervous system that innervates **smooth and cardiac muscle** and the **glands** of the body. Although by its original definition the ANS consists of motor (**general visceral efferent**) fibers only, the sensory (**general visceral afferent**) fibers accompanying the motor fibers to the viscera are integrally related, both anatomically and functionally, with the motor fibers and must be considered to be part of the ANS. Only the efferent system will be described here. Under ordinary circumstances, the ANS functions at the subconscious level. It acts to regulate the activity of smooth muscle, cardiac muscle, and glands. Further, the ANS integrates these activities with one another and with somatic motor function. It is important to note, however, that the organs innervated by the ANS can carry out their most basic functions (e.g., cardiac contractions, peristalsis of the intestinal tract) without external regulation from the autonomic fibers. In situations that require rapidly fluctuating or extreme responses, the autonomic nerves are essential for proper visceral function.

Many visceral responses are governed reflexly by visceral or somatic sensory inputs, but the autonomic neurons are also controlled by integrative influences from the brain stem and hypothalamus. Unlike the somatic motor system, the peripheral autonomic system reaches its effector organs by a two-neuron chain.

The cell bodies and fibers of this chain are classified as follows:

1. The **preganglionic neuron**, the presynaptic or primary neuron, is located in the brain stem (cranial nerve nuclei III, VII, IX, and X) or spinal cord (intermediolateral cell column).
2. The **postganglionic neuron**, the postsynaptic or secondary neuron, is located in an outlying ganglion and innervates the end organ.

DIVISIONS OF THE AUTONOMIC NERVOUS SYSTEM

The preganglionic fibers have their cell bodies of origin in three regions of the brain stem and spinal cord. The **thoracolumbar outflow** consists of the fibers that arise in the **intermediolateral gray column** of the 12 thoracic and the first 2 lumbar segments of the spinal cord. This is the **sympathetic division of the ANS**. The **cranial outflow** consists of fibers that arise in the Edinger-Westphal nucleus (cranial nerve III), the superior and inferior salivatory nuclei (cranial nerves VII and IX), and the dorsal motor nucleus of the vagus (cranial nerve X). These fibers follow the cranial nerve branches to their destinations. The **sacral outflow** consists of fibers that arise from cell bodies in the intermediate gray matter of **sacral segments 2 through 4**. These fibers form the pelvic splanchnic nerves (nervi erigentes). The cranial and sacral outflow share many anatomic and functional features and together form the **parasympathetic division of the ANS.**

The sympathetic and parasympathetic divisions of the ANS are differentiated not only on their site of origin, but also on the basis of the neurotransmitters released at the terminals of the postganglionic fibers. The terminals of the parasympathetic postganglionic fibers liberate **acetylcholine** and thus are classified as **cholinergic**. The terminals of the sympathetic postganglionic fibers release **norepinephrine** and thus are classified as **adrenergic**. An exception to this rule is found in the terminals of sympathetic fibers on sweat glands, which are cholinergic.

Many organs receive fibers from both the sympathetic and parasympathetic systems. When dual innervation occurs, the fibers frequently have opposing effects. For example, parasympathetic fibers to the stomach increase peristalsis and relax the sphincters, while sympathetic fibers have the opposite effect.

Sympathetic Nervous System

The myelinated preganglionic fibers (B fibers) of the sympathetic system, which originate in the intermediolateral gray column of the thoracolumbar cord, leave the spinal cord with the motor fibers of ventral roots T-1 to L-2, but soon separate from the spinal nerves to form the **white rami communicantes** that enter the chain ganglia of the **sympathetic trunks** (see Fig. 10 in Chapter 2). The trunks are the paired, ganglionated chains of nerve fibers that extend along either side of the vertebral column from the base of the skull to the coccyx. Some of the fibers of the white rami synapse with postganglionic neurons in the chain ganglion (also called **paravertebral ganglion**) nearest their point of entrance (see Fig. 10 in Chapter 2). Other preganglionic fibers pass up or down the chain to end in paravertebral ganglia at higher or lower levels than the point of entrance (not shown in Fig. 10). A third group of preganglionic fibers passes through the paravertebral ganglion into a thoracic splanchnic nerve and terminates in the **prevertebral ganglia** of the abdomen and pelvis (see Fig. 10 in Chapter 2).

Some of the nonmyelinated postganglionic fibers (C fibers) given off from the neurons in the sympathetic trunk ganglia form the **gray rami communicantes** (see Fig. 10 in Chapter 2). Each spinal nerve receives a gray ramus that delivers postganglionic fibers to be distributed to the blood vessels, erector pili muscles, and sweat glands of the body wall throughout the dermatome innervated by the nerve. There are 31 gray rami on each side of the body, one for each spinal nerve, but there are only 14 white rami. As mentioned above, the white rami carry the preganglionic fibers from the thoracic and upper lumbar segments to the sympathetic chain (trunk). Thus, the cervical, lower lumbar, and sacral ganglia of the chain receive preganglionic fibers that have traveled up or down the trunk from the thoracolumbar levels.

The **cervical part** of the sympathetic trunk consists of ascending preganglionic fibers from the first four or five thoracic segments of the spinal cord. Three ganglia are present—**superior cervical, middle cervical,** and **cervicothoracic** (stellate). The last is formed by the fusion of the inferior cervical and first thoracic ganglia. The superior cervical ganglion cells give rise to the **carotid plexus,** a plexus of postganglionic fibers that follow the ramifications of the carotid arteries and furnish the sympathetic innervation of the entire head. Some fibers end in blood vessels and sweat glands of the head and face; others supply the lacrimal and salivary glands. The eye receives sympathetic fibers that innervate the dilator muscles of the iris and the smooth muscle fibers of the eyelid. Sympathetic innervation to the neck and arms is provided by gray rami from the cervical ganglia to each of the cervical and the first thoracic spinal nerves. In addition, these same ganglia give rise to postganglionic fibers forming the **cardiac nerves** to the cardiac plexus.

The viscera of the thorax are supplied not only by the cardiac nerves from the cervical ganglia, but also by postganglionic fibers from the upper thoracic ganglia. These fibers enter the plexuses of the heart and lungs.

The viscera of the abdominal and pelvic cavities are supplied by the thoracic splanchnic nerves. The **thoracic splanchnic nerves** (greater, lesser, and least) carry mainly preganglionic fibers from spinal cord levels T-5 to T-12, through the sympathetic trunk without synapsing, to the **prevertebral ganglia** (collateral) of the abdomen. The latter group includes the **celiac, superior mesenteric,** and **aorticorenal** ganglia, which are located at the roots of the arteries for which they are named. The neurons in these ganglia give rise to postganglionic axons that travel along the arterial walls to reach most of the abdominal viscera. The **lumbar splanchnic nerves** carry the preganglionic fibers from the levels of the upper lumbar spinal cord. The lumbar splanchnics terminate in the **inferior mesenteric** and

hypogastric ganglia. The postganglionic fibers from these prevertebral ganglia follow the ramifications of the visceral arteries to reach the organs of the lower abdomen and pelvis.

SUMMARY OF SYMPATHETIC NERVOUS SYSTEM ANATOMY

The preganglionic neurons of the sympathetic nervous system are all located in the thoracolumbar spinal cord gray. Their axons form the white rami communicantes that connect spinal nerves T-1 to L-2 with their corresponding chain ganglia. Thus, there are only 14 white rami on each side of the body. Postganglionic neurons are found in all ganglia of the sympathetic chain. The cervical ganglia receive their preganglionic input from cells in spinal cord segments T-1 to T-5. Axons of these cells enter the sympathetic chain in the thorax and ascend through the cervical trunk. The superior cervical ganglion supplies postganglionic fibers to structures of the head. The lower cervical ganglia supply the viscera of the neck. The thoracic viscera receive postganglionic innervation from cells in the upper thoracic chain ganglia. The heart also receives innervation from the cervical ganglia. The abdominal and pelvic viscera receive postganglionic input from cells of the prevertebral ganglia in the abdomen. These ganglia receive preganglionic innervation from cells in the lower thoracic and upper lumbar spinal cord which travels to the ganglia through the thoracic splanchnic nerves (to the abdomen) and the lumbar and sacral splanchnic nerves (to the pelvis).

In addition to this visceral distribution, the muscles and skin of the entire body wall receive postganglionic sympathetic innervation. These postganglionic fibers arise entirely from the chain ganglia and reach each spinal nerve via a gray ramus communicantes. Thus, there are 31 gray rami on each side of the body. In regions of the body where there are no separate chain ganglia for each segment, more than one gray ramus arises from each ganglion (e.g., the large superior cervical ganglion provides gray rami to cervical nerves 1 to 4 in addition to its postganglionic supply to the head).

CLINICAL ASPECTS OF SYMPATHETIC FUNCTION

Injury to the cervical portion of the sympathetic system produces **Horner's syndrome**. The **pupil** of the injured side is constricted (miotic) because its dilator muscle is paralyzed. There is partial ptosis of the eyelid, but the lid can still be raised voluntarily. An apparent enophthalmos may be noted as well. **Absence of sweating (anhidrosis)** and **vasodilatation** on the affected side make the skin of the face and neck appear reddened and feel warmer and drier than the normal side. Horner's syndrome may result from lesions that interrupt the central nervous system pathways descending ipsilaterally from the hypothalamus through the brain stem to the spinal cord. It can occur when a lesion of the spinal cord destroys the preganglionic neurons at their origin in the upper thoracic segments. Horner's syndrome also follows injury to the cervical sympathetic chain ganglia or the superior cervical ganglion and its postganglionic fibers.

Sympathetic fibers are known vasoconstrictors, and operations have been devised to increase the circulation by interrupting this innervation. **Lumbar sympathectomy,** which is performed to increase the circulation in the lower extremity, is the most common procedure.

SYMPATHETIC INNERVATION OF THE ADRENAL GLAND

Stimulation of the sympathetic nervous system ordinarily produces generalized physiologic responses rather than discrete localized effects. This results in part from the wide dispersion of sympathetic fibers, but it is augmented by the release into the blood of epinephrine from the adrenal glands. Preganglionic fibers from the lesser and least splanchnic nerves supply the medulla of the adrenal gland, ending directly on the adrenal medullary cells without synapsing in an interposed ganglion. The medullary cells themselves are derivatives of embryonic nerve tissue and in effect constitute a modified sympathetic ganglion. Pain, exposure to cold, and strong emotions such as rage and fear evoke sympathetic activity, which mobilizes the body resources for violent action. The functions of the gastrointestinal tract are suspended, and blood is shunted away from the splanchnic area. Heart rate and blood pressure increase, the coronary arteries dilate, and the bronchioles of the lungs widen. The spleen releases extra red cells to the blood. This activity was described by Cannon as the "fight or flight" phenomenon.

Parasympathetic Nervous System

The preganglionic fibers of the parasympathetic system extend to the **terminal ganglia** located within, or very close to, the organs they supply. As a result, the postganglionic fibers are very short.

The **cranial division** of the parasympathetic system originates in cranial nerves III, VII, IX, and X. Parasympathetic innervation of the ciliary muscle and sphincter muscle of the iris passes through the oculomotor nerve and **ciliary ganglion.** Secretory preganglionic fibers from the nervus intermedius of cranial nerve VII synapse in the **pterygopalatine** and **submandibular ganglia.** Postganglionic fibers from the pterygopalatine ganglion innervate glands in the mucous membrane of the nasal chamber, the air sinuses, the palate and pharynx, and the lacrimal gland, while the fibers of the submandibular ganglion supply the sublingual and submandibular glands. The **otic ganglion,** which receives preganglionic fibers of cranial nerve IX, supplies postganglionic fibers to the parotid gland. The vagus nerve supplies the preganglionic fibers to the heart, lungs, and abdominal viscera. The latter organs have the postganglionic neurons in associated plexuses adjacent to, or within, the walls of the viscus.

The **sacral division** arises from parasympathetic preganglionic neurons in the intermediate gray column of spinal cord segments S-2, S-3, and S-4. Axons of these cells form the **pelvic splanchnic nerves** and supply fibers to ganglia in the muscular coats of the urinary and reproductive tracts, the colon (descending and sigmoid), and the rectum. In the pelvic region, the parasympathetic system is primarily concerned with mechanisms for emptying the bladder and rectum. Under strong emotional circumstances, these fibers may discharge along with a generalized sympathetic response and produce involuntary emptying of these organs.

Both the parasympathetic and the sympathetic divisions of the autonomic nervous system are needed for sexual activity. In women, the parasympathetic fibers are responsible for increased vaginal secretions, erection of the clitoris, and engorgement of the labia minora. In men, the parasympathetic fibers are responsible for penile erection, but stimulation by sympathetic fibers initiates the contractions of the ductus deferens and seminal vesicles to start the processes of emission and ejaculation. Final ejaculation through the urethral canal results from parasympathetic activity. Disease of the parasympathetic fibers, as in diabetic neuropathy, causes impotence with failure of erection and ejaculation. Disease of the sympathetic fibers or administration of adrenergic blocking agents can impair ejaculation. Sympathetic overactivity, often related to emotions, can cause weakness of erection and premature ejaculation. Loss of both libido and potency can be caused by cerebral lesions or the use of various drugs, including antihypertensives, diuretics, antidepressants, antipsychotics, and sedatives.

INNERVATION OF THE URINARY BLADDER

Motor control of the urinary bladder results primarily from parasympathetic function that is purely reflex in infants but is under voluntary regulation in normal adults. The preganglionic fibers of the parasympathetic nerves to the bladder have their cell bodies in the intermediate region of the gray matter of sacral cord segments 2, 3, and 4. They enter the pelvic splanchnic nerves, pass through the vesical plexus, and terminate on ganglia located in the wall of the bladder (Fig. 57). Short postganglionic fibers go to the detrusor muscle that forms the wall of the bladder. Stimulation of the parasympathetic nerves of the bladder contracts the detrusor muscle, opens the neck of the bladder into the urethra, and empties the bladder.

The **sympathetic** supply to the bladder originates in cells of the intermediolateral gray column of upper lumbar cord segments whose axons

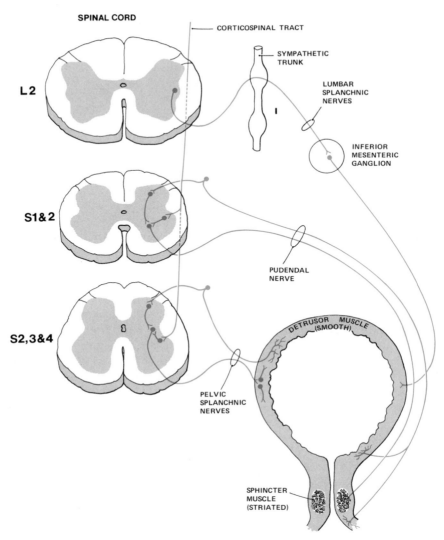

FIGURE 57. Autonomic innervation of the urinary bladder and associated somatic innervation of the sphincter.

pass through the sympathetic trunk to reach the inferior mesenteric ganglion by the lumbar splanchnic nerves. Postganglionic fibers continue through the hypogastric and vesical plexuses to the wall of the bladder. The functions of the sympathetic nerves are uncertain. They may assist the filling of the bladder by relaxing the detrusor muscle, but they have little influence on emptying mechanisms. Cutting the sympathetic nerves to the bladder does not have a serious effect on its function.

The external sphincter of the urethra is made up of striated muscle and is innervated by regular motor fibers of the pudendal nerve along with other muscles of the perineum. The external sphincter may be closed voluntarily, but it relaxes by reflex action as soon as urine is released into the urethra at the beginning of micturition.

The smooth muscle of the bladder responds to a stretch reflex operated by proprioceptors in its wall that send impulses to spinal cord segments S-2, S-3, and S-4. The efferent reflex fibers return impulses over the pelvic splanchnic nerves to maintain tonus in the detrusor muscle while the bladder is filling. Reflex contraction of the detrusor muscle in response to bladder filling is called the **vesical reflex**. It can be evaluated clinically by **cystometry**, a procedure in which measured amounts of sterile fluid are placed into the bladder and the resulting pressure is measured. In the uninhibited bladder of infancy, the bladder fills nearly to its normal capacity, then a strong reflex response takes place and it empties automatically. Voluntary suppression of urination depends on fibers that descend in the corticospinal tracts from the cortex of the paracentral lobules of the cerebral cortex. These fibers can inhibit the detrusor reflex. The sensation of increased bladder tension and the desire to void are conveyed by sensory impulses in the afferent fibers of the pelvic nerves and visceral afferent pathways deep to the lateral spinothalamic tracts in the lateral funiculus of the spinal cord. The sensations of urethral touch and pressure, however, may be mediated by the dorsal columns.

Lesions of the dorsal roots of the sacral segments interrupt afferent reflex fibers and produce an **atonic bladder**. The bladder wall becomes flaccid and its capacity is greatly increased. Sensations of fullness of the bladder are entirely lost. As the bladder becomes distended, incontinence and dribbling occur. Voluntary emptying remains possible, but it is incomplete and some urine is left in the bladder. Lesions of the conus medullaris of the spinal cord interrupt the central connections of the reflex responsible for emptying the bladder and cause an atonic bladder. Lesions of the cauda equina that destroy the second and third sacral roots interrupt both the afferent and efferent pathways of the reflex and cause an atonic bladder.

Injuries of the spinal cord above the level of the conus medullaris cause a derangement of the bladder reflexes that usually results initially in contraction of sphincter muscles and retention of urine. In the patient with acute transection of the spinal cord, the bladder becomes atonic and fails to empty when full. After several weeks, reflexes in the sacral segments of the cord may recover and begin to function so that an **automatic bladder** is established. The bladder fills and empties, either spontaneously or after the skin over the sacral cutaneous area is stimulated by scratching.

AUTONOMIC REFLEXES

Many important reflexes, including pupillary, lacrimal, salivary, cough, vomiting, and carotid sinus reflexes, are mediated by the ANS. Most of these are described elsewhere in this book. Some of the other reflexes are listed below.

The rectal (defecation) reflex. Distention of the rectum or stimulation of rectal mucosa results in contraction of the rectal musculature. This reflex is mediated by sacral segments S-2, S-3, and S-4. Clinically, the reflex can be evaluated using a **colometrometer,** which measures the pressure produced by colonic contraction.

The internal anal sphincter reflex. Contraction of the internal anal sphincter can be detected on introduction of the examiner's gloved finger into the anus. The reflex is mediated by postganglionic sympathetic fibers through the hypogastric plexus.

Bulbocavernous reflex. Pinching the dorsum of the glans penis results in contraction of the bulbocavernosus muscle and the urethral constrictor. The contraction can be palpated by placing a finger on the perineum behind the scrotum, with pressure on the bulbous or membranous portion of the urethra. An accompanying contraction of the external anal sphincter can be detected with a gloved finger placed in the anus. The reflex is mediated by the third and fourth sacral nerves.

CHAPTER 22

The Hypothalamus and Limbic System

One of the major functions of the nervous system is to maintain the constancy of the internal environment of the body, a process termed **homeostasis**. Although essentially the whole brain participates in this process, neurons vitally important to homeostasis are concentrated in the **hypothalamus** and have close connections in the **limbic system**. These neurons maintain homeostasis through three closely related processes: (1) the secretion of hormones, (2) central control of the autonomic nervous system, and (3) the development of emotional and motivational states. Hypothalamic and limbic structures also interact with neurons in the **reticular formation** and the neocortex for the maintenance of **arousal**, which is a general state of awareness.

HYPOTHALAMUS

The **hypothalamus** forms the floor and the ventral part of the walls of the third ventricle. The shallow **hypothalamic sulcus** on the wall of the third ventricle demarcates the hypothalamus from the thalamus.

The hypothalamus includes a number of well-defined structures. The **optic chiasm** is located in the rostral portion of the hypothalamic floor. The **tuber cinereum** is the portion of the hypothalamic floor between the optic chiasm and the mammillary bodies. The **infundibulum,** or stalk of the pituitary, extends ventrally from the tuber cinereum to the pars nervosa of the hypophysis. The lumen of the third ventricle may evaginate into the infundibulum for a variable distance, forming the infundibular recess (see Fig. 5 in Chapter 1). The median eminence is a part of the tuber cinereum; it is the portion of the hypothalamic floor between the optic chiasm and the infundibulum. The **mammillary** bodies are paired spherical nuclei located caudal to the tuber cinereum and rostral to the **posterior perforated substance** (see Fig. 6 in Chapter 1).

The hypothalamus consists of three regions: the **supraoptic** region, which is most rostral; the **mammillary** region, which is most caudal; and the intervening **tuberal** region.

HYPOTHALAMIC NUCLEI

The hypothalamus consists of a matrix of nuclei with fiber bundles passing through and between the nuclei. The more conspicuous nuclei in the three major regions are listed below.

Rostral to the hypothalamus is the **preoptic area**, a region developmentally a part of the telencephalon but histologically indistinguishable from the hypothalamus and so closely associated with it functionally that many authorities describe it as part of the hypothalamus. The preoptic area consists of a **medial preoptic area** and a **lateral preoptic area**. The medial preoptic area forms the wall of the third ventricle below the anterior commissure. It extends from the lamina terminalis to an imaginary line running from the interventricular foramen to the back of the optic chiasm (see Fig. 4 in Chapter 1).

Caudal to the preoptic area, the most rostral portion of the hypothalamus is the supraoptic region, which contains the following structures:

1. The **suprachiasmatic nucleus:** a small nucleus located immediately dorsal to the center of the optic chiasm.
2. The **supraoptic nucleus:** a nucleus that straddles the lateral portions of the optic chiasm.
3. The **paraventricular nucleus:** a group of cells dorsal and medial to the supraoptic nucleus, in the lateral wall of the hypothalamus.
4. The **anterior hypothalamic area:** an indistinctly bounded group of cells between the supraoptic and paraventricular nuclei.
5. The **lateral hypothalamic area:** a long, narrow zone beginning just behind the lateral preoptic area and extending into the intermediate and caudal regions of the hypothalamus. The boundary between the medially located anterior hypothalamic area and the lateral hypothalamic area is a parasagittal plane through the fornix, which is a bundle of fibers traversing the hypothalamus from its dorsorostral corner to the mammillary bodies.

Several small nuclei are found in the tuberal region:

1. The **dorsomedial nucleus,** which is located in the dorsomedial portion of the lateral wall of the ventricle.
2. The **ventromedial nucleus,** which is ventral to the dorsomedial nucleus.

3. The **arcuate nucleus,** which is located in the floor of the hypothalamus near the infundibulum.
4. The **lateral hypothalamic area,** which is lateral to the other three nuclei of this region.

The following nuclei are found in the mammillary region:

1. The **mammillary nuclei,** which are located within the mammillary bodies and are usually subdivided into several subnuclei.
2. The **posterior nucleus,** which is dorsal to the mammillary nuclei and caudal to the end of the lateral hypothalamic area.

The preoptic area and hypothalamus are central to the organization of the **limbic system,** which is a collection of interconnected but not contiguous structures in the telencephalon. These structures include the cortical areas of the limbic lobe—the cingulate gyrus, septal area, and parahippocampal gyrus (see Chapter 1)—and several gray matter areas beneath the limbic lobe cortex, including the **amygdala** and **hippocampal formation,** which lie deep to the cortex of the parahippocampal gyrus.

The **amygdala** is a spherical mass of neurons that are subdivided into distinct nuclei. These nuclei often are grouped into two functional parts: the dorsomedial (corticomedial) and ventrolateral (basolateral) divisions. The amygdala forms the uncus on the parahippocampal gyrus.

Just behind the amygdala is the beginning of the inferior horn of the lateral ventricle, in the floor of which is the **hippocampal formation.** This structure, consisting of the dentate gyrus, Ammon's horn, and the subiculum, is a large gray matter area lying along the ventricle deep to the cortex of the parahippocampal gyrus. It extends from the rostral end of the inferior horn of the lateral ventricle to the back (splenium) of the corpus callosum.

FIBER CONNECTIONS OF THE PREOPTIC AREA AND HYPOTHALAMUS

The preoptic area and hypothalamus receive input from many parts of the limbic system in the telencephalon and from the reticular formation and other nuclei in the brain stem.

Pathways carrying inputs from limbic system structures include the following:

1. The **stria terminalis:** a small, compact bundle of fibers from the dorsomedial (corticomedial) division of the amygdala.
2. The **ventral amygdalofugal pathway:** a diffuse projection of axons, probably from both divisions of the amygdaloid nuclei, crossing over

the optic tract into the hypothalamus and preoptic area.

3. The **fornix**: a large, compact bundle of axons arising from cells of the hippocampal formation. Many fibers in the tract terminate in the mammillary bodies. This tract also includes axons going to the hippocampal formation from the hypothalamus and septal area.
4. The **medial forebrain bundle**: a large, somewhat diffuse tract that extends from the septal area through the lateral preoptic area and lateral hypothalamic area to the brain stem, particularly to the reticular formation. Many fibers join this tract and others leave it in all areas through which the tract travels.
5. The **mammillary peduncle**: a pathway carrying fibers from the brain stem into the hypothalamus.

Efferent pathways arising from cells of the hypothalamus travel through the first four tracts listed above. In addition, neurons in the hypothalamus give rise to the following fibers:

1. The **fasciculus mammillary princeps**: a large, short fiber bundle that arises from neurons of the mammillary body, passes dorsally, and bifurcates into the **mammillothalamic tract,** which projects to the anterior nuclear group of the thalamus, and the **mammillotegmental tract,** which turns caudally and terminates in the tegmentum of the midbrain.
2. The **dorsal longitudinal fasciculus**: a small tract connecting the hypothalamus with the brain stem reticular formation and indirectly with cranial nerve nuclei. An extension of fibers from this fasciculus carries axons all the way to the spinal cord, where they influence autonomic preganglionic neurons.
3. The **hypothalamo-hypophyseal tract**: fibers from the supraoptic and paraventricular nuclei that send their axons into the posterior lobe of the pituitary.

HYPOTHALAMIC FUNCTION

The preoptic area and hypothalamus regulate endocrine activity through two mechanisms: (1) directly, by secretion of neuroendocrine products into the general circulation through the vasculature of the posterior pituitary (**neurohypophysis**); and (2) indirectly, by secretion of releasing hormones into the local portal plexus, which drains into the blood vessels of the anterior pituitary (**adenohypophysis**). The hypothalamus also serves as the "head ganglion" of the autonomic nervous system; in this capacity, it regulates almost every conceivable autonomic reaction, including body temperature, heart rate, blood pressure, gastrointestinal activity, piloerection, and bladder contraction. The hypothalamus governs many aspects of emotional behavior, including anger, rage, placidity, and sexual activity. In awake unrestrained animals, hypothalamic stimulation leads to combined autonomic and somatic responses of various types. For example, behavior that is characteristic of anger can occur, including increased blood pressure, piloerection, arching of the back, and raising of the tail. These observations indicate that the hypothalamus integrates autonomic and somatic manifestations of emotional states.

In some cases, the various functions of the preoptic area and hypothalamus depend on neurons within the hypothalamus; in other cases, these functions result from the actions of pathways such as the medial forebrain bundle, which courses through the hypothalamus and connects nonhypothalamic as well as hypothalamic areas. Ambiguities about the functions of local neurons and fibers of passage have resulted in much controversy concerning the functions of the preoptic area and hypothalamus.

In their role as regulator of all the important functions listed above, the preoptic area and hypothalamus are influenced by the major tracts that provide neuronal input, as well as by information conveyed to them in the blood stream, such as body core temperature, water and salt content of the blood, and circulating hormone and glucose levels. Similarly, these areas of the brain not only use neural effector pathways for their output, but they also secrete hormones into the blood stream.

Endocrine Activity: Hypothalamic Pituitary Relationships

The hormonal control of the pituitary is mediated, in part, by the direct influence of hormones in the blood on pituitary cells and, in part, by the preoptic area and the supraoptic and tuberal areas of the hypothalamus. These regions influence the anterior and posterior **pituitary** via polypeptides produced in the neurons and transported to their terminals.

Cells in the supraoptic and paraventricular nuclei produce the peptide hormones **oxytocin** and **vasopressin** (antidiuretic hormone), which are transported down the **hypothalamo-hypophyseal tract** and secreted from axon terminals directly into the systemic circulation in the posterior pituitary (neurohypophysis). Both hormones are produced initially as prohormones in neurons of the hypothalamic nuclei. During transport along the axons of the neurons, cleavage of the hormones occurs, yielding a **neurophysin** with oxytocin and another neurophysin with vasopressin. The hormones and neurophysins are released at axonal terminals in the posterior pituitary. Vasopressin stimulates water reabsorption by the kidney, and oxytocin stimulates uterine contraction and milk ejection.

Cells in the tuberal area control the anterior pituitary, but by a fundamentally different mechanism. Cells in the arcuate nucleus and part of the ventromedial nucleus (as well as cells in more rostral areas of the forebrain) produce peptide-releasing hormones, which are transported to their terminals and secreted into capillaries in the median eminence and pituitary stalk. These capillaries collect into very short portal veins that deliver the releasing hormones to cells of the anterior pituitary (adenohypophysis). Some of the substances produced by the hypothalamus are actually release-inhibiting molecules. In response to appropriate releasing hormones, cells of the anterior pituitary synthesize and secrete thyroid-stimulating hormone, follicle-stimulating hormone, luteinizing hormone, growth hormone, adrenocorticotropic hormone, and prolactin. These substances are collectively termed **trophic hormones** because they have a stimulating effect on their target tissues. In response, many of the target tissues (e.g., thyroid and adrenal glands) produce hormones that serve as negative feedback regulators on the hypothalamus and pituitary. This is not true, however, of the regulation of growth hormone and prolactin, which are controlled by a balance of stimulating and inhibiting substances from the hypothalamus. Prolactin, for example, is produced and released in response to prolactin-releasing hormone, and its secretion is inhibited by the release of dopamine from hypothalamic neurons in the hypophyseal portal system.

Body Temperature

The preoptic area and the anterior hypothalamic area are important for temperature regulation. Damage to these areas of the brain can lead to complete loss of the integration of autonomic reflexes (e.g., peripheral vasoconstriction or vasodilatation and sweating) and somatic motor or behavioral responses (e.g., shivering and seeking a warmer or cooler environment) that regulate body temperature. In addition, local cooling or warming of the blood supply in this area produces an appropriate set of compensatory responses to maintain the body temperature at 37°C. Neurons in the preoptic and hypothalamic regions appear to be directly responsible for this regulatory function. These neurons probably control the production of fever as well, but the mechanisms involved are not fully understood.

Reproductive Physiology and Behavior

Neurons in the preoptic area, anterior hypothalamus, and tuberal region are involved in gonadal regulation and sexual behavior in the male and female. Both anatomic and physiologic differentiations of these brain areas occur in response to gonadal hormones circulating before birth, leading to a postpubertal pattern of cyclical (female) or noncyclical (male) secretion of gonadotropin-releasing hormone (Gn-RH). In the human, neurons in the arcuate nucleus, in part of the ventromedial nucleus in the tuberal region, and possibly also in the preoptic region, are directly responsible for synthesizing Gn-RH, transporting it down their axons, and secreting it into the portal capillaries in the infundibulum. Neurons in these same areas profoundly influence sexual behavior in all experimental animals in which this question has been studied, but the pathways out of the hypothalamus by which sexual behavior is coordinated are not fully known. Certainly, some of this behavioral integration involves hypothalamic output to the parasympathetic and sympathetic preganglionic neurons that control genital reflexes (see Chapter 21).

The neuronal inputs to the preoptic area and hypothalamus that influence sexual behavior come from the amygdala and the brain stem. In addition, the blood-borne gonadal hormones, estrogen and progesterone or testosterone, are accumulated by neurons in the medial preoptic area and tuberal hypothalamus. These hormones may influence the electrical activity of the neurons in addition to controlling the synthesis and release of Gn-RH.

Food Intake

Damage to the ventromedial nucleus of the hypothalamus causes an experimental animal to eat voraciously. If allowed continuous access to food, such an animal quickly becomes obese. Conversely, a lesion placed in the lateral hypothalamic area of the tuberal region abolishes eating and drinking behavior, at least temporarily, and may lead to death from loss of water and nourishment. These experimental findings led investigators to designate the neurons of the ventromedial nucleus as "the satiety center" and those of the lateral hypothalamic area as "the feeding center." Further experiments, however, have suggested that pathways passing through these areas, particularly noradrenergic pathways destined for more rostral regions, may be as important as the ventromedial and lateral hypothalamic neurons in controlling appetite.

Emotion

The hypothalamus clearly regulates the autonomic discharge of nerve impulses that evoke the physical expressions of emotion: acceleration of the heart rate, elevation of blood pressure, flushing (or pallor) of the skin, sweating, "goose-pimpling" of the skin, dryness of the mouth, and disturbances of the gastrointestinal tract. Emotional experience, however, includes subjective aspects, or "feelings," which involve the cerebral cortex. Furthermore, mental processes in the cerebral cortex possessing strong emotional content can bring forth hypothalamic reactions. Pathways that connect the cerebral cortex and hypothalamus therefore are intimately involved in the mechanisms of emotion.

Conduction pathways between the hypothalamus and the cerebral cortex are diverse and circuitous. One of the most direct is a pathway known as the Papez circuit. Papez's description of this pathway and his proposal that it is concerned with emotion led the way in the development of the concept of the limbic system. The pathway includes the hippocampal formation, a primitive cortical area that receives substantial input from the association cortex in the parahippocampal gyrus. The hippocampal formation projects directly to the hypothalamus, particularly the mammillary body, via the fornix. From the mammillary body, the prominent mammillothalamic tract projects to the anterior nuclear group of the thalamus, and from these nuclei, axons distribute to the cingulate gyrus (Fig. 58).

Although the limbic system as a whole has been shown to be concerned with emotion, as Papez proposed for the hippocampus, the hippocampus itself now appears to be an area of the brain responsible for integrating sensory and other messages in the processing of memories—an area, therefore, of prime importance in learning.

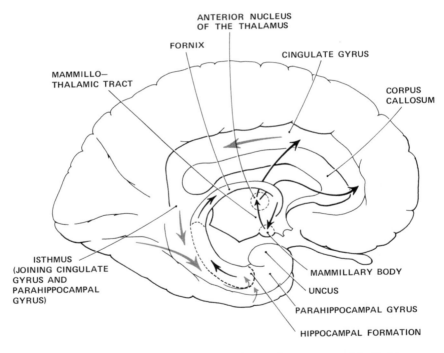

FIGURE 58. The Papez circuit (arrows) diagrammed on a schematic view of the limbic system on the medial surface of the cerebral hemisphere. Black arrows indicate the circuit described by Papez in 1937. The connections from the cingulate cortex through the parahippocampal gyrus to the hippocampus, which complete the circuit (red arrows), were discovered later.

HYPOTHALAMUS AND RETICULAR FORMATION

An essential ingredient in motivational status is the phenomenon of wakefulness, a condition requiring the activity of the reticular formation. The reticular formation consists of clusters of interconnected neurons throughout the brain stem, with projections to the spinal cord, the hypothalamus, the cerebellum, and the cerebral cortex. The brain stem reticular formation can be viewed as the rostral extension of the interneuronal networks in the spinal cord. Many reticular neurons have extensive axonal projections, with a single neuron, for example, connecting the spinal cord and the hypothalamus. Some neuronal clusters in the reticular formation use a common neurotransmitter. Examples of these clusters are the noradrenergic neurons of the locus ceruleus, the serotonergic neurons of the raphe nuclei, and the dopaminergic neurons of the midbrain ventral tegmentum (see Chapter 25). The reticular formation is involved in the control of sleep and wakefulness. In experimental animals, lesions of the rostral (mesencephalic) reticular formation lead to constant behavioral stupor, and lesions of the caudal (pontine) reticular formation result in constant wakefulness. The reticular formation is needed for sleep to occur, and although the responsible neurons have not been identified, the monoaminergic neurons, particularly the raphe nuclei, may be involved.

CHAPTER 23

The Rhinencephalon and Olfactory Reflexes

The **rhinencephalon** consists of the **olfactory nerves, bulbs, tracts, and striae,** a portion of the **anterior perforated substance,** the **prepyriform region of the cortex,** the **entorhinal cortex of the parahippocampal gyrus,** and the **corticomedial (dorsomedial) division of the amygdala.** The rhinencephalon is relatively prominent in the brain of macrosmatic vertebrates such as carnivores and rodents. In microsmatic vertebrates such as primates, visual sense is used more extensively than olfactory for locating food and communicating with other members of the same species.

PERIPHERAL OLFACTORY APPARATUS

The peripheral olfactory receptors are found in a specialized area of the nasal mucosa designated as the **olfactory epithelium.** In humans, this tissue consists of pseudostratified columnar olfactory epithelium located on the superior concha, the roof of the nasal chamber, and the upper portion of the nasal septum. The receptor cells are bipolar neurons. Their axons, grouped into fascicles, pass through the fenestrae of the **cribriform plate** as the **olfactory nerve.** The olfactory nerves terminate in the **olfactory bulb,** which is an extension of the telencephalon.

OLFACTORY BULBS AND OLFACTORY PATHWAYS

The olfactory bulbs rest on the cribriform plate. Layers of different cell types make the laminar architecture of the bulb prominent in histological preparations of most vertebrate brains, but this organization is difficult to demonstrate in humans. The bulb contains several types of neurons, including interneurons and **mitral cells,** which receive input from **olfactory nerve fibers** and project their axons into the **olfactory tracts** or striae.

The **anterior olfactory nucleus,** in the **olfactory stalk,** consists of a number of groups of neurons (Fig. 59). It contains the cells of origin of the

200

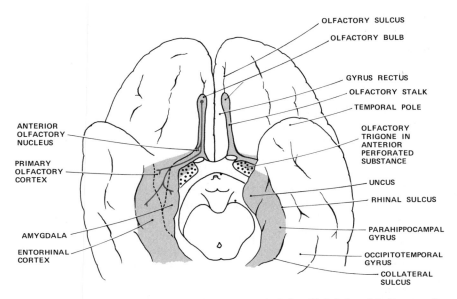

OLFACTORY SULCUS
OLFACTORY BULB
GYRUS RECTUS
OLFACTORY STALK
TEMPORAL POLE
OLFACTORY TRIGONE IN ANTERIOR PERFORATED SUBSTANCE
UNCUS
RHINAL SULCUS
PARAHIPPOCAMPAL GYRUS
OCCIPITOTEMPORAL GYRUS
COLLATERAL SULCUS

ANTERIOR OLFACTORY NUCLEUS
PRIMARY OLFACTORY CORTEX
AMYGDALA
ENTORHINAL CORTEX

FIGURE 59. The structures of the olfactory system are shaded and labeled on this diagram. On the left, the temporal lobe has been pulled to the left to expose more of the ventral surface of the brain. The projections of the mitral cells of the olfactory bulb are indicated in red.

olfactory portion of the anterior commissure. These cells receive input from the olfactory bulb rostrally and send their axons across the anterior commissure to the contralateral olfactory bulb.

The olfactory stalk lies in the **olfactory sulcus** of the frontal lobe. The tract in the stalk soon bifurcates into medial and lateral striae. Some of the fibers of the medial olfactory stria are the axons of anterior olfactory nucleus neurons, which enter the rostral portion of the anterior commissure to be returned to the opposite olfactory bulb. The remainder of the fibers, which terminate in the **olfactory trigone** within the anterior perforated substance, are believed to be mitral cell axons.

The lateral stria, composed primarily of mitral cell processes, skirts the lateral margin of the anterior perforated substance to reach the **prepyriform cortex (primary olfactory cortex)**, the **entorhinal cortex**, and the **amygdala** (see Fig. 59). The olfactory system is unusual in that it is the only sensory system in which second-order neurons project directly to the cortex. The **primary olfactory cortex** is three-layered paleocortex, which is phylogenetically older than the six-layered neocortex in which visual, auditory, and somatosensory systems terminate. Like these other sensory systems, however, the olfactory system does use a thalamocortical connection to the **neocortex** for discriminative functions. This connection includes projections from the primary olfactory cortex to the **dorsomedial nucleus** of the thalamus, which relays information to the **orbitofrontal cortex**. Experimental animals in which this system has been damaged can still respond to the presence of an odor, but they cannot discriminate one odorant from another.

Olfactory impulses that reach the amygdala are involved in the regulation of chemosensory control of social behaviors in macrosmatic vertebrates. These behaviors include sexual, aggressive, and maternal responses to other members of the same species. The functional significance of olfactory projections to the amygdala in primates is not clear, nor is the function of the olfactory input to the entorhinal cortex. It is likely that in both of these regions, olfactory information is integrated with visual, auditory, and somatosensory impulses arriving from the respective association cortices. The entorhinal area projects heavily to the hippocampal formation. Thus, both the amygdala and the hippocampal formation may be involved in the integration of multisensory inputs into meaningful and appropriate emotional and physiologic responses to external stimuli. This may serve as the groundwork for the development of learned emotional responses to specific stimuli, which is an aspect of motivation.

Anosmia, a loss of the sense of smell, can result from a number of conditions, including trauma (fracture of the cribriform plate with injury to the olfactory bulbs or tracts); infections (the common cold and other systemic viral infections such as viral hepatitis, syphilis, bacterial meningitis, abscesses of the frontal lobe, and osteomyelitis of the frontal or ethmoid regions); neoplasms (olfactory groove meningiomas and frontal lobe gliomas); metabolic diseases (pernicious anemia and disorders of zinc metabolism); and drug ingestion (especially amphetamines or cocaine). People with complete anosmia lose the ability to recognize flavors, since a substantial amount of "taste" is perceived through the olfactory system. Hyperosmia, an increase in olfactory sensitivity, occurs most frequently in hysteria and some psychoses.

The subarachnoid space is located in close approximation to the olfactory mucosa. A fracture through the cribriform plate can result in a leak of cerebrospinal fluid through the nose (**CSF rhinorrhea**). This condition can result in meningitis due to the spread of infection from the nose to the cerebrospinal fluid.

CHAPTER 24

The Cerebral Cortex

The advanced intellectual functions of the human depend on the activity of the cerebral cortex and interactions of this structure with other portions of the nervous system. The cerebral cortex is involved in many aspects of memory storage and recall. It is necessary for the comprehension and execution of language and for certain special talents such as musical and mathematical abilities. The cerebral cortex is involved in most higher cognitive functions. It is responsible for the perception and conscious understanding of all sensations, and it is a site in which one modality of sensation can be integrated with others. The cerebral cortex is involved in the planning and execution of many complex motor activities, particularly fine digital and hand movements.

NEURONS OF THE CEREBRAL CORTEX

The convoluted surface of the cerebral hemispheres contains a mantle of gray matter thickly studded with cells that are arranged in layers. The **isocortex** (neocortex), which comprises about 90 percent of the cerebral surface, contains six layers of cells, while the **allocortex** contains three. The allocortex includes the **paleocortex** (e.g., olfactory cortex) and the **archicortex** (e.g., hippocampus and dentate gyrus). A third region of the cerebral surface, including the cingulate gyrus and part of the parahippocampal gyrus, is transitional from allocortex to isocortex and contains three to six neuronal layers, depending on the location. From the pial surface, the layers of the neocortex have been named: I, **molecular**; II, **external granular**; III, **external pyramidal**; IV, **internal granular**; V, **internal pyramidal**; and VI, **multiform**. In general, afferents to the cortex synapse in layers I through IV, while efferents from the cortex arise from layers V and VI. The afferents from the specific thalamic nulcei terminate primarily in layer IV of the primary sensory areas, and the efferents projecting to the brain stem and spinal cord arise chiefly in layer V. In addition to this horizontal lamination, the cells of the cortex are functionally organized into vertical columns. Afferent fibers to the cortex run radially toward the surface (i.e., along the length of the vertical columns) and provide branches that form sheets between the horizontal layers of cells. The vertical columns are extremely important and are considered to be the functional units of the cortex. Short axons make connections between neurons within each column to form a great variety of closed chains, or loops. Some of the fibers that terminate on the cells of the cortex come from the thalamus (**projection fibers**) primarily to layer IV; others arrive from widely dispersed areas of the cortex by way of long or short **association fibers**. A third group of fibers projects to the cortex from several specific subcortical structures outside the thalamus. These include the locus ceruleus (origin of noradrenergic fibers), the raphe nuclei of the brain stem (origin of serotonergic projections), and the basal nucleus of Meynert (in the basal telencephalon; origin of cholinergic projections). The corpus callosum (**commissural fibers**) links corresponding (and, to some degree, noncorresponding) regions of the two hemispheres.

The cerebral cortex contains three types of neurons: **pyramidal cells, stellate cells,** and **fusiform cells.** Pyramidal cells are found in layers II, III, and V, and they serve as the major efferent pathway of the cerebral cortex. Small pyramidal cells in layers II and III project to other cortical regions, and large pyramidal cells in layer V project to the brain stem and spinal cord. Stellate cells can be found in all layers but are most common in layer IV. They are the interneurons of the cerebral cortex. Fusiform cells are found in layer VI and project primarily to the thalamus.

The relative thickness of each of the six cortical layers and the density of neuron cell bodies within each layer vary in different regions of the cortex. On the basis of such morphologic characteristics—some obvious, others very subtle—several cytoarchitectural maps have been developed, dividing the surface of the cerebrum into distinct areas. Some areas have recognized functions, but for many others, no clear correspondence with a specific function has been proved. Based on the differences in cytoarchitecture, Brodmann designated 52 anatomic areas. Several of these are used frequently for descriptive purposes (Figs. 60 and 61).

MOTOR FUNCTIONS OF THE CEREBRAL CORTEX

The **primary motor region** (area 4) is located in the precentral gyrus on the convexity of the cerebral hemisphere, extending from the Sylvian fissure laterally into the interhemispheric fissure medially. The largest neuronal cell bodies of the cerebral cortex, the Betz cells, are located in layer V of this region. They give rise to a very small percentage of the fibers in the corticospinal tract. The smaller neurons in area 4 give rise to a significant portion of the corticospinal tract. As shown by the effects of electrical

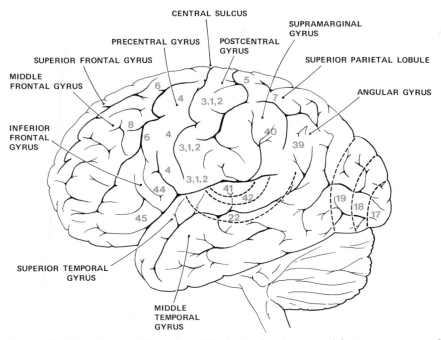

FIGURE 60. A lateral view of the surface of the brain, showing some of the important areas of Brodmann.

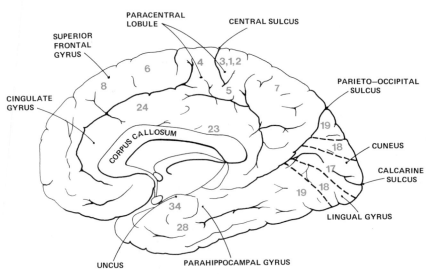

FIGURE 61. A medial view of the surface of the brain, showing some of the important areas of Brodmann.

THE CEREBRAL CORTEX 205

stimulation in humans and animals, this area of the cerebral cortex contains a representation of the muscles of the body in an orderly arrangement (Fig. 62). The toes, ankle, leg, and genitalia are represented on the medial wall of the brain; the knee, hip, and trunk follow in sequence on the convexity; the shoulder, elbow, wrist, and fingers occur next; and the neck, brow, face, lips, jaw, and tongue are represented most laterally. The amounts of cortex devoted to various parts of the body are unequal. The parts of the body capable of fine or delicate movement have a large cortical representation, whereas those performing relatively gross movements have a small representation.

Lesions in the primary motor region result in paresis of the contralateral musculature with hypotonia (decreased resistance to passive manipulation) and diminished muscle stretch reflexes. This is followed in a few weeks by spasticity of the affected musculature with hypertonia (increased resistance to passive manipulation), enhanced muscle stretch reflexes, and an extensor plantar response (Babinski sign).

A supplementary motor area is present on the medial surface of the cerebral hemisphere, in area 6, just rostral to the primary motor area (labeled MII in Fig. 63). This area contains a complete somatotopic representation of the body, as shown by the results of electrical stimulation in animals and humans. The supplementary motor area is thought to participate in the advance planning of movements, particularly for movements involving both sides of the body. A third motor representation exists in the postcentral region of the cerebral cortex (labeled SI in Fig. 63). The body components of this representation coincide with the primary somatic sensory pattern in the same area. A fourth motor representation has been found in the parietotemporal region, coinciding with the secondary sensory area (SII). All four of the areas of cerebral cortex containing motor representation contribute fibers to the pyramidal tract, and all probably provide inputs to extrapyramidal motor pathways as well.

The motor cortex is organized into radially arranged columns of neurons extending vertically from the surface into the depths of the cortex. A single column is a functional entity responsible for directing a group of muscles acting on a single joint. With this organization, movements, and not individual muscles, are represented in the motor cortex. Individual muscles are represented repeatedly, in different combinations, among the columns. Neurons of the motor cortex having axons in the pyramidal tract function chiefly in the control of the distal muscles of the limbs. These neurons have properties similar to those in the red nucleus. Individual neurons in both areas (1) change their firing rates in advance of limb movements and (2) fire at a frequency that is proportional to the force exerted in a movement and not in relation to the direction of the movement.

The premotor area (area 6) lies immediately in front of area 4 and continues on the medial surface to the cingulate gyrus. Area 6 contains neu-

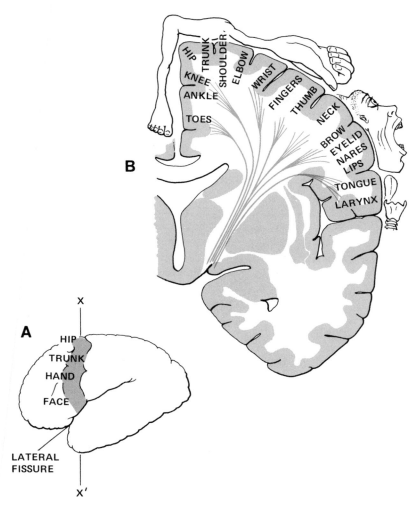

FIGURE 62. *(A)* Lateral surface of the left cerebral hemisphere. The precentral gyrus is colored and the functional organization of upper motor neurons is indicated. A coronal section taken through X-X′ is shown in *(B)* to illustrate a more detailed representation of the opposite side of the body in the motor area. (Adapted from Penfield, W and Rasmussen, H: *The Cerebral Cortex in Man.* Macmillan, New York, 1950.)

rons providing inputs both to the pyramidal tract and to extrapyramidal pathways. Area 8 lies rostral to area 6 and contains the **frontal eye field**. Stimulation of this area results in conjugate deviation of the eyes to the opposite side. This region is responsible for voluntary conjugate movement of the eyes, independent of visual stimuli. Another motor eye field is located in a large region of the occipital lobe, including the visual receiving

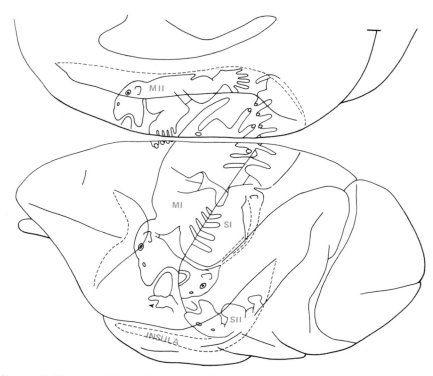

FIGURE 63. Diagram of the cerebral cortex of the monkey, showing the locations of four principal motor areas: precentral motor, MI; supplementary motor, MII; somatic sensory I, SI; and secondary sensory, SII. The figurines in the diagram indicate the segments of the body induced to move by electrical stimulation. The motor regions SI and SII coincide with the primary and secondary somatosensory areas. (Adapted from Harlow, HF and Woolsey, CN (eds): *Biological and Biochemical Bases of Behavior*. University of Wisconsin Press, Madison, 1958.)

areas and adjacent zones of the cerebral cortex. The site of lowest threshold for a response to electrical stimulation is area 17. This area subserves movements of the eyes induced by visual stimuli, as in following moving objects.

PREFRONTAL CORTEX

The large remaining part of the frontal lobe lying rostral to the motor and premotor areas is known as the **prefrontal region** and includes Brodmann's areas 9 through 12. It is best defined by the extent of its reciprocal connections with the dorsomedial nucleus of the thalamus, but it is also reciprocally connected with the ventral anterior and intralaminar nuclei.

The other reciprocal connections of the prefrontal area are differentially distributed to its two main subregions: the ventral (or orbital) region and the dorsolateral region. The orbital area is widely connected to structures of the limbic system, including limbic cortex, amygdala, hypothalamus, and midbrain. The dorsolateral region, on the other hand, projects to and receives from the sensory association areas of the parietal, occipital, and temporal lobes. Both ventral and dorsolateral regions send projections to the basal ganglia that may be of major importance in the function of the prefrontal cortex.

In experimental animals, lesions in the prefrontal cortex result in abnormalities of delayed spatial tasks and delayed spatial alternation tasks. In the delayed spatial task, a monkey is shown a pellet of food placed under one of two containers and is allowed to select one of the containers after a delay of 5 seconds or more. In the delayed spatial alternation task, the animal must alternate left and right choices between two containers, with a delay between each choice. Normal monkeys learn to perform these tasks quickly, but monkeys with prefrontal cortical lesions perform poorly. Thus, this area is important for short-term memory of tasks requiring spatial resolution. Animals with prefrontal lesions also show decreased aggressiveness and other emotional responses.

Clinical studies demonstrate that in humans, the prefrontal cortex is essential for cognitive functions involving temporal integration of concepts and actions (i.e., planning and carrying out a meaningful, complex, long-term activity directed toward a defined goal). Although they are not affected on standardized tests of intelligence, individuals with frontal lobe lesions are deficient in abstract thinking, foresight, mature judgment, initiative, and volition to sustain goal-directed behavior. These deficits, however, are not synonymous with inactivity. On the contrary, lesions of the prefrontal area frequently produce hyperactive individuals whose activities are perseverative. If the ventral orbital region is involved, changes in affect and loss of social inhibitions, particularly regarding sexual behavior, may also appear.

Prefrontal leukotomy (lobotomy) consists of severing the connections of the prefrontal area with the dorsomedial nucleus of the thalamus by passing a knife through the roof of the orbit and sweeping it across the fibers in a coronal plane. At one time, this operation was used extensively in attempts to rehabilitate psychotic patients and to relieve patients with chronic intractable pain of organic origin. The results in psychotic patients permitted many to return home from institutions and some to be gainfully employed. Patients operated on for pain no longer complained of pain or appeared to be in distress, although they stated that pain was still present. Relief was due to loss of the fear and anxiety that were associated with the pain. These results, however, were achieved along with many undesirable side effects. The patients were careless about personal habits, unaffected by criticism, unconcerned with social relationships, tactless, and easily amused. They were oblivious to financial and domestic difficulties and could not appreciate the gravity of situations or maintain a responsible attitude toward them. In current practice, prefrontal leukotomy is performed only rarely, since advances in drug therapy have made it possible to treat psychotic patients and many patients with chronic pain without surgery. Recently, lesions restricted to the cingulum have been employed for the relief of intractable pain and psychosis. The results are promising, but the procedure has not as yet been proved to be effective.

PRIMARY SENSORY RECEPTIVE AREAS

Three primary receptive areas of the cerebral cortex contain the terminations of specific sensory nuclei of the thalamus. Fibers conveying visual impulses from the lateral geniculate body extend to the cortex of the lips of the **calcarine fissure** (area 17). A lesion here in one of the hemispheres produces a contralateral homonymous hemianopia. Fibers from the medial geniculate body carry auditory impulses to the **anterior transverse temporal gyrus,** known as **Heschl's gyrus** (area 41). Unilateral lesions of this area have little effect because both ears have remaining connections to the intact temporal lobe. The ventral posterior nucleus relays tactile and proprioceptive impulses to the **postcentral gyrus,** which is the primary somesthetic area (areas 3, 2, and 1). After unilateral lesions of this area, sensations of touch, pressure, and position are impaired on the opposite side of the body. Localization and characterization of pain and temperature sensations are severely limited, but recognition of the presence of pain is not abolished. In the postcentral gyrus, as in the precentral gyrus, the face is represented ventrolaterally and the leg dorsomedially.

SECONDARY SENSORY AREAS

Near each primary receptive area are cortical zones that receive sensory inputs directly or indirectly from the thalamus as well as connections from the adjacent primary sensory areas. These secondary sensory areas contain somatotopic representations of parts of the body, but the areas are smaller than the primary areas and the order of representation is different. A secondary somatic sensory area is located along the superior lip of the lateral fissure (see Fig. 63). Parts of the body are represented there bilaterally, although the contralateral representation predominates. This area is involved in the perception of several sensory modalities, including touch, pressure, position sense, and pain. A secondary auditory area is located ventral to the primary auditory area, and a secondary visual area is contained within area 18.

Before sensory information can be fully comprehended, it must undergo elaboration and analysis in extensive cortical zones, the **sensory association areas**, which are adjacent to the primary sensory areas.

SENSORY ASSOCIATION AREAS

The **somesthetic** association area lies next to the postcentral gyrus in the parietal lobe (areas 5 and 7); the **visual** association area surrounds the visual area on the medial and lateral aspects of the occipital lobe (areas 18 and 19); and the **auditory** association area occupies a part of the superior temporal gyrus (areas 42 and 22) near the auditory area (see Figs. 60 and 61). These are frequently referred to as the **proximal association areas**. These cortical regions project to **distal association areas**. One of these distal areas includes the **supramarginal (area 40)** and **angular (area 39) gyri**, which interrelate somesthetic, visual, and auditory stimuli. The distal association areas have the tasks of formulating sensory stimuli into object images and of comprehending their meaning.

Studies of single neurons in the parietal lobe of awake animals reveal that visual stimuli will evoke cellular discharge, but the intensity of response to a series of identical stimuli is highly variable. Neuronal responses are enhanced if the animal attends to the stimulus. Lesions of the parietal lobe lead to deficits in the attention to stimuli, both visual and somesthetic, on the opposite side of the body. These findings indicate that the parietal cortex deals with attention to the spatial aspects of sensory input, both personal (dealing with the individual's own body) and extrapersonal. In patients with parietal lobe lesions, striking abnormalities occur. With left parietal lobe injury, most people develop language disorders, making it difficult to evaluate perceptual disorders. With right parietal lobe injury, language is usually preserved, but there is a deficit in the appreciation of the left half of space. The patient will **neglect** (ignore) the left side of the body, failing to dress, undress, or wash the affected side. Stimuli on the left side of both personal and extrapersonal space are ignored.

The auditory and visual association zones border on an extensive area of the temporal lobe in which visual and auditory sensory experiences apparently are placed in storage as if they had been permanently recorded on sound film. These areas are important for learning new information and remembering old material. In monkeys, lesions of the inferior temporal region interfere with the acquisition and retention of visual tasks. Lesions of the superior temporal region impair the learning of auditory tasks. The mechanisms underlying memory, hallucinations, and dreams may be located in the temporal association areas. By stimulating an isolated point of the superior temporal gyrus in conscious patients, neurosurgeons have been able to evoke detailed and vivid remembrances of specific, but unimportant, events that took place several years previously. **Epileptic seizures** caused by focal irritation in the temporal lobe may be ushered in by hallucinations of sound. Occasionally, they are preceded by memory disturbances in which present and past experiences are confused so that an event of the present seems to be a repetition of something that has happened before—the déjà vu phenomenon. Memory recording is temporarily suspended during a temporal lobe seizure. The patient may continue to carry out purposive movements, but later he or she will be amnesic for the period of the attack. A further indication of the importance of the temporal lobes in memory function is that removal of both lobes in humans permanently abolishes the ability to store new information (i.e., to form new memories).

DISORDERS OF HIGHER CEREBRAL FUNCTION

Agnosia

The process of comprehension ("knowing" or "gnosis") must entail a comparison of present sensory phenomena with past experience. For example, the visual association areas must be called upon when an old friend is recognized in a crowd. **Agnosia** is a failure to recognize stimuli when the appropriate sensory systems are functioning adequately. Agnosia commonly occurs in visual, tactile, and auditory forms.

Visual agnosia is the failure to recognize objects visually in the absence of a defect of visual acuity or intellectual impairment. The patient often can see the object clearly but cannot recognize or identify it visually. In a pure visual agnosia, the same object can be identified by other sensibilities such as touch. Lesions of areas 18 and 19 in the dominant cerebral hemisphere usually are associated with visual agnosia.

Tactile agnosia is the inability to recognize objects by touch when tactile and proprioceptive sensibilities are intact in the part of the body being tested. Lesions of the supramarginal gyrus (area 40) of the dominant cerebral hemisphere usually are responsible for tactile agnosia. Patients with tactile agnosia often have disturbances of body image. They may not recognize individual fingers and may confuse the left and right sides of the body.

Auditory agnosia is the failure of the patient with intact hearing to recognize what he or she hears, including speech, musical sounds, or familiar noises. Bilateral lesions of the posterior part of the superior temporal convolution (area 22) are responsible.

Apraxia

Apraxia is the loss of the ability to correctly carry out certain movements in response to stimuli that normally elicit them, in the absence of weakness, other motor disorders, or sensory loss, and with an intact comprehension of language. Accomplishing a complex act requires the integrity of a large part of the cerebral cortex. There must first be an idea—a mental formulation of the plan. This formulation must then be transferred by association fibers to the motor system where it can be executed. Apraxias often result from lesions interrupting connections between the site of formulation of a motor act and the motor areas responsible for its execution. A lesion of the supramarginal gyrus of the dominant parietal lobe leads to an **ideomotor apraxia,** in which a patient knows what he or she wants to do but is unable to do it. The patient can perform many complex acts automatically but cannot carry out the same acts on command. **Ideational apraxia** refers to failures in carrying out sequences of acts, although individual movements are correct. This form of apraxia may also result from lesions in the dominant parietal lobe or the corpus callosum. **Kinetic apraxia** (inability to execute fine acquired movements) and **gait apraxia** often result from disease of the frontal lobe. Apraxia may also occur with generalized cerebral cortical disease.

Aphasia

Facile use of language and speech is a remarkable attribute of the human brain—one that is shared by no other animal. **Language** refers to the vocabulary and syntactic rules needed for communication, regardless of the mode of production or comprehension. **Speech** refers to the production of spoken language. **Aphasia** is a disorder of language owing to a defect in either the production or comprehension of vocabulary or syntax. Beginning early in life, nearly every individual trains one hemisphere of the brain more intensively than the other in the processes of language function. Usually, the left side of the brain assumes the leading role, and the person becomes right-handed. Right-handedness indicates the preferential use of the right hand in most or all unimanual activities. Approximately 90 percent of people in the United States are right-handed, and essentially all of them have left-hemisphere dominance. About 10 percent of people are left-handed, but about half of them also have left-hemisphere dominance. The remaining left-handed people have right-hemisphere dominance or mixed left and right dominance. Aphasia appears only if a lesion is located in the dominant hemisphere. Dominance occurs relatively late in development, probably between the ages of 5 and 7 years. Thus, a right-handed child of five who suffers an injury in the left hemisphere will learn to speak again in a year or two. An adult can rarely recover to this extent.

Three regions of the dominant cerebral hemisphere are important in aphasia: **Broca's area, Wernicke's area,** and the intervening area of parietal lobe (the parietal operculum). Broca's area, the anterior speech region, is located on the motor cortex in the inferior frontal gyrus just rostral to the site of the motor representation of the face (Fig. 64). Wernicke's area lies in the posterior part of the superior temporal gyrus on the convexity of the brain and extends onto the upper surface of the temporal lobe. Wernicke's area is connected with Broca's area through the **arcuate fasciculus,** a fiber bundle coursing from the temporal lobe around the posterior end of the Sylvian fissure into the lower parietal lobe and running forward into the frontal lobe. The function of Wernicke's area is to make the individual capable of recognizing speech patterns relayed from the left primary auditory cortex. Information about incoming speech patterns is forwarded to Broca's area, which generates the proper pattern of signals to the speech musculature for the production of meaningful speech. Three general forms of aphasia are recognized that relate to Broca's area, Wernicke's area, and the parietal operculum containing the arcuate fasciculus.

Lesions of Broca's area lead to an executive (also termed **motor, nonfluent, anterior, or Broca's**) aphasia (see Fig. 64). The patient produces spoken language slowly and effortfully, with poorly produced sounds and agrammatic, telegraphic speech. Many prepositions, nouns, and verbs are deleted. The patient has extreme difficulty in expressing certain grammatical words and phrases. "No ifs, ands, or buts" is a particularly difficult phrase to speak. Repetition of phrases or sentences is poor. The patient has good comprehension of spoken and written language but is frustrated and discouraged by the difficulty with speech. Vascular lesions of Broca's area often involve the internal capsule. Consequently, a right hemiplegia usually accompanies an executive aphasia.

Lesions of Wernicke's area lead to a **receptive** (also termed **sensory, fluent, posterior, or Wernicke's**) aphasia (see Fig. 64). The patient produces spoken language more rapidly than normal, with preserved grammatic construction. The patient cannot find the correct words to express thoughts, however, and may omit words or use circumlocutions, words without precise meanings, or substitute words. Substitutions of one word for another are called **verbal paraphasias. Literal paraphasia** is the substitution of a well-articulated but inappropriate phoneme in a word (e.g., saying pork for cork). Words may be produced that are random collections of sounds, and these are termed **neologisms.** The patient has poor comprehension of speech and poor repetition of phrases or sentences. The patient often is unaware of this speech difficulty and may show no concern about it. Since lesions of Wernicke's area are far removed from the primary motor area and the internal capsule, patients with receptive aphasia usually are not hemiplegic.

Lesions of the parietal operculum lead to a **conduction aphasia** by disconnecting Wernicke's area from Broca's area. The patient has a fluent aphasia with poor repetition of spoken language. Despite phonetic errors, the patients tends to have good comprehension of spoken language.

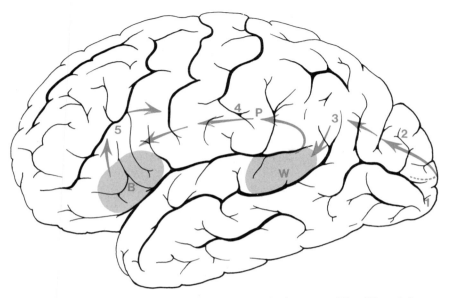

FIGURE 64. Cerebral cortical areas that are important for language. (W = Wernicke's area; B = Broca's area; P = parietal operculum) A visual image of a word is projected from the calcarine cortex (1) into the visual association areas 18 and 19 (2) to the region of the angular gyrus (3). Information is then transferred to Wernicke's area to arouse the learned auditory form of the word. This information is then transferred via the arcuate fasciculus (4) under the parietal operculum (P) to Broca's area (B), which contains programs that control (5) the cortical motor region involved in speech in the precentral gyrus.

Patients with posteriorly placed vascular lesions affecting speech may have damage to the angular gyrus associated with injury to Wernicke's area. Infarction of the angular gyrus of the dominant hemisphere results in loss of the ability to read (**alexia**) and write (**agraphia**) in the absence of primary visual or motor impairment.

INTERNAL CAPSULE

Afferent and efferent fibers of all parts of the cerebral cortex converge toward the brain stem, forming the **corona radiata** deep in the medullary substance of the hemisphere. As these fibers course ventrally from the cortex, the rostral ones pass down between the head of the caudate nucleus and the rostral end of the lentiform nucleus. These rostral fibers form the **anterior limb of the internal capsule.** Caudally, the fibers pass between the thalamus and the lentiform nucleus as the **posterior limb** of the internal capsule. At the level of the interventricular foramen, the transition between the anterior and posterior limbs is called the **genu (knee)** of the

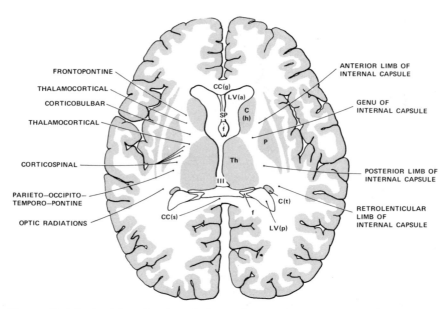

FIGURE 65. A horizontal section through the cerebrum to show the location of the internal capsule fibers *(right)* and the various fiber bundles that make up the capsule *(left)*. CC(g) = corpus callosum, genu; CC(s) = corpus callosum, splenium; C(h) = caudate head; C(t) = caudate tail; f = fornix; LV(a) = lateral ventricle, anterior horn; LV(p) = lateral ventricle, posterior horn; P = putamen; SP = septum pellucidum; Th = thalamus; III = third ventricle.

internal capsule (Fig. 65). Descending fibers of the pyramidal system pass through the posterior limb of the internal capsule. The corticobulbar fibers for movements of the muscles of the head are located rostral to the corticospinal fibers. Motor fibers to the upper extremity are rostral to those to the lower extremity. Fibers passing to and from the frontal lobe, other than pyramidal fibers (e.g., connections between the dorsomedial thalamic nucleus and the prefrontal cortex), make up the anterior limb of the capsule, while those of the parietal lobe occupy the posterior part of the posterior limb. Optic radiation fibers are located in the retrolenticular portion of the internal capsule. Auditory radiation fibers are found in the sublenticular part of the internal capsule, which is below the plane of section of the brain slice pictured in Figure 65.

CEREBRAL ARTERIES

The **middle cerebral artery** (Fig. 66), a terminal branch of the internal carotid, enters the depth of the lateral fissure and divides into cortical branches that spread in a radiating fashion to supply the insula and the

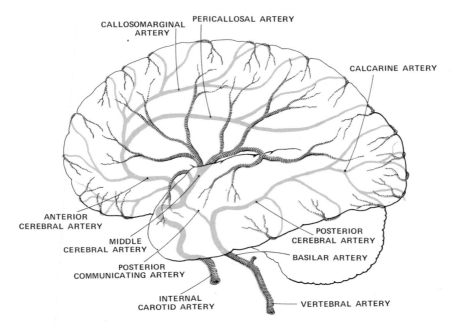

FIGURE 66. A left lateral view of the cerebral hemisphere, showing the principal arteries. The anterior cerebral and posterior cerebral arteries are on the medial surface and are shown as though projected through the substance of the brain.

lateral surface of the frontal, parietal, occipital, and temporal lobes. The lateral and medial striate arteries, sometimes termed the **lenticulostriate arteries**, are small branches, variable in position and arrangement, that come from the basal part of the middle cerebral artery and the anterior cerebral artery to supply the internal capsule and portions of the basal ganglia (Figs. 67 and 68). In the presence of arteriosclerosis and high blood pressure, one of the branches may rupture and cause hemorrhage into the substance of the internal capsule. The sudden collapse that such an accident produces is commonly termed a **"stroke,"** though this term is also used for the results of occlusion of a cerebral vessel without hemorrhage (ischemic infarction). Because all corticospinal fibers are contained in one small area, a relatively small hemorrhage in the internal capsule may result in complete paralysis of the opposite side of the body. Initially, the patient has a hypotonic hemiplegia with decreased muscle stretch reflexes; with time, the patient develops a spastic hemiplegia with increased muscle stretch reflexes and an extensor plantar response. Sensory loss also may be produced if thalamocortical fibers to the parietal lobe are included. Large hemorrhages are often fatal, but after a less severe insult, the patient survives and may regain partial use of the limbs.

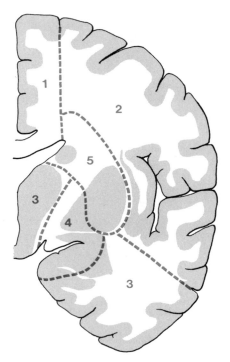

FIGURE 67. A cross section through the brain at about the level of the central sulcus, showing the areas of distribution of (1) the anterior cerebral artery including the callosomarginal and pericallosal arteries; (2) the middle cerebral artery; (3) the posterior cerebral artery to the diencephalon and occipital lobe; (4) the medial striate arteries to the internal capsule, globus pallidus, and amygdala; and (5) the lateral striate arteries to the caudate nucleus, putamen, and internal capsule.

An occlusion of the main trunk of the middle cerebral artery by the formation of a clot (**thrombosis**) produces paralysis of the opposite side of the body with a preponderant effect in the face and upper extremity, hypesthesia (decreased sensation) in the same regions, and aphasia (if located in the dominant hemisphere). When individual cortical branches are occluded, the symptoms are limited to the loss of function in that particular region. For example, if the inferior frontal branch on the left is occluded, weakness will be noted in the lower part of the right face and tongue and the patient will have Broca's aphasia.

The **anterior cerebral artery**, a terminal branch of the internal carotid, turns medially to enter the medial longitudinal cerebral fissure. On reaching the genu of the corpus callosum, it curves dorsally and turns backward close to the body of the corpus callosum, supplying branches (callosomarginal and pericallosal) to the medial surface of the frontal and parietal

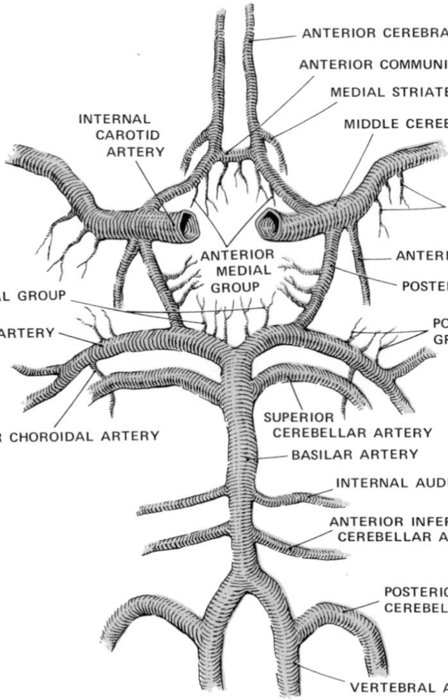
ANTERIOR CEREBRAL ARTERY
ANTERIOR COMMUNICATING ARTERY
MEDIAL STRIATE ARTERY
INTERNAL CAROTID ARTERY
MIDDLE CEREBRAL ARTERY
LATERAL STRIATE GROUP
ANTERIOR MEDIAL GROUP
ANTERIOR CHOROIDAL ARTERY
POSTERIOR COMMUNICATING ARTERY
POSTERIOR MEDIAL GROUP
POSTERIOR CEREBRAL ARTERY
POSTERIOR LATERAL GROUP
POSTERIOR CHOROIDAL ARTERY
SUPERIOR CEREBELLAR ARTERY
BASILAR ARTERY
INTERNAL AUDITORY ARTERY
ANTERIOR INFERIOR CEREBELLAR ARTERY
POSTERIOR INFERIOR CEREBELLAR ARTERY
VERTEBRAL ARTERY

FIGURE 68. A diagram illustrating the origin of the branches from the circulus arteriosus (circle of Willis).

lobes, and also to an adjoining strip of cortex along the medial edge of the lateral surface of these lobes (see Figs. 66 and 67). A small recurrent branch (medial striate), given off near the base of the artery, supplies the anterior limb and genu of the internal capsule (see Fig. 68). Thrombosis along the course of the anterior cerebral artery produces paresis and hypesthesia of the opposite lower extremity because of damage to the paracentral lobule.

The basilar artery, a continuation of the fused vertebral arteries, bifurcates at the rostral border of the pons to form the **posterior cerebral arteries**. These arteries curve dorsally around the cerebral peduncles and send branches to the medial and inferior aspects of the temporal lobe and to the occipital lobe (see Fig. 66). A separate branch, the calcarine artery, supplies the visual cortex. A number of perforating branches are given off that supply the posterior and lateral parts of the thalamus and the subthalamus (see Fig. 67). Occlusion of the thalamic branches produces hemiplegia with partial to complete loss of sensation in the opposite limbs. In time, the **thalamic syndrome** appears, consisting of severe, constant pain in the hemiplegic limbs. The pain is agonizing and often has a burning quality. Sensations of touch, pain, and temperature are decreased in the affected limbs. In addition to the sensory changes, symptoms of cerebellar asynergia and tremor may be produced in the extremities of the opposite side from damage to fibers of the superior cerebellar peduncle ascending to the ventral lateral nucleus of the thalamus. The calcarine branch of the posterior cerebral artery may be occluded independently of the thalamic branches. In this case, the only sign produced will be contralateral hemianopia. Bilateral occlusion of the posterior cerebral arteries can lead to a deficit of memory because of injury to the temporal lobes bilaterally.

Circulus Arteriosus and Central Branches

The **circulus arteriosus (circle of Willis)** is formed by the junction of the basilar artery and the two internal carotid arteries through the presence of a pair of posterior communicating arteries and an anterior communicating artery (see Fig. 68). All of the major cerebral vessels have their origin from the arterial circle.

The **central arteries** supply the structures within the interior of the brain: the diencephalon, corpus striatum, and internal capsule. These vessels are branches of the circle of Willis and may be conveniently considered in four groups:

1. The **anterior medial group** of central arteries originates from the anterior cerebral and anterior communicating arteries. Distribution through the anterior perforated substance supplies the anterior hypothalamic region (preoptic and supraoptic regions).
2. The **posterior medial group** originates from the posterior cerebral and posterior communicating arteries. Distribution is through the posterior perforated substance. The rostral group supplies the tuber cinereum, infundibular stalk, and hypophysis. Deeper branches penetrate the thalamus. The caudal group supplies the mammillary bodies, subthalamus, and medial portion of the thalamus and midbrain.
3. The **anterior lateral group,** including the lateral striate arteries, originates primarily from the middle cerebral arteries; the **medial striate,** or **anterior recurrent,** vessels originate from the anterior cerebral arteries. The medial striate vessels supply the anterior limb and genu of the internal capsule. The lateral striate vessels supply the basal ganglia and the posterior limb of the internal capsule. These vessels are also known as lenticulostriate arteries.
4. The **posterior lateral group** originates from the posterior cerebral artery. Distribution is to the caudal portion of the thalamus (geniculate bodies, pulvinar, and lateral nuclei).

The anterior and posterior choroidal arteries are also considered to be central branches. The anterior vessel arises from the internal carotid or the middle cerebral artery and supplies the choroid plexus of the lateral ventricles, the hippocampus, some of the globus pallidus, and the posterior limb of the internal capsule. The posterior choroidal artery arises from the posterior cerebral artery and supplies the choroid plexus of the third ventricle and the dorsal surface of the thalamus.

CHAPTER 25

Chemical Neuroanatomy

Communication between neurons in the human nervous system is accomplished primarily by the release of neurotransmitters at chemical synapses. The chemicals that have been tentatively or definitively identified as neurotransmitters include several different classes of molecules and more than 20 individual substances. Some of these, such as acetylcholine and the monoamines, have been studied extensively. Others, such as the enkephalins, have only recently been localized in neural tissue; in these cases, we know little about their physiological significance.

Most of the neurotransmitters that have been identified fall into one of four different groups of compounds: acetylcholine, a derivative of the lipid cholesterol; monoamines, derived from aromatic amino acids; peptides, which are short chains of amino acids; and amino acids themselves. To function effectively as a neurotransmitter, a compound must be synthesized in the presynaptic neuron; released from the presynaptic neuron; bound to a receptor on the postsynaptic element, where it alters the membrane potential; and finally, removed from the synaptic site or destroyed biochemically.

ACETYLCHOLINE

Acetylcholine (ACh) is synthesized from acetylcoenzyme A and choline in a reaction catalyzed by the enzyme **choline acetyltransferase**. Upon release from a presynaptic terminal, acetylcholine is destroyed in the synaptic cleft by the enzyme **acetylcholinesterase**. Both of these enzymes are synthesized in the cell body of an acetylcholine neuron and moved by axoplasmic transport to the terminals, where acetylcholine is synthesized.

Acetylcholine is the primary neurotransmitter of the peripheral nervous system. It is released at the neuromuscular junction by all alpha, beta, and gamma motor neurons of the brain stem and spinal cord. It is also released in the autonomic ganglia by all preganglionic sympathetic and parasympathetic neurons. Further, the postganglionic parasympathetic neurons and the postganglionic sympathetic fibers to the sweat glands of the skin are cholinergic.

Acetylcholine neurons within the central nervous system (CNS) are limited to a cluster of nuclear groups in the ventral forebrain, a smaller group of nuclei in the tegmentum of the brain stem, and interneurons of the striatum (Fig. 69). The projection neurons of the ventral forebrain form a discontinuous band of cells from the region of the septum down through the nucleus of the diagonal band of Broca to the basal nucleus (of Meynert). From these neurons arise an extensive system of axons to the hippocampus (from the more rostral neurons in the septal area) and to the cerebral cortex (from the basal nucleus). The neurons in the brain stem project rostrally to the hypothalamus and thalamus. A separate group of cholinergic neurons in the habenula has been reported to project to the interpeduncular nucleus (IPN) of the midbrain. The existence of this group of neurons

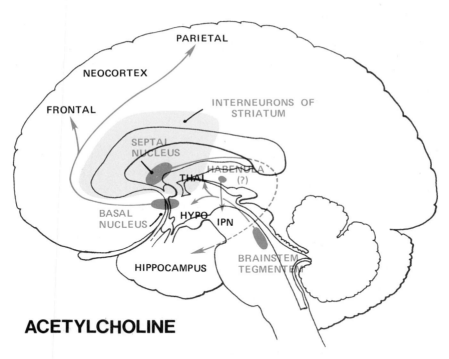

ACETYLCHOLINE

FIGURE 69. The location of acetylcholine neurons in the CNS and their projections. Areas containing cell bodies are shown (and labeled) in red or pink. The projection pathways of these neurons are indicated with red arrows. The regions that receive the cholinergic input are labeled in black. HYPO = hypothalamus; IPN = interpeduncular nucleus; THAL = thalamus.

is doubtful; it now appears that the dense cholinergic terminals in the interpeduncular nucleus arise from the rostral pool of neurons in the basal forebrain and merely pass through the habenula on their way to the interpeduncular nucleus.

The best established functional significance of acetylcholine neurons in the CNS is the role of the cholinergic interneurons of the striatum in motor control (see Chapter 17). In addition, recent studies have suggested that changes in acetylcholine terminals in the cerebral cortex are a major factor in the dementia of Alzheimer's disease.

MONOAMINES

The monoamines that have been identified as neurotransmitters in the CNS include the catecholamines **dopamine, norepinephrine,** and **epinephrine,** and the indolamine **serotonin.**

Catecholamines are produced in the brain and in the sympathetic ganglia from their amino-acid precursor **tyrosine** by a sequence of enzymatic steps in which dopamine appears first. In the presence of the appropriate enzymes, dopamine can be converted to norepinephrine, and it, in turn, to epinephrine. The **indolamine** serotonin is produced in brain and other tissues of the body from the amino acid **tryptophan.** The activity of the monoamine neurotransmitters in the synaptic cleft is limited by their reuptake into the presynaptic ending, where they are recycled into vesicles for future release.

Dopamine

Dopamine is localized in the CNS in a number of sites, where it is confined to interneurons. These sites include the **retina** and the **olfactory bulb,** where the dopamine neurons selectively inhibit transmission of sensory information to enhance the signal-to-noise ratio. This physiological process is known as **lateral inhibition,** and it is an important part of information processing in all sensory systems.

Projection neurons that produce dopamine are found in the diencephalon and the brain stem. In the diencephalon, dopamine cell bodies give rise to the **tuberohypophysial dopamine projections,** which inhibit the release of prolactin and melanocyte-stimulating hormone from the anterior and intermediate lobes of the pituitary, respectively, and the **incertohypothalamic projections,** which connect the zona incerta in the posterodorsal diencephalon with the anterior hypothalamus and septal area. A third dopamine projection system arises from neurons scattered along the ventricular system in the periaqueductal gray, the dorsal motor nucleus of the vagus, and the nucleus solitarius. This **periventricular system** provides terminals in gray matter along the course of the ventricles.

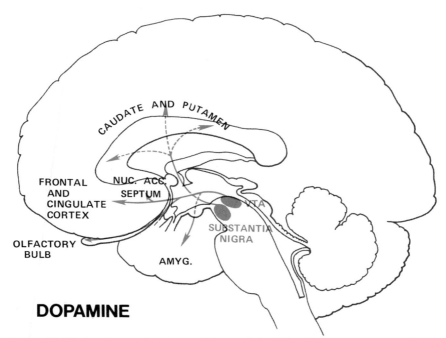

DOPAMINE

FIGURE 70. The locations and projections of two of the major dopaminergic systems in the brain are illustrated in red. Other dopaminergic systems are described in the text. AMYG = amygdala; NUC ACC = nucleus accumbens; VTA = ventral tegmental area.

Longer dopamine projection systems arise from the **substantia nigra** and the **ventral tegmental area (VTA)** of the midbrain (Fig. 70). The former, the nigrostriatal dopamine system, is particularly important in the control of motor function. Parkinsonism results from damage to these neurons and the loss of their inhibitory input to the neurons of the caudate and putamen (see Chapter 17). The function of the VTA's dopamine projections to the forebrain, called the **mesolimbic** and **mesocortical** systems, has been linked to the complex group of diseases we refer to as schizophrenia.

Norepinephrine

Norepinephrine, or noradrenalin (NA), cell bodies are found in the sympathetic ganglia, where they give rise to all of the postganglionic fibers except those to sweat glands. In the CNS, norepinephrine cell bodies are confined to the brain stem, but their axons, which are highly branched, extend to all parts of the CNS (Fig. 71). These cell bodies are found in a group of **NA lateral tegmental nuclei** and in the **locus ceruleus**, which

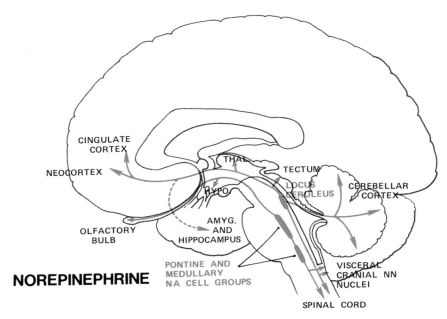

FIGURE 71. Norepinephrine (noradrenalin) neurons in the brain stem and their projections are illustrated in red. AMYG = amygdala; HYPO = hypothalamus; NA = norepinephrine; THAL = thalamus.

sends axons rostrally to the forebrain, dorsally to the cerebellum, and caudally to the medulla and spinal cord. The rostral projections of the locus ceruleus follow three different routes, including the central tegmental tract, the dorsal longitudinal fasciculus, and the medial forebrain bundle (not shown separately in Fig. 71), to terminate extensively in the tectum, thalamus, and outermost (molecular) layer of the cerebral cortex and hippocampus. A projection through the superior cerebellar peduncle leads to a similar terminal field in the molecular layer of the cerebellar cortex. The projections of the lateral tegmental norepinephrine groups of cells are distributed to more limited areas in the basal telencephalon and the spinal cord.

Like dopamine, norepinephrine has been found to have inhibitory influences on postsynaptic neurons. In some locations, its primary action appears to be to inhibit spontaneous activity. Thus, like dopamine's action in the retina and olfactory bulb, norepinephrine may enhance the signal-to-noise ratio in its terminal field. This influence is spread widely, not only because of the extensive branching of the norepinephrine neurons, but also because it can be secreted into the neuropil from varicosities along the axons, as well as at conventional synaptic sites.

Epinephrine

Although the role of this catecholamine hormone in the physiological response to stress has been established for many years, it has only recently been identified as a transmitter in the CNS. In the periphery, both norepinephrine and epinephrine are released by both the adrenal medulla and postganglionic sympathetic nerve endings. In the CNS, epinephrine neurons are restricted to the lower brain stem, where they are found in the lateral and dorsal parts of the tegmentum (see Fig. 73A). The ascending projections from these cells compose part of the central tegmental tract and reach the hypothalamus rostrally. Caudal projections into the spinal cord terminate in the intermediolateral cell column of sympathetic neurons. Little is known of the action of epinephrine as a central neurotransmitter except in the locus ceruleus, where it inhibits firing of the neurons.

Serotonin

Serotonin (5-hydroxytryptamine, or 5-HT) is an indolamine that is found in many cells of the body (e.g., mast cells, platelets, and enterochromaffin cells of the gut) as well as in neurons of the CNS. It is synthesized from tryptophan and released from synaptic vesicles in the neuronal endings, and like the catecholamines, its action in the synaptic cleft is limited by active reuptake into the same terminal.

Cell bodies of origin for the serotonin pathways are found only in the brain stem, and the vast majority of these neurons are within the raphe nuclei, which extend the length of the brain stem reticular formation (Fig. 72). Although there is some overlap, the efferent projections of the raphe nuclei are divided into three distinct groups: (1) the rostral nuclear groups project rostrally to the forebrain; (2) the intermediate nuclei innervate the cerebellum; and (3) the caudal nuclei send their axons into the spinal cord. Serotonin endings are also found in the ependyma lining the ventricles. Axons of the rostral raphe nuclei ascend in the medial forebrain bundle and distribute to the diencephalon and to both the striatum and the cortex of the telencephalon. In the cerebral cortex, the 5-HT terminals are less extensive than the norepinephrine terminals, but both 5-HT and norepinephrine terminal systems are rather diffuse, in contrast to the discrete and topographically organized endings of the dopamine system.

Although much has been written about the physiological role of serotonin in sleep, psychotic states, pain transmission, and response to hallucinogenic drugs, as a result of ongoing research we actually know less now about specific functions of 5-HT than we thought we knew five years ago.

PEPTIDES

Neurons that produce peptides for release at their terminals employ a fundamentally different system for neurotransmitter synthesis than do

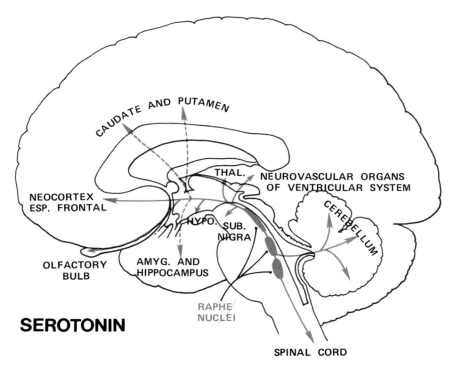

FIGURE 72. Serotonin projection fibers arising from the raphe nuclei of the brain stem are illustrated in red. AMYG = amygdala; HYPO = hypothalamus; SUB NIGRA = substantia nigra; THAL = thalamus.

neurons that produce acetylcholine and monoamines. The latter substances are synthesized by enzymatic alterations of molecules that are delivered to the cell. In contrast, peptides are produced de novo in the cell body, through RNA directed preparation of a protein, from which the active peptide is later cleaved by peptidases.

Opioid Peptides

A large number of peptides have been put forward as putative neurotransmitters in recent years. Among these, the most intensively studied are the opioid peptides, which, through recombinant DNA techniques, are now recognized as three genetically distinct peptide families. Although all opioid peptides are now commonly referred to as endorphins, our new understanding of differences in their genetic derivation may change the use of that term in the near future. The opioid peptide neurotransmitters come from one of three precursors: the beta-endorphin/ACTH precursor,

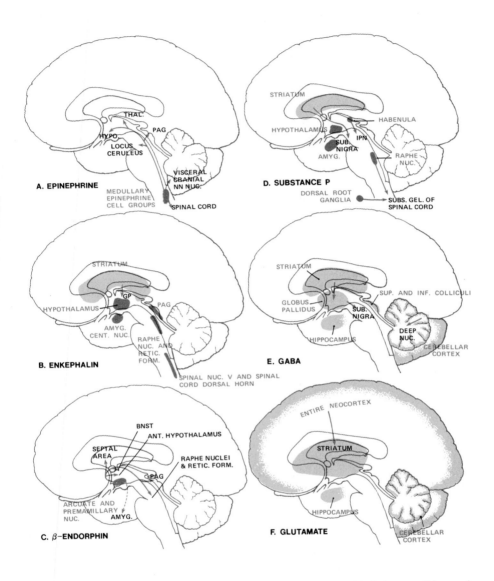

FIGURE 73. Composite of a variety of CNS systems producing epinephrine, peptides, and amino acids as neurotransmitters. Red areas indicate the locations of cell bodies; red arrows show projections away from the areas of origin. AMYG CENT NUC = central nucleus of the amygdala; BNST = bed nucleus of the stria terminalis; GP = globus pallidus; HYPO = hypothalamus; IPN = interpeduncular nucleus; PAG = periaqueductal gray; RETIC FORM = reticular formation; SUB NIGRA = substantia nigra; THAL = thalamus.

CHEMICAL NEUROANATOMY   229

the enkephalin precursor, and the dynorphin/neo-endorphin precursor. Each of these precursors contains several active peptides that can be modified in different ways in different brain areas. In addition, there are several biologically active sites within a single peptide, and multiple opioid receptors have been identified. Thus, the opioid peptides constitute an entire class of transmitters.

The opioid transmitters appear to be important in neural systems that respond to stress. This is especially noteworthy in the involvement of opioids in pain pathways and cardiovascular control circuits. Many of the opioid cells have been localized in neural systems that process somatic and visceral pain information and in the limbic system.

Figure 73B shows the location of some of the major groups of **enkephalin** cell bodies in the striatum, the limbic system, and the reticular formation. The circuitry of the system has been mapped out for only one of these groups, the striatal projections to the globus pallidus.

Beta-endorphin cell bodies are restricted in distribution (see Fig. 73C), being found almost exclusively in the hypothalamus. One group of beta-endorphin cells not illustrated here has been localized in the nucleus solitarius of the medulla.

Substance P

Like several other peptide neurotransmitters, Substance P is found in the intestinal tract as well as in the central nervous system. It is an undeca-peptide for which the exact chemical structure has been known for some time. Substance P appears to have an excitatory effect of long duration in CNS areas where it is active. One of these is the substantia gelatinosa of the spinal cord, where dorsal root ganglion cells secrete Substance P. Figure 73D shows other areas where radioimmunoassay and immunohistochemical studies have demonstrated high concentrations of this peptide.

AMINO ACIDS

Amino acid neurotransmitters are probably the most plentiful of all of the types of transmitters identified to date, both in the number of synapses at which they act and the number of different individual amino acids that are considered putative transmitters. Some of these are found at inhibitory synapses (e.g., gamma-aminobutyric acid, glycine, and taurine), whereas others are considered excitatory (e.g., glutamate and aspartate).

Gamma-aminobutyric acid (GABA)

In mammals, gamma-aminobutyric acid is found almost exclusively in the CNS. It is produced in neurons in reactions that are related to carbohydrate metabolism; its immediate precursor is L-glutamic acid, which is decarboxylated by an enzyme that is unique to the mammalian CNS. The inactivation of GABA's transmitter action is not known in detail but appears primarily to involve enzymatic breakdown in the synaptic cleft or postsynaptic cell.

Two of the best known sites of GABAergic neurons are the cerebellar cortex, where Purkinje cells produce GABA for inhibition of the deep nuclei, and the striatum, where GABAergic cells project to the substantia nigra and globus pallidus (see Fig. 73E). In Huntington's chorea, the loss of GABAergic neurons in the caudate nucleus and putamen reduces the GABA-mediated inhibition of the nigra, which in turn causes an increase in dopamine produced by the nigrostriatal neurons. This unbalances the dopamine/acetylcholine relationship in the striatum and is associated with uncontrolled involuntary (choreic) movements. In a sense, this is the reverse of the loss of nigrostriatal dopamine innervation, which decreases the dopamine/acetylcholine ratio in the striatum and is associated with the difficulty in initiating movement seen in parkinsonism. In addition to these important projection systems, GABAergic inhibitory interneurons have been identified in numerous CNS areas.

Glutamate

Glutamic acid (glutamate) is synthesized from glutamine and functions as an excitatory neurotransmitter in many areas of the CNS. Its status as a neurotransmitter has been difficult to establish because of its widespread distribution and its role in other metabolic pathways (e.g., synthesis of GABA).

The highest concentrations of glutamate synapses in the mammalian brain appear to be in the dentate gyrus of the hippocampus, the cerebral cortex, and the striatum. The striatum receives excitatory glutamatergic inputs from all areas of the cortex (see Fig. 73F). Changes in this corticostriatal system may, in fact, be the first step in the development of Huntington's chorea and may be a clue to the involvement of glutamatergic pathways in other neurodegenerative disorders.

A number of synapses have been shown to have at least two putative neurotransmitters. This co-localization of transmitters has been found most often in peptidergic neurons. The functional significance of these dual transmitter systems remains to be established.

Although recent research on neurotransmitters has provided rapid advances in knowledge, the neurotransmitters that have been identified account for only a small portion of the synapses in the mammalian CNS. Much more information will be discovered in the future.

CHAPTER 26

The Cerebrospinal Fluid

The brain and spinal cord are suspended in cerebrospinal fluid, a clear, watery liquid that fills the subarachnoid space surrounding them. The four ventricles of the brain also are filled with this fluid. The average total quantity of fluid in adults is estimated to be 100 to 150 ml. It is constantly being renewed by production and reabsorption so that the total volume is replaced several times daily. Small amounts of protein, sugar, electrolytes, and a very few lymphocytes (no more than 3 per cu mm) are present in the fluid. It differs from plasma in that it contains very little protein, and it differs from an ultrafiltrate of plasma in that the concentrations of various ions are maintained at different levels.

FORMATION AND CIRCULATION OF CEREBROSPINAL FLUID

The cerebrospinal fluid is formed mainly by the **choroid plexuses,** which are capillary networks surrounded by cuboidal or columnar epithelium and projecting into the walls of the ventricles. There are two large plexuses, one in the floor of each lateral ventricle, supplemented by smaller ones in the roofs of the third and fourth ventricles (Fig. 74). On the average, the rate of formation is 0.37 ml per minute. Cerebrospinal fluid is not simply an ultrafiltrate of serum; its formation is controlled by enzymatic processes.

Cerebrospinal fluid moves slowly from the ventricles into the subarachnoid spaces, from which it is shunted into the dural venous sinuses and removed by the blood stream. The fluid leaves the lateral ventricles through the **interventricular foramina (foramina of Monro),** traverses the third ventricle, and reaches the fourth ventricle by way of the **cerebral aqueduct**—the narrowest passageway of its entire route (see Fig. 74). Three openings in the fourth ventricle allow the cerebrospinal fluid to pass from the ventricle into the subarachnoid space outside the brain. The two **lateral ventricular foramina (foramina of Luschka)** are located in the roof

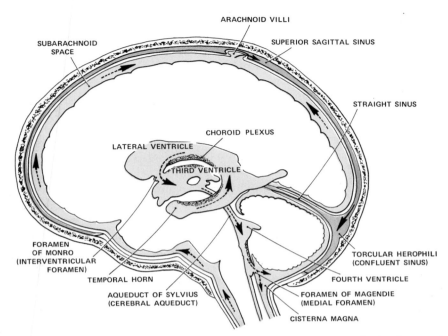

FIGURE 74. A diagram illustrating the circulation of the cerebrospinal fluid. The lateral foramina of Luschka, in the fourth ventricle, are not shown.

of the lateral recesses of the fourth ventricle; the **median ventricular foramen (foramen of Magendie)** is in the midline of the roof of the fourth ventricle. The subarachnoid space, which lies between the arachnoid membrane externally and the pia mater internally, provides a route by which the fluid can flow from its site of production in the ventricles to the points of absorption. Cerebrospinal fluid flows from the outlet foramina of the fourth ventricle over the whole surface of the brain and spinal cord. In places where the brain surface is not close to the bone of the skull, small pockets of cerebrospinal fluid are found within the subarachnoid space, particularly around the base of the brain. The largest of these is the **cisterna magna** between the inferior surface of the cerebellum and the medulla. Other cisterns—the pontine, interpeduncular, and chiasmatic—lie between the base of the brain and the floor of the cranial cavity. The **cisterna superior (cisterna ambiens)** is the pocket of fluid that lies dorsal to the midbrain.

Spinal fluid fills the tubular extension of the subarachnoid space, which forms a sleeve around the spinal cord. The lower limit of this space is variable, but on the average, it lies at the body of the second sacral vertebra, considerably below the end of the spinal cord. Although the spinal

THE CEREBROSPINAL FLUID 233

subarachnoid space is, in effect, a blind pocket, exchange of spinal fluid takes place by a slow mixing process induced by changes in posture.

Cerebrospinal fluid diffuses upward from the basal areas of the brain over the convexities of the hemispheres until it reaches the **arachnoid villi (pacchonian granulations)** in the walls of the superior sagittal sinus. It passes through these villi into the venous blood stream in the sinus. The arachnoid villi function as valves, allowing one-way flow of cerebrospinal fluid from the subarachnoid spaces into the venous blood. All constituents of the fluid leave with the fluid, a process termed **bulk flow**. Cerebrospinal fluid also is absorbed from the subarachnoid space surrounding the brain stem and spinal cord by the vessels in the sheaths of emerging cranial and spinal nerves. The veins and capillaries of the pia mater also may be capable of removing some cerebrospinal fluid by diffusion across their walls.

The subarachnoid space extends into the substance of the nervous system through extensions around blood vessels known as perivascular, or **Virchow-Robin**, spaces. Every blood vessel entering the nervous system passes across the subarachnoid space and carries with it a sleeve of arachnoid immediately surrounding the vessel and a sleeve of pia mater more externally. The cerebrospinal fluid of the subarachnoid space probably receives a contribution from the perivascular spaces. Small solutes diffuse freely between the extracellular fluid and the cerebrospinal fluid in these perivascular spaces and also across the ependymal surface of the ventricles, so that metabolites may move from brain tissue to the subarachnoid space. Within the depths of the central nervous system, the layers of pia and arachnoid fuse so that the perivascular space does not continue to the level of the capillary beds.

COMPOSITION AND FUNCTION OF CEREBROSPINAL FLUID

Cerebrospinal fluid is formed by a combination of capillary filtration and active epithelial secretion. The fluid is similar to an ultrafiltrate of blood plasma, but contains lower concentrations of potassium, bicarbonate, calcium, and glucose, and higher concentrations of magnesium and chloride. The pH of cerebrospinal fluid is lower than that of blood.

Cerebrospinal fluid has several functions. (1) Cerebrospinal fluid preserves homeostasis in the nervous system. The constituents of cerebrospinal fluid are in equilibrium with brain extracellular fluid and thus maintain a constant external environment for the cells of the nervous system. (2) Cerebrospinal fluid provides buoyancy for the brain, decreasing the weight of the brain on the skull, and serves as a mechanical cushion, protecting the brain from impact with the bones of the skull. (3) There are no lymphatic vessels in the CNS, and the cerebrospinal fluid, in essence, serves as a lymphatic system, draining unwanted substances away from brain cells.

BLOOD-BRAIN BARRIER

The brain is able readily to absorb some substances from the blood, such as glucose and oxygen, but other substances cannot be absorbed. The transport mechanisms between blood and the brain are called the **blood-brain barrier**. Similar transport mechanisms between blood and cerebrospinal fluid are called the **blood–cerebrospinal fluid barrier**. Although similar, the two barriers are not identical. The blood-brain barrier provides mechanisms for exclusion or transport of any solute depending on the functional characteristics of brain capillaries and the biochemical characteristics of the solute. The locus of the blood-brain barrier is the capillary endothelium. Brain capillaries are unique in having (1) **tight junctions** between capillary endothelial cells, (2) glial foot processes of astrocytes encasing capillaries, and (3) an exceptionally high number of mitochondria (and thus the capability for high levels of oxidative metabolism) in the endothelial cells. These features make brain capillary endothelium more like secretory membrane than the capillary endothelium in other organs.

Several characteristics of solutes can affect their ability to penetrate the blood-brain barrier. (1) Small particles enter more rapidly than large particles. Many larger proteins do not enter at all, and ordinarily, substances bound to serum protein cannot penetrate. (2) Lipid solubility enhances the permeability of solutes. (3) Some substances, such as glucose and some amino acids, are transported by carrier-mediated mechanisms into the brain. Many of the transport systems can affect both entry and exit of substances.

The permeability barriers provide mechanisms to preserve the homeostasis of the nervous system by promoting entry of needed substances and by excluding or removing unwanted substances. The blood-brain barrier breaks down under certain conditions, including infections, stroke, brain tumors, and trauma.

PRESSURE OF CEREBROSPINAL FLUID

Any obstruction to the normal passage of cerebrospinal fluid causes the fluid to back up in the ventricles and leads to a general increase in intracranial pressure. After the pressure has been elevated for some time, usually a matter of days or weeks, the effect can be seen by inspecting the fundus of the eye with an ophthalmoscope. Due to the high pressure inside the sleeve of dura mater that surrounds the optic nerve, the retinal veins are dilated and the optic nerve head (optic disk) is pushed forward above the level of the retina. This is known as **papilledema**, or **choked disk**. If papilledema has persisted for a long time, the fibers of the optic nerve will be damaged and the disk will assume a chalk-white color instead of the normal pale pink.

The most common cause of papilledema is a tumor of the brain compressing some part of the ventricular system. Tumors far removed from the ventricles may not produce obstruction until they reach very large size. A tumor of the cerebellum generally exerts pressure on the roof of the fourth ventricle. Because the tumor is confined within the posterior fossa by the semirigid tentorium cerebelli and has little room for expansion, it is likely to cause early obstruction to the flow of cerebrospinal fluid through the fourth ventricle. Tumors near the orbital surface of one frontal lobe may compress the optic nerve and produce optic atrophy in the affected eye, while the other eye develops papilledema from generalized elevation of pressure as the tumor expands in size, a condition known as the **Foster Kennedy syndrome**. Other cardinal signs of brain tumor, in addition to papilledema, are persistent headache and vomiting. The headache probably results from the stretching of nerve endings in the dura mater and intracranial blood vessels. The cause of the nausea and vomiting is not clear, but stimulation of the vagal nuclei in the floor of the fourth ventricle may be involved.

Pseudotumor cerebri (benign intracranial hypertension) is a condition of undetermined cause usually affecting obese young women (and sometimes men). The disease causes severe headaches and papilledema resulting from a marked increase of intracranial pressure. The condition can be treated effectively and usually resolves after a few weeks or months. If untreated, the disease can cause blindness.

Hydrocephalus is an increase in the volume of cerebrospinal fluid within the skull. It can occur with or without an increase in pressure. Hydrocephalus without an increase in pressure is termed **compensatory hydrocephalus**, or **hydrocephalus ex vacuo**. In most cases, it represents an increase in the volume of cerebrospinal fluid as a compensation for cerebral atrophy due to a primary central nervous system disease. Hydrocephalus with increased pressure can be subdivided into **obstructive hydrocephalus** and **communicating hydrocephalus**. Obstructive hydrocephalus results from an obstacle to the circulation of cerebrospinal fluid within the ventricles, the aqueduct, or at the outlet of the fourth ventricle. The result is loss of communication between the ventricles and the subarachnoid space, with a consequent increase in fluid within the ventricular system. Many types of pathology may cause obstructive hydrocephalus, including brain tumors, inflammatory processes, and developmental abnormalities. In communicating hydrocephalus, there is free communication between the ventricles and the subarachnoid space. Hydrocephalus results either from a disturbance in the production and absorption of cerebrospinal fluid or from an obstruction to its circulation in the subarachnoid space.

Normal-pressure hydrocephalus is a syndrome resulting from impaired absorption of cerebrospinal fluid into the venous system. Patients usually develop a triad of dementia, unsteady gait, and urinary incontinence. The cerebrospinal fluid usually is normal in composition, and there is no increase in cerebrospinal fluid pressure. CAT scans show uniformly enlarged ventricles and no enlargement of the subarchnoid spaces over the convexity of the brain and no atrophy of the cerebral cortex. Normally, ^{125}I-labeled albumin injected into the lumbar subarachnoid space travels up to the arachnoid granulations and does not enter the ventricles (as determined with a gamma camera during a RISA [radioactive iodinated serum albumin] scan). In normal-pressure hydrocephalus, the labeled material does not follow the normal course to the convexity but refluxes into the ventricles. Shunting cerebrospinal fluid from the ventricles to the venous system or peritoneum can relieve the symptoms of this condition.

CHAPTER 27

Neurologic Diagnostic Tests

Many diseases affecting the nervous system can be treated effectively provided a correct diagnosis can be made. The most important methods used by physicians to reach a correct diagnosis are to take a careful history and to perform a complete neurologic (and general physical) examination. A number of laboratory tests are available to supplement the history and examination.

CEREBROSPINAL FLUID

Samples of cerebrospinal fluid for diagnostic tests are obtained by directing a long needle between two lumbar vertebrae below the level of L-2 and inserting it far enough to reach and pierce the dura mater. There is no chance of striking the spinal cord at this level since the cord terminates rostral to L-2, and there is only a slight danger of injuring the nerve roots of the cauda equina that are present at this level. With the patient relaxed and in a recumbent position, the pressure of the spinal fluid should not exceed 200 mm H_2O. Small oscillations of the fluid level in a manometer connected to the needle arise from the transmission of cerebral arterial pulsations. These pulsations indicate that free communication is present. If blockage of the spinal subarachnoid space is suspected, the **Queckenstedt test** can be performed. With the needle in place and a water manometer attached, the physician compresses the patient's jugular veins bilaterally for 10 seconds. Under normal conditions, the pressure of the cerebrospinal fluid will rise rapidly. When the physician releases the patient's jugular veins, the pressure returns to normal levels within a few seconds. In patients with obstruction of the subarachnoid space in the region of the foramen magnum or within the spinal canal, the rise of pressure from jugular compression is slight or absent. The Queckenstedt test should never be performed if symptoms of elevated intracranial pressure are present, because of the danger of herniation of the mesial part of the temporal lobe (the uncus) through the tentorium cerebelli and the cerebellar tonsils through the foramen magnum. Even a lumbar puncture is hazardous in the presence of elevated intracranial pressure, since the release of pressure from below may promote herniation. Herniation of the uncus through the tentorium can cause coma with decerebrate rigidity from compression of the midbrain, and herniation of the cerebellar tonsils through the foramen magnum can cause death from compression of the medulla and injury to neurons controlling cardiac and respiratory functions.

Spinal fluid can also be obtained by passing a needle at the base of the skull directly through the atlanto-occipital membrane into the cisterna magna. No nervous structures are encountered, but the needle will strike the medulla if it should slip too far. For this reason, cisternal puncture should be performed only under the supervision of experienced persons.

After cerebrospinal fluid is removed through the lumbar or cisternal needle, it is analyzed for cellular content, glucose, total protein, and gamma globulin. A test for syphilis, such as the VDRL, is also performed. When multiple sclerosis is suspected, additional helpful information can be obtained from tests for oligoclonal bands and myelin basic protein. Abnormalities of cerebrospinal fluid constituents occur in a number of conditions, including meningitis, encephalitis, syphilis affecting the nervous system, peripheral neuropathy, brain tumors, stroke, and multiple sclerosis.

ELECTROENCEPHALOGRAPHY (EEG) AND EVOKED-POTENTIAL STUDIES

Neuronal activity in the brain can be studied indirectly by recording electrical activity from the surface of the scalp (**electroencephalography**) or from the exposed cortical surface at operation (electrocorticography). These techniques are important in treating patients with epilepsy, head injury, stroke, and coma. The electrical responses of large aggregates of neurons can be recorded at sites distant from the origin of the responses because of **volume conduction,** which is the flow of current through extracellular space. Changes in potential within neurons cause current to flow in the extracellular fluid. Although the resistance of this fluid is low, current flow across the resistance is sufficient to cause a potential change. EEG activity is recorded with two types of electrodes, an **active electrode** placed over the recording area, and an **indifferent electrode** placed at some distance from the recording area. Clinical EEG recordings actually employ multiple active electrodes located over different regions of the head with an indifferent electrode over one or both ears. The recordings measure potential differences between two electrodes, either between the active and indifferent electrodes or between two active electrodes. Although action potentials are the largest signals generated by neurons, they actually contribute little to EEG potentials. Most of the activity recorded in the EEG consists of extracellular current flow associated with summated postsynaptic potentials in synchronously active pyramidal cells of the cerebral cortex.

The frequencies of the potentials recorded from the surface of the scalp vary from 1 to 50 cycles per second (Hz), and the amplitudes range from 20 to 100 μV. The frequency characteristics of EEG potentials are complex, but a few frequencies are observed often. **Alpha rhythm** (8 to 13 Hz) is best recorded from the parieto-occipital region and is associated with relaxed wakefulness. **Beta activity** (14 to 30 Hz) is normally seen over the frontal regions. **Theta** (4 to 7 Hz) and **delta** (0.5 to 4 Hz) **activities** develop during sleep in the adult.

Evoked potentials, which are useful clinically, can be recorded from the scalp. An evoked potential results from a change in the ongoing electrical activity of neurons in response to stimulation of a sensory organ or pathway. They are specific for the sensory stimulus that evokes them and are time-locked to the stimulus. Evoked potentials are recorded with electrodes and amplifiers similar to those used in EEG recording, but they cannot be discerned in EEG tracings; computerized averaging techniques are needed to portray these potentials. The evoked potentials used clinically are visual evoked potentials, brain stem auditory evoked potentials, and somatosensory evoked potentials. Each of these provides information concerning the conduction pathway of the modality stimulated. For example, patients with multiple sclerosis tend to develop lesions in the visual system, often involving the optic nerves. At times, lesions that are not detectable on clinical examination will cause an abnormality of the visual evoked potential.

ELECTROMYOGRAPHY (EMG) AND NERVE-CONDUCTION STUDIES

Electromyography is a clinical diagnostic procedure in which a small needle connected to amplifiers and recorders is placed into a muscle to record the electrical activity of motor units. The electromyographer records muscle activity at rest and with voluntary contraction. Normal resting muscle shows no activity, and during increasing muscular contraction, progressively larger numbers of motor units are recruited. There are established normal values for the amplitudes and durations of these motor units. In denervated muscle, spontaneous activity appears at rest, consisting of **fibrillations** (contractions of single muscle fibers, probably owing to denervation hypersensitivity of muscle receptor sites) and **fasciculations** (contractions of individual motor units). In primary diseases of muscle, silence occurs at rest; with voluntary contraction, the individual motor unit potentials are small and their duration is short.

Electrical stimulation and recording can be used to measure the **conduction velocity of peripheral nerves**. In demyelinating neuropathies, conduction is slow; in axonal neuropathies, conduction is normal.

In patients thought to be afflicted with a muscle disease, biopsy of muscle tissue can be performed. The tissue can be studied with conventional staining materials and with histochemical stains. In some patients with diseases of peripheral nerves, biopsy of the sural nerve can be helpful diagnostically.

RADIOLOGIC STUDIES: X-RAY, PNEUMOENCEPHALOGRAPHY, ARTERIOGRAPHY, MYELOGRAPHY

Conventional x-rays of the skull and spine can be helpful diagnostically. If the pineal body is calcified, its shadow may be seen in x-rays, and displacement of its position may yield significant information. Thinning or erosion of skull bones, as shown by x-ray, may help to establish the presence of a mass in the adjacent parts of the brain. Most tumors, however, cannot be visualized directly unless they are partly calcified. If the cerebrospinal fluid is completely withdrawn from the ventricular spaces and replaced by air, these spaces will appear as shadows in an x-ray. Dilations, distortions in shape, and filling defects can then be studied in considerable detail. This process, known as **pneumoencephalography**, is accomplished by means of lumbar puncture. If the intracranial pressure is increased, lumbar puncture cannot be performed safely. It would then be necessary to introduce air directly into the ventricular system to obtain a visible outline by x-ray **ventriculography**. This process requires the drilling of trephine holes in the skull through which needles can be passed into both lateral ventricles. Pneumoencephalography is seldom performed at present because the introduction of CAT and MRI scanning has allowed direct visualization of central nervous system structures without using a contrast substance.

Angiography or **arteriography** refers to the general procedure in which the arteries of the brain are studied by x-ray following injection of the vessels with radiopaque material. The internal carotid or the vertebral arteries serve as the usual site of injection. Commonly, a catheter will be placed in a femoral or brachial artery and threaded into one of the arteries in the neck.

Cerebral angiography has been useful for determining the site of aneurysms and any anomalous development of the larger branches of the cerebral arterial circle. Cerebral hemorrhage, infarction, tumors, and vascular spasms often may be localized by the finding of an alteration in the arterial pattern. Generally, the small terminal arteries are not identified by cerebral arteriography. Injection of the internal carotid artery outlines the anterior and middle cerebral arteries. The major branches of the basi- lar artery (cerebellar and posterior cerebral arteries) are outlined follow- ing injection of the vertebral artery. The posterior communicating artery, if it is sizable, may be apparent following either injection.

X-rays of the spine can be helpful in revealing abnormal curvature, straightening, rotation, erosion, or collapse of parts of the spinal column. **Myelography** is performed to outline the spinal cord and nerve roots. Iodi- nated contrast material, which is opaque to x-rays, is introduced into the lumbar or cervical spinal fluid while the patient lies on a table capable of tilting in front of an x-ray machine. The fluid can be made to move up or down the spinal canal by tilting the patient into the head-down or head-up position. The opaque material can be visualized fluoroscopically, and x-rays can be taken that reveal the outline of the spinal cord and the nerve roots.

TOMOGRAPHIC TECHNIQUES: COMPUTERIZED AXIAL TOMOGRAPHY (CAT), MAGNETIC RESONANCE IMAGING (MRI), AND POSITRON EMISSION TOMOGRAPHY (PET)

Computerized axial tomography (CAT) scanning is a remarkable ad- vance that makes it possible to visualize many central nervous system structures without difficult and painful procedures such as pneumoen- cephalography and ventriculography. CAT scanning consists of passing x-rays through a patient's head from many different sites circumferentially and determining the degree of attenuation of the x-ray beams by means of a computer. The result is an image of the anatomy of the brain in cross section with a remarkable degree of detail.

Magnetic resonance imaging (MRI), also known as nuclear magnetic resonance (NMR), utilizes a strong magnetic field and radiofrequency (RF) waves in place of x-rays and provides images of the brain that surpass those obtained by a CAT scan in the degree of detail that can be visualized. The patient is placed in a magnetic field that orients the protons of the patient's body in a particular direction. An RF current briefly passed through the region under investigation disturbs the orientation of the pro- tons. After the RF current stops, the protons re-orient to the magnetic field and, in so doing, emit signals that can be detected. The result is an image of the anatomy of the structures under study.

CAT and MRI scans provide information about the anatomy of the ner- vous system. **Positron emission tomography (PET)** can give quantitative information about the **function** of the nervous system, including cerebral blood flow and cerebral blood volume, glucose metabolic activity and oxy- gen utilization of brain tissue, and the concentration of neurotransmitter receptors in the brain. Positrons are positively charged electrons produced in a cyclotron. Substances commonly found in brain tissue, such as carbon, oxygen, and nitrogen, can be turned into positron emitters. When synthesized into compounds such as glucose and injected intravenously, the radioactive material will be taken up by brain tissue. There, degradation of the radioactive material occurs via the collision of positrons with electrons (a matter-antimatter reaction). The result is the emission of gamma rays, which can be detected with photo multiplier tubes. Computer processing makes it possible to produce a tomographic (landscape) image of the brain's metabolic processes.

Suggested Reading

ADAMS, RD AND VICTOR, M: *Principles of Neurology*, ed 4. McGraw-Hill, New York, 1985.

BALOH, RW AND HONRUBIA, V: *Clinical Neurophysiology of the Vestibular System*. FA Davis, Philadelphia, 1979.

BENSON, DF: *Aphasia, Alexia, and Agraphia*. Churchill Livingstone, New York, 1979.

BRODAL, A: *Neurological Anatomy in Relation to Clinical Medicine*, ed 3. Oxford University Press, New York, 1981.

BROOKHART, JM, MOUNTCASTLE, VB, BROOKS, VB, AND GEIGER, SR (EDS): *Handbook of Physiology, Section 1: The Nervous System*. Williams & Wilkins, Baltimore, 1981.

CARPENTER, MB AND SUTIN, J: *Human Neuroanatomy*, ed 8. Williams & Wilkins, Baltimore, 1983.

COOPER, JR, BLOOM, JE, AND ROTH, RH: *The Biochemical Basis of Neuropharmacology*, ed 4. Oxford University Press, New York, 1982.

DEJONG, RN: *The Neurologic Examination*, ed 4. Harper & Row, New York, 1979.

DYCK, PJ, THOMAS, PK, LAMBERT, EH, AND BUNGE, R (EDS): *Peripheral Neuropathy*, ed 2. WB Saunders, Philadelphia, 1984.

FISHMAN, RA: *Cerebrospinal Fluid in Diseases of the Nervous System*. WB Saunders, Philadelphia, 1980.

GILMAN, AG, GOODMAN, LS, AND GILMAN, A (EDS): *The Pharmacological Basis of Therapeutics*, ed 6. Macmillan, New York, 1980.

GILMAN, S, BLOEDEL, JR, AND LECHTENBERG, R: *Disorders of the Cerebellum*. FA Davis, Philadelphia, 1981.

HODGKIN, AL: *The Conduction of the Nervous Impulse*. Charles C Thomas, Springfield, 1964.

ITO, M: *The Cerebellum and Neural Control*. Raven Press, New York, 1984.

KANDEL, ER AND SCHWARTZ, JH (EDS): *Principles of Neural Science*, ed 2. Elsevier, New York, 1985.

KATZ, B: *Nerve, Muscle, and Synapse*. McGraw-Hill, New York, 1966.

LEIGH, RJ AND ZEE, DS: *The Neurology of Eye Movements*. FA Davis, Philadelphia, 1983.

MATTHEWS, PBC: *Mammalian Muscle Receptors and Their Central Actions*. Williams & Wilkins, Baltimore, 1972.

MOUNTCASTLE, VB (ED): *Medical Physiology*, ed 14. CV Mosby, St. Louis, 1980.

PLUM, F AND POSNER, JB: *The Diagnosis of Stupor and Coma*, ed 3. FA Davis, Philadelphia, 1980.

ROWLAND, LP (ED): *Merritt's Textbook of Neurology*, ed 7. Lea & Febiger, Philadelphia, 1984.

SHEPHERD, GM: *Neurobiology*. Oxford University Press, New York, 1983.

SIEGEL, GJ, ALBERS, RW, AGRANOFF, BW, AND KATZMAN, R (EDS): *Basic Neurochemistry,* ed 3. Little, Brown, & Co, Boston, 1981.

SWASH, M AND KENNARD, C (EDS): *Scientific Basis of Clinical Neurology.* Churchill Livingstone, Edinburgh, 1985.

TOWER, DB (ED): *The Nervous System, Vol 1-3.* Raven Press, New York, 1975.

WALTON, J (ED): *Disorders of Voluntary Muscle,* ed 4. Churchill Livingstone, Edinburgh, 1981.

Index

An *italic* number indicates a figure page. A "t" indicates a table.

effect of lesions in
  agnosia, 212
  aphasia, 213-214, *215*
  apraxia, 212-213
intellectual functions and, 203
internal capsule of, 215-*216*
layers of, 203-204
motor areas of
  primary, 29
  secondary, 29, *208*
  supplementary, 29-30
motor functions of, 204, 206-*207*, *208*
neuronal types in, 204
pathways arising in, general, 36-37
prefrontal region of, 208-209
  effect of lesions in, 209
  leukotomy and, 209-210
premotor areas of, 29, *205*
primary somatosensory area of, *40*, 41,
    51, *205*, 210
sensory areas of
  association, 211-212
  primary, 210
  secondary, 210-211
secondary somatosensory area of, 29, *40*,
    41, *208*, 210-211
Cerebral peduncle. *See* Crus cerebri
Cerebrospinal fluid
  blood-brain barrier
    locus of, 235
    mechanisms of, 235
  circulation of, 232, *233*, 234
  composition of, 234
  formation of, 10-12, 232
  function of, 234
  meninges and, 12
  pressure of, 235-237
    disorders affecting, 236-237
  rhinorrhea, 202
Cerebrum. *See also* Brain
  lobes of, described, 8-10
  medial view of, *9*
  surface of, 8, *9*
Cervical system, lateral, 52, *55*, 56
Chorea, 159. *See also* Huntington's chorea
Choroid plexus, 232
Chromatolysis, 69
Circle of Willis. *See* Artery(ies)
Clasp knife phenomenon, 27
Clonus, 61
Coactivation, defined, 26
Cochlea. *See* Ear, cochlea of, and inner ear
Cochlear nuclei, 127

Colliculus,
  inferior, 83, 127, *128*
  superior, 34, *84*, *122*, 123, 163
Commissure. *See also* Corpus callosum
  anterior, *9*, 201
  ventral white, *15*, 39, *40*, 66
Computerized axial tomography, 242
Conduction, saltatory, 6
Corpus callosum, 204
Corpuscles, Pacinian, 48
Corpuscles, Meissner's, 48
Corti, organ of, *125-126*
Corticobulbar tract, *31*, 33
Corticoreticular tract, 34-35
Corticorubral tract, 34, 43
Corticospinal tract
  decussation of, 71, 73, 75
  disorders of, *60*-68, 115, 117
  function of, 32-33
  illustrated, *16*, *31*, *60*, *65*, 75-77, 79, *81*,
    83, *84*
  pathway of, 32
Corticotectal tract, 34
Cranial nerve(s)
  abducens (VI), 79, 80, 92, 105, 117
  accessory (XI), 71, 95, 96, 98, 102
  cochlear (VIII), 79, 80, 93, 126, 127
  facial (VII), 79, 80, 92, 108, 109, 110
  functional components of
    general afferent
      somatic, 87, 90
      visceral, 87, 89
    general efferent
      somatic, 88-*89*
      visceral, 88-89
    special afferent
      somatic, 87, *90*
      visceral, 87, 89
    special efferent, 88-89
  glossopharyngeal (IX), 93-94, 101
  hypoglossal (XII), 71, 72, *73*, 76, 95,
    115, *116*
  nuclei of, 88-90, *89*, *90*
  oculomotor (III), 91, 106-108, 121
  olfactory (I), 91, 200
  optic (II), 91, 162, *162*
  trigeminal (V), 92, 110-113
  trochlear (IV), 92, 105-106
  vagus (X), 71, 72, *73*, 76, 77, 94, 101-102
  vestibular (VIII), 93, 133
Crus cerebri, 82, *83*, *84*
Cuneocerebellar tract, *49*, 50, 75, *76*

DEAFNESS. *See also* Hearing defects
conduction, 130
sensorineural, 130
Decerebrate rigidity, 135, 136
Degeneration
staining of neurons in, 67-70
subacute combined, 67
Dendrites
described, 1
function of, 1
Dermatome, 44, *45*, *46*
Diencephalon. *See* Thalamus
Discrimination, tactile, 51
Donnan equilibrium, defined, 3
Dopamine
disorders associated with, 225
in Huntington's disease, 159
in Parkinson's disease, 158
mechanism of, 224
source of, 224-*225*
Dorsal roots
composition of, 39
dermatome and, 44
irritation of, 44
lesions affecting, 58, *59*, 63-64
location of, 39
Dorsomedial nucleus of thalamus, 175, 208
Dysarthria, 149
Dysdiadochokinesis, 149
Dysmetria, 149
Dysrhythmokinesis, 149

EAR
anatomy of, 124, *125*, 126
auditory pathway of, 127, *128*, 129
auditory reflexes and, 131
bilateral representation of, *128*-129
cochlea of, *125*, 126
function of, 124-126
hearing defects, 129-131
diagnosis of
auditory evoked potentials, 130
conduction deafness, 130
nerve deafness, 130
Rinne's test, 130
Weber's test, 130
inner ear, 124, *125*, 126, 132, 133
middle ear, 124, *125*
organ of Corti and, *125*-126
semicircular canals of, *125*, 126, 132, 133
sound waves and, 124-126

vestibular receptors, anatomy of, 132-133
vestibular system, semicircular canals of, *125*, 132
Efferent fibers
of cranial nerves, 88, 91-95
of spinal nerves, 17, *18*, 19, 20, *23*
Electroencephalography, 239-240
Electromyography, 240-241
Endorphins, 228. *See also* Peptides
Enkephalins, 43
Epinephrine, 227, *229*
Epithalamus, 180
EPSP. *See* Potentials, postsynaptic, excitatory
Extrapyramidal system, 151
Eye
movements of, 172
nystagmus, tests for, 137-138
vestibulo-ocular pathways and, 136-137

FACIAL colliculus, *74*, 78
Facial nerve (VII). *See also* Cranial nerves
course of, 108
effect of lesions in, 108, *109*, 110
functional components of, 92-93
Fasciculus
cuneatus, *16*, *49*, 51
dorsal longitudinal, 194
gracilis, *16*, *49*, 51
medial longitudinal, 36, *76*, *77*, *78*, *79*, 80, *81*, *83*, *84*, 133, *134*, 135, 136
Fornix, *9*, 194, *198*
Foster Kennedy syndrome, 236
Foville's syndrome, 119
Frontal lobe. *See* Lobes of cerebrum

GABA. *See* Amino acids
Ganglion
dorsal root, 17, *18*, 39, *40*
geniculate, 92, 93
inferior, of IX, 93, 99
inferior, of X, 94, 99, 101
spiral, 126
superior, of IX, 93, 99
superior, of X, 94, 99, 101
sympathetic, 18
chain, *18*, 183
prevertebral, *18*
terminal parasympathetic, 186
ciliary, 163, 169
otic, 101

pterygopalatine, 93
submandibular, 93
trigeminal, *40*, 41, 92
vestibular, 93, 133
Gate control theory, 47
Geniculate bodies
lateral, *162*, 163, *174*, 178
medial, *84*, 85, 127, *128*, 174, 177
Glial cell(s)
myelin and, 1, *2*
types of, 7
Globus pallidus, 151, 152, 153
Glossopharyngeal nerve, functional components of, 93-94. *See also* Cranial nerves
Glutamic acid. *See* Amino acids
Golgi tendon organs
function of, 26-27, 48, 50
clasp knife phenomenon and, 27

HEMIBALLISMUS, 160
Hemichorea, 159
Hemiplegia, defined, 62. *See also* Paralysis
Hippocampal formation, 193, 198, *198*
Hoffman's sign, 61-62
Horn cells, lesions affecting, 58, *59*
Horner's syndrome, 185-186
Huntington's disease, 159, 231
Hydrocephalus, 236-237
Hyperesthesia, 44
Hypertonia, muscle, 27
Hypoglossal nerve, functional components of, 95. *See also* Cranial nerves
Hypothalamus
preoptic area and, 192-194
endocrine activity and, 195-196
function of, 194-195
inputs from limbic system, 193-194
nuclei comprising, 192-193
anatomic components of, 191-192
emotion and, 197-*198*
food intake and, 197
sexual behavior and, 196-197
temperature regulation and, 196
pituitary and, 195-196
reticular formation and, 199
Papez circuit and, *198*
Hypotonia, 27, 149

INFERIOR COLLICULUS. *See* Colliculus, inferior
Inhibitory surround, 57

Injury, clinical signs of, 52-53
Inner ear. *See* Ear; Vestibular system
Internal capsule, 215-216
Internuclear ophthalmoplegia, 119
Insular lobe. *See* Lobes of Cerebrum
Intralaminar nuclei. *See* Thalamus
Ionic conductance, 5
IPSP. *See* Potentials, postsynaptic, inhibitory

LABYRINTH. *See* Ear, inner
Laminae, of spinal cord, 14-16
Lateral cervical system. *See* Cervical system
Lateral geniculate body. *See* Geniculate bodies
Lateral lemniscus, 83, *83*, 127, *128*
Lemniscal system
described, 50-52
lesions of, 52
signs of injury to, 52-53
touch and, 56
Lentiform nucleus, 152. *See also* Putamen; Globus pallidus
Lesion(s)
Babinski sign and, 62
Brown-Sequard, 64, *65*, 66
of central gray matter, 66
of dorsal roots, 63-64
hypertonia and, 61
paralysis and, 59, *60*-62
of pyramidal tract, 61
Leukotomy, 209-210
Limbic lobe. *See* Lobes of Cerebrum
Limbic system, 193, 209
Lissauer's tract, *16*, 39, 40
Lobes of Cerebrum
frontal, 8, 29, 204-210
insular, 10
limbic, 10, 193, *205*
occipital, 8, 163-165, *205*
parietal, 8, *40*, 41, *49*, 51, *205*
temporal, 10, 127, *128*, *205*
Locked-in syndrome, 123
Lumbar puncture, 238-239

MACULA
of the retina, 161, 162
of the utricle, 132, 133
Magnetic resonance imaging, 242
Medial forebrain bundle, 194

Medial geniculate body. *See* Geniculate bodies

Medial lemniscus, 51, 75, *76*, 77, 79, *81*, *83, 84*

Medial longitudinal fasciculus, 36, *76*, 77, 78, 79, 80, *81, 83, 84*, 133, *134*, 135, 136

Medulla
  cranial nerves of, 93-102
  internal structures of, 73-78
    histologic cross-sections showing, 75-77
  extent of, 71
  external markings of, 71-73
    anterior, 71-72
    lateral, 71-72, *73*
    posterior, 72-73, *74*

Meissner's corpuscles, 48

Meniere's disease, 138

Microglia, function of, 7

Midbrain
  external markings of, 82
  internal structures of, 82-85, *83, 84*

Middle ear. *See* Ear, middle

Millard-Gubler syndrome, *118*

Monoamines
  dopamine, 224-225
  epinephrine, 227, *229*
  norepinephrine, 225-*226*
  serotonin, 227, *228*

Monoplegia, 62

Motoneuron(s)
  alpha, 24
  beta, 25
  gamma, 25
    differ from alpha motoneurons, 25
    dynamic, 26
    static, 26
  lower, lesions affecting, 58, *59*
  upper, lesions affecting, 59-62

MRI. *See* Magnetic resonance imaging

Muscle
  rigidity and, 27
  spastic paralysis and, 59-62
  spasticity and, 27

Muscle contraction
  activation of, 24
  motoneurons and, 24-25

Muscle fiber
  atrophy of, 58
  cerebral cortex and, 30-33
  extrafusal, 24
  intrafusal, 24, 26

nuclear bag, *23*, 24
nuclear chain, 24

Muscle spindle
  depicted, *23*
  fibers comprising, 24
  nerve endings and, 24
  origin of pathways to cerebellum, 50
  role in proprioception, 48
  stretch reflex and, 26
  structure of, 22, *23*, 24

Muscle tone
  defined, 27
  hypertonia and, 27
  hypotonia and, 27, 149

Myelin, 1, *2*

Myelography, 242

Myotatic reflex. *See* Stretch reflex

NERNST equation, defined, 3

Nerve(s)
  cranial. *See* Cranial nerves
  dorsal roots, *45, 46*
  peripheral, *45, 46*
    lesions affecting, 63
  spinal
    course of, 12-*13*
    formation of, 44
    functional components of, 17-*18*

Nerve cell(s)
  brain and, 7
  chromatolytic changes in, 69
  composition of, 3
  degeneration of, 68-70
  depolarization phase of, 4, *5*
  excitability and, 4
  physiology of
    change in potential, 3-4, *5*
    Donnan equilibrium and, 3
    Nernst equation and, 3
  refractoriness and, 4
  repolarization of, 4, *5*
  resting potential and, 3
  stimulus and, 4
  synapse and, 6

Nerve-conduction studies, 240

Nerve fiber(s)
  afferent, 17, *18*, 20, 21, 39, 87, 91-95
  classified, 18, 20t, 21
  conduction and, 6
  degenerative changes in, 69-70
  efferent, 17-*18*, 19, 20, *23*, 88, 91-95
  electrical stimulation of, *19*
  functional components of, 17-*18*

Paralysis
    arterial insult and, 217-218
    lesions causing, 59, *60*-62
    muscle response to, 61-62
    spastic, 59-62
Paramedian pontine reticular formation,
    107
Paraplegia, 62
Paresis, 62
Paresthesia(s), 44
Parietal lobe. *See* Lobes of cerebrum
Parinaud's syndrome, *122*, 123
Parkinson's disease, 158-159
Peduncles
    cerebellar. *See* Cerebellum, peduncles of
    cerebral. *See* Crus cerebri
Peptides, opioid, 43, 228, *229*, 230
Peripheral nervous system, nerves compris-
    ing, 8
PET. *See* Positron emission tomography
Pituitary, *9*, *11*, 195-196
Pneumoencephalography, 241
Polyneuropathy, 62
Pons
    external markings of, 78-79
        anterior, 72-78
        lateral, *73*, 78
        posterior, 74, 78-79
    internal structures of, 79-82
        caudal, 79-81, *79*
        middle, 81-82, *81*
Positron emission tomography, 242-243
Potentials. *See also* Action potential
    evoked, 240
        auditory, 130
    postsynaptic
        excitatory (EPSP), 6
        inhibitory (IPSP), 6
    resting, 3
Preoptic area. *See* Hypothalamus
Prefrontal cortex, 208-210
Pretectal area, *162*, 163
Proprioception, 48-53
Putamen, 151, 152, *153*
Pyramidal tract. *See* Corticospinal tract
Pyramids, 71, 72

QUADRIPLEGIA, 62
Queckenstedt test, 238

RADIATIONS
    auditory, 127
    visual, 162, 163, 164

Ranvier, node of
    description of, 1
    illustrated, *2*
    current flow at, 6
Raphe nuclei
    in brain stem, 43
    reticular formation and, 35
Receptors, sensory, 38-47. *See also* Pain
Red nucleus, 34, *60*, *84*, 122, *146*, 147
Reflex(es). *See also* Optic reflex
    acoustic muscle, 131
    auditory palpebral, 131
    auditory oculogyric, 131
    carotid body, 103
    carotid sinus, 102-103
    cochleopupillary, 131
    corneal blink, 113
    cough, 103
    cutaneous, 27-28
    defined, 22
    gag, 103
    jaw jerk, 111
    lesions affecting, 62-63
    monosynaptic, 22
    myotatic, 25, 26, 50
    polysynaptic, 22
    salivary-taste, 102
    spinal, 22
    stretch. *See* Reflex, myotatic
    vomiting, 104
Refractoriness, nerve cells and, 4
Regeneration, 70
Renshaw cells, 24
Repolarization, nerve cells and, 4
Resting potential, defined, 3
Reticular formation, function of, 74-75,
    199
Reticulospinal tract, *16*, 34-35, *60*, 103
Retina, 161-162, 165
Rhinencephalon, anatomic components of,
    200
Rinne's test, 129
Romberg sign, 52-53
Rubrospinal tract, *16*, 34, *60*, 84

SALIVATORY NUCLEUS
    inferior, *89*, 94, 99
    superior, *89*, 93, 99
Schwann cell
    function of, 1
    unmyelinated fibers and, 1
Sclerosis, amyotrophic lateral, 66-67
Seizures, epileptic, 211-212

Semicircular canals. *See* Ear
Sensation
    nociceptive, 38-42
    pain, types of, 42
    position, 38
    somatic
        mediation of, 38
        pain, 38, 42
        thermal, 38-39, 43
        tactile, 51, 54-57
        touch-pressure, 38
Sensory system, somatic, 38
Serotonin
    mechanism of, 227
    source of, 227, *228*
Solitary tract, 77, 99-100
    nucleus of. *See* Nucleus
Spasticity, muscle, 27, 61-62
Spinal cord
    ceruleus projections and, 35
    corticobulbar tract and, *31*, 33
    corticospinal tract and, *31*, 32-33
    cranial nerve components and, 90
    descending pathways, influence of, 36-37
    described, 12-16
    gray matter and, 14
    hemisection of, 64, *65*, 66
    illustrated, *13*, *15*, *16*
    laminae of, 14-16
    lesions of, 52-*53*, 58, *59*, *60*, 65
    measurements of, 12
    nerves attached to, 12, *13*
    nerve cells and, 7
    proprioceptive fibers and, 48, *49*
    pyramidal tract and, 61
    raphe projections and, 35
    regions of, 12
    reticular formation and, 34-35
    segments of, 12, *13*
    tactile sensation and, 54, *55*, 56
    terms used to describe, 14
    transection of, 64
    tumors of, 67-68
    vestibulospinal tracts of, 135-136
    white matter and, 14
Spino-cerebellar pathways, 31, 48, *49*, 50, *55*, *60*
Spinothalamic tract(s)
    illustrated, *16*, *40*, *55*, *65*
    lesions of, 44, *53*, 117
    nociceptive sensations and, 38-42
    tactile sensations and, 54-55

Staining methods, 69
Stereognosis, 48-53
Stretch reflex
    coactivation and, 26
    defined, 25
    servo assisted, 26
    spasticity affecting, 61
    test for, 25
Subacute combined degeneration, 67
Subarachnoid space, 12, 232-234
Substantia gelatinosa, 14, 39, *40*
Substantia nigra, 151, *155*, 157-159
Subthalamic nucleus, 151, 154, *156*, 160
Superior colliculus. *See* Colliculus, superior
Synapse
    chemical, 2, 6
    electrical, 6
Synaptic integration, defined, 6
Syringomyelia, *65*, 66

TACTILE. *See* Touch
Taste, sense of, 99-100, 102
Temperature, pathways for, 39, *40*, 41, 43
Temporal lobe. *See* Lobes of cerebrum
Tests, diagnostic
    for cerebrospinal fluid, 238-239
    computerized tomography, 242
    degenerative changes and, 69
    electroencephalography, 239-240
    electromyography, 240-241
    evoked potentials, 240
    magnetic resonance imaging, 242
    nerve-conduction, 240-241
    positron emission tomography, 242-243
    Queckenstedt, 238-239
    radiologic
        angiography, 241-242
        myelography, 242
        pneumoencephalography, 241
        ventriculography, 241
        x-ray, 241
Thalamic syndrome, 180-181, 219-220
Thalamus
    anatomic subdivisions of, 173-*174*
    diencephalon and, 173
    epithalamus and, 180
    injury to, 180-181
    nuclei of
        anterior, *174*, 178, *198*
        functionally categorized, 179-180
        intralaminar, *40*, 41, *155*, *156*, 178
        lateral mass of, *174*